HUMANITIES AND SOCIETY

美国精神的封闭

Allan Bloom

[美国]艾伦·布卢姆 著　战旭英 译　冯克利 校

译林出版社

图书在版编目（CIP）数据

美国精神的封闭／（美）布卢姆（Bloom, A.）著；战旭英译．—2版．—南京：译林出版社，2011.3（2023.8重印）

（人文与社会译丛／刘东主编）

书名原文：The Closing of the American Mind

ISBN 978-7-5447-1659-8

Ⅰ.①美…　Ⅱ.①布…　②战…　Ⅲ.①政治思想史－美国－现代　②高等教育－教育思想－美国－现代　Ⅳ.①D097.125　②G649.712

中国版本图书馆CIP数据核字（2011）第020504号

The Closing of the American Mind: How Higher Education has Failed Democracy and Impoverished the Souls of Today's Students by Allan Bloom

Published by arrangement with the original publisher, Simon & Schuster, Inc.

著作权合同登记号　图字：10-2020-459号

美国精神的封闭　［美国］艾伦·布卢姆／著　战旭英／译　冯克利／校

责任编辑　陶泽慧

特约编辑　张远帆

责任印制　董　虎

原文出版　Simon & Schuster, 1987

出版发行　译林出版社

地　　址　南京市湖南路1号A楼

邮　　箱　yilin@yilin.com

网　　址　www.yilin.com

市场热线　025-86633278

排　　版　南京展望文化发展有限公司

印　　刷　江苏凤凰扬州鑫华印刷有限公司

开　　本　880毫米×1240毫米　1/32

印　　张　12.375

插　　页　2

版　　次　2011年3月第1版

印　　次　2023年8月第10次印刷

书　　号　ISBN 978-7-5447-1659-8

定　　价　89.00元

主编的话

刘 东

总算不负几年来的苦心——该为这套书写篇短序了。

此项翻译工程的缘起,先要追溯到自己内心的某些变化。虽说越来越惯于乡间的生活,每天只打一两通电话,但这种离群索居并不意味着我已修炼到了出家遁世的地步。毋宁说,坚守沉默少语的状态,倒是为了咬定问题不放,而且在当下的世道中,若还有哪路学说能引我出神,就不能只是玄妙得叫人着魔,还要有助于思入所属的社群。如此嘈嘈切切鼓荡难平的心气,或不免受了世事的恶刺激,不过也恰是这道底线,帮我部分摆脱了中西"精神分裂症"——至少我可以倚仗着中国文化的本根,去参验外缘的社会学说了,既然儒学作为一种本真的心向,正是要从对现世生活的终极肯定出发,把人间问题当成全部灵感的源头。

不宁惟是,这种从人文思入社会的诉求,还同国际学界的发展不期相合。擅长把捉非确定性问题的哲学,看来有点走出自我囿闭的低潮,而这又跟它把焦点对准了社会不无关系。现行通则的加速崩解和相互证伪,使得就算今后仍有普适的基准可言,也要有待于更加透辟的思力,正是在文明的此一根基处,批判的事业又有了用武之地。由此就决定了,尽管同在关注世俗的事务与规则,但跟既定框架内的策论不同,真正体现出人文关怀的社会学说,决不会是医头医脚式的小修小补,而必须以激进亢奋的姿态,去怀疑、颠覆和重估全部的价值预设。有意思的是,也许再没有哪个时代,会有这么多书生想要焕发制度智慧，这既凸显了文明的深层危机，又表达了超越的不竭潜力。

于是自然就想到翻译——把这些制度智慧引进汉语世界来。需要说明的是，尽管此类翻译向称严肃的学业，无论编者、译者还是读者，都会因其理论色彩和语言风格而备尝艰涩，但该工程却绝非寻常意义上的“纯学术”。此中辩谈的话题和学理，将会贴近我们的伦常日用，渗入我们的表象世界，改铸我们的公民文化，根本不容任何学院人垄断。同样，尽管这些选题大多分量厚重，且多为国外学府指定的必读书，也不必将其标榜为“新经典”。此类方生方成的思想实验，仍要应付尖刻的批判围攻，保持着知识创化时的紧张度，尚没有资格被当成享受保护的“老残遗产”。所以说白了：除非来此对话者早已功力尽失，这里就只有激活思想的马刺。

主持此类工程之烦难，足以让任何聪明人望而却步，大约也惟有愚钝如我者，才会在十年苦熬之余再作冯妇。然则晨钟暮鼓黄卷青灯中，毕竟尚有历代的高僧暗中相伴，他们和我声应气求，不甘心被宿命贬低为人类的亚种，遂把迻译工作当成了日常功课，要以艰难的咀嚼咬穿文化的篱笆。师法着这些先烈，当初酝酿这套丛书时，我曾在哈佛费正清中心放胆讲道：“在作者、编者和读者间初步形成的这种‘良性循环’景象，作为整个社会多元分化进程的缩影，偏巧正跟我们的国运连在一起，如果我们至少眼下尚无理由否认，今后中国历史的主要变因之一，仍然在于大陆知识阶层的一念之中，那么我们就总还有权想象，在孔老夫子的故乡，中华民族其实就靠这么写着读着，而默默修持着自己的心念，而默默挑战着自身的极限！”惟愿认同此道者日众，则华夏一族虽历经劫难，终不致因我辈而沦为文化小国。

一九九九年六月于京郊溪翁庄

献给我的学生

目　录

序 11

布卢姆教授做事有自己的风格。他在谈论美国的高等教育时，并不考察所谓学术共同体(这通常是它的自称)的形态、传统和仪式。但他的资格是无可挑剔的。他写过一本论述莎士比亚政治观的大作，翻译过柏拉图的《理想国》和卢梭的《爱弥尔》。那些恼羞成怒的同行想不拿他当回事都难，虽然很多人都想这样做，因为他目光犀利，勇气可嘉，而且博古通今，是门肯刻薄时所说的“高级学问”的大观察家。

但是，布卢姆教授既不是专揭老底的人，也不是讽刺作家，他思想的严肃性使他超然于学界的立场。他主要不是对教授们说话。他当然欢迎他们听听——他们肯定会听的，因为他们正处在猛烈的火力之下。他把自己置身于一个更大的共同体之中，更多地援引苏格拉底、柏拉图、马基雅维利、卢梭和康德，而不是我们的同代人：“在所有自相矛盾的共同体幻影中，真正的人类共同体是那些寻求真理者、那些潜在的智者的共同体，……全体渴望求知者的共同体。事实上，这只包括很少的人，他们是真正的朋友，就像在对善的本质有分歧时柏拉图是亚里士多德的朋友那样。……他们在探讨这个问题时绝对心心相印。按柏拉图的观点，这是唯一真正的友谊，唯一真正共同的善。人们不顾一切寻找的密切联系正是这里建立起来的。……这便是那个不可能的哲学王之谜的 12
意义所在。哲学王们拥有真正的共同体，它是其他所有共同体的楷模。”

对现代读者来说，这种语气也许会因为那些古板的老词——“真理”、“智者”、“善”、“人”——而不受用，但我们不能否认，在我们反对这种语言的背后，有着对我们现代人关于“价值观”的浅薄、常常是琐屑无聊的言论的负疚感。

上面那段话引自布卢姆这本书的结语。他不顾自己读者的好恶，道出了肺腑之言。在讨论专业经济学家的势力、现代科学同先于它出现的“自然哲学”的分离、人称“文化相对主义”的现象或MBA（工商管理硕士）真实的基本含义时，他下笔别具一格。他时常一脸愠怒，咄咄逼人，不怀好意。谈到人文学科在大学中的地位，他称其为“久已沉没的大西岛”，我们重新回到那儿，力求“找回别人都已放弃的自我”。“人文学科就像古老的巴黎大跳蚤市场，眼力好的人方可从一堆堆破烂中找出被人丢弃的宝贝……”还有，“人文科学就像难民营，被不友善的当局剥夺了工作赶出家园的天才们，在那儿闲荡。……大学的另外两个部门（自然科学和社会科学）对历史毫无用处……”当他不忙于研究善的本质时，他能够运用人文学科的精华（或许我应该说，用其糟粕）发起猛攻。身为学者，他想给我们启蒙；身为作家，他从阿里斯托芬等人那里了解到，启蒙也应该是快乐的。在我看来，这不是一本教授写的书，而是出自一位思想家之手，他愿意承担作家才经常承担的风险。在一本讨论观念的书中，用自己的声音说话是很冒险的，但它也提醒我们，最真切的真理一向是源自个人的内心深处。布卢姆告诉我们：“贯穿全书，我始终在参照柏拉图的《理想国》。对我来说，它是独一无二的教育之书，因为它确实解释了我作为一个人和作为教师所体验到的一切。”学界中人，即便是那些自称为存在主义者的，也很少把自己作为个体、作为个人公开坦诚地呈现出来。可见，布卢姆教授是我们这个时代精神之战的前线战士，所以他特别投我的脾气。（既然他能个性十足，我认为自己也没有理由继续充当无名氏一般的评论者了。）

13 布卢姆在最后几页谈到了一名学生；这名学生读过柏拉图《会饮篇》以后说，如今很难想象那种神奇的雅典气氛了，“那时人们友善和睦，富有教养，生气勃勃，彼此平等，既开明又自然，大家聚在一起畅谈自己的渴望的意义。但是（布卢姆补充说），这样的体验一向是可以得到的。其实，这些令人心旷神怡的讨论，是发生在一场雅典注定要失败的可怕战争期间，阿里斯托芬和苏格拉底至少能预见，这意味着希腊文明的衰落。可是，在如此险恶的政治环境中，他们并没有陷于文化的绝望，他们忘我地沉浸于自然的愉悦之中，证明着人类最出色的能力，即不屈从于命运和环境的摆布。我们感觉自己太依赖于历史和文化了。……任何柏拉图式对话的本质就在于，它几乎可以在任何时间、任何地方重现。……这或许就是这种思考的全部意义所在。这正是我们逐渐做不到的事情。它就在我们鼻子底下，几乎不可能发生，却一直存在着。"

我非常严肃地看待布卢姆这一番话，被它深深打动，并且从中看到了我的生命赖以成长的种子。我出生在美国中西部，父母都是移民，所以我早年就认识到，我的犹太血统，我的环境（恰巧以芝加哥为背景）和我所受的教育，会在多大程度上左右我的人生历程，取决于我本人的决定。我不想完全依赖历史和文化，若是完全依赖，肯定意味着我不过是个玩偶。在我们这个时代，文明世界最常见的说教可以简单地表述为："告诉我你的来历，我就能告诉你你是怎样一个人。"虽然我那一大家子渴望美国化的人一致同意，但芝加哥还是没有机会把我塑造成它的形象。在我能够清晰思考之前，我就对它的物质影响采取了顽强抵制。我说不清楚我为何不想让自己成为环境的产物，但我从未被利益、功利、审慎和生意所俘获。我母亲曾想让我当个小提琴手，不行的话就做个拉比。我可以自己挑选是在帕尔玛饭店的晚宴上拉琴，还是在犹太人集会上布道。有正统信仰的传统家庭都会教小男孩翻译《创世记》和《出埃及记》。所以，如果这个大千世界，这个花花世界，不是那样诱人的话，我也许很容易继续拉比的生涯。但是，虔诚恭敬的人生不适合于我。毕竟我
在早年就开始了广泛的阅读，这使我很快脱离了古老的信仰。十七岁那 14
年父亲勉强允许我进了大学，我是个热情（狂放）、乖戾、不愿随俗的学生。如果我报名选修本科二年级的经济学课程，我肯定会把时间都用在

看易卜生和萧伯纳上。如果我注册了诗学课程，我很快就会对韵律和诗节生厌，转而去看克鲁泡特金的《一个革命者的回忆录》和列宁的《怎么办？》。我的趣味和习惯是一个作家的趣味和习惯。我宁愿自己去读诗，也不想从讲授韵律停顿法的课堂上获益。为了放松因阅读而疲乏的双眼，我就到男人俱乐部去打台球和乒乓球。

我很快意识到，依照先进的欧洲思想家的见解，一个来自粗俗的物质主义中心——芝加哥——的年轻人，他的文化抱负是必定要归于失望的。组成这个城市的屠宰场、钢铁厂、货栈、简陋的工厂平房，还有灰暗的金融区、棒球场和拳击场、机器人般的政治家、不准打群架的禁令，把所有这些东西凑在一起，你就会看见一张文化射线穿不透的“社会达尔文主义”的坚硬黑幕。根据高雅的英国人、法国人、德国人和意大利人这些现代艺术代言人的判断，那是个毫无希望的地方。对这些外国观察家中的某些人来说，美国与欧洲相比有许多优势，它更有效率，更生机勃勃，更自由，基本上未受病态政治和毁灭性战争的影响，但是说到艺术，正像温德姆·刘易斯所言，就算生为爱斯基摩人，也要强过一个想当画家的明尼苏达长老会教友。文明的欧洲人中能够摆脱本国阶级偏见者鲜有其人，他们会把自己不能完全支配的偏见带入一切自由的美国。无人能够预见到的事情是，所有的文明国家注定会降格为平庸的世界主义，古老文明各个支脉的衰落令人扼腕，但它会提供崭新的机会，使我们摆脱对历史和文化的依赖——这是隐藏在衰落背后的好处。这固然会导致野蛮的表现，但也可能产生独立的新形式。

在这方面，正像美国人时常说的，我发现自己“处境尴尬”。欧洲的看客有时把我列入杂交怪物，既不是地道的美国人，也不是十足的欧洲
15 人，脑子里塞满了哲学家、史学家和诗人的语句，这是我在中西部自己的小窝里生吞活剥的成果。当然，我是个自修者，现代作家也一向如此。一位勇敢的新人，19世纪的小说家，曾大胆地进行猜想、冒险和推测。独立思想结出了硕果。巴尔扎克宣称：“这个世界属于我，因为我理解它。”布卢姆教授的书让我担心，这本通过自修，从事了大量研究而写成的讲

述世界的书，会遭到“有学问者”的封杀，他们正在筑起舆论的高墙，把整个世界挡在外面。

美国读者站在不同的立场上，不时指责我的书有外国味。我提到欧洲作家时有点儿盛气凌人，似乎是在摆架子。我乐于承认，我的作品中或许有一些让人读起来吃力的地方，随着公众中无知之人的增加，我的书可能越来越难读。评估自己读者的智力一向不是件容易事。如果人们还打算看书，即便只是出于对书的尊崇，或只是装装样子，那么有些事情他们是本应知道的。所以，假设他们熟悉20世纪的历史超出了能够客观证明的程度，这并没什么不妥。另外，某些精神上的一致性也被作家们视为理所当然。“从本质上说别人跟我相似，我大体上也跟别人差不多，只是有些小小的差别而已。”一部作品就是一件祭品。你把它献上祭坛，希望得到接纳。你祈祷自己至少不会因为遭到拒绝而发怒，变成该隐[1]。你也许很天真，炮制出自己心爱的宝贝，把它们不加区别地堆在一起。那些现在没有认识到它们价值的人，以后也许会明白。于是你觉得自己不是在为同代人写作。也许你的真正读者还没在这里，而你的书会让他们现身。

有时我很喜欢拿有教养的美国人开玩笑。譬如，我想把《赫索格》写成喜剧小说：一个毕业于美国一所不错的大学的博士，妻子为了另一个男人离他而去，他变得失魂落魄。他迷上了书信体写作，写一些悲伤、尖刻、讽刺、放肆的书信，不仅写给自己的朋友和熟人，而且写给一些伟人，那些塑造他的观念的思想巨人。在这种危机时刻，他又能做些什么呢？从书架上取出亚里士多德和斯宾诺莎的著作，怒气冲冲地从字里行间寻找慰藉和建议？这个遭受打击的人，他想让自己重新振作起来，想 16

① 典出《旧约·创世记》4.3—4.5：“有一日，该隐拿地里的出产为供物献给耶和华。亚伯也将他羊群中头生的和羊的脂油献上。耶和华看中了亚伯和他的供物，只是看不中该隐和他的供物。该隐就大大地发怒，变了脸色。”（译按：本书的全部注释，除特别注明者外，均为译者所加。）

给自己的遭遇找个解释，让人生重新具有意义，他逐渐清楚地意识到这种努力的荒唐。他最终还是向自己的荒唐处境屈服了，他写道："这个国家所需要的只是一句价值五分钱的花言巧语。"这是在跟威尔逊总统的副手马歇尔先生学舌，大概是在那场大战时期，他曾经说过"这个国家需要的是一支价值五分钱的上等雪茄。"《赫索格》的一些读者抱怨此书难读。他们可能对这位既不幸又滑稽可笑的历史教授报以同情，但也会不时被他那些卖弄学问的冗长信件搞得不胜其烦。有些人觉得，自己是在被迫参加一场思想史概论课程的艰苦考试，认为我是把同情与智慧跟晦涩和迂腐一锅煮。

然而，我是在嘲笑书生的迂腐！

有人回答说："如果这是你的目的，你可就彻底落空了。有些读者会认为你是在跟别人过不去，布置类似于障碍赛的任务，或是门萨[①]协会会员玩的高智商字谜游戏。"有些人会从中获得虚荣心的满足，另一些人却会憎恨被人测试。人们把自己最好的智力留给自己的专业，其次是警觉的公民面对的大事——经济、政治、核废料的处理，等等。忙完了一天的工作，他们想放松一下，他们不明白为何不能让娱乐简简单单地进行。在某些方面我同意这种意见，因为我本人在阅读蒙田的著作时，也情不自禁地想绕开那些古典名著的冗长引文，它们使我觉得高中学的拉丁文不够用，再把自己送回高中并不好玩。

在《赫索格》的结尾部分，我想表达这样一种观点，"高等教育"为遇到麻烦的男人提供的力量是多么有限。到头来他会领悟到，在应付生活方面，他根本没有受过任何教育（在大学里，谁会教他如何对待情欲、女人和家庭呢？），用体育比赛的话说，他又回到了起点——或者像我写书时提出的，回到了平衡的原点。赫索格的迷惑太放肆。是的，可他又能怎样呢？有时，他借助于自己的喜剧感是能够做到自持的。最大的迷惑中也依然有一条通向灵魂的幽径。也许它很难被发现，因为在人生的中

---

① 门萨（MENSA）：一个专门吸收高智商者为会员的组织，1946年成立于英国。

途，周围已是杂草丛生，其根源便是我们所说的我们的教育。然而，那条幽径一直就在那儿，我们要做的事情就是保持它的畅通，以接近我们内 17
心的最深处——接近我们的内心对一种更高层次的意识的清醒认识。我们借助于它做出最终判断，把一切理出头绪。这种意识有着不受历史噪音和我们当下环境干扰的力量，它的独立性便是人生奋斗的真谛。心灵为了找到并固守自己的地盘，要同各种敌对势力抗衡，这些势力有时表现为否认心灵的真实存在，并且看起来确实经常想把它彻底干掉。

19世纪的浪漫诗人和一些好为人师的理论家，在一件事上搞错了——诗人和小说家从来不是人类的立法者和导师。如果必须把艺术家的事业解释成有目的的，那么诗人——艺术家——应当赋予人类新的眼光，使他们能够从不同的角度认识这个世界，转变僵化的经验模式，这就堪称雄心大志了。训练有素的无知在无情地四处蔓延，以及不良思想的膨胀，使艺术家的这项事业举步维艰。若是还事物以本来面目，我们是生活在一个思想世界中，而思维的运行确实糟得很。因此，艺术家，无论他是否把自己视为知识分子，都被卷入了思想斗争。思维本身永远不能治愈他的痛苦，任何一个艺术家都应该感谢朴素的魅力，这使他无需苦心思索。在我看来，大学一向是个卸去伪装的地方，我在摈弃不良思想的艰巨工作中，可以从这儿找到帮助。正是在大学中，我开始了对现代意识形态的研习，资本主义和马克思主义、心理学、社会理论和历史理论，当然还有哲学（包括逻辑实证主义、自然主义和存在主义，等等）。我甩掉多余之物，使自己的精神机体恢复呼吸能力，我维护植根于生活的朴素，但我从不把大学看作逃避“外部世界”的圣殿和避难所。远离喧嚣的大都市，在一个刻板的学术村落里过日子，对我来说是一种折磨。所以，我从来不是“激进的”中欧小说家所称的“校园作家”。恰恰相反，我训练自己去辨识激进派和右派那些变化无穷的话题，这使我能够（不是什么令人羡慕的技能）嗅出百年来革命词藻散发出的那种未经处理的污浊恶臭，或从另一个方向分辨出最近戈尔·维达尔“原创的”地缘政治学不过就是赫斯特的《星期日副刊》的“黄祸”主题，

18 其气味并不比20世纪30年代更令人愉快。在这极具煽动性的“激进”作家的狂暴姿态中，根本就没有什么新鲜东西。倘若他们也能拿出自己的观点，大学就保不住在知识生活中的垄断地位了。

布卢姆教授的核心观点是，在一个受舆论控制的社会里，大学过去一直充当着思想自由的岛屿，所有的观点都能无拘无束地进行研究，慷慨大度的自由民主制度使其成为可能。但是，由于大家都想让大学在社会上扮演积极的或“正面的”参与角色，这使它淹没在了社会“问题”的逆流之中。全神贯注于健康、性、种族和战争问题的学术界名利双收，大学成了社会的概念仓库，常常起着有害的作用。针对通识教育提出的任何改革都是难以想象的，它有可能使大学陷入与全美国的对立之中。“圈内人”的欲望和动机日益变得跟“圈外人”一模一样。这就是我对布卢姆的言论的理解，如果他只是说了些有争议的话，那么对它置之不理很容易。本书之所以成为一部极为严肃的著作，在于它不但有论证，而且伴有对历史背景的准确说明。他运用对政治学说令人赞叹的把握，揭示了这一切是如何发生的，现代民主源自何处，马基雅维利、霍布斯、洛克、卢梭和另一些启蒙哲学家的意图及其得失。

左右两派的争论在过去十年里变得异常火爆，让文明对话的习惯受到讪笑。对手们似乎不再倾听对方的意见了。如果聪明的对手只因兴趣索然而不读布卢姆教授这本书，那将是非常遗憾的。该书的陈述十分重要，值得细细研究。无论人们是否同意它的结论，它提供了一个不可或缺的讨论指南。它不仅是对传统的概述，也是一份表述得十分清晰准确的历史大纲，是对民主美国高层次精神生活的发展值得信赖的概述。

索尔·贝娄

前　言 19

这本书，作为对我们的心灵、尤其是年轻人的心灵以及他们所受教育的沉思，是从一个教师的视角写成的。这是个得天独厚的视角，虽然它有很多局限，包含着危险的诱惑。教师，特别是从事通识教育的教师，必须始终盯住人类完美的目标，同时也要把握自己眼前的学生的禀赋。他得不断地认识前者，评估后者达到这个目标的能力。关注年轻人，摸清他们的渴望和领悟能力，是这一行的本质。必须探测和找出这些渴望。不能对切实的需求做出回应，就算不上真正的教育；缺了这一条，再多的收获也无足挂齿。每一代人的状况，要从他们与人类的永恒关切的关系中才能找到，而这种关切又能从每一代人的情趣、娱乐尤其是愤怒（这在以冷静自觉而著称的年代尤为真切）中找到。尤其能够揭示真相的就是专门勾引年轻人的各路骗子。这些文化贩子有着投年轻人所好的强烈动机——所以他们也是引导我们进入时代精神迷宫的有益向导。

教师的观点不是随便想出来的。它既不完全取决于学生想成为什么人或他此时此地恰好成了什么人，也不屈从于特定的社会需求或变幻无常的市场。人们费了很大力气，想证明教师一向只是这些力量的代 20
理，但事实上不管他愿意与否，他都是受一种意识或预见的引导，他认为确实存在着某种人的天性，他以帮助实现这种天性为己任。他不是用抽象思维或复杂的推理做到这一点，而是从学生的目光中看到它的。学生只有潜能，但潜能可以超越自身，这就是希望的源泉，虽然几乎总是让人失望，但这种希望仍在不断复活：人并非全然是偶然的产物，被他出生时的特定洞穴束缚和塑造。助产术认为，一个鲜活的婴儿降生人间，不是因为有助产士，而是出于自然。用它来描述教育过程要比“社会化”一词强多了。一个健壮孩子不靠助产士的帮助而诞生，是老师的真正欢乐。这种喜悦对他的激励作用远大于任何乏味的道德责任感，他的基本经验是，沉思要比任何行动更使人满足。凡是真正的老师都不会怀疑，自己的使命是帮助学生抑制世俗和偏见的扭曲力量，使人性臻于完美。对人类天性的洞察力有可能受到遮蔽，教师多少也有一定的局限性，但他的行为是由他本身以外的因素引发的，同时也为他提供了评判学生能力和成就的标准。另外，没有哪个真正的教师在实践中不相信心灵的存在，以及通过授课影响心灵的魔力。所以，老师们肯定认为，在教育起步时，或许要从外部对心灵给以奖惩，以便给它注入活力。但说到底这种活力是它自身的收获，它是自给自足的。

这有助于解释一个成年人愿意跟青年而不是同辈相处的怪癖。他喜欢充满希望的“或然”胜过喜欢有缺陷的“实然”。这个成年人会受到很多诱惑——尤其是虚荣和夸夸其谈而不传授知识的欲望；这种活动也具有重讲课轻求知的危险，即迎合学生，只教那些他们能学或愿学的东西，只用学生的眼光来认识自己。

由此可见，教育能威胁到哲学，因为哲学思考是孤独者的探索，追求它的人切不可盯着听众。但是，要求所有的老师都成为哲学家，那是
21 太过分了；多少附和一下听众也在所难免。只要有所防范，坏事也能变好事，能鼓励哲学思考。对学生着迷，可以使老师认识心灵的不同类型，认识他们的学习能力以及把握真理和谬误的能力。这种经验是探讨“人是什么”这个大问题的前提条件，它关系到与人的低级日常需求相对的最高志向。

通识教育的确切含义是，它帮助学生对自己提出这个问题，让他们

明白答案既非一目了然，亦非无从寻觅；不去持续地关注这个问题，严肃的生活就无从谈起。尽管旁门左道应有尽有（本书会讨论其中的一部分），但每一个年轻人提出的“我是谁？”的问题，以及我们人人内心固有的遵从阿波罗神殿上的神谕“认识你自己”的强烈冲动，都意味着“人是什么”是个第一位的问题。我们长期缺乏确切的答案，所以才去了解各种可供选择的答案，并对它们进行思考。通识教育使我们得以了解这些选择，其中很多有悖于我们的天性和我们的时代。受过通识教育的人能够抵制那些唾手可得和受人追捧的答案，这并不是因为他固执己见，而是因为他知道另一些答案更值得考虑。相信书本知识就是教育的全部固然愚蠢，但书本知识总是不可缺少的，在一个高尚人格缺少活榜样的时代，就更是如此。书本知识是教师所能给予的大部分——但要在一种与生活有着合理关系的气氛中适当地加以调理。他的学生得面对生活。他的最大愿望就是他所传授的东西与生活息息相通。大多数学生会满足于我们的现状所看重的事情；还有一些人会怀有热情，他们因为家庭和个人志向而另有所求，这种热情也就靠边站了；只有极少数人会献身于追求独立精神。通识教育就是专为最后这些人而存在的。他们会成为人类运用自己的伟大才智的典范，从而也能使我们大家受益，这并不取决于他们做了些什么，而取决于他们是什么人。缺了他们（也许应该补充说，缺了他们值得敬重的表现），没有哪个社会能被称为文明社会，不管它多么富裕，多么舒适，也不管它有多么精湛的技术或多么温情脉脉。

可以理解，我是从教师的角度用三十多年的时间怀着浓厚的兴趣观察学生，倾听他们的观点。他们怀着激情、好奇、渴望，尤其是早年的
经历带给高等教育的一切，都已发生了变化；教育他们的任务也随之发 22
生了变化。我在这本书里希望能为理解这代人做出一些贡献。我不想说教；我既不想做盲目的乐天派，也不想杞人忧天。这本书首先应当被视为发自前线的报道。读者可以自己去判断事态的严重性。每个时代都有自己的问题，我不认为过去的一切都很精彩。我描述了我们现在的处

境，我不打算与过去做任何比较，以此来赞扬或贬低我们自己，我只是想阐明什么对我们有价值，以及我们的处境有何特点。

关于这项研究的“样本”，在此聊缀数语。它是由数千名学生组成的，他们有着较高的智商，物质优裕，思想自由，在他们有幸成为大学生的几年里，几乎可以做他们想做的一切——总之，他们是就读于美国最好的二十或三十所大学的学生。还有各种类型的学生因为这样那样的环境限制，不能自由选择接受通识教育。他们有着自己的需求，而且很可能有着非常不同于我这里所描写的性格。我的样本不管有什么局限性，也有其优点，它集中体现了那些最有可能利用通识教育的优势，从道德和思想上对国民发挥最大影响的学生。时常有人说，这些处境优越的年轻人不需要我们过多的关注和资源投入，他们拥有的东西已经够多了。可是切莫忘了，他们最需要教育，因为最伟大的才智是最难获得的，而且，天性越复杂，就越容易堕落。

教育的重要性是无需证明的，但也应当指出，对于从各方面运用理性超过了历史上的任何国家，并且以此作为基础的现代国家来说，作为理性家园的大学的危机，也许是它们面对的最深刻危机。

这本书凝聚了我对一生教学经验的思考。我的职业生涯异常幸福，每念及此，感激之情油然而生。所以我得感谢自己的全部经历而不只是这本书所得到的帮助。首先得感谢我的全体学生，他们使我有幸在三十多年里讲授经典文献，尤其是那些我逐渐熟稔了的学生，透过他们，我对这里讨论的问题有了深入的了解。

23 他们中间有些过去的学生，如今已是十分独立的思想家和我的朋友了，他们向我讲述自己的经验和观察，帮我理清了思路，他们是：布鲁内尔（Christopher J. Bruell）、弗拉德金（Hillel G. Fradkin）、尼科尔斯（James H. Nichols Jr.）、奥温（Clifford Orwin）、潘格尔（Thomas L. Pangle）、舒尔斯基（Abram N. Shulsky）、塔科夫夫妇（Nathan and Susan Tarcov）。尤其是博洛廷（David S. Bolotin），他对我的主题做出回应，并且让我对它的严肃性有了信心。他们中的每一个人都以其独特的方式激励和诱导着我的热情。吴(Michael Z. Wu)以其敏锐的见解和批判精神给了我极大的帮助。

在同我一起教学和探讨问题的同事中间,我得提及索尔·贝娄和唐豪瑟(Werner J. Dannhauser)。前者以其特有的豁达心胸,深入了解我的思想,鼓励我在过去从未涉足的道路上走下去;后者一直是我成年后的思想伴侣,他一如既往地阅读我的手稿,透彻的眼光和真诚都让我受益匪浅。

在编定手稿的过程中,切尔尼克(Judy Chernick)、德诺夫(Terse Denov)和阿伦森(Erica Aronson)令人放心地投入工作,就像忠贞不二的朋友一样,他们使图书生产过程中最乏味的阶段也变得令人兴奋。我同自己的编辑、西蒙舒斯特出版公司的亚沙纳(Robert Asahina)以及朱利亚出版社的弗洛斯(Berdard de Fallois)也相处愉快,他们先是敦促我写这本书,然后又花费大量时间进行编辑,远远超出了我的想象。埃尔哈特基金会(The Earhart Foundation)和奥林基金会(John M. Olin Foundation)长期资助我的教学和研究,在此对它们的官员深表谢意。

最后,我要向辛德勒(Allan P. Sindler)表达敬意,他为我树立了一个无私的大学教师的榜样。他用一生的品行证明,干事业依然可能,而且是值得的。

我必须申明,而且不是为了走形式,我提到这些人,绝非暗示他们赞同我的观点。

艾伦·布卢姆

芝加哥,1986年5月

导言:我们的美德 25

大学教授绝对有把握的一件事是:几乎每一个进入大学的学生都相信,或自称他们相信,真理是相对的。倘若测试一下这个信念的真伪,你不难预期学生的反应:他们并不理解它的含义。如果你说,任何人都不应把它视为一个不证自明的命题,这会让他大为惊讶,就像要求他对2+2=4提出质疑一样。这是你从未反思过的事情。学生的背景千差万别,此乃美国的国情使然。有人信教,有人信无神论;有人倾向于左派,有人倾向于右派;有人想当科学家,有人想成为人文学者、专业人士或商人;有人穷,有人富。把他们统一在一起的只有相对主义和他们对平等的忠诚。这两者在一种道德意图中相互关联。真理的相对性不是一种理论观点,而是一种道德要求,是自由社会存在的条件,至少他们是这样认为的。他们早就形成了这种思维模式,它已经成了美国自由社会的传统基石——不可让渡的自然权利——的现代替代品。学生把这视为一个道德问题,这可以从他们受到诘问时对问题的回答中看出,它混杂着不信任和愤慨:“你是个绝对主义者吧?”他们知道的唯一的另一种回答是——但口气不变——“你是个君主主义者吧?”或“你居然相信有女巫?”后面的问题会让人义愤填膺,因为相信有女巫的人很有可能是个政治迫害者或宗教判官。他们被教会了要对绝对主义带来的危险加以警惕,但这种危险不是谬误,而是不宽容。相对主义是开放的必要条件; 26

这是一种美德，也是我们的基础教育五十多年来不断灌输的唯一美德。开放性——当它面对各种真理的主张、各种生活方式和各种人时，相对主义使它成了貌似有理的唯一态度——是我们这个时代的伟大见解。真诚的信徒是真正的危险。历史和文化研究告诉我们，过去的整个世界都很疯狂；人们总是自以为一贯正确，于是才产生了战争、迫害、奴役、仇外、种族主义和大国沙文主义。关键不在于纠正错误，做到真正正确，而在于不要认为自己完全正确。

当然，学生们不能替自己的看法进行辩解。他们一向就是这样被灌输的。他们顶多能够罗列出所有现成的观点和文化，然后说，不管是我还是别的什么人，有什么权利对它们说三道四？如果我搬出一些旨在反驳他们、促使他们思考的老套话，诸如："如果你是驻印度的英国行政长官，你会让受自己管辖的当地人在亡夫的葬礼上烧死遗孀吗？"他们要么一声不吭，要么会说，英国人本来就不该到那种地方去嘛。这不是因为他们对外国或自己的国家很了解。他们所接受的教育的宗旨不是让他们成为学者，而是为他们提供一种美德——开放。

每一种教育体制都有它所要达成的道德目标，这影响着它的课程设置。它要培养特定类型的人。这种意图大体上很明确，而且大体上是深思熟虑的结果；但是，即使那些中性的课程，例如阅读、写作和算术，也会对受教育者的眼光有一定影响。有些国家的目标是培养虔诚的人，有些国家是要培养好战的人，还有些国家是要培养勤劳的人。政体一向十分重要，它需要与它的基本原则相符的公民。贵族政治需要绅士，寡头政治需要崇尚和追逐金钱的人，而民主政治需要的是热爱平等的人。民主教育，不管它承认与否，需要培养一批喜欢民主、了解民主、性格有利于民主的男男女女。纵观我们共和国的历史，关于哪一种类型的人最
27 适合我们的政体的观点显然一直在变。最初的楷模是理性勤勉之人，他诚信守法，忠于家庭（他自己的家庭——后因衰败而被称为核心家庭）。最重要的事情是，他得了解权利教义；了解体现这种教义的宪法；了解美国的历史，它讲述并颂扬了一个国家的创立，这个国家"孕育于自由，

致力于实现人人生来平等的信念”。要强烈信奉《独立宣言》——它措辞得体,诉诸每个人的理性——的文字和精神实质,这就是培养民主人的教育目标。这种教育所要求的事情,跟传统社会需要的信仰类型迥然不同,在传统社会里,神话、激情、严明的纪律、权威和大家庭培养出的本能的、绝对的、甚至是狂热的爱国主义,它不同于美国所要求的那种基于思考的、理性冷静的甚至是出于自利的忠诚——它不是对祖国的忠诚,而是对政府形式及其理性原则的忠诚。这是一项全新的政治试验,由此也产生了一种新式教育。在过去的半个世纪里,这种教育从培养民主人演化成了培养民主人格。

人们对于做个美国人意味着什么的理解已经发生了变化,从中很容易看到以上两种教育的明显差别。老看法是,人们通过承认和接受人的自然权利,建立了统一和共性的基础。自然权利给人们带来共同利益,使他们成为真正的弟兄,沐浴在自然权利的阳光之下,阶级、种族、宗教、族裔或文化就会消失或变得模糊不清。移民必须把旧世界的主张抛到脑后,转向一种很容易获得的新型教育。这未必意味着抛弃旧的日常习惯或信仰,但它意味着服从新的原则。结果出现了天性同质化的趋势,即使不能把它称为必然。

近年来的开放教育摈弃了上述一切。它不关注自然权利或我们政体的历史起源,人们现在认为,这是一种有着根本缺陷的落后政体。开放型的教育是进步的,是向前看的。它不要求基本的一致,也不要求放弃新旧信念去支持自然信念。它向各色人等、各类生活方式、所有的意识形态敞开大门。除了对一切都不开放的人以外,它没有敌人。但是,如果没有公共利益的共同目标或观念,社会契约还能存在吗?

从自由主义思想刚一出现时起,就有一种向着消除歧视的自由发 28
展的趋势。霍布斯和洛克,以及追随他们的美国缔造者,试图缓和极端信仰,尤其是那些能引起内乱的宗教信仰。各派成员都必须服从法律,忠于宪政;只要他们做到这些,外人就只能让他们自行其是,不管他们的信仰多么令人讨厌。为使这种安排奏效,必须做出自觉的——即使不是公开的——努力弱化宗教信仰，办法之一便是把它转移到与认知领域相反的意见领域——这也是在认识论上做出巨大努力的结果。但是信仰自由的权利属于知识领域，不能把这种权利也当作意见看。在这件事上不可以削弱信念的力量。恰恰相反，在民主国家，权利领域是道德激情的竞技场。

只有让各种主张同道德和政治知识相契合，才有可能扩大无需遵守社会和政治法则的活动空间。人们贪图随心所欲过日子的自由，这种欲望因现代民主思想的这个方面而变本加厉。最后好像出现了这样一种局面：充分的自由只有在不存在这种道德和政治知识时才有可能获得。削弱压迫者最有效的办法是让他们相信自己对善一无所知。激进的民主理论引起的激情专横跋扈，最终也将受到限制。人世间没有绝对之物；但自由是绝对的。结果便是，为自由辩护的论证消失了，同时所有的信念也开始变得软弱，而起初这应该仅限于宗教信仰。

从权利转向开放的渐进运动是显而易见的。譬如，霍姆斯大法官正式宣布，他不再追求一种用以判定民主社会哪些言论或行为不可容忍的准则，而要代之以一种不确定的、没有实际意义的标准——显见的现实危险。这种准则的意图无非是把维持公共秩序作为唯一的共同利益。他的观点背后隐藏着一种乐观主义的进步观：民主原则的彻底衰败和重返野蛮状态是不可能的；孤立无援的真理在观念的大卖场上总能凯歌高奏。建国者们并没有这样的乐观态度，他们坚信必须不断重新检讨
29 民主政府的原则，向它虚心求教，即使得到结果对于某些观点来说过于严酷；有些结果尚可容忍，但并不可敬，有些则完全属于被禁之列。按他们的思路，对不宽容不应当给予宽容。除非能够证明存在着显见的现实危险，不应限制人们的任何自由表达——这种观点在林肯那里就行不通，因为他坚持认为平等的原则不能妥协，它不取决于人民的选择或选举，而是他们能够参与选举的大前提，在黑奴问题上不能奉行人民主权论，即便它能让我们避免血腥内战这一显见的现实危险。

然而，开放思想最终战胜了自然权利，这部分是凭借理论批判，部

分是因为对自然最后限制的政治反叛。公民教育不再以立国原则为核心,而是转向以历史和社会科学为基础的开放思想。甚至出现了一种普遍趋势,它诋毁立国原则,试图证明起点就有毛病,以便允许对新事物有更大的开放性。在比尔德的马克思主义中初露端倪的东西，到了卡尔·贝克尔的历史主义那儿便已成了常规。立国之父被人指责为种族主义者、印第安人的谋杀者和阶级利益的附庸,我们在听到这些话时已经见怪不怪了。我上大学时曾经问过我的第一位历史学教授,一个非常著名的学者,他给我们描绘的乔治·华盛顿是否会造成让我们鄙视自己政体的后果。“根本不会”,他说,“这不取决于个人,而是取决于我们拥有良好的民主价值观。”我答道:“可是你刚才还告诉我们,华盛顿只是在利用这些价值观促进弗吉尼亚财主的利益。”这让他很恼火,但事情也就到此为止。他满足于一种高尚的信念:民主价值观是历史运动的一部分,不需要他进行说明或辩解。他可以怀着一种道德信念继续从事自己的历史研究——他的研究将导致更大的开放,从而导致更多的民主。我们刚刚领教过法西斯主义的教训和民主的脆弱，但这对他没有丝毫影响。

没有自然权利的自由主义——我们知道它来自约翰·斯图尔特·密尔和约翰·杜威——教导我们,我们面临的唯一危险,就是对新兴事物、新鲜事物和进步现象视而不见。何必去关注那些基本原则或促使人们 30
据之生活的美德呢?用现在的流行语言说,公民教育被忽略了。自由主义的这种变化使我们对文化相对主义以及价值与事实的分离——它有可能进一步推进前一种观点,赋予它更大的精神威力——做好了准备。

历史和社会科学被用来克服偏见,采用的方式应有尽有。我们不应该有“民族中心论”的观点,这是一个从人类学搬来的术语,它使我们对开放的意义有了更多的理解。我们不应该认为自己的做法比别人高明。这样说的主要意图不是想让学生了解彼时彼地发生的事情，而是想让他们明白,他们的选择只是一时一地的偶然事件。他们的信仰不会让他们有资格认为自己比别人优越,无论是作为个人还是作为民族集体。罗尔斯简直就是这种趋势的应声虫，他为了说服别人而写下的东西蔚为大观，他提出一种政体方案，促请人们不要蔑视任何人。他在《正义论》中写道，物理学家或诗人不可轻看一生蝇营狗苟或从事轻薄、下贱活动的人。他确实应该受到尊重，因为别人的尊重不同于自尊，它是每个人的基本需要。所以，一视同仁是一条道德律令，因为它与歧视相对立。这种蠢话意味着，不应当让人们去寻找人类的本然之善，就算找到了也不应当加以推崇，因为这种发现也伴随着对恶和相应的鄙视态度的发现。本能和智识必须有教育来加以抑制。自然灵魂应以人造灵魂取而代之。

这种道德变化的根源是，美国社会的男男女女有着形形色色的民族、宗教和种族背景，他们中间有许多人因为属于这些群体而受到恶劣的对待。富兰克林·罗斯福宣称，我们需要一个“不忽略任何人的社会”。自然权利是我们政体中的固有内容，完全适合于解决这个问题，只要这些局外人为自己坚持要求这些权利就成（也就是说，他们通过坚持这些权利而成为局内人），但这仍不能满足那些影响我们教育的思想家，因为投票权和其他政治权利不会自动带来社会承认。法律的平等保护并不能使犹太人、意大利后裔或黑人免遭轻视和仇恨。

对这一问题的反应，首先表现为拒斥这样的观点：外来者必须放弃
31 自己的“文化”个性，使自己成为享受自然权利的普遍而抽象的存在，不然他就只能生存在社会的边缘；其次是对多数人把一种“文化”生活强加给宪法并不关心的民族而感到愤怒。开放的目的便是给这些“群体”或“少数”提供一个可敬的位置——把它从那些不值得给予这种尊重的人那里夺回来；削弱占统治地位的多数人（近来他们被越来越多地称为“优势派”①，这个说法的风行表明了社会学在解释族群意识上取得了一定成功）的优越感。占统治地位的多数人赋予国家一种优势文化，包括他们的传统、文化、品位、了解和监督语言使用的特殊权利以及他们的

① “WASPs”的音译。这个缩略词来自“Anglo-Saxon Protestants”，意思是“盎格鲁—萨克逊族裔的新教徒”，他们在美国社会一般属于上层。

新教信仰。20世纪美国政治思想和社会科学的很多知识机构的成立,都是以诋毁这个多数为宗旨。它们把立国原则视为障碍,并且试图推翻我们的另一种政治遗产——多数原则,鼓吹一个由遵循自己的信仰和意愿的少数派和族群组成的国家。具体说来,知识界的少数派期望提高自身地位,把自己视为其他所有人的卫士和代言人。

立国之本中尊重少数的意图被如此颠倒,真是令人惊愕。美国的缔造者认为,少数一般来说不是好事,他们跟宗派差不多,是不顾公益的自私团体。与早先的政治思想家不同,他们对压制宗派、通过教育形成统一的、同质性的公民社会不抱希望,所以他们建立了一种精巧的机制,包容宗派但让他们相互抵消,使人们能够追求共同的利益。这种共同利益仍然是他们头脑中的指导思想,虽然它是通过包容宗派实现的,不像古典政治思想那样直接。这些建国者希望让国民的多数关心基本权利,这样可以防止多数用自己的权力去践踏这些基本权利。然而,在20世纪的社会科学中,共同利益已不知去向,对少数的否定性意见也随之消失了。为了保护少数,连“多数”——现在被理解为私利——这个概
念也被取消了。这打破了宪政思想中多数与少数之间的微妙平衡。在这 32
种看不见公益的视野里,少数不成其为问题,保护它们便成了政府的核心职能。这会导致什么结果,可以在——举例来说——罗伯特·达尔的《民主理论的前言》中清楚地看到。比起那些不太热心的人,真正热心的个人或群体,应当为他们的“热情”或“担当”——这是代替了理性的新的政治理由——而得到特殊的关注和权利。建国之父希望减少和阻止狂热,达尔却给予鼓励。

这种少数论对于所有的人,无论他是反动分子还是进步分子,对于20世纪20和30年代那些仍然不接受宪法强加的政治解决方案的人,有着巨大的感召力。反动分子不喜欢看到阶级特权和宗教体制受压制。出于不同的原因,他们根本不能接受平等的观念。南方人非常清楚,宪法的核心是对平等的道德信仰,所以它谴责对黑人的隔离制度。宪法不仅是一套统治规则,而且有着在整个合众国实现一种道德秩序的内涵。南

方的作家和史学家对美国人看待自身历史的观点一向有着强大的影响，这一点尚未引起足够的注意。他们相当成功地把自己的"独特风俗"描绘成一种受到宪法蔑视的、具有迷人的多样性和个性的文化的一部分。他们为了给自己的生活方式做出合乎现代的辩解，恰好需要开放的理想和消除民族中心论，以免受到那些要求与固守家园者享有平等权利的外来者的侵扰。南方人对所谓宪法无效的浪漫描述，以及他们对"大众社会"的敌视——它充斥着技术、金钱至上的生活方式和自私的个人，这使牢固的有机共同体受到了破坏——对各种政治色彩的不满都有吸引力。20世纪60年代的新左派所宣扬的意识形态，与过去为保护南方的习俗免受宪法权利和联邦政府落实这种权利的权力的威胁而提出的意识形态如出一辙。这是左派和右派为反对所谓"资产阶级社会"的自由民主而结成的古老联盟。

20世纪20和30年代的进步派不赞成宪法保护私人财产以及它对多数意志及人们按自己喜欢的方式生活所做的限制。对他们而言，平等走
33 得还不够远。斯大林主义者也发现，把民主定义为开放性对他们有好处。美国宪法和苏联的理论与实践完全是南辕北辙。但是，如果民主意味着无限制的开放，对其他文化的尊重不允许根据自然权利对苏联的现实进行教条主义的指责，那么他们的生活方式说不定哪天就会变成我们的生活方式。我仍记得上小学时用过的历史教科书，光洁的精美纸张印着一些新图片，展示令人向往的集体农庄，那里的农民一起工作和生活，没有利润动机。（孩子们不懂得这些问题，但他们很容易接受宣传。）这跟我们的生活方式大相径庭，但是我们并不了解它，仅仅是根据我们的文化偏见对它做出反应。

认为美国很褊狭的性冒险家玛格丽特·米德等人对我们说，我们不仅必须了解其他文化，学会尊重它们，而且能够从中获益匪浅。我们可以追随它们，放松自己，从我们的禁忌不仅仅是一种社会约束的观点中解脱出来。我们可以到文化集市上逛逛，给受到清教负罪感压抑的个人偏好找到增援。所有这些倡导开放的导师们，对《独立宣言》和宪法要么

不感兴趣，要么积极地予以反对。

民权运动为这种思想变化提供了极好的例子。运动之初，几乎所有的重要领袖，不管他们的策略和性情有何差别，都依靠《独立宣言》和宪法。他们不但能够谴责白人极端不公，而且能指责他们违背了他们自己最神圣的宗旨。黑人是要求平等的真正美国人，这种平等是根据自然和政治权利而属于作为人的他们。这种态度暗含着对自然权利原则及其在宪政传统中的基本效用的坚定信念，这种传统虽然受到玷污，但长远的趋势仍是使那些原则得到落实。因此，他们通过国会和总统，尤其是司法系统，为实现这些原则而努力。相比之下，取代了传统的民权运动的"黑人权力"运动——除了虽然过分但可以理解的对自尊的强调和拒绝通过乞求获得承认之外——的核心观点是，宪政传统一直是腐败的，是为保护奴隶制而设立的。它要求的是黑人的身份认同，而不是普遍权利。重要的不是权利，而是权力。它坚持黑人应作为黑人，而不是单纯作为人得到尊重。

然而，宪法并没有允诺尊重黑人、白人、黄种人、天主教徒、新教徒 34
或犹太人。它所保证的是对个人权利给予保护。可是对于今天占多数的美国人来说，这已经证明是远远不够的。

这种状况给美国青年的教育造成的后果是，他们对美国历史和那些一向被视为美国英雄的历史人物了解更少了。这是他们带进大学的跟他们的生活有关的少数知识之一。但是，除了学到一些有关其他民族和文化的零散事实以及一些社会科学套话之外，他们缺少任何系统的知识。这没有多少意义，一方面是因为没有人关心要想把另一些地方和时代的精神传达给年轻人时需要做些什么，另一方面是因为学生看不到这跟他们未来的生活和情感有什么关系。在受这种教育灌输的年轻人中间，渴望全面了解中国、罗马或犹太人的人如同凤毛麟角。

恰恰相反。人们对这些事漠不关心，因为相对主义泯灭了教育和追求美好生活的原动力。美国年轻人对外国的了解和兴趣越来越少。过去还有很多学生真正了解并热爱英国、法国、德国和意大利这些国家，因为他们梦想去那里生活，认为学习它们的语言和文学会使自己的生活更有趣。这样的学生几乎消失不见了，取而代之的顶多是那些对第三世界国家的政治问题感兴趣，想帮助它们实现现代化的学生，当然，他们对这些国家的古老文化也给予充分的尊重。这不是在向别人学习，而是一种屈尊，一种伪装的新帝国主义。这就是“和平队”的精神，它不是鼓励学习，而是一种世俗版的施恩。

实际上，开放导致了美国的固步自封——美国之外的世界呈现出单调的多样性，它顶多让人了解到价值是相对的，而我们这里创造着我们想要的各种生活方式。我们的开放意味着我们不需要别人。可见，大肆张扬的大开放其实是大封闭。再也没有人希望其他地方和其他时代还存在着能够揭示生活真谛的伟大智者——除了少数仅存的年轻人还在从权威那里寻求捷径。马基雅维利尽力从每天的忙碌中抽出几个小
35 时，“穿上堂皇气派的服装，进入古人的殿堂与他们对话”，这种真实的历史感已经死了。

所有那些推行新式教程的人都跟这种历史感无关。他们看重的是鼓吹接受不同的生活方式，却毫不关心它们的真实内容。当天主教徒和新教徒相互猜疑、相互仇视时，那未必是美国最美好的时光，但他们至少能严肃对待自己的信仰，他们努力获得的多少令人满意的生活状态，不是漠视自己心灵的结果。实际上，今天的美国青年只有一种不切实际的意识，即存在着多种文化；以及从这种意识中产生的甜美道德观：大家应该和睦相处，何必争来争去。在1980年伊朗危机期间，一位人质的母亲很好地表达了我们当今的教育原则。她不顾自己国家的政府明确表达的要在那个星期营救人质的意志，到伊朗去恳求释放她的儿子。她为自己的行为辩护说，母亲有救自己儿子的权利，也有学习新文化的权利。这是两项基本权利，她这次旅行使她一箭双雕。

实际上，在四十年前的美国也许更容易面对文化差异的问题。我读大学时，有个年轻的密西西比人，随弗吉尼亚大学辩论队来访期间在我的宿舍暂住了几天。这是我第一次遇到一个聪明的、受过教育的南方

人。他给我解释了黑人的下贱,为种族隔离辩护,认为这一切只是独特生活方式的一部分。他是个活泼可爱、让人着迷、健康的年轻人。但是他让我害怕,因为我仍然是个种族中心论者。我把自己的北方人信念看作普遍信念。“人各有命”这种哲理尚未完全得势。幸运的是,后来出现的美国文化的同质化使我们得以避免不愉快的对抗。现在,只有那些显然病态的下层人持有我这位年轻来访者的种族主义观点。南方人帮助革新了我们的文化理念,可是他们竭力保护的南方文化却消失了。

让年轻人思想开放的方法之一是让大学开设非西方文化的课程。
很多讲授这类课程的人都是真正的学者,热爱自己研究的领域,但是, 36
有许多可学和应当学的东西,却无人提出要求,也没有人提出增设哲学和宗教课的要求,所以我总是从上述要求中看到一种蛊惑人心的意图。要让学生认识到,世界上还有别的思维方式,西方人的方式并不优越。这再一次说明内容并不重要,重要的是开课。这种要求是建立一个世界共同体并培训其成员——没有偏见的人——的努力的一部分。但是,假如学生对任何非西方文明的精神真的有所了解(他们并没有做到这一点),他们就会发现,每一种文化都是民族中心论的。它们都认为自己的生活方式最好,别人的低劣。希罗多德告诉我们,波斯人认为自己是最好的,与他们毗邻的民族次之,与这些民族毗邻的又次之,同心圆离波斯中心越远,价值就越低。这就是民族中心论的定义。类似的现象无所不在,就像母子乱伦的禁令一样。

只有在西方国家,也就是在受希腊哲学影响的国家,存在着对按自己的方式认定善表示怀疑的某种意愿。人们应该从研究非西方文化的过程中得出这样的结论:不仅偏爱自己的生活方式,而且相信它是优于其他生活方式的最佳生活方式,是一种基本的、甚至自然的现象——这恰恰与要求学生学习其他文化的初衷相悖。我们实际做的事情就是在实践着一种西方的偏见——我们用它来悄悄表明自己文化的优越——并且毁掉了证明其他文化合理性的证据。对异域文化进行科学研究几乎是西方独有的现象,从源头上说,它显然跟寻求新的、更好的生活方式密切相关,或者至少希望证明我们的文化是一种较好的方式,而其他文化都没有感到有这样做的需要。如果我们打算向其他文化学习,我们就必须怀疑从事这种科学研究是不是一个好念头。逻辑上的一致性要求主张开放的教授尊重他们在各地发现的民族中心论或封闭性,然而,他们在抨击民族中心论时，实际上却在断言他们没有意识到自己的科学理解力的优越性，也没有意识到不承认这种优越性的另一些文化的
37 低级,同时又在拒绝赞成这种优越性的任何主张。他们对自己科学的优点既肯定又否定。他们面对的问题类似于帕斯卡在理性与神启的斗争中面对的问题,但缺少迫使他放弃科学转向信仰的思想妥协。

非西方文化的封闭性或民族中心论的理由十分清楚。为了保护自己,人必须热爱并忠实于自己的家庭和民族。只有当他们认为自己的东西很好,他们才能对它心满意足。父亲喜欢自己的孩子肯定胜过喜欢别的孩子,公民热爱自己的祖国也一定超过热爱别人的国家。这就是神话存在的原因——为这些归属感提供正当理由。人需要为自己找个位置,需要给自己定位的意见，那些强调根基重要性的人强烈地表达着这种愿望。与外来者和睦相处的问题,不如成为内部人,拥有自己的民族、文化和生活方式来得重要,有时甚至相互冲突。跟个人或民族的健康不相容才是极大的褊狭,而大开放的思想难免会让文化解体。把至善与一己之善牢牢地绑在一起,拒绝承认它们之间有差异,以及对一个民族有着特殊意义的宇宙观,这似乎构成了文化的前提。这才是让大学生学习非西方文化的真正结果,它使学生重新热爱自己的文化,远离使他们丧失文化归属感的科学。在这件事上,科学像是对文化的威胁,是一种动摇根基的危险诱惑。简言之,他们坠入了处在认知之善和文化之善之间的一个没有人迹的境地,把他们置于这种境地的,正是那些无力指导他们的教师。必须从别处寻求帮助。

就我们所知,最先谈到民族中心论问题的是希腊哲学家。对至善和本性、自然和习俗、正义和法律的区分,是这一思想运动的标志。他们把善同人类全部自然潜能的实现联系在一起，并且知道掌握这种实现方

法的民族少之又少。他们对善持开放态度。他们必须用不属于自己的善作为判断一己之善的标准。这是一桩危险的事业,因为它会削弱对一己之善的忠诚,从而也会削弱他们的民族,招致家人、朋友和同胞的愤怒。求善与忠诚之间的对立,给人生带来难以消解的紧张。但是,对至善的 38
认识和对拥有它的渴望,却是教化人类的无价之宝。

这是我们所理解的开放中包含的合理动机,当然它也有其他许多不太合理的动机。人若想成为完全的人,他不能只满足于自己的文化给予的东西,这就是柏拉图在《理想国》中通过洞穴影像和把我们描绘成洞穴囚徒所要表达的意思。文化就是洞穴。他没有建议人们走向其他文化以克服洞穴的局限。自然本性应该成为我们判断自己生活和其他民族生活的标准。最重要的人文学科是哲学而非历史学或人类学,原因便在这里。完全是由于一种教条主义观念——它认为思想受文化制约,不存在什么自然本性——才使我们的教育者确信,摆脱我们的时代和环境限制的不二法门,就是学习其他民族的文化。根据希腊人的理解,历史学和人类学的作用仅在于探寻过去和其他民族为发现自然本性做出的贡献。历史学家和人类学家要对不同的民族及其风俗进行检验并超越它们,就像苏格拉底对待个人一样。这些科学家比他们的研究对象站得高,因为他们在别人拒绝看到问题的地方看到了问题,并致力于寻求解决的办法。他们希望获得评价自己和他人的能力。

这种观点,尤其是为找到评价标准而认识自然本性的需要,令人遗憾地被我们的人文学科丢弃了,无论它们喜欢与否,这解释了我前面指出的那些困境和矛盾。它们居然想采用为使我们摆脱文化而发明出来的工具把我们塑造成文化人。开放曾经是使我们能够运用理性去寻求善的美德,现在却意味着接受一切,否认理性的力量。毫无节制、不加思考地追求开放,无视开放作为一种自然目标所固有的政治、社会和文化问题,使开放变得毫无意义。文化相对主义同时摧毁了一己之善和至善。西方最典型的特征是科学,具体而言,是被理解为追求认识自然从而贬抑风俗——即文化,或被理解为文化的西方——的科学,它提倡运

用理性这一全人类共同拥有的独特能力去认识作为人的每一个人都能
39 认识的东西。科学力求理解人类处境的最新尝试——文化相对主义、历史主义和事实与价值之分——是科学的自杀。文化,其实就是封闭性,成了至高无上的主宰。我们是在教导人们向着封闭性开放。

文化相对主义成功摧毁了西方的普世主张或知识帝国主义的主张,不过是把它作为另一种文化丢在一边。于是文化共和国里也出现了平等。但是不幸得很,西方的特色就是它需要为自己的生活方式或价值观辩护,它需要发现自然,它需要哲学和科学。这是它的文化天命。剥夺了它,西方社会就会崩溃。美国这个国家是追求符合自然的美好生活所取得的登峰造极的成就。它能够建立自己的政治结构,是因为它运用自然权利的理性原则去塑造一个民族,从而把一己之善与至善统一起来。或者换个角度说,这里建立的政体允许理性享有不受限制的自由——不是不加区别地给予一切事情自由,而是只给予理性。它是使其他自由具有正当性的本质自由,只有以它为基础,并且为了它,许多越轨行为才可以容忍。否认理性特权的开放切断了维持这种政体的机制不断运转的源流。这种政体与所有对立的主张截然相反,是为克服民族中心论而建立的,它全然不是社会科学的新发现。

有必要强调,学生从他们的学习中获得的教训根本就不对头。历史学和文化研究并没有教导或证明价值观和文化是相对的。恰恰相反,它只是如今被我们带入这种研究的一个哲学前提。它未经证明就被武断地肯定,这主要是出于政治原因。先根据它去解释历史和文化,然后又说证明了这个前提。无论如何,不同的时代和地方有着不同的善恶观这个事实,并不能证明这些善恶观没有真伪之分、高下之别。说它做出了这样的证明,就像说大学里七嘴八舌的聊天会证明了真理并不存在一样荒唐。面对这个事实,不同的观点似乎更能引起孰真孰假或孰对孰错的问题,而不是把这个问题一笔勾销。自然的反应是尽力解决分歧,检验每一种观点的主张和理由。

只有那种不顾历史、不讲人性的信念,即人们持有某种意见毫无缘

由,才会阻止人们开展这种令人兴奋的活动。个人和民族总是认为自己 40
有理,可以说,历史学家和社会科学家最重要的责任就是阐明和检验这些理由。人们一向知道,存在着很多相互矛盾的有关善的观点,对持有这些观点的民族也有各种看法。希罗多德至少和我们一样清楚文化的丰富多样性,但他认为这种现象在要求他进行全面的探索,摸清各种文化的优劣,发现自己能够从它们的优劣中学到什么。而现代相对主义者却要用这种现象来证明,探索是行不通的,我们对所有的文化都得毕恭毕敬。于是,学生和我们这些局外人被剥夺了发现文化多样性的原始快乐,即奥德赛的本能冲动,据但丁说,他周游世界是为了看清人们的善与恶。历史学和人类学不能提供答案,但它们能够提供据以做出判断的材料。

我很清楚,人们在对异族做出判断时往往带有偏见,避免偏见正是教育的宗旨之一。但是,企图通过废除理性的权威去防止偏见,无异于让能够纠正偏见的手段失效。真正的开放是与求知欲为伴的,因此也是与对无知的觉悟为伴的。否认认识善恶的可能性,是对真正的开放的压制。恰当的历史态度会让人对历史主义(认为一切思想都受到时代的根本限制、不可能超越时代的观点)产生怀疑,只把它视为当代史学的一个特点。历史主义和文化相对主义其实是一种手段,它阻止人们检验自己的偏见,提出诸如人能否做到真正平等或平等观是否只是一种民主偏见的问题。

有人也许会怀疑,我们的历史学和人类学智慧可能只是19世纪初那种浪漫主义困境改头换面的版本,而且更加混乱;当时这种浪漫主义困境咄咄逼人,富于悲剧色彩,它使人们产生对远古和充满异国情调的新大陆的渴望,并创造出了满足这种渴望的艺术。有人认为,作为科学的继承人,我们的知识远多于其他时代和其他地方那些抱有违反科学的偏见和幻想的人,但他们无论过去还是现在都比我们快乐。这种困境在质朴艺术和伤感艺术的差异中表现得淋漓尽致。列维—施特劳斯是
我这一假设的不情愿的证人。他凭借一种半生不熟的卢梭主义,认为能够 41

从这样一个时刻找到最美好的文化:那时人们脱离了自然状态,一起生活在简朴的共同体里,既没有真正的私有财产,也没有“自爱”的爆发。提出这种观点是需要科学的,而科学又需要腐败的发达社会。科学本身就是“自爱”的变型表现之一,即喜欢不平等。所以这种观点同时也带来了对科学的抱怨。但是,只有当我们确信自己知道的太多,而且这是依靠了科学时,这种困境才会如此令人寝食难安。我们也许愿意放弃这种确信,去检验一下那些更快乐的人的信仰,看看他们是否明白一些不为我们所知的事情。说不定荷马的天赋不像席勒以为的那样素朴。如果我们不再对自己的知识沾沾自喜,让它以谦卑的面貌出现,我们的讨论就会在新的维度上展开。然后我们就可以迈向两个方向之一:放弃科学,或是重构理论生活,这两者都有可能产生自我满足的幸福。浪漫主义姿态就是不去面对这些伪装为英雄壮举的极端做法。我们在科学和文化之间游来荡去,便是这种姿态提供的琐碎的副产品。

因此,开放有两种形式,一种是冷漠的开放,它受到双重意图的推动:贬抑自己的知识自豪感;使自己成为想成为的任何人——既然我们不想成为求知者。另一种开放则鼓励我们探索知识和确定性,历史和各种文化为此提供了有待审察的各种辉煌范例。这种开放激励着探索的欲望,它使每一个严肃的学生生气勃勃,兴致盎然——“我要搞清楚什么对我是好的,什么能让我幸福”,而前一种开放则阻滞了这种欲望。

如今人们所理解的开放,是对任何强大事物的屈从,或是对世俗成功的崇拜,同时又摆出一副讲原则的样子。这是历史主义为消除人们对历史的抵触而施展的诡计,在今天,当舆论已经占据统治地位时,它便意味着舆论。我经常听到,废除学习外语、哲学和科学的规定被誉为开放性的进步。前述两种开放在这件事上是针锋相对的。对求知开放,要求人们学习一些必须知道的事情,这些事情多数人都不愿意费心学习,或是看上去枯燥乏味,与己无关。甚至理性的人生也经常失去感召力;
42 无用的知识,也就是说,对就业没有明显用处的知识,学生在选择课程时连看都不看。这必然会让坚守人文学术的大学看起来既封闭又僵化。

如果开放意味着“随波逐流”,那么大学也只能顺应现状。这种现状不让人们对阻碍它的原则向前推进的大量事情表示怀疑,因此,对这种现状的无条件开放,意味着忘记在它之外还有一些受到蔑视的选择,还有一些使我们意识到它有可疑之处的知识。真正的开放指的是把那些让我们安于现状的迷惑拒之门外。

当我还是康奈尔大学的青年教师时,曾就教育问题跟一位心理学教授有过一番辩论。他说,他的职责就是去除学生的偏见,他像打保龄球一样把它们打倒。于是我开始犯嘀咕了,他拿什么东西来取代这些偏见?他对偏见的对立面是什么好像没有多少想法。他让我想起一个小男孩,他在我四岁那年郑重其事地对我说,根本就没有圣诞老人,他希望我沐浴在真理的灿烂阳光之中。这位教授是否清楚这些偏见对学生来说意味着什么?去除这些偏见会造成什么效果?他是否相信存在着一些真理,能像他们的偏见一样指导他们的人生?他可曾考虑过如何让学生爱真理,以便寻求没有偏见的信仰?不然的话,他说不定会让他们变得消极、郁闷、冷漠,只服从他这样的权威,或顶多是当代最优秀思想的权威。向我透露没有圣诞老人的那个孩子,只是在炫耀自己,是想表明他比我高明。他没有为了供人批驳而编造一个圣诞老人。想想我们从人们的圣诞老人信仰中学到的关于世界的一切吧,想想我们从相信圣诞老人的人们那里学到的关于心灵的一切吧。相比之下,仅在方法论上把诸神和英雄投射在洞穴岩壁上的影子从想象的心灵中抹去,并不能促进人们对心灵的认识,这只会抽掉其精髓,削弱其力量。

为了回应那位心理学教授,我试图亲自教给学生一些偏见,因为他的做法现在已经大获全胜,学生们甚至在没有任何信念以前,就学会了怀疑一切信念。缺了我这号人,他也许会无事可干的。笛卡尔在系统地
提出激进的怀疑观点之前,心里装着一个大千世界,里边有各种古老的 43
信念、前科学的体验和有关事物秩序的表述,他坚定地甚至是痴迷地持有这些信念。人们为了能够享受解放的狂喜,必须先体验真正的信仰。所以,我提议实行劳动分工,我先在园子里帮着种花,再由他割掉它们。

偏见,强烈的偏见,是有关事物存在方式的观感。它们是对万物秩序的预见,因此,通向认识整体的道路要途经有关整体的谬见。不错,谬见是我们的敌人,但它也指向真理,所以值得我们恭敬以待。从一开始就毫无偏见的头脑是空洞的,它只能由一种方法塑造出来,即意识不到辨别偏见之为偏见是何等困难。苏格拉底通过毕生不懈的努力之后,才认识到自己的无知。而现在每个高中生都懂得这个道理。为何事情竟变得如此简单?如何解释我们惊人的进步?莫非我们的体验已被各种伎俩——开放是其中最新的一种——搞得十分贫乏,已经没有什么坚实的东西足以抵抗批判,所以我们已经失去了一个真能让我们体会无知的世界?我们是否过分简化了灵魂,以致它不再难以解释了?在教条的怀疑主义看来,自然本身,虽有千姿百态的表现,可能也是一种偏见。我们用一张灰蒙蒙的批判概念之网罩住了它,这张网是为了解释自然现象而发明的,但它也能扼杀它们,摧毁其存在的理由。也许,我们的当务之急就是让这些现象复苏,这样我们才能重新拥有一个世界,我们可以向它提出我们的问题,能够进行哲学思考。在我看来,这就是我们教育面对的挑战。

卷一　大学生

白板 47

我通常认为,美国年轻人是在十八岁时才开始接受教育的,他们的早期生活是一片精神上的空白,他们进入大学时如同一张白板,对深层自我和自己肤浅的经验以外的世界一无所知。美国青年和欧洲青年之间的差别,突出地表现在我们进了大学后才开始接触的欧洲小说和电影上。欧洲人从家庭、公立学校、大学预科获得了他们想获得的大多数文化,在这些地方他们的心灵同他们的文学传统融为一体,而这种文学传统又表达甚至构建了他们的民族传统。不能简单或不加思考地说,欧洲的学童拥有精深的人文知识,我们的青年和长者就此而言远远不如他们。而是说,他们的自我认知是通过书本知识获得的,最先塑造他们志向的是他们从书本里看到的榜样,那丝毫也不亚于他们在日常生活中遇到的榜样。书籍在他们的日常生活中占有举足轻重的位置,而且受到全社会的大力推崇。他们所谓的良好家庭的孩子,怀有从事严肃文学或哲学职业的愿望是十分寻常的事,就像我们的孩子希望到娱乐圈或工商界谋差事一样。欧洲青年早早地被灌输了这一切,当他们十八九岁时,这已经成为他们精神修养的一部分,成为他们观察一切的窗口并会影响他们以后的学习和经历。他们是为了获得专业教育而进入大学的。

相比之下,美国青年刚进入大学时就像个自然的野蛮人。他们几乎 48

从未听说过大西洋彼岸的年轻人平日谈论的那些作家，更谈不上这些人会进入他们的头脑，与他们发生某种联系。“赫卡柏[①]与他何干？”他们属于全世界，运用理性看待全人类共有的事物，解决生存问题，他们总在无知和无意地践踏世界各民族的神坛，而这些民族相信自己是由特殊的神祇和英雄，而不是普通的肉体构成的。这种美国式思想的愚钝，会让人觉得可怕而野蛮，有碍于完整的人性，它没有感悟美的能力，全然无法参与到人类文明不断进行的对话之中。

但是，在我看来，并且在许多更出色的观察者看来，这却是美国大学生的大部分魅力之所在。他们刚有了成熟的迹象，天生的好奇心和对求知的热爱好像就自然而然降临到了他们身上。没有传统的羁绊或鼓励，没有社会的奖赏和惩罚，没有势利或排他，一些美国人发现，他们对意味深长的觉醒有着无限的渴望，他们的灵魂中有着他们尚未意识到的、渴望得到充实的空间。我教过的欧洲学生对卢梭和康德总是了如指掌，但这些作家是在孩提时代就被反复灌输给他们的，在战后的新世界里这成了老俗套，就像短裤一样是限制儿童的手段，而不再是灵感的源泉。于是，这些学生开始吸收新的、试验性的东西。可是对于美国人来说，这些大作家的著作却能够成为一片艳阳高照的高地，他们从那儿可以发现外部世界，发现我在这本书中所祈求的真正解放。对美国大学生来说，这些老货色也很新鲜，在这一点上他们是正确的，因为一切重要的古老见解都是历久弥新的。对于表现为特定文化发展之一部分的哲学和艺术成就，美国人也许永远缺乏同它们的根深蒂固的直接联系，然而他们对这些著作的接触，却显示出一种自由的选择，一种与时间、地点、地位或财富无关，参与最高尚事物的人类潜能。如果天下一家的情感是处在人心的最低层次，而高层次的修养需要无法沟通的特殊“文
49 化”，那么这种对人类状况的解释就太可悲了。美国人的气质为一种乐观信念提供了证据：两种普遍性，即灵与肉的普遍性，是可能存在的，臻

---

① 赫卡柏（Hecuba）：荷马史诗《伊利亚特》中特洛伊国王之妻。

于完美之境并非全靠运气。美国青年,更确切地说,有些美国青年,为传统的生生不息带来了希望,因为他们并不把传统视为传统。

在苏联发射人造卫星之后的几年，我开始给这个国家的优秀大学生授课,他们为我提供了特别辉煌的迷人前景。我在1965年写道：

> 这一代大学生是独特的，其人生观与他们的老师截然不同。我指的是在较好的大学和学院就读的好学生，通识教育主要针对他们,他们是某种以最好的材料作为先决条件的训练的对象。这些年轻人从未经体验过他们的父辈在大萧条期间经历过的那种纯粹生计上的焦虑。他们在舒适的环境中长大,并且预期这种舒适会有增无减。因此,他们大体上对这种舒适满不在乎,他们并不为获得这种生活而骄傲,不想让自己为此而陷入琐屑的、有时必然是扭曲的忧虑之中。而且,他们并不特别在乎这种舒适的生活,所以他们更愿意为伟大的理想放弃它;实际上他们渴望这样做,以期证明他们并不依附于它,随时等待着更崇高的精神召唤。简言之,这些学生是民主版的贵族。过去20年持续不断的经济繁荣给了他们自信,使他们认为谋生不成问题。所以,他们准备从事任何职业或冒险,只要能够赋予它严肃认真的表象。传统、家庭和经济责任的束缚是微弱的。而且除此之外,他们还有开放大度的性格。他们往往会成为优秀的学生，对自己所学到一切万分感谢。看看这个特殊的群体，十有八九会让人觉得，国家的道德和精神状况的进步大有希望。

当时有一种精神渴望，一种使大学像被电击过一样兴奋的强烈的灵魂紧张。苏联在航天事业上打败了我们,举国为之震撼,一时之间,均等教
育受到了抵制。人们似乎无暇顾及那些废话。生存本身取决于为优秀人 50
才提供更好的教育。外在的必要性给悠然自得的教育界注入了本应一直就有的紧迫感。转瞬之间就冒出来了资金和各种标准。目标是造就科

技人才，以便把我们从苏联的控制中拯救出来。中学把精力全放在了讲授数学物理上，这些学科的成绩优异的学生荣誉加身，前途无量。“学术能力测验”(Scholastic Aptitude Test)成了权威标准，增强智力成了全民娱乐。对久不使用、松松垮垮的肌肉加强锻炼是有益健康的，全国都在训练和激发头脑。当时的学生更优秀，学习动机也更强。

那时，我开始注意到一些奇怪的现象。例如，美国学生第一次开始真正学习各种外语，还有迹象表明他们对另一些事物也有了初步的向往。科学被吹得天花乱坠。真正的科学职业属于凤毛麟角，在中学里它是以技术的、平凡的方式传授的。学生表面上学的是要求他们学会的东西，但远大前程并不能完全抵消学习的枯燥。新的智力活动和对成就的渴望尚未完全找准目标。我观察到，许多优秀学生献身科学的精神很脆弱。现代自然科学的重大理论难题——科学不能解释自己为什么是好的——在发挥着它的实际效果，这个“为什么”的问题很容易浮出水面。于是，虽然政府官员只关心自然科学，但社会科学和人文学科也开始从中获益(因为大学不可避免地会说它们也很重要)。不多的人文学习就很容易吸引许多有天赋的学生离开自然科学。他们感到有人对他们隐瞒了另一些选择。既然这是个自由的国度，当他们进了大学，发现除了科学还有别的学科，他们就会改变兴趣。这是个紧张的时刻，充满渴望，但缺乏清晰可见的目标。

我在20世纪60年代初时相信，需要一种通识教育，以便为这些学生提供检验其生活、考察其潜能的手段。而这是大学不具备和不愿意提供的东西。学生漫无目的和难以驾驭的精力最后找到了一个政治出口。20世纪60年代中期以前，大学向他们做出了除教育之外的种种让步，但姑息政策失败了，培养优秀生的整个实验很快就被冲刷得无影无踪。形形
51 色色的解放运动耗尽了神奇的精力和紧张，学生们的心灵疲惫不堪，他们能够计算，却不能得出有激情的见识。

也许是我完全搞错了，在我看来，20世纪60年代初的建树，只是对依然残存的禁忌的最后一击，对知识的表面渴望，其实不过是现代各种

最强烈的渴望——渴望克服必然、紧张和冲突,渴望灵魂摆脱永恒的痛苦得到休息——的一种形式。然而我依然认为,确实有很多真正的精神渴望,它们最终流于松懈,只是因为我们浪费了机会。

但是,当那些文化食客,无论职业的还是业余的,开始享用精神上的饕餮盛宴时,继20世纪50年代末和60年代初那一代之后的大学生促使我想知道,我的信念——对古代的伟大经典的信念——是否正确。这种信念就是:自然本性是教育中唯一重要的事情,人的求知欲是恒久不变的,真正需要的是适当的养分,而教育不过就是把美味佳肴摆上桌子。现在我明白了,再好的自然本性也要与风俗习惯相契合,正如建立政治秩序——即保证人性健全的条件——需要人类的技艺一样。在最坏的情况下,我担心人的精神散漫或心中沸腾的热血会被蒸发掉。尼采认为这种担心是有道理的,这构成了他全部思想的核心。他认为,人类的精神之弦日益松弛,而且有着再也绷不紧的危险。他相信,精神的活力源自文化,文化的衰落不仅意味着文化中人的衰落,而且意味着人本身的衰落。这就是他要毅然面对的危机:人作为人、作为崇高生物的存在,取决于他,取决于像他一样的众人——他就是这样想的。也许他并不正确,但他的立场看上去总是强有力的。无论如何,美国人通常给人造成的天生粗俗的印象是骗人的,它只是相对于欧洲人给人的印象而言。今天,择优录取的学生的知识是如此贫乏,与传统发生了如此严重的断裂,在求知上如此无精打采,这使他们的前辈看上去成了文化奇才。文化土壤愈加贫瘠,我很怀疑它现在能否维持更高级人才的成长。

对比一下法国的教育吧,虽然它已大为衰落。不妨稍微夸张一点儿说,有两位作家塑造并约束着有教养的法国人的头脑。每个法国人生来 52
或至少早年就已成为笛卡尔派或帕斯卡派。(与此相似,也可以说莎士比亚是英国人的教育者,歌德是德国人的教育者,但丁和马基雅维利是意大利人的教育者。)笛卡尔和帕斯卡是民族作家,他们告诉法兰西人民有哪些选择,为人生永恒的问题提供独特而强大的观点,他们负责编织灵魂。上次去法国时,我听到一个侍从管自己的同事叫"笛卡尔派"。

这并不是装腔作势;他只是指出了此人属于哪种类型。与其说法国人从这些思想源泉获得了什么原则;不如说它们塑造了一种心态。笛卡尔和帕斯卡代表着理性与神启、科学与敬神之间的选择,这是其他事物也遵循的选择。法国人在思考自我,思考自己的问题时,这两种总体性的观点几乎总有一个呈现在他们心中。任何综合都无法把这种根本对立——不容任何偏差的理性和信仰之间的对立——统一起来,它为我们在谈论法国人的明晰和激情时认识到的二元论提供了动力。没有哪个国家像法国那样,在世俗和宗教之间存在着持续不断、不可调和的争辩,双方在这个国家找不到共同的基础,住在这同一片国土上的公民对人生的意义有十分不同的体会。莎士比亚为英国人充当了这两极之间的调解人,但没有人能为法国人做到这一点,尽管卢梭这位瑞士人曾做过崇高的努力。三百年来,启蒙精神和天主教思想在法国一直各守门户。笛卡尔和帕斯卡为法国人解释了西方人的共同信仰——基督教,同时使他们形成了对另一个更遥远的灵感源泉——希腊——的尊重。这两位作家之后,一代又一代人相继以这两人之间的紧张为起点,提出和变化着他们的主题,这种根本性的精神体验一方面反复再现于伏尔泰、孟德斯鸠、贡斯当、巴尔扎克和左拉身上,另一方面也反复再现于马勒布朗士、夏多布里昂、迈斯特、波德莱尔、普鲁斯特和塞利纳身上,这些人彼此了解,不断与自己的对手展开对话或论战。

所以,托克维尔这个地道的法国人才说,美国人没读过笛卡尔,可
53 他们的思想方法是笛卡尔式的;而且他怀疑美国人能否理解帕斯卡或造就这样一个人物。在他看来,美国不是一个手不释卷的民族。法国人是由文学传统造就的情感动物,美国人则是讲究理性原则的人。不错,这些原则先是由作家阐述,但正如康德在谈到自己的道德哲学时所说,它所表达的是每一个受到良好培育的孩子都知道的事情。相互承认权利不需要多少训练,更不需要哲学以及民族性格所有差异的概括。实际上,美国人被告知,只要他们承认同样的权利适用于所有其他人,只要他们愿意支持和捍卫给这种体制提供保障的政府,他们就能成为自己

想做或恰好做到的人。有朝一日成为美国人是可能的,这不是在轻看成为美国人的意义。古老的箴言说,城邦就像一个从故土中生长出的有机整体,它与公民的关系就像树与树叶的关系,自然激情与自然理性的结合否定了这一古老箴言。然而,成为一个法国人是不可能的,至少直到昨天还不可能,因为法国人自打出生之日起,就是历史回声的一种复杂的和声或不和谐音。法国人一向学得很好的法语,不是为传递信息、交流人们的共同需要而存在,而是同历史意识难分难解地交织在一起。法兰西的国民性是通过参与这种语言以及它的文学所发挥的全部影响而得到确立的。不知何故,有关权利的法律争论并没有触及使用这种语言所带来的特权。在美国,原则上没有真正的外来户,而在法国,处于传统边缘的人,譬如说犹太人,虽是公民,却一直在苦苦思索自己的归属。在法国,犹太人与地道的法国人的关系是一个重要而复杂的文学主题。对这个问题的回答没有普遍性,并且发展出了一系列有趣的人类类型。与此相反,在美国,犹太人是和其他人一样的美国人;如果他受到孤立或差别对待,无保留的愤怒就是适当的回应。

美国缺少与笛卡尔、帕斯卡旗鼓相当的人,或在相应的方面与蒙田、拉伯雷、拉辛、孟德斯鸠和卢梭相当的人,这不是素质问题,而是是否存在这样一些作家,他们是建设我们的精神大厦时必不可少的,人们为了配得上教养二字,必须阅读这些作家的著作,甚至要同他们一起生活,他们是我们民族生活的解释者,甚至是它的缔造者。人们可以想出 54
一些应当读、也时常有人读的美国作家和作品;但是就作为读者的美国人而言,全世界是他们的书架;他们不像其他国家的民众那样,有着一种必须熟知本国作家著作的深切感受。瓦格纳的《艺术著作全集》试图提供一种完全德国化的艺术形式,它为德国人所有,为德国人而作,出自德国人之手,是集体意识的表达,这种现象对美国人来说是不可思议的。法国人对法国以外的事物了解之少,感觉之差,也令人吃惊。但对美国人来说,荷马、维吉尔、但丁、莎士比亚、歌德属于每一个人,或是属于"文明"。从长远来看也许确实如此。但这不是希腊人、罗马人、意大利人、英国人、德国人或犹太人的看法，他们拥有属于**他们自己的**书，它讲述**他们自己的**故事，表达他们的本能。美国人信奉一视同仁。有经商才能的莫迪默·阿德勒看准了这一点，用《西方文化巨著丛书》取得巨大的商业成功。他甚至不在乎他所采用的译本如何，更不用说学习外语了。老欧洲的多数作家对于不**使用**他们语言的人能够理解自己感到绝望。海德格尔不顾一切地努力保持和振兴这种观点，认为“语言是存在的寓所”，那种认为翻译是可能的观点简直浅薄至极。

然而，我早先对美国人质朴的体验使我相信我们是正确的，我们能够从零开始，未开垦的自然是丰饶的。可是我没有充分关注那些学生们实际上与之朝夕相处的东西，即一经传播就能帮助他们成长起飞的教育。多数学生可以说都了解《圣经》，那是旧传统无所不包的源泉。在美国，它没有受到伟大的民族诠释者的过滤，而是以早期新教的形式直接被人们所接受，人人都是自己的诠释者。于是《圣经》成了一面镜子，反映着美国人对所有民族文化一视同仁的固有态度。多数学生也共享着非常统一而明确的政治传统，它拥有一部尽人皆知、也许还为多数人所信奉的著作，这就是《独立宣言》。

与当代很多聪明的看法相反，美国是拥有最长的、未曾中断的政治
55 传统的国家之一。不仅如此，这个传统一清二楚，用既简单又理性的语言表述，凡是正常人马上就能理解，而且具有很强的说服力。美国讲述着这样一个故事：自由平等在连续不断、不可抗拒地取得进展。自美国的第一批定居者和政治建国开始，我们对自由平等是正义的本质这一点就毫无异议，没有哪个严肃或重要的人物置身于这个共识之外。如果你不信民主，那你肯定被视为怪人或小丑（可以分别以亨利·亚当斯和门肯作为代表）。重大的政治争论都是围绕自由平等的含义而不是两者是否具有正义性进行。其他地方都没有这样一种寓意一清二楚的文化或传统——在法国、意大利、德国甚至英国肯定不存在这种东西。在这些地方，重大事件和伟大人物既为君主政治和贵族政治说话，也拥护民主；既为国教辩护，也为宽容呐喊；既主张爱国精神高于自由，也认为特

权优先于权利平等。属于这些民族的一分子，可以被解释为一种情感，一种切身的归属感，类似于对父母的眷恋，但法国、英国和德国的国民性依然难以言喻。人人都能说清楚什么是美国的国民性。而且这种国民性造就了一大批英雄人物——富兰克林、华盛顿、汉密尔顿、杰斐逊、林肯等等，他们都为平等事业做出了贡献。我们的想象力没有转向某个圣女贞德、路易十四或拿破仑，用他们来平衡我们的革命人物。我们的英雄和《独立宣言》的语言促成了国民对宪法的敬畏，这也是一种独特的现象。这一切都是自我意识的材料，为单调的生活注入了优越的道德含义，并提供了可供研究的素材。

但是，过去五十年来，建国遗产的统一性、宏伟壮丽的形象以及与之相伴的民间传说，却受到来自各方的攻击，使它们逐渐从日常生活和教科书中消失了。人们开始把这一切看成华盛顿和樱桃树之类的故事——不是那种可以严肃地教育孩子的事迹。在高级知识分子中间有影响的东西，最终总会传播到中小学。《独立宣言》的主导思想开始被理解为18世纪的神话或意识形态。卡尔·贝克尔的《独立宣言：政治思想史研究》（1922年）一书中的历史主义，既对自然权利学说的真实性提出质 56
疑，又乐观地允诺它会提供一种替代品。同样，杜威的实用主义——既是科学方法，也是民主方法，它主张不受限制尤其是不受自然限制的个人发展。它认为过去极不完美，我们的历史可有可无，或是阻碍着对我们的现状进行理性的分析。然后是查尔斯·比尔德的马克思主义揭露，试图证明在开国元勋身上不存在公共精神，只有对财产的私人关切，结果削弱了我们对美国原则的真实性和优越性以及对我们的英雄的信心（见《宪法的经济解释》，1913年）。接下来是南方的史学家和作家，他们认为北方抱有卑劣的动机（借用了欧洲人对商业和技术的批判），并且把南方的生活方式理想化，借此报复反奴隶制联盟的胜利。最后，民权运动的激进派莫名其妙地跟南方人一唱一和，成功地使人们普遍相信，美国的创建过程、美国的原则是种族主义的。他们所推动的这种不良意识，腰斩了通俗文化中讴歌民族历史——当然是西方式的——的连续性。

因此,开放性赶跑了本土的神明,只留下这个嗫嗫无语、失去意义的国度。民族的意义或事业可以为人们深入思考政治制度和治国才能提供基础,但这方面直接的感性经验并不存在。现在进入大学的学生对我们的政治遗产一无所知,而且冷嘲热讽,既不能受到它的启迪,也不能对它进行严肃的批判。

从基础学习中消失不见的另一个要素是宗教。世人崇尚圣物之风——这是最新的时尚——愈演愈烈,真正的宗教和《圣经》知识却消失殆尽了。众神从来没有在我们的政治生活或校园中高视阔步。我儿时在小学里喃喃背诵的《主祷文》对我们的影响,远少于我们也曾背诵过的《忠诚誓言》。家庭——和相关的教堂——才是宗教的栖身之地。宗教节日、共同的语言和多数家庭都拥有的教义参考书,构成了家庭的重要部分,赋予家庭以实质性的内容。摩西和《摩西十诫》,耶稣及其有关博爱的布道,都是激发想象力的存在。孩子们的脑海里回响着《圣经》中的
57 《诗篇》和《福音书》的段落。去教堂或礼拜堂,饭前祈祷,是一种跟德育不可分的生活方式,德育被视为这个民主国家的家庭的特殊责任。实际上,道德教诲就是宗教教诲。不存在抽象的教条。人们应当做的事情,自己有世人的支持和不服从就会受罚的意识,都在《圣经》故事中有形象生动的说明。受《圣经》熏陶的人享有迷人的内心生活,失去这种生活,首先不能归咎于学校或政治生活,而要归咎于家庭,它享有一切隐私权,却无法维护自身的内容。家庭的精神状态之沉闷简直令人无法相信,它色调单一,与穿行于其间的人毫无关系,就像游牧部落仅为生存而经常光顾的草原一样。人类世世代代编织起来的精致文明已经散架了,孩子得到了抚养,却未受到教育。

我这里谈到的不是那些破碎的不幸家庭——这是美国生活中十分刺眼的一部分;而是那些夫妻恩爱,关心孩子,经常把自己人生最美好的东西无私奉献给孩子的相对幸福的家庭。但是,在认识世界的方式、行为楷模或同他人交往的深刻意识方面,他们却没有东西可以教给孩

子。家庭需要天性与习性、人性与神性的极其精妙的结合，才能维持和发挥其职能。它的基础仅仅是肉体的繁衍，但它的目的却是塑造文明的人。在传授语言和万物名称的过程中，家庭传播着有关事物整体秩序的解释。家庭以书本为精神食粮，家庭这个微型政体要相信书本里的话，它告诉他们对错和善恶，并解释为何如此。家庭需要某种有关天堂和人类生活方式的权威和智慧。为了抵制眼前的庸俗和邪恶，父母必须掌握过去发生过什么和应该如何的相关知识。现在常有人说家庭需要礼数，如今这类活动已经很少了。如果说家庭的礼数能够表达和传播道德律令的奇迹，而且只有它能够传播道德律令，而道德律令又使它在这个人性化的、甚至过于人性化的世界中起着特别有益的作用，那么家庭就必须是一个神圣的联合体，它相信自己传授的东西是恒久不变的。假如像现在这样，这种信仰消失了，那么家庭充其量是一种短暂的相聚。大家 58
一起用餐，一起游戏，一起旅行，但并不一起思考。几乎所有的家庭都没有精神生活，更不用说充满生机乐趣的精神生活了。看看教育电视节目就成了家庭精神生活的高潮。

家庭作为传统的传播者这一传统角色的衰落，与人文学科衰落的原因是一样的：没有人相信典籍中包含或曾经包含着真理。于是，说得好听一点儿，典籍成了“文化”，即讨人嫌的东西。托克维尔说，在民主国家传统不过是跟信息一样的东西。随着“信息爆炸”，传统也成了多余之物。传统一旦被视为传统，它就死了，成了一堆空话，想用它来教育小孩子纯属枉然。在美国，《圣经》实际上是唯一的共同文化，可以把憨厚的和精明的、穷人和富人、年轻人和老人联合在一起，而且，作为观察事物整体秩序的范本，以及作为了解另一些西方艺术以这种或那种方式对其做出回应的伟大作品的钥匙，它也提供了一条理解这些著作的严肃性的途径。随着《圣经》不可避免的逐渐消失，这部集大成之作的思想以及解释世界的可能性和必要性也正在消失。父母丧失了这样的想法：他们对孩子可能抱有的最大期望就是他们成为有智慧的人——像牧师、先知或哲学家那样有智慧。专业技能和成功成了他们所能想象的一切。

与普遍的想法相反,没有典籍,甚至整体秩序的观念也会丧失。

父母不再具有他们在欧洲曾经享有的法律或道德权威。作为孩子的教育者,他们缺乏自信,他们宽怀大度地认为,孩子不但会比父母过得好,而且在德智体方面也会比父母更优秀。对进步一直存在着一种多少具有开放性的信念,这意味着往昔看上去可怜而可卑。尚无定论的未来不能由父母规定,它使父母所了解的过去黯然失色。

随着新鲜玩意儿层出不穷,一切也都在不停地移动,先是收音机,然后是电视机,威胁和破坏着家庭的隐私、真正的美国人的隐私——它
59 使在民主社会中培育更高级更独立的生活成为可能。父母不再能够支配家庭的氛围,甚至连这样做的愿望也没有了。电视体察入微,力道十足,不但登堂入室,而且摸透了老老少少的口味,投其一时所好,颠覆了一切与之不相符的东西。尼采说过,报纸取代了现代资产阶级生活中的祷告,这意味着忙乱、廉价和短暂之物替代了他的日常生活中沉积下来的永恒之物。如今电视又取代了报纸。麻烦尚不在于它提供的那些品质低劣的节目,而在于它造成了更大的困难,使人无法设想品味是分层次的,并且存在适宜于家庭成员娱乐和学习的生活方式,它能使家庭跟通俗文化保持距离, 抵制那些关于什么值得尊重、什么有趣的各种观点——他们在家里遭受着这些观点的攻击。

过去50年来人数大增的中产阶级所受教育的改善, 也削弱了家庭的权威。在中产阶级中间,几乎人人都有大学学位,大多数人有某种高级学位。我们若是回头看看父母或祖父母们微贱的地位,他们从未见过高等学府是什么模样,我们有理由怡然自得。可是——我不得不说"可是"——这种普通民众受到良好教育的印象是由"教育"一词的含义不明或混淆通识教育和技术教育的差别造成的。受过高等训练的计算机专家,在道德、政治或宗教方面的学识未必比最愚昧无知的人强多少。恰恰相反,他受过的狭隘教育伴随着偏见与傲慢,还有那些今天看明天扔、不加批判地接受眼前小聪明的文献,切断了他与人文学识的联系,而那是普通民众通常从各种传统渠道就能学到的。在我看来,一个经常

阅读《时代周刊》、《花花公子》和《科学美国人》杂志的人，显然不比昔日读麦加菲编的课本的乡村学童拥有更深刻的关于世界的智慧。当一个像林肯那样的后生打算自学时，唾手可得的东西显然是《圣经》、莎士比亚和欧几里德。现在的教学体制除了受市场需求的左右之外，全然不能分辨什么重要什么不重要，这么说来，那个自学的后生果真就比那些试图通过技术课程大杂烩寻找自己道路的人更差劲吗？ 60

按照我们的标准，我的祖父母就是愚昧无知之人，我的祖父只干过粗活。但他们的家庭在精神上是富足的，因为家中所做的一切——不只是特定的仪式——都能在《圣经》的训诫中找到源头，在《圣经》故事及其相关评论中找到解释，而且在垂范后人的无数英雄的行为中都有想象中的一一对应的表现。我的祖父母从这些严肃的作品中寻找他们家庭的存在和履行自己责任的理由，他们根据伟大的和高贵的过去，解释自己经受的具体苦难。他们朴素的信仰和举止把他们同伟大的学者和思想家联系在一起，这些人在处理同样的材料时，不是从外部或异域的观点出发，而是一如既往地深信不疑，同时深入领会以提供指导。人们对真正的学问是心存敬意的，因为它与他们的生活有着可以感受得到的联系。这就是共同体和历史的意义所在：共同的经验使人们加入到唯一的信仰体系之中，无论尊卑贵贱。

我这一代人，我那些堂兄弟表姊妹们，都接受过美国式教育，拥有硕士或博士头衔，但我不认为他们拥有可与祖父母媲美的学识。他们在谈论天堂和人间、男女之间、父母与子女之间的关系以及人类的处境时，我听到的不过是些陈词滥调、浅薄的废话和讽刺挖苦。我不想说俗套话，譬如人只有依靠神话才能活得充实等等。我只想说，以《圣经》为基础的生活更接近于真理，它为更深入的探索和接近事物的真正本质提供了材料。如果没有那些伟大的启示、史诗和哲理构成我们自然观的一部分，我们从外部世界就看不到任何东西，最终内心也会空空如也。《圣经》不是充实头脑的唯一手段，但是如若没有这类严肃的著作供潜在的信仰者以同样严肃的态度去阅读，头脑就依然是不充实的。

现如今，人们认为道德教育是家庭的重要责任。但是，假如它不能为年轻人的想象力提供一种道德秩序的观点，一种惩恶扬善的看法，不能提供与各种事迹相伴随并为其提供解释的高尚言词，不能分清道德抉择剧中的正反派人物，不能揭示人们在这种选择中如临深渊的感觉，以及世界遭到“除魅”给人带来的绝望，那么道德教育是不能存在的，再不然就是变成向儿童提供“价值”的徒劳尝试。事实上父母也不知道自己信什么，所以他们缺少自信，除了希望自己的孩子更幸福，能够发挥
61 他们的潜力之外，不知道能否教给他们更多的东西。撇开这个事实不谈，价值是十分苍白的东西。它们是什么？如何进行交流？学校里突然冒出来的“澄清价值观”的课程，是为了给父母提供一个样板，它让孩子们谈论堕胎、性别歧视或军备竞赛这样一些他们不可能理解的重大问题。这样的教育无异于宣传，而且是毫无用处的宣传，因为塞给孩子的各种意见或价值是飘忽不定、不着边际的，缺少作为道德推理依据的经验或情感基础。舆论一变，这种“价值”也难免随之而变。这种新的道德教育完全不具备塑造道德本能或曰第二天性——它不但是性格也是思想的先决条件——的资格。实际上，现在的家庭道德培训已经沦落为只会反复灌输社会行为的最低标准：不撒谎、不偷窃。这样生产出来的大学生，在谈到自己的道德行为的基础时，只会说“如果我那样对他，他也会那样对我”——这种连说这话的人自己也不满意的说辞。

古老的政治和宗教回声在年轻人的心灵中日趋沉寂，这解释了我执教之初认识的学生与我现在面对的学生之间的差异。失去典籍，使这些人变得更加狭隘和平庸。说他们狭隘，是因为他们缺乏生活中最必要的东西，即不满于现状、意识到还有其他选择的真正依据。他们得过且过，对逃离这种境况感到绝望。超越的渴望日益淡化，崇敬的榜样和轻蔑的对象都已消失得无影无踪。说他们平庸，是因为缺少对事物的解释，缺少诗意或活跃的想象力，他们的心灵就像镜子，反映的不是本质，而是周围的影像。经过陶冶的心灵能洞察人与人之间、人的行为与动机之间的细微差异，形成真正的品味，而缺了伟大典籍之助益，心灵的陶

冶是不可能的。

所以,大学教育赖以生根的土壤更加贫瘠了,柏拉图《理想国》中的年轻人克拉根那种热情和好奇心更加稀少了, 他的旺盛精力使他想象有一座宝库能给他带来极大的满足,在这件事上他不想受人愚弄,为了认识这座宝库,他要拜师学艺。而今,把经典著作和学生们的感受或切身需要联系起来,已经变得难上加难。

62

典籍

我早就开始思忖，人在童年的早期从最伟大的典籍中获得的体验，是不是一个能使人对这些文本以及数量不多但十分重要的文献产生毕生关切的前提。心灵的渴求，因条件的约束和限制而产生的难以遏止的怒气，也许从一开始就十分需要给予鼓励。毕竟，不管是出于何种原因，我们的大学生已经丧失了读书的习惯和兴趣。他们没有学会如何阅读，也不想从阅读中得到乐趣或提高。与前几代大学生相比，他们既没有多少文化上的自负，也拒绝对高雅文化表现出礼节性的虚伪恭敬，就此而言，他们活得“很真实”。

我在20世纪60年代末第一次注意到阅读兴趣的下降，于是我开始向选修我的入门课程以及来听我课的所有学生提出一个问题：有哪些书对他们确实重要。多数人哑口无言，被这个问题搞得迷惑不解。他们对书籍是伴侣的概念很陌生。把自己一本翻烂了的《宪法》随时揣在口袋里的大法官布莱克，对他们来说不是个意味深长的榜样。他们不从印刷字符中寻找忠告、灵感或愉悦，不时会有学生提到《圣经》。（他是在家里学习《圣经》；他的《圣经》学习在大学通常是继续不下去的。）总会有某个女孩提到安·兰德的《源泉》，这本书几乎算不上文学，但它有些不伦不类的尼采式主张，刺激着一些偏激青年追求新的生活方式。少数大学生提到一些能打动他们并支持他们的自我解释的新书，例如《麦田里的守望者》。（这通常是一种极其真诚的反应，也表明他们在自我解释时有着获得帮助的切实需要。然而这是一种无教养者的反应。教师应当利用这种表达出来的需要，向这些学生说明好作家能给他们更多的帮助。）这样的讨论过后，会有一两个学生缠着我，他们要表明自己确实受到过书本的影响，而且不只一两本，而是很多。然后一个学生就会背出他上中学时浏览过的一串经典著作的书名。 63

设想一下，这样一个年轻人漫步走过巴黎卢浮宫或佛罗伦萨的乌菲齐美术馆，你立即就能把握他的灵魂状态。他对《圣经》故事和希腊罗马的古迹一无所知，所以对他来说，拉斐尔、达芬奇、米开朗琪罗、伦勃朗和所有其他画家是在对牛弹琴。他能看到的只有色彩和形状——现代美术。简言之，就像他的精神生活中几乎所有其他东西一样，这些绘画和雕塑是抽象的。无论许多现代智慧如何宣称，这些艺术家期待观众能立刻看出他们作品的主题，希望他们的作品对观众有强烈的意义。作品赋予这种意义以感官上的实在性，从而完成了这种意义，使其得到实现。如果没有这种意义，没有它们作为道德、政治和宗教作品对观众的某种必不可少的含义，作品也就失去了它的本质。如果历经数千年积累而成的文明的声音以这种方式戛然而止，这时失去的不光是传统，存在本身也会消失在远去的地平线之外。作为教师，最令我得意的事情之一是，我收到过一位极出色的学生在初访意大利时寄来的明信片，他写道："你不是一名政治哲学教授，而是一个旅游代理人。"这话再好不过地表达了我教书育人的意图。他认为我使他做好了观察的准备，所以他能对一些值得思考的东西亲自进行思考。佛罗伦萨真正令人激动的东西，其价值十倍于全部的思辨哲学公式，关于这一点马基雅维利是可信的。我们这个时代的教育，一定要努力从学生身上发现那些渴望完美的因素，并重构那些能使他们自愿寻求完美的学问。

如今的大学生不再有那么铺张浮夸的习性了，但也没有狄更斯的魅力了，他给我们留下了众多令人难忘的形象，像佩克斯列夫、米考伯

64 和培珀等等，他们能使我们的眼光更锐利，使我们感受到各色人等的微妙差别。只有具备一套复杂的体验，才能使人简单地说出“他是个斯克罗奇[1]”。脱离了文学是说不出这种话来的，比较的精巧技艺也就丧失了。我们的大学生心理迟钝得令人吃惊，因为只有大众心理学在告诉他们人是什么样子和人的各种动机。我们几乎只受文学天才影响的意识动摇了，人们也变得更加相像，因为他们对于自己可以不一样认识不足。取代真正多样性的拙劣替代品，例如染头发和另一些外表的差别，虽然五彩缤纷，却无法向观察者表明里边藏着些什么货色。

缺乏教育的直接后果是，大学生一见到启蒙思想就要追求，却分不清精华与糟粕，见识与宣传。他们绝大部分人转向电影，轻易就被那些有意思的道德说教所俘获，例如描写圣雄甘地和托马斯·摩尔的电影，虚构出这些形象多半是为了推动一时的政治运动和唤起对崇高的简单化需要；或是为了迎合他们见不得人的愿望和邪念，让他们生出悠悠然的感觉。《克莱默夫妇》在离婚和性别角色问题上也许很时尚，但是如果没有把《安娜·卡列尼娜》和《红与黑》作为自己观察世界的手段，一个人就不会感到生活中还缺些什么，不会感受到真实的呈现与拔高意识的表演、无聊的伤感与高尚情操之间的区别。随着电影把自身从让它饱受折磨、自惭形秽的文学暴政下解放出来，一些严重虚假的电影也变得令人不堪忍受地无知和造作。大学生要想使自己不至沉溺于卑微不足道的欲望，并发现最严肃的东西，他需要使当代生活同高度的严肃性保持距离，从只知道眼前生活的电影中是找不到这种距离的。因此，不读好书，既削弱了洞察力，也助长了我们最致命的倾向——以为此时此地就是一切。

抵制这种倾向的唯一办法，就是强力介入一部分人的教育，他们怀着探索“我所不知道的事情”的强烈愿望来到大学，他们害怕不能发现这样的事物，担心得不到自己探索成功所需要的思想修养。我们已经远

---

① 斯克罗奇(Scrooge)：狄更斯小说《圣诞欢歌》中一个吝啬的老商人。

离往昔的时代了，那时可以把整个传统灌输给所有的学生，某些学生以后会卓有成效地加以运用。如今，只有甘愿冒险，准备相信难以置信的东西的人，才适合在书本的世界中探险。这种欲望必须发自内心。人们 65
要做自己想做的事情，而现在最需要的事情在他们看来却好像是难以置信的，所以，尝试进行全面的改革毫无希望。在州立大学讲授写作课的老师，属于学术界最高贵又最让人瞧不起的劳动者，他们对我说，对于不看书的学生，他们无法教给他如何写作，让他们看书在实践上又做不到，更不用说让他们喜欢看书了。这正是中学的最大失败，那里到处都是20世纪60年代培养出来的教师，反映着大学人文学科的苍白。上了年纪的教师喜欢莎士比亚、奥斯汀或多恩，他们教学的唯一回报就是他们的品味能够生生不息。这样的老教师现在几乎绝迹了。

强化经典课程的最新敌人是女权主义者。20世纪60年代和70年代反对精英主义和种族主义的斗争对大学生与典籍的关系几乎没有产生直接影响。大学的民主化帮助摧毁了大学的教育结构，使其失去了重心。但是那些活跃分子并没有跟经典课程特别过不去，他们甚至有点儿受他们的法兰克福学派大师们的影响，这些人有着标榜自己跟高雅文化的密切关系的习惯。在平等主义运动的早期，激进派对多数文学经典作品中明显的政治内容不屑一顾，他们由此也就对付了其中的君主、贵族和反民主的特征。文学批评专注于个人的隐私、内心、情感、思想和关系，同时把过去文学传统的地位归结为这样一个事实，许多经典作品的主人公都是进行统治和处理政治问题的军人和政治家。在本世纪的绝大部分时间，人们都在读莎士比亚，他对平等主义的权利思想不构成威胁。至于种族主义，它恰好没有在经典文学中扮演什么角色，至少没有以我们今天所关心的形式表现出来。一般而言，没有一部文学巨著被认为是种族主义的。

但是，迄今为止，**所有的**文学作品都是歧视女性的。缪斯从不向诗人吟诵妇女解放之歌。从《圣经》、荷马到乔伊斯、普鲁斯特，老调子从未改变。而且这一点在文学中尤其重要，因为自从政治因素在学术界被肃清之后,爱情主题便成了保留在经典作品中最多的因素,这也是吸引大学生阅读它们的原因。这些书教授情欲的同时,也在唤起情欲。于是女权运动的矛头便直指这些书的内容。由全国基督教会协会主持的《圣
66 经》最新译本隐去了暗示上帝性别的字句,这样未来的一代又一代人就不必为上帝曾是个性别歧视分子的事实而伤脑筋了。但这种伎俩的适用面有限。另一种手法是把最具冒犯性的作者——譬如卢梭——从青年教育中拿掉,或是把女权主义者的反应纳入大学课程,指明扭曲的偏见,把那些书仅仅作为歪曲女人天性和对女性不公的史料。此外,可以利用伟大的女性形象,作为女性以各种方式反抗性奴役角色的范例。但是没有哪个学生会被这种老把戏吸引,作为他或她的榜样。总之,所有这些做法都是白忙活。大学生不能想象旧文学可以使他们学到一些东西,了解他们希望拥有或允许他们拥有的两性关系。因此他们对这些事情很是漠然。

对我提出的喜欢看什么书这个问题,学生的回答如出一辙;听了一两年这样的回答之后,我又问他们心目中的英雄是谁。这一次通常又是沉默,而且经常没有下文。人为何要有自己的英雄呢?人应当是他自己,不应当用外面的模子塑造自己。这里有一种积极的意识形态为他们撑腰:没有英雄崇拜是成熟的标志。他们择定自己的价值观,他们已经踏上另一条道路,它最先由《理想国》中的苏格拉底在摆脱阿基里斯之后铺就,又由卢梭在《爱弥尔》中真诚地予以宣扬。继卢梭之后,托尔斯泰在《战争与和平》中描绘了安德烈公爵,此人深受普鲁塔克的熏陶,因为崇拜拿破仑而厌弃自己。但是我们往往忘了,安德烈的确是个高尚的人,他渴望英雄业绩使他的灵魂熠熠生辉,让他周围的资产阶级的琐碎、空虚和自私自利相形见绌。对托尔斯泰来说,只有把自然情感和自然的统一性与俄罗斯的精神和历史结合起来,才能塑造出比安德烈更优秀的人物,但他们的优秀也并非一目了然。在美国,我们只有资产阶级,热爱英雄是我们可以采用的寥寥几种平衡办法之一。民主原则否认伟大,它要让每个人都感到身心愉快,不必忍受令人不快的比较,我们

对英雄的蔑视不过是这种民主原则的恶性延伸。大学生根本不明白，能够摆脱公众的引导，寻求自己内心的指引，是一项何等的成就。他们以为给自己设定了目标，然而他们是用自己的什么资源找到这个目标的？ 67
摆脱了英雄崇拜仅仅意味着，他们没有任何本钱能够不让自己追随流行的“角色模型”。他们顽固地用并非由自己制定的固定标准来思考自己。他们没有被居鲁士、忒修斯、摩西或罗慕路斯征服，却浑然不觉地扮演着自己身边的医生、律师、商人或电视人物的角色。人们对于这些缺少能让自己尊重或敬畏的对象的青年人，只能报以怜悯，他们追求伟大美德的热情受到了人为的压制。

在促进这种畸形状况的发展时，民主的相对主义还同一种对理想主义的政治恶果心有余悸的保守主义支脉结合在一起。这些保守派想让年轻人明白，这个俗丽的旧世界无法对他们追求完美的要求做出回应。假如武断地区分出现实主义和理想主义，那么明智的人在它们之间做出选择时，要么选择两者，要么都不选择。但是，不妨暂且接受我所反对的这种区分，理想主义应当在教育中占据首位，这是人所公认的，因为人肯定想尽可能完美地选择自己的方向。以可能出现弊端为由，试图压抑这种最自然的倾向，无异于把洗澡水和婴儿一起倒掉。柏拉图早就教导我们说，乌托邦思想是我们必须要玩的一把火，因为它是我们认识自己的唯一途径。我们需要批判对乌托邦的种种错误理解，但现实主义提供的方便出路是死路一条。现如今，学生对什么是完美的肉体有着深刻印象，而且趋之若骛。但是由于被剥夺了文学的指引，他们不再有完美心灵的任何印象，所以也不再渴望拥有它了。他们甚至不能想象还有这种东西。

对这第二个问题的回答有所了解之后，我又提出了第三个问题：你认为谁是恶魔？对这个问题立刻就有回应：希特勒（很少有人提到斯大林）。除他之外还有谁？几年前有些学生说是尼克松，但他已经被人忘记了，而且正在恢复名誉。回答就此结束。他们不知道什么是恶；他们怀疑恶的存在。希特勒只是一个用来填补空洞范畴的抽象概念。他们生活在一个不断发生着极其可怕事情的世界上，可是他们在大街上看到野蛮的罪行时却躲到一边。也许他们认为，恶行是那些如果得到适当治疗就会洗手不干的人犯下的——只有恶行，没有恶人。在这一幕剧中没有《地狱篇》。可见，学生中最常见的观点既缺乏深度，又缺乏高度，从而缺乏严肃性。

音乐

68

大学生不看书，但他们显然听音乐，这一代人沉迷于音乐简直到了举世无双的地步。这是个音乐的年代，是各种灵魂状态以音乐为伴的时代。要想找到与这种热情相媲美的现象，恐怕得回到至少一百年前的德国，看看瓦格纳的歌剧引起的激情。他们虔诚地觉得，瓦格纳在创造人生的意义，他们不仅是在倾听他的作品，而且在体验这种意义。今天，十岁到二十岁的年轻人中间，有很大一部分人是为音乐而活着的。这是他们的激情所在；没有别的东西能像音乐那样让他们激动；他们不会认真对待音乐以外的任何事。不管在学校里还是家里，他们总想一头扎进音乐里听个够。他们周围的一切——学校、家庭、教堂——与他们的音乐世界没有任何关系。日常生活顶多不好不坏，但多半时候碍手碍脚，干巴巴了无生气，甚至应该加以反抗。不消说，当年对瓦格纳的热情仅限于一个很小的阶层，能够沉湎其中的人和地方都不算多，而且得等着作曲家把作品慢慢写出来。这些新乐迷的音乐却是不分阶级、不分民族的。不管在什么地方，它一天二十四小时唾手可得。家里和车上都有立体声音响；有各种音乐会；有音乐录像带，有无休无止地播放这种东西的专业电视台；还有随身听，以致任何地方——即使是公交工具和图书馆——也挡不住学生私下享用缪斯的声音，甚至在学习时也一样。而

69 且，最麻烦的是，音乐土壤已经变成热带的沃土何必等待某个可遇不可求的天才呢，如今天才多的是，随时都能出现，一个明星陨落，就会冒出来两个新星取而代之。这里一向不缺让人目瞪口呆的新鲜玩意儿。

音乐在心灵中的力量——《威尼斯商人》中的罗兰佐向杰西卡作过绝妙的描述——在经历了漫长的萧索之后，终于复苏了。但对这种复苏起作用的仅有摇滚乐。古典音乐在年轻人中间已经死掉了。敝人知道，这样说会招来许多人的激烈反驳，他们不想承认潮流的变化，他们会指出大学校园的各种古典音乐欣赏课和实践课以及各种演奏团体的蓬勃发展。这些课程和团体的存在是不容否认的，但仅涉及不超过5%到10%的学生。古典音乐现在只是一种特殊情趣，就像希腊语和哥伦布之前的考古学一样，而不是相互交流和心理表达的普通文化。三十年前，多数中产阶级会在家里播放一些欧洲古典音乐，这一方面是因为他们喜欢，一方面是因为他们认为音乐对孩子有益。大学生通常很早就与贝多芬、肖邦和勃拉姆斯有着某种情感联系，这成为他们性格中的永恒内容，而且他们很可能会毕生维系这种情感。这大概是有教养与没教养的美国人之间唯一有规律可循的阶级差别。在那一代青年人中间，很多人，甚至可以说是大多数人，也随着班尼·古德曼的音乐摇摆，但这有故意的成分——为了赶时髦，为了证明自己不是假内行，为了表示自己跟流行文化的民主理想休戚与共，而此理想之上将生长出一种新的高雅文化。虽然私下的品味会让人怀疑人们是否真的很喜欢高雅，但雅俗之别犹在。然而，事过境迁了。摇滚乐就像大学生呼吸的空气一样无处不在，不容质疑，而哪怕多少了解一点儿古典音乐的人却少之又少。这种现象不断让我感到惊讶。在我同自己十分了解的好学生的关系中出现的一件怪事是，我经常向他们介绍莫扎特。我以此为乐，把令人愉快的礼物送人总是一件赏心乐事。看看这种音乐能否或以什么方式有助于他们的学习，也是很有意思的事情。但对于身为教师的我来说，这却是一件全新的事情；从前我的学生通常比我更了解古典音乐。

70 音乐对上一代学生并不是十分重要。自贝多芬以来一直主宰着严肃音乐的浪漫主义，诉诸优雅的——也许是过于优雅的——情感，在当今世界它已难得一见了。人们的生活或他们希望过的生活，以及他们的主要欲求，与有着良好教养的德国和法国资产阶级的生活和欲望是不一样的，这些人兴致盎然地阅读卢梭、波德莱尔、歌德和海涅，从中得到精神上的满足。用来唤起和愉悦这种细腻情感的音乐，与美国所有类型的生活方式都只有十分微弱的关系。所以，美国的浪漫主义音乐文化长期以来总是虚有其表，这种风格就像玛格丽特·杜蒙那种故作纯情的表演一样，很容易成为笑柄，格劳乔·马克斯在《歌剧院之夜》中曾把它演绎得惟妙惟肖。当我开始教课但仍住在优秀生宿舍时，我就注意到了这一点。“好”学生学完了物理之后去听古典音乐。那些不太容易适应这种生活的学生，其中一部分人在这种文化霸权下变成了顽劣之辈，另一些人也很严肃，他们在寻找能真正满足自己需要的东西。他们几乎总是对新出现的摇滚乐节拍做出回应。他们对自己的品味有点儿不好意思，因为它是不受尊重的。但是我本能地站在这些人一边，与造作、死板的感情相反，他们拥有真实的情感，尽管有些粗俗。后来他们的音乐激进主义赢得了革命，主宰了不加掩饰的当下。能让这一代人听进去的古典音乐还没有创作出来。

这种变化的征兆还表现在，现在的学生十分严肃地看待柏拉图《理想国》中关于音乐教育的著名段落。过去的大学生一向是很优秀的自由主义者，对诗歌审查愤慨不已，认为这是对自由探索的威胁。不过他们心里想的其实是科学和政治，几乎不关心对音乐本身的讨论。就算他们想到了音乐，柏拉图在一本严肃的政治哲学著作中把时间花在节奏和旋律上，也颇让他们迷惑不解。他们觉得音乐就是娱乐，跟政治和道德生活无关。相反，今天的大学生确切知道柏拉图为何如此严肃地看待音乐。他们懂得音乐深刻影响着生活，所以才怒气冲冲，因为柏拉图似乎要剥夺他们内心最深处的快乐。他们在音乐体验上跟柏拉图发生了争 71
执，争执的焦点是如何评价和对待音乐。这种对抗不仅有助于揭示当代的音乐现象，而且提供了一个当代学生如何从阅读经典文本中获益的范例。他们发怒这个事实表明,柏拉图多么严重地威胁着他们感到亲切和熟悉的东西。他们几乎不能保护自己的感受——这种感受在受到质疑之前似乎毫无问题——而且极力抵制冷静的分析。然而,假如哪个大学生能够——这是最困难、不寻常的事情——抽身而退,与他所迷恋的东西保持审视的距离,开始怀疑他所喜欢的东西的终极价值,那么,他便是向着哲学信仰的转变迈出了最艰难的第一步。愤怒是灵魂为免受自我怀疑之害而进行的防御;它重构世界秩序,以便为愤怒找到正当的理由。它使处死苏格拉底有了正当性。心灵的见识就是认清愤怒的本来面目,因而它是一种比研究数学更加哲学化的体验。柏拉图的教导是,音乐由其本质所定,包罗了今天最排斥哲学的一切东西。所以,穿过我们这一片最大的腐朽丛林,说不定就能踏上认识最古老真理的道路。

简单说来,柏拉图关于音乐的教诲是:与舞蹈相伴的节奏和旋律是灵魂的粗野表达。这种方式虽然粗野,但并非出于兽性。音乐是处于充满惊奇和恐惧、最心醉神迷状态下的人类灵魂的媒介。尼采大致赞同柏拉图的分析,他在《悲剧的诞生》(不要忘了副标题是“来自音乐精神”)中说,残酷和狂野感觉的混合是这种状态的特征,当然它也具有宗教色彩,是为众神服务的。音乐是灵魂的原始语言、主要语言,它是缺少清晰的语言或理性的符号。它不仅是非理性的,而且痛恨理性。甚至即便附加上清晰的语言,这种语言也完全从属于、受制于音乐和音乐表达的激情。

教化,或者说换句话说,教育,是对心灵原始激情的驯化——不是压抑或去除这种激情,那会剥夺心灵的活力;但又把它们塑造和表现为艺术。让心灵中的激情因素与后来发展起来的理性因素和谐一致,这个
72 目标也许不可能达到。但是,没有这种和谐,人永远不会是完整的。音乐,或随着理性的出现从音乐演化而成的诗歌,总是要在激情和理性之间维持微妙的平衡,甚至在它最高级、最发达的形式——宗教、战争和性爱——中,这种平衡也总是向着激情倾斜的,即使只有微微的倾斜。音乐,正如大家所感受到的,为伴随着音乐的行为提供不容质疑的正当

理由和充分的快感：士兵听到军乐响起，就会严守军令，信心倍增；信徒听到教堂的管风琴响起，就会更虔诚地祈祷；神魂颠倒的情人能被浪漫的吉他声抚平心境。借助于音乐，人们能够咒骂理性的怀疑。众神伴随着合适的音乐降临，用榜样和戒律教育人。

柏拉图笔下的苏格拉底对迷狂严加管束，所以几乎没有给人提供安抚或希望。按苏格拉底的规矩，歌词——语言，因此也是理性——必须主宰音乐——和声及节奏。纯音乐决不能忍受这种限制。学生缺少理解理性快感的条件；他们只把理性看作严厉的、压制人的家长。但是，他们从柏拉图那儿确实看到了这个家长已经指明他们得干什么。柏拉图教导说，为了把握一个人或一个社会的精神热度，必须“关注音乐”。在柏拉图和尼采看来，音乐的历史是试图把形式和美赋予心灵中黑暗、混乱和原始力量的一系列尝试——使它们服务于更高的目的，服务于给人以充实的责任感的理想。巴赫作品中的宗教意向和贝多芬作品中的革命和人道意向，就是非常明显的例证。心灵的陶冶需要激情，在使激情升华和赋予它们艺术统一性的同时，也使它们得到了满足。人的最高尚的行为是有音乐相伴的，音乐在表现这些行为的同时，为人们提供了从最低级的肉体愉悦到最高级的精神快乐，这样的人才是完整的人，而且在他身上不存在享乐和善之间的紧张。相反，如果一个人的职业生活平淡无奇，没有音乐修养，闲暇生活由粗俗、剧烈的娱乐组成，这样的人是分裂的，他存在的每一方面都受到其他方面的破坏。

因此，对于那些有志追求心理健康的人来说，音乐是教育的核心，因为音乐既能公平地对待激情，又为灵魂毫无障碍地运用理性做好了准备。所有古代的教育家都认识到了这种教育的核心地位。亚里士多德
《政治学》一书中讨论最佳政体的最重要段落对音乐教育给予关注，《政 73
治学》的附录是“诗学”，今天这一切几乎没有人注意到。古典哲学不对歌者进行苛评，而是说服他们。它赋予他们一个直到昨天他们还很清楚的目标。但是，那些没有注意到音乐在亚里士多德著作中的作用，鄙视柏拉图关于音乐作用的论述的人，他们进的是讲授霍布斯、洛克和亚

当·斯密的学校,在那里思考音乐是不必要的。大获全胜的启蒙理性主义认为,它发现了对付灵魂中非理性因素的其他方法,理性不需要音乐的支持。只有在那些批判启蒙运动和理性主义的伟人——卢梭和尼采身上,音乐才又回归了,他们是哲学家中最喜爱音乐的。他们两个人都认为,激情——以及辅助激情的艺术——在理性的统治下已经变得十分微弱,因此人自身以及他在世界上看到的东西,相应地也变得十分微弱了。他们要培养心灵的热情状态,重新体验被柏拉图视为病态的哥利本僧[1]式迷狂。尤其是尼采,他力求再次引出非理性的生命之源,用野性的源泉补充我们干涸的精神溪流,所以他鼓励酒神精神和源于这种精神的音乐。

这就是摇滚乐的意义所在。当然,我不是说这种音乐有什么高雅知识的起源。但是,在古典音乐的灰烬中,在对打开最原始的激情源泉的做法毫无思想抵制的氛围中,它在青年人的教育中上升到了目前的高度。现代理性主义者,譬如经济学家,对摇滚乐以及它所呈现的东西漠不关心。非理性主义者则全盘接受它。不必担心我们青年人温柔的心灵中正在出现"金发碧眼的野兽",但是,摇滚乐只有一种诉求,一种对性欲——不是爱情,也不是性爱,而是低级粗野的性欲——的诉求。摇滚乐承认小孩子的性意识的初次萌动,一本正经地跟它调情,不但诱导它,而且说它合理合法;不是把它看作幼芽,必须悉心照料才能开出美丽的花朵,而是把它看作真实的东西。摇滚乐借助于娱乐业的公共权威,在镀银唱片上把一些事情一股脑告诉孩子,而他们的父母总是对他们说,这些事必须等他们长大以后才能明白。

年轻人知道摇滚乐带有性交的节奏。这是拉威尔的《波列罗》是他
74 们普遍了解和喜欢的古典音乐作品之一的原因。一个庞大的产业与一些真艺术和很多假艺术结合在一起,培养着与性有关的放荡感觉和趣

① 哥利本僧(Corybant):指狂放不羁。哥利本僧是神话中以狂欢游行和仪式服侍女神的祭司。

味，为贪婪的肉欲提供源源不断的新鲜素材。从来没有一种艺术形式这样专门针对孩子。

歌词也亦步亦趋地配合这种挑逗和发泄的音乐，为乳臭未干的爱情和稀奇古怪的诱惑大唱赞歌，让孩子们理直气壮地面对传统的嘲笑和不屑。歌词或含蓄或直白地描写满足性欲的肢体动作，把这当作孩子们自然而平常的性高潮，而他们还根本不知道爱情、婚姻或家庭为何物。这对青年人的影响远胜过色情读物，既然他们很容易亲自做下流事，也就无需再去观看别人了。窥阴癖是上了年纪的性变态者的行为；积极的性关系是年轻人的表现。他们只需要煽情。

这种对性的兴趣的必然结果是对压抑它的家长权威的反叛。于是自私变成了愤怒，继而又变成了品德。性革命必须推翻一切统治力量，它们是人性和幸福的敌人。从爱中生出了恨，还乔装打扮成社会改革。一种世界观在性的支点上取得了平衡。无意识或半意识的孩子的仇恨变成了新的圣经。然后是对无阶级、无偏见、无冲突的大同世界的渴望，这是被解放的意识——“天下一家”的必然产物，是“人人皆兄弟”这句口号的青春版，是受到“爹妈”这类政治对等物抑制的东西的实现。这就是歌词的三大主题：性，仇恨，奉承性的和假惺惺的兄弟之爱。这些污泥浊水汇聚到一道臭水沟，只有恶人才会在里边觉得如鱼得水。自从MTV频道接管了柏拉图的洞穴岩壁以来，只要瞅一眼录像上那些为它设计的形象，就足以证明这一点。希特勒的形象频频出现在令人兴奋的背景下，让人驻足三思。高贵、崇高、深刻、雅致、品味哪怕只是得体，在这里都绝对找不到容身之地，只有紧张、变幻、粗野和直来直去——这是托克维尔警告过我们的民主艺术的特征；而且还结合着怪异、自大和自满——这就是托克维尔绝对无法想象的了。

想象一下，一个十三岁男孩坐在自己家的起居室里，一面做着数学 75
作业，一面戴着随身听耳机或看着MTV频道。他享受着数百年来由哲学天才和政治英雄携手合作，烈士们抛洒热血才赢得的自由；人类迄今最发达的经济为他提供了舒适和安逸；探索自然奥秘的科学为他提供了奇异鲜活的电子声响和图像供他享受。然而，进步的巅峰之作是什么呢？是一个青春期的孩子,他的身体随着兴奋的节奏颤动,为他塑造感情的是公然赞美手淫之乐或杀害父母的歌曲；他的志向是通过模仿那个做音乐的男扮女装的同性恋者,使自己名利双收。简言之,人生变成了经过商业包装的、无休无止的手淫幻想。

这种描述也许有些夸张,但这只是因为有人喜欢这样认为罢了。与摇滚乐形影不离是一种现实,它不局限于特定阶层或特定类型的孩子。只要问一下大学一年级的学生他们听什么音乐,听多长时间,音乐对他们意味着什么,你就能发现这在美国是一种普遍现象,它开始于青春期或更早,贯穿于整个大学时光。摇滚乐是唯一的青年文化,而且我时常认为,目前没有其他精神食粮可以与之抗衡。这种文化的威力部分来源于摇滚乐的喧闹。它使人无法交谈，以至大多数友谊只能放弃分享话语，而亚里士多德坚信，分享话语是友谊的本质和唯一真实的共同基础。有了摇滚乐,分享情感的幻觉,身体的接触,以及据说有着难以言表的深长意味的咕哝,成了人际交往的基础。在他们看来,这跟日常生活、上学和做功课一点也不矛盾。毕竟,有意义的内心生活与音乐同在嘛。

这种现象既让人感到震惊和难以理解,又司空见惯,几乎不被人注意。但是,一个社会最优秀的青年和他们的最佳精力竟被如此占用,这是有着深远的历史意义的。文明社会的后来人对这种现象会感到不可思议,就像我们不能理解种姓制度、火烧巫婆、姬妾成群、食人和角斗一
76 样。也许,一个社会会把自己最大的疯狂视为正常。我前面描述过的那个孩子,他的父母为了让他过上好日子任劳任怨,为他将来的幸福不惜血本。他们不相信音乐才能对他的幸福会有多大帮助,但在这件事上他们无能为力。贫乏的家庭精神生活使摇滚乐趁虚而入,他们不可能不让自己的孩子听这种音乐。摇滚乐无处不在;所有的孩子都在听;不让他们听,只会失去他们的爱和服从。他们打开电视,就能看到里根总统热情地抓住迈克尔·杰克逊那只带着手套、姿态优雅的手,对他大加赞美。最好调动我们的自制力——别去注意他们说些什么，并且假定孩子会

忘了它。如果他有早期性行为,也不会妨碍他以后拥有稳定的关系。就算他滥用药物，也会在大麻面前止步。学校不是在提供真正的价值观嘛。流行的历史主义提供了最后的救赎:新环境需要新的生活方式,老一辈人不应当把自己的价值强加给年轻人，而是要帮助他们发现自己的价值。和音乐相比,电视在塑造年轻人的性格和趣味上起着相对较小的作用。电视是一种共识形成的怪物——右翼监控性内容,左翼检查暴力,另有许多利益团体盯着别的很多事情。可是几乎没有人管管音乐,对于这个问题的性质和范围,迄今做出的努力不但毫无效果,而且把人引入歧途。

结果无非就是,在一个社会上无人认真关心德育的时代,父母对孩子的德育也失去了控制。取得这项成就的是一些稀奇古怪的男青年——他们是苏格拉底的论敌特拉西马库的现代版——与唱片公司经理结成的联盟,前者具有窥测大众初露端倪的愿望的本事,后者则是想在摇滚乐中挖金矿的强盗新贵。几年前他们就发现,孩子是这个国家拥有可随意支配的可观收入的少数群体之一,它的表现形式便是零用钱。他们的父母倾其所有供孩子享用。躲在父母的背后诱惑他们,为他们打造一个开心世界,造就了战后世界最赚钱的市场之一。摇滚产业是完美的资本主义,它提供所需之物,帮助创造需求。它的尊容与麻醉品交易毫无二致,但它是一种全新的现象,太出人意料,所以没有人想过得去管管它,时至今日,则为时晚矣。在对抗吸烟方面也许取得了进展,这是 77
因为我们的缺少准则,或是我们的相对主义尚未殃及肉体健康的领域。而在其他一切事情上,市场决定价值。(小野洋子跟石油大亨和计算机大王同属于美国为数不多的亿万富翁之列，她的已故丈夫生产和销售一种商品,其价值和这些大亨们的商品不相上下。)摇滚乐是个十分庞大的行业,远比电影、职业体育和电视这些行业大得多,这可以解释为何音乐产业极受推崇。调整我们的眼光以适应经济变化,辨别真正重要的东西，并不是件容易事。麦当劳的雇员人数如今已超过美国钢铁公司,同样,精神垃圾食品的供应商也已挤掉了那些看上去更为基础的行业。

这种变化已经发生多时了。20世纪50年代末，戴高乐为碧姬·芭铎颁发了法兰西最高荣誉勋章。我对此颇为不解，但她却和标致汽车一起，成了法国最大宗的出口商品。繁荣是休闲的手段，随着西方国家日益繁荣，为追求繁荣而被推迟了数百年的休闲，终于变成了人们的第一关切。但是，休闲生活得有所讲究的观念，以及人们的休闲品味和能力，却跟着销声匿迹了。休闲成了玩乐。人们长期努力寻求的目标居然变成了消遣，如果手段能够证明目的合理，这倒是个合理的结局。音乐产业的特点仅仅在于，它几乎只迎合孩子们的口味，把这些无论法律上还是生理上都不成熟的人，当成好像已为享受最后的完全满足做好准备的人。这也许正好暴露出一切娱乐业的本质，暴露出我们丧失了有关成年或成熟的清醒认识，我们缺少认识人生目的的能力。价值观的空洞导致人们把自然事实当作目的加以接受。于是乎幼稚的性欲也成了目的，并且我很担心，由于缺乏其他目的，许多成年人也会对此点头称是。

一个有趣的现象是，左派以批判“晚期资本主义”沾沾自喜，无情剖析我们的另一些文化现象，但他们对摇滚乐大体上采取听之任之的态度。他们归纳出使摇滚乐得以盛行的资本主义因素，认为摇滚乐是资产
78 阶级文化的层层压迫下出现的人民艺术。它的放浪形骸和对无约束世界的渴望，说不定就是无产阶级革命的号角；马克思主义者确实认为，摇滚乐瓦解了自由社会不可缺少的信仰和道德，仅凭这一点就该赞成它。不过，青年左派知识分子对摇滚乐的共鸣也许有着更深层的原因。马尔库塞把马克思和弗洛伊德结合在一起，吸引着20世纪60年代的大学生。他在《爱欲与文明》和《单向度的人》中许下诺言，战胜资本主义及其虚假意识将带来这样一个以性——即资产阶级道德家弗洛伊德所说的多形态性恋和婴儿性恋——的满足为最大满足的社会。摇滚乐触动了青年人相同的心弦。自由的性表达、无政府主义、挖掘和放纵非理性的无意识状态，这就是他们的共同特点。我将在本书第二部分论及的高雅精神生活和这个低俗的摇滚世界是同一项娱乐事业中的搭档。它们

必然会被解释为晚期资本主义文化结构的组成部分，它们的成功源自资产者需要自己不是资产者的感觉，需要进行既无风险、也不受限制的试验，他愿意为此出大价钱。至于左派，尼采的解释优于马克思。晚期资本主义的批判理论同时也是晚期资本主义最细致、最粗野的表达。反对资产者的怒火就是“最后的人”的鸦片。

有很长一段时间，差不多有十五年之久，这种被尼采称为“虚无”的烈性兴奋剂集中体现在一个人身上，即米克·贾格尔。他是个出身中产阶级的滑头小子，他扮演疯狂的下层恶魔和十来岁的好色之徒，直到四十岁依然乐此不疲。他一只眼盯住被他搞得魂不守舍的少男少女，另一只眼瞄着虽不好色但有商业动机的要钱男人。他在表演中既是男性，也是女性；既是异性恋，又是同性恋；他不知适度为何物；他能够进入每个人的梦境，答应跟任何人做任何事情；更有甚者，他要让麻醉品合法化，这是刺激父母和警察共同阻止年轻人看他演出的真正原因。他超越于法律、道德和政治之上，对它们嗤之以鼻。此外，对于受到压抑的性别歧视倾向、种族倾向和暴力倾向——如今再公开沉溺其中是为人不齿的——他也有些许令人作呕的吸引力。但是，他尽量表现得与摇滚乐的理想——一个无阶级的大同世界，但兄弟情谊和肌肤之亲的界限模糊——不相抵触。无论在大学还是别的地方，他是无数年轻人心目中的 79
英雄和偶像。我发现，那些自诩心中没有英雄的大学生，私下里却渴望着和贾格尔一样，过他那样的生活，有他那样的名气。他们在大学里羞于承认这一点，但我拿不准这是否跟品味高雅有关。这也许是因为他们觉得不该有英雄崇拜吧。摇滚乐本身，以及煞有介事地讨论摇滚乐，都是十分可敬的事情。这是精神上附庸风雅的最后一招。但是，以为它能给弱者和普通人提供一种时尚行为，通过模仿可以使他们赢得别人的尊敬并增强自尊，那就是一派胡言了。总之，贾格尔不自觉或不情愿地在这些人的生活中扮演的角色，也就是拿破仑在整个19世纪的法国普通青年中扮演的角色。其他人都乏味得很，让年轻人提不起情绪。贾格尔，那才叫抓人呢。

这两年贾格尔逐渐淡出了。迈克尔·杰克逊、王子或乔治男孩能否取代他的位置，尚在未定之数。他们甚至比他更让人瞠目结舌，真搞不懂他们发现的算是哪一路新品味。这些人风格各异，但音乐娱乐的本质特征并无改变，有的只是对主题变化的不断寻求。这种下作的文化现象，显然让不少心理学和文学作品许下的诺言得到了兑现：我们日渐衰弱和枯竭的西方文明，会在无意识这个真正的源泉中得到复兴，对于过去的浪漫主义想象来说，它就像非洲那片尚未开拓的黑色大陆。现在，所有的地方都被勘探过了，光明普照大地；无意识变成了有意识，被压抑的得到了发泄。可是我们找到了什么？不是创造性的奇才，而是五光十色的商业演出。米克·贾格尔打扮得花里胡哨登上舞台，这就是我们从探索无意识世界的远航中带回来的唯一货色。

这里我关心的不是摇滚乐的道德影响——它是否会带来色情、暴力和毒品。要害在于它对教育的影响，我认为，它毁掉了青年人的想象力，使他们难以同艺术和思想建立起热情洋溢的情感联系，而艺术和思
80 想是通识教育的实质。最初的感官体验是决定一生兴趣的关键因素，它把我们的动物性和精神性连结在一起。从塑造高尚品质这个意义上说，性欲萌动的青春期一直被用于升华精神，用于把年轻人的各种倾向跟渴望音乐、绘画和小说联系在一起，这为履行人的义务，享受人的乐趣提供了一种过渡。莱辛在谈到古希腊雕塑时说："俊美的人创造俊美的雕像，城邦拥有俊美的雕像，要部分感谢俊美的公民。"这句话概括了人类美育的基本原理。青年男女总是被透着高贵的英雄之美的身体所吸引。对高贵的意义的深刻理解来得稍迟，但感官体验已然为它做好了准备，而且它实际上就包含在感官体验之中。因此，感官上有什么渴望，与理性后来认为什么是善，这两者之间并不相互抵触。教育不是不顾孩子的天性和快乐，一味加以训斥，而是在他们所感觉到的与他们能够和应当感觉的事情之间提供一种自然的联接。可是这已经成了一门失传的技艺。现在我们的处境正好与此相反。摇滚乐激起的热情，以及它所提供的榜样，与走进大学的年轻人可能选择的生活完全无关，或者说，与

通识教育所鼓励的欣赏品味完全无关。没有情感的加入,技术教育以外的一切都形同虚设。

摇滚乐为不成熟的人提供迷狂，在这方面它与和它沆瀣一气的毒品一样。它人为地诱发狂喜,而这原本是属于人们付出巨大努力才能实现的情感——例如正义战争的胜利、圆满的爱情、艺术创造、宗教献身以及真理的发现。无需努力,无需才华,无需美德,无需能力的发挥,三教九流都有平等的权利享受它们的成果。根据我的经验,那些曾经深陷毒品——和已经摆脱毒瘾——的学生发现，他们无法怀有热情或远大理想。仿佛他们的生活已经失去缤纷的色彩，他们只看到一个黑白世界。他们当初经历的快感太强烈,以致他们最后不再寻求快感或不再把快感作为目的了。他们可以做到尽职尽责,但只是干巴巴地照章办事。他们的精力已经枯竭,他们不指望自己今生今世的活动能带来什么,只是得过且过而已。而通识教育是要鼓励这样一种信念:美好的生活是愉快的生活,最美好的生活是最愉快的生活。我怀疑,对摇滚乐的痴迷,尤 81
其是在缺乏强大制衡力量的情况下,会产生跟毒品一样的作用。学生以后会摆脱这种音乐,或至少不会只对它着迷。但是他们在这样做时,会像弗洛伊德说的那样：人得接受现实原则——有些事情很无奈，很讨厌,根本没有吸引力,但不干不行。所以,这些学生会刻苦攻读经济学或其他专业。身上的迈克尔·杰克逊外衣脱掉了,露出的却是布鲁克斯兄弟公司的高级套装。他们想出人头地,舒舒服服地过日子。可是这种生活其实跟他们摈弃的生活一样空洞虚假。选择不是存在于一时的陶醉和枯燥的计算之间,这就是通识教育要展示给他们的道理。但是,只要他们戴着随身听的耳机,就不可能听到伟大的传统在说些什么。而且,长期使用之后,一旦他们摘下耳机,会发现自己成了聋子。

82 # 关系

自我中心

一般而言，现在的大学生还是不错的。我斟酌字眼，才说他们“不错”。他们并不特别有道德或特别高尚。赶上好时代，这种“不错”便是民主性格的表现之一。没有战争、暴政和匮乏磨炼他们或向他们提出种种要求。阶级差别带来的伤害和对抗与强烈的阶级意识（一度在美国大学中存在，现在仍在英国大学里存在，流毒不浅）一起消失了。学生摆脱了大部分限制，他们的家庭为他们做出种种牺牲，但并不要求太多的服从和尊重。宗教信仰和民族出身对他们的社交生活或职业前途几乎没有任何值得一提的影响。很少有人真正相信“制度”，但他们也没有因为受到任何不公待遇而怒气冲天。过去认为应予禁止的毒品和性事，如今是有多少感官需求就能得到多少。少数激进的女权主义者对昔日的宗教仍然耿耿于怀，但多数妇女都很舒心，确信自己的职业道路上没有太多障碍。到处弥漫着一种与自己的长辈之间很放松的亲密气氛，甚至对无拘无束的年轻人也有一种尊重的气氛，这是托克维尔断言平等所鼓励的尊重。尤为重要的是，这里不存在任何渴望——不管是浪漫的还是其他形式的——能让资产阶级社会或整个社会不见容于青年人。在美国
83 宽松的社会生活结构中，20世纪60年代不可能实现的美梦已被证明是

非常有可能实现的。现在的学生快乐而友善，就算没有崇高的心灵，至少也不特别心胸狭窄。他们首先关注的是从最狭隘的角度理解的自我。

我在一所常春藤联盟大学作短期访问教授时，曾跟一群聪明的大学生非常坦率地聊了一个晚上，这使我有一种真情流露的体验。认真地反复阅读柏拉图，能使学生至少暂时摆脱常规的说话方式，所以我在课堂上已同他们建立了某种共同的基础。我们搞了一次告别野餐会，气氛很轻松，有助于开诚布公的交谈。我耍了个小花招，把某些话题引入交谈，因为我亟欲了解目前对这些问题的看法。前一天，我在教员和管理人员的晚餐会上曾有过一次交谈，这为我在这次野餐会上的交谈做好了准备。一位高官的妻子跟我谈起她儿子的行为，他有法律学位，但是她说，他和他那些朋友们都胸无大志，一会儿干这一会儿干那。她对儿子的行为似乎不是十分苦恼——说不定还有点儿骄傲。今天的母亲愿意相信年轻一代比她这一代人更优秀，尤其是当年轻人极不尊重长辈的标准时。所以，我问她如何理解年轻人这样行事。她坚定、平静、毫不犹豫地说："对核战争的恐惧。"

这促使我询问我的这一帮学生，他们是否害怕核战争。得到的回应是，他们全都有点儿不自在地格格笑起来。他们很清楚自己每天在想什么，这些想法跟政治问题几乎完全无关。他们也知道有一大批思想健全的成年人，他们期待这些人以核威胁为借口，要求改变世界政治秩序；他们还要把自己受伤的心灵作为证据展示出来，以反对我们的政治家疯狂追求"军备竞赛"。今天的大学生——我一次又一次地问过这个问题——在道德上毫不矫饰，他们在面对重大的道德问题时用反讽的目光看待自己。有人带着怀旧的情绪，把20世纪60年代的大学生视为有信念的人。应征入伍去越南打仗的前景实在可怕。但是，现在的年轻人，除了极少数人以外，已经不再轻信那些心理学骗子了，他们把学生对核战 84
争的冷漠解释为"拒绝"，并运用科学去证明存在着没有结果的事业。这就像美国公众不会轻信总统一样，他试图让他们相信他曾坐下来跟自己的小女儿讨论核战争。学生们想的是另一些事儿。他们确实有些无所用心，对未来缺乏开阔的眼界。但是，把这归因于害怕核战争，就像把它归因于美国西部没有了可以征服的边疆，或归因于上帝死了一样，都是些大而无当的说法。

为何这一代大学生通常比上一代更诚实？做出公正的说明并不容易。当然，他们在公共问题上也有不少故作姿态的表现，这有以下事实为证：布朗大学（它在20世纪60年代是取消通识教育的急先锋）的学生团体投票要求学校在遭受核攻击时提供氰化物。这是一份向我们诉说我们让年轻人遭受折磨的“声明”。绝大多数大学生和任何人一样，愿意把自己想得更出色一些，但他们也知道自己是在为个人职业和各种关系奔忙。有一种说法是，自我实现能让人生焕发奇光异彩，但他们所能看到的是这种生活并不特别高尚。生存至上已经取代了英雄主义，成为令人钦佩的品质。正像有些人认为的，这种转而依靠自己并不是20世纪60年代的病态狂热之后回归正常的现象，也不是一种异常的自私。这是一种新的孤独，它使青年人除了自顾自以外别无选择。几乎能自然而然激励人们产生广泛关切的事情根本就不存在了。埃塞俄比亚的饥荒，柬埔寨的大屠杀和核战争，都是值得关注的真正灾难，但这些问题跟大学生的生活没有直接和有机的联系。日常生活中的事情很少以某种方式跟公共问题发生关联，使国事和私事能在人们的思想中融为一体。人们不但享有参与或不参与的自由，况且也没有参与的需要，而且一切事情都在阻碍人们这样做。托克维尔认为，没有家庭土地或家庭传统，从而不必承担延续之责的人，很难避免个人主义，把自己看作过去和未来不可或缺的一员而不只是不断变化的连续体中的一个无名小卒，他这只
85 是描绘了发达的平等主义的冰山一角。私心带来公益的现代经济原则已经渗透到日常生活的方方面面，以至似乎没有理由再去担当公共生活中自觉的一员了。正如索尔·贝娄指出的，公民美德犹如一座鬼城，人人都能进入，宣称自己就是判官。

祖国、宗教、家庭、文明的观念，处于茫茫宇宙和个人之间、为人提供在整体中的位置感的一切情感因素和历史因素，都被理性化了，从而

也失去了强制力。人们不觉得美国是一项共同的事业,它只是个框架,里边的人民全是孑然一身的个体。如果说存在着一项事业的话,那就是让那些据说处境不利的人也过上舒心的生活。进步的左派谈论自我实现;而右派最流行的表现形式是自由至上论者,即右派形式的左派,他们赞成人人过自己喜欢的生活。对自由民主制度下的私生活特性的仅有的侵扰——税收和服兵役——如今在大学生的生活中也不存在。假如人心存在着固有的政治冲动,那它肯定会遭受挫折。不过,这种冲动已被现代性所削弱,人们几乎感受不到了。

大学生也许确实觉得自己势单力薄, 对集体生活影响甚微或根本没有影响。但是他们在取代了政治的行政管理状态中,基本上过得很惬意。核战争的前景固然可怕,但是只有当它迫在眉睫时才会笼罩在他们的心头。甚至像冻结核武器这种力道十足、齐心协力的骚乱,也带有《明天》(*The Day After*)所描写的娱乐性质,它跟大学生的生活毫无关系,只是一种消遣而已。只有极少数学生注定投身政界;即使他们真的进了政界,那也是偶然进入,而不是先前的训练或期望的自然产物。在我讲过学的几所大学里, 几乎没有学生出身于继承了国家公职的特权和责任的家庭,因为这样的家庭几乎已经绝迹了。政治责任也好,政治乐趣也罢,学生一概不想沾边。柏克和托克维尔谈到过公民和政治家的消失,这种现象在我们的生活中已经到了登峰造极的地步。年轻人微不足道的个人志趣——“成功”,也就是说,给自己找个落脚的地方——贯穿了 86
他的一生。如果要求这一代大学生有所作为,把自己当作世界历史的强大推动者,他们的诚实只会让他们莞尔一笑。他们知道托克维尔所言不虚:“在民主社会里,每个公民习惯性地忙于思考一个渺小的对象,这就是他自己。”由于对历史的冷漠态度和失去了对民族未来的眼光,这种思考如今变得更加严重。唯一吸引青年人想象力的共同事业是探索太空,但人人皆知那里啥也没有。

我们的政体所特有的、不可避免的个人主义,由于另一种出人预料的意外变化而得到了加强,这就是家庭的衰落。家庭是个人与社会之间的媒介,它提供了一种超越个人的准自然的亲情,使男人和女人至少对自己以外的一些人产生关切,从而与社会形成一种跟孤立的个人完全不同的关系。父母、丈夫、妻子、子女是共同体的人质。他们对它的冷漠态度会有所收敛,他们与它的未来有着实质性的利害关系。这不完全是出于本能的对祖国的爱,而是为了自己之所爱而对祖国的爱。这是一种得体的爱国主义,它很容易从自我关切中产生,不需要太多的自我否定。在一个除了自我放纵干别的事情都没有任何理由的时代,家庭的衰落意味着共同体需要人们极端的自我克制。

许多学生都有父母离异的经历,而且从统计数字上看,这些学生自己将来也极有可能离婚,姑不论这个事实,很难期待他们在父母或其他血亲上了年纪后会去照顾他们,甚至多去看看他们。老年人的社会保障、退休金和健康保险,使儿女甚至不必为父母提供经济支持,更不用说把他们接到自己家里住了。孩子进入大学之日,其实就是他与家庭的血肉联系开始终结之时,虽然他当时还几乎意识不到这一点。孩子离家之后,父母对他们几乎没有任何权威,孩子也只好向外看,向前看。他们也不是铁石心肠,只不过他们看重的事情不在家里。毕竟,家里的精神生活相当贫乏,随着旧目标的淡出,新的目标就会填补他们的视野。美国的地域也对家人的分离起着一定作用。这是个幅员辽阔的国度,人口
87 流动性很大,特别是二战以后,随着航空业的扩展,这种情况更加突出。实际上,大学生谁都不知道自己完成学业之后会去什么地方生活,那儿很可能远离父母和家乡。相比之下,加拿大或法国虽然到处弥漫着基本同样的文化气息,但人们几乎没有什么地方可去。对于一个出生在多伦多、操着英语的加拿大人,说实在的,也只有温哥华是个诱人的选择,至于巴黎人,他根本没有别的地方可去。广袤无垠的地平线是我们时代的标记,而在这些地方它是难得一见的。人们并没有真正在这些地方扎根,但他们过得很安顿。所以他们会继续走亲戚,看望那些和他们一起长大的人,他们周围的景物不会改变。而美国的青年真正是一切从头开始,一切都悬而未决。天南地北,城里、郊区或乡下,都有可能成为他的

家——天知道在什么地方。每个地方都有每个地方的道理,他的选择绝对不受任何限制。如果他恰好在什么地方找了份工作,或是情趣有了变化,这都可以使他摆脱以往的一切联系,对此他早有心理准备。因此,他对过去和周围人的感情投入必然是有限的。

这种前程未卜或结局不定的未来,这种不受既往约束的情况,意味着年轻人的心灵就像自然状态下的初民一样——精神上一片空白,无牵无挂,孤立无依,与任何事或任何人都没有继承下来的或无条件的关联。他们可以想怎样就怎样,但不管他们想怎样,都没有特定的理由。他们不仅可以自由选择居所, 而且可以自由决定是信上帝还是做个无神论者,或者暂时把选择放在一边,先做个不可知论者再说;他们可以自由选择走正道还是混日子,或是继续不去管它;他们可以自由选择要不要结婚,要不要维持婚姻,要不要孩子——诸如此类,不一而足。生活中没有必然,没有道德,没有社会压力,不必做出牺牲,因而也不会妨碍青年人走向某个方向或脱离某个方向, 但又存在着指向每一个方向的欲望,并伴随着相互矛盾的理由。这些年轻人,比柏拉图描述的民主体制下的年轻人有过之而无不及:

> 彼(指民主青年)之度日也,即琐屑之欲望,亦必使之达到目的,有时竟沉溺于酒,有时竟醉心于笛,有时饮水若狂,有时禁食以 88
> 消瘦,有时热心体育而旋即诸事不问,有时一无所事而忽然研究哲学。偶一念及政治,则即发表其政治上之意见,意之所至,即出诸口;苟见军士而偶生羡慕之心,则立即投身军中,一旦而欲事商,则即立弃他业而事商,故其一生,即无定例,又无秩序,而彼方以此为快乐,为幸福,为自由也。[1]

① 这里的译文采用吴献书先生的《理想国》译本,商务印书馆,1957年,84—85页。

这些缺少精神武装的人一心只想着自己，一心要找一根救命稻草以免不断下坠，我们对此何必感到诧异呢？在大学生中流行不衰的一本小说是加缪的《局外人》，这又何足怪哉。

平等

除了可爱的自嘲之外，这些学生的另一个突出品质是平等主义。无论他们的政治倾向如何，他们相信人人——如果“人”(men)是指男人，那还得加上女人——生而平等，享有平等的权利。这不只是一种信念，更是一种深入骨髓的本能。不管他们遇上什么人，性别、肤色、宗教、家庭、金钱、族裔等方面的考虑在他们的交往中不起任何作用。这些考虑一度确实能够解释某些现象的想法也已烟消云散；那完全是神话。有人对祖先、种族和神圣之物这些把人隔离开的东西感兴趣，这也许是件怪事。但是确切地说，这些东西不再迷惑人，是因为它们已经不再是现实。在1920年，一个真正的意大利移民是不会因族裔而烦心的。他属于这个族裔，虽然他是美国人，无论出于必然还是选择，他都会过意大利人的生活，和意大利人住在一起。今天，他在哈佛大学读书的孙子也许希望重新彰显意大利人的特色——他的父亲极力想要摆脱的社会劣势，但他的朋友仍会是他喜欢的那些个体；不管怎样，这不是因为他是意大利裔，而是美国生活的共同特点造成的结果。他对异性的吸引力，乃至他的婚姻，都不会受他的族裔或天主教传统的影响。这不是因为他也迷恋
89 对方，或是他想加入既有体制，而仅仅是因为今天人们已不拿它们当回事，即使有人还想努力拿它们当回事。没有哪个社交圈会因为他的婚姻不合规矩而给他吃闭门羹，甚至极力反对的父母也不会这样做。同辈人不会特别在意他是意大利裔。即便学生进了那些在宗教信仰、其实是在种族上实行隔离的教区学校，共同文化也占有优势，当他们进入大学时，几乎立刻就会发现自己主要是与从前的圈外人交往。他们轻松地丢掉了自己的民族文化包袱。我在孩提时代所知道的那种跨信仰或跨种族聚会的庄严感已经荡然无存了，在那种场合，人们会觉得他们相互之

间非常不同，他们既抱有偏见，也受到偏见的伤害，他们虔诚地向往着四海一家的境界。现在这些孩子对任何人都没有成见。有人说，这是因为人类失去了使他们彼此有别的文明饰品，成了赤条条一丝不挂的动物，也有人说，这是因为我们认识到大家都是人。随你怎么解释都成。事实是，在我们的大学里，人人都是个体——虽然没有多少个性。他们都只是人，是人这件事本身是很重要的。大学生好像从来没有想过，甚至在奉行平等的美国，古典时代使人有所区分的事情也应当让他跟别人有所不同。

所以，哈佛、耶鲁和普林斯顿也失去了它们的一贯特征——贵族情感在这个民主国家最后的栖身之地。建立在传统家族和古老财富上的差异已经荡然无存。我们曾不事声张地采用英国的阶级制度，使俱乐部会员给非俱乐部会员造成了伤害。既然不必再拿俱乐部当回事，这种旧伤也就痊愈了。这一切开始于第二次世界大战后的《军人福利法案》。大学向所有的人敞开大门，名牌大学逐渐放弃了优待校友子女和拒绝圈外人、尤其是犹太人的做法。学术成绩和测验成了选拔标准。新的优待政策——尤其是对黑人的优待政策——取代了老办法。老办法维护阶级差异，新办法则摧毁阶级差异。如今，所有主要大学的学生群体看起来相差无几，都是从最优秀的申请人中选拔出来的，所谓“优秀”指的是学科成绩优秀。很难再有哈佛人或耶鲁人了。任何大学都不再把培养绅士兼学者作为自己的天职了。老式的势利已经死亡。诚然，不管学生们 90
说些什么，他们还是以成为这些精英大学的一分子为荣。他们因自己的大学而与众不同。但是他们相信，并且他们很可能没错，他们能够进入这些大学，除了天赋和早年的苦读外，再无其他原因。父母的财产有可能让他们在中学里出类拔萃，让穷孩子处于劣势，就此而言，他们认为这是社会的不公。但是对这件事他们也没有太往心里去，至少白人学生没有，因为这个国家现在大多是中产阶级，付不起学费的学生也很容易拿到奖学金。他们看到周围的学生来自各类家庭，几乎没有多少人觉得自己受到了文化上的剥夺，觉得自己是个外来者，怨恨地盯着那些享有特权、社交圈不对他们开放的人。也没有在社会上拼命钻营的人，因为看不见可供他们钻营的上层社会。同样，过去一向就有的藐视民主和平等的思想流派也不存在了。这也完全是由第二次世界大战完成的。所有的学生都是平等主义的学界精英，他们认为，应该允许每一个人发展自己特殊的——和不平等的——才能，不问其种族、性别、宗教、家庭、财富或族裔。这是他们知道的唯一的正义形式，他们简直不能想象，竟然存在着赞成贵族政治或君主政治的重要观点，那都是历史上令人不可思议的荒唐事。

此外，男孩和女孩的差别虽然仍有现实意义（这不同于犹太教徒和天主教徒、德国人和爱尔兰人、传统家庭和新式家庭之间的差别，这些仅是他们依稀记得的父母时代的差别，不构成现代生活方式的差别），但大学生完全赞同妇女享有接受教育的平等权利，她们有理由从事和男人一样的职业，她们能干得和男人一样出色，甚至更出色。这不是玩笑话，也不是故作姿态，简言之，他们没有意识到这种情况在人类历史上并非像呼吸一样是一种完全正常的现象。他们的信念不是从原则中得出来的，不是设计和努力的结果，而是一种单纯的感受，一种生活方式，是把每个人都作为人，作为从所有事务中抽象出来的、体现人类本质的人这个民主梦想的实现。与流行的看法相反，大学是个熔炉，无论社会的其余部分是否如此。族群身份不比个子高矮、头发颜色的深浅更重要。这些年轻人共同拥有的东西，比那些使他们有差别的因素不知重
91 要多少。对不同的传统和风俗的追求既证明了我的观点，也可以使我们了解社会为同质化所付出的代价。大学生没有成见，是他们看不见差异以及差别逐渐消失的结果。当大学生们相互谈论对方时，你几乎听不到把人分成不同群体和类型的因素，他们总是谈论个人。对民族性格的感受，尽管有时只是些人云亦云，已经荡然无存。

种族

在这幅画面中有一个异数，一个失败——因为对它抱的希望最大，

所以也格外严重,即黑人和白人关系的失败。白人大学生和黑人大学生一般不会成为真正的朋友,这道鸿沟已被证明是填不平的。人们在各种壁垒被推倒之后,曾预测大学校园会忘记种族这件事,并且满怀信心地期待着它的出现,但这事并未发生。如今,各重要大学里黑人如云,比例往往相当于黑人在全部人口中所占的比例。但是,总的说来,他们并没有融入校园生活,多数人只和自己人来往。白人学生和黑人学生交往时表现得很自然,看上去与他们跟其他人(包括东方人)的交往无异。但是歌词虽好,音乐却是走调的。这种关系中有一种力求思想正确、讲原则和做设计的气氛——是努力的结果,而不是出于本能。它没有当代大学生的友情中那种轻松自在的特点;毫无隔阂的真正亲密感情在此止步。20世纪60年代设计的兄弟之情没有登上种族融合的高峰,反而变成了黑人自立门户。白人学生对此感到不舒服,不愿意谈论这种情况。这可不是人们原来设想的情况。这不符合他们的主流观点:人类之间十分相似,友谊是机会平等的一个方面。他们假装不去注意餐厅中那些隔开的餐桌,没有哪个白人学生能够泰然自若地坐在那里。在实际的大学生活中普遍存在着种族隔离,这只是它较为明显的表现之一,其他还包括居住和学习领域的隔离,尤其引人注目的是,在理论科学和人文学科领域黑人学生极少。大学形式上是种族融合的,黑人和白人学生已经习惯于 92
彼此照面。但是,在学生生活的其他方面普遍存在的那种不讲种族差别、坦诚相见的真正人际接触,在这两个种族之间通常是不存在的。当然也有例外,也有与白人学生打成一片的黑人学生,但这种人十分罕见,而且处境困难。

我不认为这种糟糕的局面是由白人大学生的过错造成的,他们在这些事情上相当率直,在这个美国人对过去不公正的历史特别敏感的领域,他们常常难堪地急于表明自己的自由主义信念。这些学生已经做出了调整,绝无怠慢,以便让自己适应各种宗教、族群、东方人的融入以及女性的愿望和角色的变化。如果说他们仍带有微妙的种族主义色彩,那得拿大量的证据来说服我。尽管优待黑人有违一种根深蒂固的信念,即平等的权利不看肤色,它属于每一个人,但白人大学生大体上还是愿意说服自己接受这种优待措施,把它视为迈向平等的权宜之计。但是,这种做法依然让他们感到不舒服,他们虽然已经习惯于宣传,接受了灌输给他们的新道德,可是在日常生活中他们还是喜欢按自己的想法和感觉行事。他们不认为黑有多么漂亮,就像他们不认为白有多么漂亮一样。他们也不认为不合格的学生是合格的。所以,白人学生倾向于把整个问题憋在心里,装得若无其事,与少数愿意交往的黑人学生交往,把其他黑人学生置诸脑后。他们不能把黑人当为黑人去交朋友,有共同目标的令人振奋的日子早就过去了。歧视性法律已经成了历史陈迹,现在大学里有大量黑人学生。在改变与黑人学生的关系方面,白人学生已经无事可做。

于是,大家都变成了"人",但唯独黑人变成了黑人。我这不是在讲教条,虽然从一开始就有很多教条,我这里讲的是感觉。"他们团结一气",这是过去持有偏见的人谈到这个或那个特殊群体时经常挂在嘴边的一句话,但它大体上是黑人学生的真实写照。一般而言,除了教室或校园工作中的日常接触——通常都很客气——以外,所有的期待都化为乌有了。这是一种很奇特的现象,因为种族含有的实质性精神意义并
93 不像宗教那样多,况且20世纪60年代末以前的黑人大学生——那时他们人数很少,人际交往的难度也更大——是把种族融合作为他们的目标和实践。另一件不同寻常的事情是,黑人似乎是出于本能拾起"种族特性"这个字眼——它是20世纪60年代的发现创造——的唯一群体。同时,他们也逐渐放弃了对黑人特色"文化"的信念和兴趣。他们不再共享一种积极的、特殊的精神或道德体验;他们和共同的文化打成一片,有着和其他人一样的目标和兴趣,但他们是自己单独去做。他们依然有着受到排斥引起的内心孤独感,尽管这种排斥实际上已不存在。熔炉下面的火正旺,他们却不像所有其他群体那样融化。

这种做法显然有一些很好的理由,在一个庞大的多元社会里,任何群体都享有把自己同其他群体隔开的权利。但是,黑人运动不仅与社会

其他成员的运动背道而驰，时常跟别人唱反调，而且违背了它自己最崇高的宣言和它在这个国家的传统。它跟知识界危险的种族分裂也有瓜葛，而知识界不可能存在为种族隔离辩护的正当理由，这里必须让共同人性的理想占上风。政治领域的对抗和怒气在大学里也安营扎寨了。在这件事上，对自身的普世使命失去信心的大学难辞其咎。自二战结束以来，多数重要大学一直在努力让更多的黑人接受教育——而且强度不断增加。真诚的美国人相信，受教育是好事，把智力成绩拔尖的黑人吸收进大学，对解决美国的困境具有决定性的作用。实际上谁都不犹豫，甚至有人私下谈论，对那些有天赋但失学的黑人学生，是否——至少在起点上——应当为了帮助他们迎头赶上而非正式地降低标准。好心人在探讨这个问题的方方面面，有人认为，为了让黑人树立榜样，为了他们的自尊，应该用最高学业标准去衡量他们，也有人相信，这样做的效果会一代代递增。好心人都不怀疑它会以这样那样的方式奏效，宗教和族裔发生的变化也会发生在种族身上。在民权运动的鼎盛期，出现过一种多招黑人学生以证明不存在种族歧视的紧迫感。那个时代的一个标 94
志就是照片重新出现在申请表上，这样黑人就能被认出来，而这种做法在10年前已被取消，以便不让人认出黑人。高中成绩和标准测验开始受到批评，因为这不足以反映学生的真才实学。但是目标没有改变——让黑人受到和每个学生一样的教育，按同样的标准对他们进行评估。大家依然都是种族融合论者，认为在招收有天赋的黑人学生方面投入的精力还不够。我曾教过几年书的康奈尔大学，是宣布大幅扩招黑人学生的许多高等院校之一。该校校长别出心裁，宣布不但要招黑人学生，而且要在贫民区而不是在家境优越的黑人中招生。1967年学年开始时，校园里黑人学生大增，当然，为了招收这么多特别贫困的黑人学生，对录取标准悄悄地作了大幅修改。但是学校没有为这些学生做任何事情，使他们能够迎接大学里等待他们的巨大的精神和社会挑战。康奈尔来了一大群明显不合格和毫无准备的学生，学校不可避免地面临抉择：要么让他们中的大多数人不及格，要么让他们不用学习就过关。说教和舆论使前者无法容忍，而后者只有部分可能（它需要得到教员的认可，毕业生未来的雇主也得预料到并接受这种不合格），而且这对黑人学生和大学都是不堪忍受的耻辱。它实际上意味着，黑人会成为公认的二等公民。

就在这时，如潮水一般冲击着大学的黑人势力提供了第三条道路。种族融合论不过是白人和汤姆叔叔的意识形态。谁说大学在传授真理，而不是在维护统治制度所必需的神话？黑人学生是二流学生，不是因为他们学业不济，而是因为他们被迫模仿白人文化。相对主义和马克思主义让这种主张看似有理，时弊使它更加可信。黑人学生应该感到自豪才是，大学能够从他们身上看清自己的失败。这种观点对于那些成为大学操纵的牺牲品的年轻人太有吸引力了。开设黑人研究和黑人英语课，以
95 及诸如此类的让步，成了大学的出路。人们怀着希望设想，这些做法不会根本改变大学或黑人学生的教育目标，说不定它们只是一种充实。但这实际上是一种逃避，是给新的种族隔离主义颁发通行证，它使白人教师能从自己陷入的困境中走出来。它为黑人学生体验和学习黑人经验开辟了道路，它使他们能够舒心地接受为纯粹的人准备的学问，而不是受到它的限制。

康奈尔的黑人学生逐渐意识到，他们能给大学使脸色，他们不但是学生，而且是决定如何办教育的过程中的谈判对手，于是他们要求解雇学生训导主任助理，一名头脑顽固、作风老派、支持种族融合的黑人女子。校方很快就答应了这个要求。从那时起，我们今天所熟知的各种绥靖政策就相继出台了。

黑人研究项目基本上是失败的，它的严肃内容引不起学生的兴趣，其余则是无益的扯淡。结果是大学课程又恢复了令人打不起精神的常态。但是，某种黑人的领地，虽未形成制度，却得到了承认，构成了大学生活的阴暗面：招生的固定名额，资助优待，聘用教职员时考虑种族因素，判定黑人不及格的困难，处理黑人不满和委屈的组织系统。伪善无处不在，以及有关正在发生什么和整个计划进展如何的让人不敢恭维的谎言。这个小小的黑人王国要保护自己的臣民不受它周围的所谓种

族主义的伤害,也因此而获得了合法性。看得见的表现就是餐厅里的隔离餐桌,这是对南方的黑人隔离设施的复制。在康奈尔等地,好斗的黑人为了建立这种制度，只好吓唬——也真动手——那些具有独立倾向的黑人学生。如今,这个系统已经走上了正轨。因此对多数黑人学生来说,进了大学的体验与其他学生的体验是不同的,教育成果也是不一样的。只想当个学生,不愿效忠于任何黑人团体的黑人,不得不付出可怕的代价,因为他的同胞对他的评价是负面的,在白人学生眼里他的行为也是不正常的。白人学生在不知不觉之中，默默适应了黑人团体的存 96
在,他们还得适应那些不加入团体的黑人学生。这种黑人学生痛苦地意识到,许多善意的白人学生是用特殊的标准评价他们。这一切都让人感到气馁。为有能力接受教育的人提供教育机会是大学的主要职责,对这种职责受到的干扰保持沉默,让大学的集体良知负担沉重。

优待黑人的做法把种族隔离最坏的方面制度化了。在名牌大学里，黑人学生的平均成绩比不上白人学生的平均成绩，这是人尽皆知的事实。另一个事实是,黑人学生的大学文凭也受到玷污,雇主以怀疑的眼光看待这些文凭,或是成为容忍不合格学生的帮凶。最糟糕的事情是，黑人学生中的多数人贪婪地支持这种制度,但又是他们痛恨它的结果。许多受益于特殊优待的黑人学生形成了一种既羞又恼的心态，他们不喜欢白人在帮助他们这种说法，他们觉得大家都在怀疑他们的表现和他们取得同样成绩的能力,他们的成功在自己眼里也成了问题。好学生害怕被等同于不好的学生,害怕他们好不容易拿到的文凭得不到信任。他们成了成见的牺牲品,而这种成见是黑人运动的领袖选择的。成绩不好的学生享有与成绩好的学生同样的有利条件，他们想保住自己的地位,但又不时觉得自己不配。这使他们极力避免跟白人有密切交往,因为这些人比他们更合格,可能瞧不起他们。所以,还是和自己人混在一起为好,这样令人痛苦的微妙难题就不会出现了。所以也难怪,极端主义的黑人政治现在得到了黑人中上层的某种支持，这在过去是闻所未闻的。过去的巅峰时刻曾把各种族团结在一起的共同源泉已被污染。理性不能容纳任何一种强权主张，民主社会不能接受除了功绩之外的任何成就标准。如我所说，白人学生并非真的相信优待措施是公正的，他们只是不想理会这些事实，他们一声不吭地回到了全是白人——现在还有许多东方人，所以也许应该说是非黑人——的社会。这种优待措施
97 （保留录取名额），至少在大学里，是我所担心的事情的根源，即美国种族关系的长期恶化。

性

有一种普遍的偏见认为，美国是个不讲智慧和反对智慧的民族，在这个地方，思想充其量是达到目的的手段。其实不然，美国是一个把理论演绎成悲剧和喜剧的大舞台。这是一个由哲学家及其门徒建立的政体。在这里，一切棘手的历史的“实然”问题，都得为实践和哲学上的“应然”让路，就像这个蛮荒大陆上既有的一切原始自然之物要驯服地接受理论科学的驾驭一样。其他民族都是土生土长的，从各地的神明那儿得到指引。当他们决心遵循我们首倡的原则时，他们笨手笨脚，踉踉跄跄，无法使自己体面地摆脱过去。我们的历史是自由和平等原则凯歌高奏的庄严进军，这两条原则给我们做过或正在做的一切赋予了意义。这里几乎没有偶然性；我们中间发生的一切——打败和这两条原则对着干的人；发现它们的新意义；有关两者孰为首要的论战，等等——都是两条原则之一或它们同时发挥作用的结果。

现在我们已经演到这出戏的最后一幕了，那就是用我们的原则改造我们最隐秘的私生活，给它注入新的活力。性及其后果——爱情、婚姻及家庭——终于成为国民规划的主题，在按自由和平等的要求重新塑造人时一直存在也一直受到压抑的自然问题，成了迫切需要解决的问题。为了直觉地把握平等的意义，我们不需要阿里斯托芬或柏拉图那种纵情想象的天才，前者在《妇女大会》中刻画过一些上了年纪的丑婆娘，法律规定她们有权从英俊男儿身上获得性满足；后者在《理想国》中描写过男女聚会的裸体表演。只要我们长着眼睛，环顾四周即可。

如今，性关系的变化向人类的智力提出了没完没了的挑战，过去二十年间，这种变化的两次大潮相继冲击着我们。第一次浪潮是性革命； 98
第二次是女权运动。性革命在进军时打着自由的旗号，女权运动则打着平等的旗号。它们一度携手同行，但差别最终使它们反目，正如托克维尔所言，自由和平等总会发生龃龉。这在有关色情作品的口水战中非常明显，色情作品使获得解放的性欲跟女权运动对陈规陋习的憎恨对打起来。展现在我们面前的是一幅有趣的奇观：色情作品和女权运动陷入混战，前者身披从争取言论自由的英勇斗争中借来的盔甲，操着弥尔顿的语言，后者则是新近才披上社会道德的法袍，采用的论证与维护传统性别角色的保守派密切相关，但又公然挑衅一种具有权威性的传统，它把暗示一个人阅读和观看的东西同他的性行为之间有一定关系视为禁忌。站在一边的自由派绞扭着双手，一脸困惑，因为他们对双方都想举手赞成，却又做不到。

性解放把自己装扮成对感觉和不容否认的自然冲动的大胆肯定，这种冲动与《圣经》的原罪神话所培养的清教徒传统、社会风俗和规定是对立的。从20世纪60年代初开始，就有人不断测试性表达的界限，它们逐渐融化，或在无人注意的情况下销声匿迹了。家长和老师不赞成年轻人睡在一起或住在一起的态度，轻而易举就被克服了。道德禁忌、对疾病的恐惧、怀孕的风险、婚前性行为的家庭和社会后果，以及寻找做爱场所的困难——这一切障碍突然之间就不复存在了。大学生，尤其是女生，不再羞于当众显露性魅力或它的成果。同居在20世纪20年代是危险的，在30和40年代也是有伤风化的放荡行为，现在却俨然成了加入女童子军一样的寻常事。我之所以说“尤其是女生”，是因为人们一向认为青年男子喜欢直接的性满足，而年轻女子讲究淑女风范，是抵制这种满足的。正是淑女风范的改变或逐步淡化，使这种新风气的出现成为可能。既然淑女风范不过是一种风俗习惯，克服它也就无需花费多少力气。性解放的意图和效果都是强化两性之间的差别。做爱是首要的活动，所以男人和女人要更加突显其阳刚与阴柔。不消说，同性恋也获得 99

了解放，但对大多数人来说，逍遥自在意味着获得异性恋的满足，男人和女人是为对方而造的。

简单地说，性解放的直接承诺是幸福，这里所谓的幸福，是指在永无休止的伟大酒神节上，受到漫漫长夜压抑、积蓄了上千年的能量的释放。然而，在黑笼子里咆哮的狮子，打开门后竟变成了一只温顺的小猫。事实上，从长远的历史观点看，也许可以把性解放解释为承认性激情对我们已不再构成危险，让它自由释放比冒着反叛的危险抑制它更安全。我曾经问过一个班里的同学，不久前家长还对任性的女儿说：“别给咱家丢人现眼！”而现在他们对女儿的男友在家过夜却很少抗议，怎么会是这样呢？一个非常好、非常正常的年轻女子答道：“因为这不是什么大事。”一语中的。这种满不在乎是性解放最明显的后果或启示，它使老一辈人多少有些不能理解年轻一代。

总之，性革命确实如它自己所言，是一种解放。但是在被摧毁的风
100 俗下面，自然的某种残酷性也表露无遗：年轻人比老年人、长相漂亮的人比丑陋的人更易于从这场革命中获益。三思后行的古老面纱使这些分布不均的自然优势在生活和婚姻中显得不那么重要。但是，现在几乎没有人像阿里斯托芬笔下的雅典老女人——由于她们长得太丑，反而有权利先于年轻漂亮的女子享用年轻英俊的男人——那样在这些事情上采用平等原则。性自由的这个不民主的方面，以一种无伤大雅和带有几分可笑的方式得到了补偿：“情人眼里出西施”得到了比从前更有力的倡导；化妆品工业一派繁荣；马斯特斯和约翰逊[1]式的教育和疗法变得家喻户晓，它承诺让每个接受治疗的人都能达到性高潮。我喜欢的性生活课程是当地基督教青年会专为老年人提供的，它在广播电台上打出的广告语是“不用就会错过”。这是色情作品可以撒欢的日子。

另一方面，女权运动也把自己标榜为解放，但这更多地是一种摆脱

① 马斯特斯和约翰逊(Masters and Johnson)是专门治疗性生活不协调的治疗小组，由美国医生威廉·马斯特斯和他的心理学家妻子维多利亚·约翰逊组成。

自然而非摆脱习俗或社会的解放。因此,它是一项更冷竣、不具色情意味、更加抽象的事业。它更加需要的不是废除法律,而是制定法律和政治行动。光有本能是不够的,受着禁锢的负面感觉实实在在,但是正如弗洛伊德所说,到底需要什么并不清楚。纲领性语言从“要活得自然”(提到了十分明确的肉体功能),改变为比较含蓄的说法,如“自我界定”、“自我实现”、“确立优势”、“让一种生活成为时尚”等等。妇女运动不是以自然为基础。虽然女权运动把妇女的地位看作是培养而不是自然的结果,但它的关键内容是,生理现象不应当是命运,生理现象本应是自然现象。妇女的角色总是受到人类的支配关系的决定,就像决定着奴隶制的支配关系一样,这种观点并非不证自明,虽然它可能是正确的。这种观点需要解释和讨论,不像性革命那样能够得到相关各方的肉欲的证实。而且,人们不时断言,科学征服自然——表现为避孕药丸和各种节省劳动的装置——使妇女摆脱家务事成为可能。可以肯定,女权运动是一个不屈不挠地唤醒意识和改造意识的过程,这个过程始于人们的一种倾向,它也许是永恒的,但肯定是现代的——对不受限制和不受约束的渴望。就像许多寻求抽象正义的现代运动一样,女权运动的目标也是忘掉自然,为确保这种正义而大力改造人类。

女权运动与性革命中的很多因素一致,并对这些因素起着鼓励的作用,但它把它们用于不同的目的。放荡可以带来卢梭所说的极乐境界。但唾手可得的性事也会使性关系变得无聊,失去性爱的神秘魅力。女人如果很容易让欲望得到满足,无须把感情投入到排他性的关系之中,她就摆脱了男人的心理暴政,可以去做一些更重要的事情。女权运动起着抑制性革命的狂欢情绪的作用,就像柏拉图《理想国》中的裸体并未导致纵情声色,反而导致了为公共目的而采用非浪漫的手段,对性欲进行管制和操纵。吸烟和饮酒克服了清教徒的严厉谴责,但它在获得短暂的自由之后,却发现自己还是处在道义的攻击之下,这次不是以上帝的名义,而是以更加高尚的、更强有力的健康和安全的名义。同样,性
行为也有一段春风得意的短暂时光,但它很快就被套上了缰绳,迁就于 101

女权主义者的敏感神经。就整个民族而言，我们的长处不是满足自我，而是为了将来的美好而推迟满足。具体到女权运动来说，它的事业就是克服一种有各种称谓的现象，如男性霸权、男人气概、男权主义、父权制等等，男人和他们的女同伙好像很信这一套，所以必须动用大量的战争机器予以痛击。

男人的性欲再次变得邪恶，因为它已沦落为性别歧视。女人成了被动的目标，不但受到陌生人强奸，还遭受着丈夫的强暴；她们在学校和职场受到教授和雇主的性骚扰；她们为了上班把孩子留在日托中心，孩子也受到老师的性虐待。所有这些罪行必须用立法加以禁止和惩罚。多么善解人意的男人啊，他们居然能对自己如此危险的性欲视而不见！说不定真有原罪？男人都没读过女权运动的《解放宣言》中的动人条款，其中对性欲的干预之全面，之猛烈，之难以逃脱，已经超过近年来约束力大为松弛的旧风俗。推翻旧制度以后，性革命的庆典只维持了一天，接着便出现了新的恐怖。新美德的政权利用广播、电视和报刊进行不懈的宣传，它有自己的教义问答，诱导人们进行良心和深层情感的反省，举凡男人对女人常会产生的情感，如占有、嫉妒和保护欲等等，连蛛丝马迹也不能放过。当然，还有一大批携带着扩音喇叭，有调查法庭做后盾，表现出适度愤怒的督察员。

女权运动事业的核心是压制淑女风范，性革命为此扮演了很重要的预备角色，就像马克思主义纲领中的资本主义撕去封建骑士制度的神圣面纱，为社会主义铺平了道路一样。性革命要让男人和女人的肉体结合在一起，而女权运动要让他们能够潇洒自如地各奔东西。淑女风范是旧制度下唯一的女性美德，因为它主宰着使男女发生关系的强烈欲望，提供了与生儿育女——它的风险和责任由于生理学的原因，自然落到了女性身上——和谐一致的满足。虽然淑女风范有碍性交，其结果却
102 是使这种满足成为严肃生活的中心，它强化了两性之间的美妙交流，使心心相印和肉体占有同样重要。削弱或压制淑女风范使性欲的目的更容易实现，这也是性革命的目的，但它也摧毁了相濡以沫的两性结构，

使性变得赤裸裸。这便是女权运动的贡献。

淑女风范使性别差异从性行为延伸到整个生活，它使男人和女人永远是男人和女人。男女互为对象的意识,它的魅力和禁忌,使每一个共同行为充满活力。只要有淑女风范在,男女相处就绝对不同于律师或飞行员之间的相处。他们共同拥有更多的东西,而且这始终有着潜在的重要性——终极目标,或者如他们自己所言,“人生目标”。是打赢官司或驾机着陆重要,还是爱情和家庭重要?作为律师或飞行员,男人和女人没有区别,都要服从一个目标。作为情侣或父母,男女大不一样,但又因共同担负大自然赋予的繁衍子孙的目的而联系在一起。但是,男人和女人一起劳作,马上就会产生一个“角色”问题或“孰先孰后”问题,男人一起工作或女人一起工作时就不会出现这样的问题。淑女风范始终在提醒人们男女之间的特殊关系及其外在形式和内在情感，它阻碍自我的自由创造或资本主义的技术性劳动分工。可以不断听到一种声音:男女在一起可以做的一件事情,全然不同于能在市场上看到的事情,而且有着更重要的意义。

这就是为什么在柏拉图的《理想国》中,苏格拉底为了建立一个女人可以和男人一样接受教育、过同样的生活、做同样的工作的城邦,首先要求女人做出的牺牲就是放弃淑女风范。假如男女差别不决定他们的目标,如果这种差别不比秃头男人和长头发的男人的差异更重要,那么她们也得脱光衣服、赤裸相对,就跟希腊男人所做的一样。女权主义者有所保留地称赞柏拉图这段文字,把它尊为先知之言,因为它的最终结果就是妇女摆脱婚姻和生儿育女束缚的绝对解放，它们像其他任何必然而短暂的生物现象一样变得不再重要。苏格拉底提到了生育控制、堕胎和日托中心,以及只维持一天或一夜的婚姻,它唯一的目的是生产 103
健全的新公民为城邦补充人口,由城邦来抚养。他甚至把溺婴列为可供选择的权宜之计。女人花在给孩子治疗麻疹上的时间和精力不会比男人更多。只有做到这些,才能认为女人自然适合与男人做同样的工作。苏格拉底的激进主义甚至扩展到亲子关系，他认为公民不应当认识自己的孩子，他们若是爱自己的孩子甚于爱别的孩子，那么这种生育孩子的方式以及特定的男人和女人之间的交媾，就会被认为具有特殊意义。这样我们又会回到私人家庭及其特殊关系之中。

苏格拉底的方案特别提到了，对于那些追求平等对待妇女的人来说，最成问题的事情之一。这些公民是战士，所以他认为，既然女人能够摆脱屈从于男人的地位，和他们平起平坐，那么男人也必须摆脱他们对妇女的特殊关心。男人不必再为杀死进攻中的女性敌人而感到良心不安，正像他们杀死男性敌人那样，也不必再去特意保护右侧一起杀敌的女英雄，正如他们不特别保护左侧的男英雄一样。机会均等意味着风险均等。唯一应该关心的是共同利益，唯一的关系是与共同体的关系，要绕开另外一些中间关系，它们有可能让人形成自己的生活，过去人们认为它有着异性相吸和儿女之爱的自然基础。苏格拉底故意把人与人之间由性的本质编织起来的美妙关系网撕成了碎片。没有它，人的孤独就是不可避免的。他阐明了平等对待女人必然导致旧式的性关系——不管它们是建立在自然基础上还是建立在习俗基础上——失去意义，从而导致这种关系产生的人际交往的丧失，他要用城邦的共同利益取代这种关系。

从这里我们可以看到近年来一直在我们中间发生的事情的轮廓。保守派为妇女运动内部的一些最新进展而欢欣鼓舞，他们认为自己和妇女运动有着共同的基础，但他们搞错了。诚然，双方都反对色情作品，但是女权运动反对它，是因为它涉及分化的性角色——现在这种角色
104 被解释为束缚和统治——的旧式爱情关系的残留。色情作品消除了男女关系的神秘色彩，剩下的只有男女关系中的性因素，它没有情爱、浪漫、道德和理想相伴。它迎合和鼓励男人对女人的贪欲以及这种贪欲无节制的、内容贫乏的满足。这才是反对色情作品的女权运动分子所反对的——而不是情感的削弱或对家庭的威胁。这也是同性恋色情作品免于检查的原因。从性质上说这类色情作品不会成为男性统治女性的帮凶，甚至有助于削弱这种统治。实际上，女权主义者赞成色情作品消除

神秘色彩的作用,它暴露了旧关系的真正本质。她们的目的不是给这个陈腐的制度重新涂上神秘色彩,而是要向自由王国进军。她们不想重返旧的罗曼蒂克,比如《短暂的邂逅》赋予传统爱情的魅力。她们知道这种罗曼蒂克已经寿终正寝了,现在她们要把一种垂死挣扎的、无知的、跟犯罪差不多的欲望的遗迹也一扫而光，因为它在人世间已经没有立足之地。

然而,女人的节操和纯洁应该受到负责任的男人的尊重,她们的弱势地位应该受到保护,所以要防止妇女遭到强奸和虐待,这跟保护她们免受男性欲望的骚扰,让她们能够随心所欲地生活,完全是两码事。女权运动利用保守派的道德说教推动自己的目标，这有点类似于一百多年来有着深远影响的传统保守派和激进派的注定的旧联盟，实际上女权运动就是这个联盟的一部分。两派毫无共同之处,但它们都憎恨资本主义。保守派向后看,希望复兴欧洲各国的王权和神坛,供他们顶礼膜拜;激进派则向前看,向往同质性的大同世界和自由——反动派和进步派携起手来反对现状。他们都是靠资产阶级的内在矛盾养活自己。不错，原教旨主义者和女权主义者能够联手通过禁止淫秽作品的地方法令,但女权主义者这样做,是为了在推动反对"资产阶级权利"——说来可悲，享受这种权利的全是些想看下流电影或购买器械把变态的性幻想付诸行动的人——的战役中展示她们的政治力量。原教旨主义者从这笔交易中能有多大收益令人生疑,因为它是给一种"反家庭、反生命"的嚣张的道德势力的胜利提供保证。试想,在堕胎问题上他们怎么能一起行动呢！另一方面,看黄色作品的人总会至少有点儿害臊,不想为黄色作品本身辩解。他们顶多嘟嘟囔囔地说一些宪法和第一修正案神圣不可侵犯的话,希望别人把自己视为它们的捍卫者,基本上不会对任何 105
事情构成威胁。

同样,近期女权主义者关于男女差别以及"养育儿女"的特殊职责的讨论,也让一些保守派人士受到鼓舞,而在运动的早期,当平等权利是女权运动的主题时,这类题目是被禁止讨论的。但是,正是运动早期的成功才使这种讨论真正成为可能。也许确实存在着女性的自然本性或自我，但它已经摆脱了目的论的羁绊。女人的自然本性与男人的自然本性没有任何相互关系，它们无法相互界定。现在，男性和女性的性器官本身就像白皮肤和黑皮肤一样，不具有明显的目的性，就像白人主子和黑人奴隶不再自然那样，古老传说就这么消失了。不错，女性有自己的生理结构，但是她们可以随自己的心意对待自己的身体——无须付出任何代价。女性的自然本性是只有它本身才能解开的谜，现在可以解开这个谜了，因为男性对它的权利已被克服了。今天人们对生儿育女持更加肯定的态度，但这个事实本身并不意味着人们有自然的冲动或紧迫感，要建立一种类似传统父亲角色的东西来补充母亲的角色。要不要孩子是女性的事，父亲可有可无，他不应该妨碍母亲的自由发展。毕竟，无论过去还是现在，孩子一直更多地属于母亲。九成以上父母离异的孩子跟母亲住在一起，孩子对她们利害攸关，这点因为女权主义者的要求和很容易证明男性不负责任而得到加强。于是我们有了无家庭生殖——如果家庭是指存在着履行一定职能的男人的话。女权主义者把回归母性作为理想，这只是因为女权运动战胜了过去人们心目中的家庭，女性的自由不再受它的限制才成为可能。但这丝毫不意味着家庭价值观念的回归，甚至也不预示着家庭作为一种制度有着特别好的前景，虽然它确实意味着女性可以更自由地同她们的复杂处境打交道。

性革命和女权运动之间同床异梦的关系，带来了一种奇特的紧张局面，支配着人的自然本性的所有道德约束都消失了，但自然本性也消
106 失了。解放的喜悦化为乌有，因为不清楚究竟是什么得到了解放，或者说，不清楚是否有更加繁重的新责任加在我们身上。这就是我们谈论大学生的原因，对他们来说一切都是新鲜的。他们不能肯定相互之间的感受，也没有人指点他们应该怎样对待自己的感受。

我谈到的这些大学生对一切性选择都了然于心，而且很早就知道这一切，他们认为，凡是不会伤害别人的性行为都是正当的，他们不认为应该对性有负罪感或羞耻感。他们在学校里接受过性教育，那无非是

一些“选择和取向”或“一种生物现象，让其自行决定价值”之类的说辞。他们生活在一个周围充斥着关于性的最露骨的讨论和描述的世界。他们一点也不怕性病。[1]从青春期开始，就有各种避孕措施和简便的堕胎手段供他们使用。对绝大多数学生来说，进入大学之前性交就是他们生活中的正常内容，根本不怕名声不好，甚至不怕家长的过多反对。女孩在同男孩交往时受到的监督少于历史上的任何时期。她们肯定不是没信仰的人，但她们轻易与别人的肉体亲近，也没有多少禁忌约束她们把自己的身体用于广泛的性爱目的。不存在有关自己的或性伙伴的贞操的特殊价值观。他们能想到这人以前有别的相好，老一辈人把这视为靠不住，但大学生对此满不在乎，即便它为预见未来提供了基础。他们不像人们通常理解的那样，进行滥交、群交或随便媾和。一般而言，他们在一个时期只与一人保持关系，但多数人先后有几个。他们通常住在男女共用的宿舍，有很多人是两人同居，几乎总是不考虑婚姻。这不过是一种方便的安排。他们不是怀有结婚幻想的一对，也不是过着一种与目前没有这样做的学生有所不同的生活方式。他们是室友，这是他们对自己的称谓，房租中包含着性和室内设施。阻碍未婚青年保持性关系的障碍已荡然无存，如今这种关系再正常不过。性激情已不再包含海枯石烂的
幻想，只有来自另一个星球的陌生人才会对此大惊小怪。 107

现在，男人和女人已习惯于以完全相同的方式生活，学习完全相同的东西，抱着清一色的职业期待。没有人会嘲笑医学预科或法学预科的女生，或认为这些领域不适合女性攻读，或主张女人应把家庭置于事业之上。法学院和医学院都有很多女生，女生比例已接近女性在总人口中的比例。大多数女性都不相信意识形态或好斗的女权主义，因为她们不需要这些东西。也有一些刺耳的不同意见，能够引起大学报纸和学生自治会的注意。但战役再次以胜利告终。女学生一般不觉得她们的专业志向受到歧视或轻视。整个经济会吸纳她们，而且她们的前程看好。她们

① 艾滋病会有什么影响尚待观察。几年前关于疱疹的宣传浪潮几乎没有造成任何看得见的心理后果。——原注

像普通妇女一样，不需要全国妇女组织的保护，她们认为自己在里根时代至少像在卡特时代做得一样出色。从做学问上说，大学生还是觉得男女分校舒服，他们要求恢复男女同校只是为了方便性行为。除了那些对自身现状仍不太满意的同性恋，性已经不再是大学中的政治问题。但同性恋是公开存在的，学校当局和几乎所有的大学生至少在形式上承认他们的权利，这个事实可以透露给我们大学生活的很多内容。

不难理解，今天的大学生相信他们是进步的受惠者。他们对自己的父母，尤其是可怜的母亲，怀有一种善意的轻蔑。母亲没有多少性体验，也不像父亲那样有必须认真对待的工作。过去，较之急于洞察生命奥秘的年轻人，拥有较多的性经验，一向是父母和老师拥有的明显优势之一。但是今非昔比了，大学生不这样认为了。他们暗地里嘲笑教授，他居然想镇住他们，或是用一种曾经非常有效的、诱使几代无知的大学生注意长者言辞的方式，坦率讨论生命的真相。弗洛伊德和D.H.劳伦斯已经成了老古董，还是不提为妙。

想通过旧文学了解自身状况的学生就更少了，旧文学从伊甸园起就把交媾描写成极为隐秘和复杂的事情。今天的大学生左思右想也搞不明白，如此煞有介事是为了什么。许多大学生认为，是他们的大哥大姐在20世纪60年代发现了我们今天所知道的性。在讲授卢梭《忏悔录》
108 的一堂课上，学生们给我留下了很深的印象，他们吃惊地了解到卢梭在18世纪就跟一个女子婚外同居。卢梭怎么会有这种念头？

当然，有些文学作品虽然能够深刻影响一代人，下一代人对它却全然没有兴趣，因为它的主题是暂时的，而最伟大的文学作品要揭示人类的永恒问题。譬如，当梅毒已不构成威胁时，易卜生的《群鬼》在年轻人中就失去了全部分量。亚里士多德教导说，对别人困境的同情需要我们经历同样的事情。然而，过去那些通常发生在人们身上的同样的事情，至少在两性关系方面，如今已经不再发生在大学生身上了。人们肯定会逐渐产生怀疑，是否存在着永恒的文学作品，因为对他们来说好像不存在永恒的问题了。正如我以前说过的，这是有着彻底的历史相对性或被彻底历史化的第一代人,不但在理论上如此,在实践上也是如此,其结果不是培养出了对悠久历史和遥远过去的巨大同情,而是只对自己感兴趣。安娜·卡列尼娜和包法利夫人都不守妇道,但上苍对她们的行为已不再发怒了。今天,安娜的儿子在卡列宁夫妇的和平离婚中很可能判给安娜。所有的浪漫小说都描写各种大不相同的男人女人,描写他们冲动的、升华的性欲,描写他们对婚姻纽带神圣的坚持,却唯独不谈今天年轻人关心的真相。要与父母的反对进行抗争的罗密欧和朱丽叶,奥赛罗和他的嫉妒,或米兰达小心守护的清白,都跟年轻人关心的真相无关。有个神学院的学生对我说:圣奥古斯丁也有性焦虑呢。我们还是别提《圣经》了罢,凡是它不许的,现在都许了。除了俄狄浦斯可能是个例外,这一切都远去了,与淑女风范一道远去了。

今天的年轻人在所谓的性关系上遇到大麻烦时,他们无法把这种麻烦追溯到人类性行为本质上具有道德的模糊性上。当然,过去的错误就出在这里。

分离 109

文明似乎领着我们绕了一个大圈子,又回到了近代思想之父教给我们的自然状态。不过,现在它可不是一种说法,而是一种现实存在。最先提出自然状态的思想家是把它作为一种假说。假如人们彻底摆脱了对他们确曾拥有的宗教、国家和家庭的传统信仰,他们将如何生活,如何自由地重建这种信仰?这是一项试验,旨在使人认识到什么是他们真正关心的,并在这种关心的基础上献出自己的忠诚。但是,夸张一点说,今天的年轻人实际上是从零开始,甚至不顾及昨天的现实或要求。国家对他的要求甚少,却为他提供了很多,宗教信仰绝对是个自由选择问题,所以——这才是真正新鲜的事情——他的性行为也是如此。现在他可以选择了,但是他发现,对于并非一时兴致而是一种义务的选择,他不再有足够的选择动机了。重建信仰看来是不可能的。

自然状态应当最终导致一项契约,它使得个人组成为社会。契约不但要求缔约各方具有共同利益，而且需要强制各方履约的权威。没有共同利益，就没有关系的存在；没有权威，就不可能有信任而只有纷争。在今天这种与友谊和爱有关的自然状态中有着对两者的怀疑，结果是人们渴望已经消失的共同基础——被称为“根”——但又没有办法使之恢复，人们变得很怯懦，想在没有自然和传统保障的各种社团中寻求自我保护。爱和友谊毫无根基的普遍感觉，也许是目前这种无根基感觉中最值得注意的方面，使爱和友谊让位于更含糊、更私人化的“担当”的观点，即在空虚中做出的选择，其理由只在于意愿或自我。爱和自然天性有所不足，所以年轻人要有所担当，它构成了人生的意义。这就是他们谈论的事情，可是他们又有一种挥之不去的意识：他们的谈论没有多大意义，他们的担当轻如鸿毛。

从现代自然权利学说的起源看，自由和平等都是旨在把正义和效
110 用带入统治者和被统治者关系中的政治原则。在传统的秩序中，这种关系是由实力、财富、传统、年龄和出身之类虚假的权利构成的。国王与臣民、主人与奴隶、领主与仆从、贵族与平民的关系纯粹是人为的，这已被揭露出来了，所以它是没有道德约束力的，除非它得到各方的同意——这是政治正当性的唯一来源。公民社会是在普遍人性的自然基础上重新建构起来的。因此，公民社会内的一切关系或关联好像也取决于个人自由表达的同意。然而，男女关系、亲子关系较之统治者和被统治者的关系具有更多的自然和习俗因素，对此也没有太多的怀疑和争议，根据近代自然权利学说去理解就更是如此。这些关系不能被简单地理解为从人的自由行动中产生的契约关系，因为这会让它失去自己的特点并使社会解体。相反，它们好像会限制自由，反对政治秩序中占支配地位的民意做出的自由安排。但是，很难论证人的自然天性在公民社会中是规定还是没有规定某些关系。男女关系、亲子关系的剧烈转型，是新型的同意政治获得成功的必然结果。

不妨有点儿夸张地说，讨论自然状态的先贤们几乎没有关注性行为的自然目的，因为他们把主要精力放在通过分析揭示出现行政治体

制中目的论的虚假表现。(我这里所说的目的论,仅指一些明显的日常现象和目的意识,它也许只是幻觉,但却有规律地指导着人的生活、人人都能从人自身的繁衍过程中看到的生活。)霍布斯和洛克运用他们的才华,破除了维护腐败和自私的政权的统治神话,它就像米尼涅斯讲的故事:

> 从前有一个时候,身体上的各部器官联合向肚子反抗;它们申诉它像一个无底洞似的占据着身体的中央,无所事事。其余的器官有的管看,有的管听,有的管思想,有的管教训,有的管步行,有的管感觉,分工合作,共同应付着全身的需要,只有它只知道容纳食物,不知分担劳苦。
>
> 肚子带着讥讽的口气回答那些愤愤不平、嫉妒它的收入的作乱的器官,正像你们因为元老们跟你们地位不同,所以信口诽谤他们一样。"不错,我的全体朋友们,"他说,"你们全体赖以生活的食物,是由我最先收纳下的;这是理所当然的事,因为我是整个身体的仓库和工场。可是你们应该记得,那些食物就是我把它们从你们血液的河流里一路输送过去,一起传达到心的宫廷和脑的宝座;经过人身的五官百窍,最坚韧的神经和最细微的血管都从我得到保持它们活力的资源。……虽然在一时之间,不能看见我怎样把食物分送到各部分去,可是我可以清算我的收支,大家都从我这里领回食物的精华,留给我的只是一些糟粕。"……罗马的元老们就是这样的一个好肚子,你们就是那一群作乱的器官;因为你们要是把他们所讨论、所关切的问题仔细检讨一下,把有关大众幸福的事情彻底想一想,你们就会知道你们所享受的一切公共的利益,都是从他们手里得到,完全不是靠着你们自己的力量。"(莎士比亚,《科里奥兰纳斯》(Coriolanus)1. 95—156)[1]

① 这里的译文采自朱生豪先生的译本,见《莎士比亚全集》(七)(北京:人民文学出版社,1978),254—256页。

霍布斯和洛克用一种有关正当性的理性解释，取代了这个“器官”故事。它使每个人成为自己利益的最佳评判者，赋予了每个人选择那些有义
112 务保护自己的统治者的权利，让他们摆脱习惯性的思想和感情——它使贵族能打着公共利益的幌子为自己的贪欲而利用平民。霍布斯和洛克给了平民平等的自私权利。被统治者并非天生要受统治者的控制，正如统治者绝非天生只关心被统治者的利益一样。统治者和被统治者可以自觉达成一个能够保护各自利益的公约，但他们绝不可能像米涅尼斯所讲的身体各个器官一样，形成一个拥有共同的最高目标的整体。一体化的政治是不存在的，只存在个人，他们可以自愿走到一起，也能够自愿分离，这对他们毫无害处。

霍布斯和洛克认为，虽然政治秩序是由个人构成的，但是那些亚政治单位基本上不受影响。的确，他们指望家庭作为个人和国家之间的媒介，部分地取代因热心依附于政体而失去的东西。对自己的财产和妻子儿女的直接而可靠的爱，要比对祖国的遥远而抽象的爱更能有效地制约纯粹的个人私利。而且，对家庭安全的关心是一个人忠诚于保护他们的国家的强有力的理由。直到不久以前，民族是一个由家庭组成的共同体的观念在美国一直很行得通。但是由于存在着两种截然不同的自然观，这种办法是否能长期有效是成问题的。再者，政治哲学家们总是教导我们，在政体中居于权威地位的观念最终会感染给它的各个组成部分。社会契约观中的自然是不谈关系和等级秩序的；而在构成古代政治哲学重要部分的旧观念中，自然是个发号施令的因素。男女关系和亲子关系是由自然冲动决定的还是选择和同意的产物？在亚里士多德的《政治学》中，亚政治和前政治的家庭关系表明了政治统治的必要性并由此而得到完善，而在自然状态学说中，政治统治完全源于保护个人的需要，完全绕开了他们的社会关系。我们是要同政治人打交道，还是要同男人和女人打交道？在前一种情况下，人相互之间自由地建立起他们喜欢的关系；在后一种情况下，在做出任何选择之前，一种预先存在的框

架大体决定了男人和女人的关系。

有三种经典的政体比喻形象地阐明了这个问题。第一种比喻是国 113
家之船。船永远在海上漂泊是一回事,抵达港口后旅客各奔东西是另一回事。在这两种情况下,船上的乘客相互之间的想法和他们的关系是完全不同的,古代城邦属于前者,现代国家属于后者。其他两种比喻是截然相反的畜群和蜂群。畜群也许需要牧人,但是每一头牲畜都自顾自地吃草,很容易从畜群中分离出去。相比之下,蜂巢中有工蜂、雄蜂和蜂王;有劳动分工,也有共同劳动的产品;离开蜂巢是自取灭亡。畜群代表着现代,蜂群代表着古代。不消说,没有哪一种比喻能够准确描绘人类社会。人既不是社会机体的原子,也不是它的零件。但是,这正是必须采用这些比喻的原因,因为对于野兽是不必讨论和思考这些事情的。人是说不清楚的。在最紧密的共同体中,至少从奥德赛时代以来,人身上就有一种因素需要表达出来,他觉得自己的发展的受到阻碍,恰恰是因为自己是整体的一部分,但他并没有觉得自己就是一个整体。在最自由、最独立的情况下,人也会渴望无条件的归属。自由和归属的紧张关系,以及为取得两者之间不可能实现的统一而努力,是人类的永恒状态。但是,在权利优先于义务的现代政体中,自由绝对优先于社会、家庭甚至自然。

这种选择的精神必然渗透到生活的方方面面。说不清道不明的人性,在性欲和随之而来的情感中表现得淋漓尽致。性可以被看作一种乐趣,男人和女人可以随自己的心愿把它制造出来,性暗示或被接受或被拒绝,它的形式是否影响情趣,它在生活中是重要还是不重要,都由个人自由决定。这样说来,至少根据霍布斯和洛克这类思想家的理论,必须把客观天性的必然因素、把自爱和自我保护的要求放在首位。也可以把性视为整个生命法则的直接组成部分,自我保护是第二位的,而爱、婚姻和养育孩子才是最重要的事情。两者不可得兼。但从我们的行进过程来看,方向是一目了然的。

现在,如果说人类大体上有能力把性当作自由选择之事,这种事从

114 一开始时就不会强迫我们对他人承担责任，这样说并不十分正确。在一个性别差异的自然基础已经崩溃的世界，男人随时可以做出这种选择，女人则不尽然。自然状态下的男人，无论是处于最初的自然状态还是目前我们拥有的这种自然状态，可以在性邂逅之后一走了之，永远不再想它。但是女人却可能怀上孩子，实际上，说得再清楚些，也许她真想要个孩子。性对男人来说可以是无所谓的事情，而女人要做到这一点就不那么容易。这就是所谓女性的戏剧性。现代性允诺人人都得到平等的对待，女人对这个承诺很当真，所以她们反抗旧秩序。但是，随着她们取得成功，男人也从旧的束缚中解放出来。现在，那些获得了解放、与男人拥有相同职业的女人，发现自己仍然渴望有孩子，却失去了要求男人拥有同样渴望并为孩子承担责任的理由。于是自然把更重的担子压在女人身上。在旧秩序之下，女人从属于男人，依靠男人；在新秩序之下，女人茕茕一身，她们需要男人，却不能指望他们，她们个性的自由发展受着阻碍。对女人来说，现代性的承诺并没有真正兑现。

家庭关系的自然基础的衰退大大出乎早期现代思想家的预料，他们对此毫无准备。但他们确曾提出过某种家庭改革方案，它反映着家庭摆脱义务的约束，转而依靠那些可以被理解为个人情感自由流露的因素。在洛克那儿，父权变成了双亲权，这是对父亲统治且永久统治的神圣自然权利的否定，对父母照料子女、需要多久就照料多久的权利的肯定，目的是孩子的自由——他们一到成年就会认识到这符合他们自身的利益。把父亲尊为人世间神圣的象征和毋庸置疑的权威的敬畏感荡然无存了。当然，儿女们会计算他们从父母的关爱中得到的好处，这种关爱为他们准备好了享有自由的条件，他们心存感激，但没有回报的义务，除非他们想为自己的孩子也树立一个如此对待他们的合理榜样。如果高兴，他们可以为了继承父亲的家产而顺从父亲，如果他拥有可以随
115 意处置的家产的话。从孩子的观点来看，家庭在现代原则的基础上依然有它存在的合法性，洛克为这种民主家庭铺平了道路，托克维尔在《论美国的民主》一书中则作过生动的描述。

至此一切尚好。孩子顺从于家庭。但是在我看来,问题好像是出在父母照顾儿女的动机上。孩子可以对父母说:“你们强,我们弱,用你们的力量帮助我们吧。你们富,我们穷,把你们的钱用在我们身上吧。你们聪明,我们无知,教育我们吧。”但是,父母为何应该做这么多,做出这么多没有回报的牺牲呢?也许,父母照顾孩子是一种责任,或者家庭生活其乐无穷。但是,当权利和个人自主占据统治地位时,这两种观点都不是决定性的原因。孩子无条件地需要父母,而且毫无疑问从父母那里获得了好处;但对父母却不能这么说。

洛克认为,女人对孩子有一种本能的依恋,这是不能用私利或算计来解释的,我们时代发生的事情好像也证实了他的观点。母亲与孩子的依恋或许是唯一无可否认的天然社会纽带。这种依恋并非总是有效,而且通过努力可以被抑制,然而它始终是一股力量。今天我们仍能见到这股力量。但是父亲呢?他也许喜欢想象通过繁衍后代让自己永恒,然而这只不过是一种想象,会由于其他的关心和考虑而减弱,会由于民主社会的不断变化,对自己的姓氏能否长期延续失去信心而减弱。因此人们必然会想,女人要做的事情就是施展魅力和诡计以获得和控制男人,因为由天性所定,没有其他东西能诱使男人放弃自由而承担沉重的家庭责任。但是女人已不想再这样做了,她们根据正义原则认为,遵守过去支配着我们的原则是不公平的。于是,把家庭联结在一起的黏合剂被彻底粉碎了,不是孩子们想挣脱父母,而是父母遗弃了他们。女人不想继续根据不平等的条款承担无条件的永久义务,而且,不管她们想怎样,没有什么因素能让大多数男人平等分担生儿育女的责任。离婚率只是这种家庭解体现象最引人注目的表征。

这些结果不是起因于20世纪60年代,也不是起因于广告商在20世纪50年代开始的对男子汉虚荣的煽动,更不是起因于任何其他浅薄的 116
流行文化事件。两百多年以前,卢梭惊慌失措地看到了自由社会中家庭解体的迹象,所以花费大量才智试图纠正。他发现,男人和女人之间的重要联系正受到个人主义的破坏,所以倾尽全力从理论和实践上鼓励他们有热烈而浪漫的爱情。他想在欲望和同意的现代基础上重建和加强这种联系，从前这种联系受到了如今已声名狼藉的宗教和世俗规则的阻滞。他重新回到在近代批评精神的磨蚀下已经变得不易辨认的自然景象,诱导男人和女人尊崇合乎目的的自然秩序,尤其是两性之间的互补性,从肉体的最深处到灵魂的最高处,他们各不相同又相互需要,紧密配合,使生命的机器运转起来。他完全沉湎于理想之爱的情感和想象之中,反对个人利益的斤斤计较。卢梭激励了小说和诗歌创作的一大流派,其热度历经百年而不衰,与把两性等量齐观的边沁派和密尔派的著作并存。由于人类共同体岌岌可危,所以他的所作所为极其重要。实质上,他是在劝说女人自由表现与男人的差别,承担起与家庭订立积极的契约关系的重任,这种关系与同国家签订的消极的、个体的和自我保护的契约截然相反。托克维尔也拾起这个主题,描述了美国家庭中丈夫和妻子职能及生活方式的截然不同，把美国民主的成功归结为可以自由选择自己命运的妇女。他把这种情况跟欧洲的失序、消极和混乱相比较，把欧洲的状况归结为对平等原则——当它未被自然律令赋予活力时,只是一个抽象概念——的误解和滥用。

这些努力都已落空,它们要么惹妇女生气,因为这是试图从女人那里夺走保证人人都享有的权利;要么使她们漠然,因为当一个妇女为了保证自身的独立而做着和男人一样的事情、面临着同样的困难时,这些努力跟她们无关。卢梭、托克维尔和所有其他思想家现在只有历史意义,充其量只能给我们提供一个分析我们处境的严肃的不同视角。浪漫爱情如今就像骑士风度一样,与我们格格不入,今天的青年男子不喜欢奉承女人,就像不可能再穿上盔甲一样,这不仅是因为这样做不合适,
117 而且因为这有可能得罪女人。正如有个大学生向我大声吼道,“你到底想让我干什么呢?得到女孩子的窗下弹吉他不成?”他的同学也赞成他。在他看来,这种事简直像生吞金鱼一样荒谬。

可是,这个年轻人的父母后来离婚了。他有些自相矛盾地强烈表达了自己的苦恼,诅咒使他痛苦的根源。卢梭在这里最有裨益,他诚实地

揭露了那种诅咒的核心，而现在对根的讨论却是一种逃避。卢梭的教育小说《爱弥尔》中有一段话，当我思考自己的学生时，它总是浮现于我的脑海。这段话的背景是，老师与学生家长达成协议，学生的全部教育都由他承担，但在采用了这种现代理论和实践的解决方案后，夫妻之间、亲子之间缺乏任何有机联系：

> 我甚至希望学生和老师之间也这样把他们自己看作是不可分离的，把每个人一生的命运当作他们的共同目标。一旦他们觉察到他们以后会分离，一旦他们预见到他们有彼此成为陌路人的一天，他们就已经成为陌路人了。每个人都建立了自己小小的隔离体系；两个人一心想着将来不在一起的时候，他们只是勉强待在一起。(《爱弥尔》，布卢姆编，Basic Books，1979年版，第53页。)

诚哉斯言。人人都有“自己小小的隔离体系”。我能找到的关于学生心理的最佳描述就是隔离心理学。

隔离的可能性已经成了隔离的事实，今天的人们必须计划成为一个自足的整体，不能冒相互依赖的风险。为了知道以后怎么办，想象力驱使每个人展望将来的隔离之日。人们本应用于共同事业的精力，在为独立做准备的过程中耗尽。在统一的情况下本应成为建筑基石的东西，却成了分离路上的绊脚石。自然而然必须待在一起的人，他们的目标肯定会成为共同利益，必须忍受的东西也能够接受了。要分离的人是没有共同利益的。选择的存在已经改变了关系的性质。现在的分离愈多，将来的分离愈甚。父母、孩子、丈夫、妻子或朋友都有可能去世，有时还会 118
成为事实，但分离是全然不同的事情，它是对相互依恋要求的蓄意拒绝，而相互依恋是上述关系的核心。人们能够继续跟死去的心上人保持关系；但是假如一个活着的心上人不想再去爱或被爱，他们是无法同他继续保持关系的。我们荒漠上的沙子在不停地流动——远走他乡，告别故人，脱离信仰——这造成了一种精神上的自然状态，谨慎和怯懦是它的普遍倾向。我们是社会化的孤独者。

离婚

离婚是我们有增无减的分离状态的最显著标志，也是导致更严重的分离状态的原因。离婚对大学有着深刻影响，因为越来越多的大学生来自离异的家庭，他们不仅自己有问题，而且影响到其他学生和整个校园气氛。在美国，离婚是最明显的表征，说明人不是生来就能生活在一起，虽然他们想要也需要从个别意志中创造出共同意志，但个别意志总在不断强调自身。人们谋求种种安排和方式，想把碎片再拼接起来，但希望更加渺茫。这项任务无异于缘木求鱼，因为人人都最爱自己，却希望别人爱他胜于爱自己。这尤其是孩子的要求，现在父母正在对这种要求奋起反抗。正如卢梭指出的，由于缺乏共同利益或共同目标，社会分裂为个别意志是不可避免的。在这种情况下，自私不是道德缺陷或罪恶，而是合乎天性的必然结果。“自我的一代”和“自恋”只是对现象的描述，并未指出原因。你不能指责自然状态下孤独的野蛮人首先想到自己；你也不能指责生活在这样一个世界的人，这里最基本的制度中关心自我的首要地位显而易见，自然状态下原初的自私依然存在，关心公共利益被视为装模作样，道德观似乎堂而皇之地站在自私一边。或者换个说法，有一种乐观的信念认为，对自我发展、自我表现或自我成长的关切，与社会或共同体有着固有的和谐关系，对这种关切的大肆宣扬便是
119 上述乐观信念的结果，但它已逐渐显露出对共同体是有害的。年轻人对离异父母有保留或有条件的情感，不过是他回报父母对他的有条件的情感，他只能这样对待父母对他的情感，这完全不同于对明确致力于成员利益的家庭或其他团体的忠诚的古典问题。过去，脱离的行为有时是必要的，但在道德上总是成问题的。而在今天这是正常现象，这也是古典文学与我们的许多青年格格不入的另一个原因，古典文学主要关注从实际的所有权——如家庭、信仰或国家——中解放出来，而现在的运动则背道而驰，它是根据具有某种合法性的自我去追求权利。可以预

期，被有条件的关系培养出来的孩子，也会用他们学来的东西观察世界。

孩子们也许会被三番五次地告知，父母有过自己生活的权利，他们与其无聊地待在一起，不如各自享受有质量的生活；就算离了婚，父母依然真心爱着他们，但是孩子们根本不信这一套。他们认为自己有权得到全面的照顾，父母必须为他们而活着。不能给他们做出别的解释，任何势非必然的事情都会引起愤怒和无法摆脱的不公正感。对孩子来说，父母的自愿离异，恰恰因为它是自愿的，好像比父母死了还糟糕。任性，不顾共同利益，这事本可不做却非要做——这就是家庭大战的真正根源。孩子们在家庭中学会了害怕受制于别人的意志，同时又想支配别人的意志，而在家里他们本应学会相反的东西才是。诚然，有许多家庭是不幸的。但问题不在这里。家庭提供的重要教益是，人与人之间有着唯一牢不可破的纽带，无论它是好是坏。

可以说，家庭纽带的断裂是美国最紧迫的社会问题。可是谁都不想为此做些什么。这股大潮似乎不可抗拒。在促进美国道德复兴日程表的诸多项目中，我从未看到婚姻和离婚两项。担任公职的人最后一次谈及这类问题，是吉米·卡特劝告婚外同居的联邦公务员结婚。同时，五十年 120
来首次当选总统的保守派是个离过婚的男人[①]，他的卫生和福利部部长——与家庭事务关系最密切的政府官员——在自己那场闹得沸沸扬扬的离婚过程中说，她从总统的榜样中获得了勇气。

大学文科教师不得不面对一些特殊的障碍，即数量日众的父母离异学生轻微的精神异常。我丝毫不怀疑他们在所有专业学科中和其他学生一样出色，但是我发现，他们不像其他学生那样愿意认真学习哲学和文学。我揣测这是因为他们不太热心于探究自己的人生意义，或是不愿冒险动摇自己原有的看法。为了应付他们经历过的混乱，他们倾向于接受一些有关是与非和应该怎样生活的僵硬框架。他们满脑子不可救

① 指1980年当选总统的罗纳德·里根，他是美国历史上唯一离过婚的总统。

药的陈词滥调，什么自决呀，尊重别人的权利和决定呀，努力实现个人的价值和担当呀，如此等等。这一切不过是遮掩愤怒、怀疑和恐惧海洋的一层薄纱。

年轻人往往因为一时兴起就抛弃自己信仰的习惯。他们没有多少可以失去的东西。这其实算不上人生哲学，但是正因为他们不知深浅，所以能在人生的这个阶段对非传统的东西进行试验，由此获得更深刻的信仰习惯和陪伴他们一生的学识。但是，父母离婚的孩子通常缺乏这种思想勇气，因为他们对未来缺乏青年人天然具有的自信。对孤独和依恋的双重恐惧笼罩着他们的前程，自我保护意识扼杀和取代了他们的大部分热情。同样地，他们对友谊的信赖——这是恢复对善的追求的一部分——也受到一定的阻滞。在他们身上，发现自然的克拉根式[1]欲望比大多数人受到了更多伤害。这些学生可以把自己在人世间经历的混乱作为反思和研究的主题，然而这是一件残酷而危险的事，与我认识的任何学生相比，他们更让人怜悯。他们的确是牺牲品。

这些学生的心灵状态中的另一个因素是，他们接受过治疗。作为无过错离婚的一部分，父母为了尽可能无痛苦地把事情办成，花钱请心理
121 医生告诉孩子们应该怎样感受和思考自己。如果还有利益冲突这种事，更要这样办。在离婚的过程中，心理医生是大有可为的，因为离了婚的男人会热衷于迫害那些可怜的烟鬼或热衷于结束军备竞赛和拯救“我们所了解的文明”。心理学家在这个过程中提供了大量证明离婚合理的观念——譬如，孩子待在剑拔弩张的家里更糟糕（这会刺激潜在的逃避者——即父母——把家庭尽量搞得不愉快）。心理学家是这类罪行不共戴天的死敌，他们有一套用来训练孩子表达虚假情感的虚假语言。可惜这种语言不能使孩子牢牢把握任何东西。当然，并非每一个处理这类问题的心理学家都是只按出钱人的意思耍嘴皮子，但是充斥于市场的现成货色和被称为创造力的自欺能力确实影响着这种治疗。毕竟，父母可

① 克拉根是柏拉图《理想国》一书中充满热情和好奇心的青年。

以物色心理学家,就像天主教徒物色忏悔神父一样。这些学生来到大学时,他们不仅被父母离婚造成的破坏性后果——颠覆了信念,搞不清应当忠实于谁——弄得头晕目眩，而且耳边回响着用伪科学术语表达的只顾个人的谎言和虚伪词藻。现代心理学至多对人的心灵有着成问题的理解，它没有给哲理人生的自然优越性留下一席之地，也不理解教育。所以,那些满脑子心理学概念的孩子们是生活在地下室里,需要爬很久才能从洞穴回到常识世界,这是他们走向智慧的正确开端。他们对自己的所感所见没有信心，拥有一种为他们的怯懦提供辩护而不是解释原因的意识形态。

这些学生是我们时代各种思想和政治问题的象征。他们以极端的形式代表着一种由于同他人和自然秩序失去联系而形成的精神混乱。但是,在最实际的日常生活中,所有的大学生都受到了影响,他们不清楚自己的处境是特殊的，因为他们受到的教育没有给他们提供观察这种处境的视角。

爱 122

要想进入今天大学生的颇为特殊的世界，最佳途径就是看看一个令人惊讶的事实:在曾被称为爱的事情上,他们通常不说“我爱你”,绝对不说“我永远爱你”。一个学生对我说,他当然对女友说过“我爱你”,那是“在我们分手的时候”。这种分手干净利落——互不相伤,都无过错,他们精于此道。他们把这理解成道德,理解成对他人自由的尊重。

也许,年轻人是出于诚实才不说“我爱你”。他们体验不到爱——他们太熟悉性了,以至于把性和爱混为一谈了;他们只顾自己的命运,以致无法为了疯狂忘我的爱——真正的痴迷精神的最后残留——而做出牺牲。其次是对爱情的沉重历史包袱——两性角色的差异,不尊重女性的自我决定,使她们沦为占有物和性对象——的厌恶。今天的年轻人害怕有担当,而问题在于爱就是担当,甚至更多。担当是由我们的抽象现代性发明的一个字眼,它意味着灵魂中缺少道德奉献的真正动机。担当是无缘由、无动机的，因为真正的欲望都是低俗而自私的。人会受到性的吸引，但是人们认为这并没有给真正和持续地关心另一个人提供充分的动机。年轻人，而且不仅是年轻人，在学习和实践着一种有残疾的性爱，它不再能够逆风而行，不再能够容纳对永恒的渴望和对他与存在之关联性的预言。他们是实践中的康德派：凡是跟色欲和享乐沾边的东西都不可能是道德的，可是他们又找不到纯粹道德。它依然是一个被用来怀疑曾被道德化的所有实质倾向的空洞范畴。在强调真实性上走过了头，就会使人无法再相信本能；在性问题上严肃得过了头，也会让人不可能再严肃地对待性。青年男女太不信任性爱了，所以他们不认为它足以指向一种生活方式。性爱中暗示和包含的负担只是没有性爱的负担。避免承担那些事先就知道其毫无吸引力的责任，并不是怯懦的表现。

123 当婚姻出现时，它通常好像不是承担责任的决心和自觉的意愿导致的结果。两人一起生活了好长一段时间，经过一个几乎察觉不到的过程，才意识到自己结婚了，其中权宜的原因和欲望的原因差不多，消极被动和积极进取的因素不相上下(他们并不真正期待过得更好，因为环顾四周就能看到，一切似乎都不怎么完美)。在有教养的人中间，近来的婚姻就像麦考利在谈到大英帝国时说的，是在漫不经心中渐入佳境的。

青年人在两性关系中没有担当能力的部分原因是一种有关感情的意识形态。他们总是给我说些有关嫉妒、占有以及他们未来梦想的合情合理的话。可是对于跟一个伙伴在一起的未来，他们却从未有过梦想。这会把一种严厉而专断的模式强加给本应自发出现的未来。这意味着他们不能预见未来，或者说，他们能够出于天性预见到的未来，是当前的禁忌——例如歧视女性——所不容许的。再说，一个男人或女人的性伙伴与别人有染，何必要嫉妒呢？今天，一个严肃的人并不想强迫别人的感情。在占有问题上同样如此。这一切是那么理智，并且与自由社会和谐一致，可是我在听到这些话时，总觉得自己面对的是机器人。只有那些从未体验过感情，从未爱过，脱离了生命本质的人，这种意识形态才能发挥作用。这些理性奇才从来不必担心奥赛罗的命运。居然为爱情而杀戮！何必呢。这也许恰恰说明他们的情感是对感情的压抑，是怕受伤害的焦虑。但是，这也有可能就是事情的本来面貌。人们在认识到各种目标不能和谐相处后，也许能够培养出了一种新的灵魂。我对学生们付诸实践的种种可能的性关系一清二楚。但是，他们缺乏激情，既无希望也无绝望，他们没有爱情需要生死相许的感觉，却是我无法理解的。看到大学时期一直同居的一对情侣握握手便各奔前程，这让我目瞪口呆。

学生不再约会，约会是求爱的古老残骸。他们成群结队地聚在一起，性别差异比没有发情的牲畜大不了多少。不错，人在任何时候都能交媾。但是文明创造的任何社会风俗在今天都没有取代发情的位置，以 124
便指导人类交配乃至加以疏导。没有人知道是谁先示爱，是否有追求者和被追求者，发生的事情有何意义。他们只好即兴表演，因为性别角色是受到压制的，男人会为错误判断性伙伴的态度而付出高昂的代价。行为发生了，却不会使这一对男女脱离人群，他们会立即回到其中，毫无改变。

男人现在比以往更容易得到满足，许多男人还拥有被追求的优势。当然，他们不必像以前的男人那样付出各种努力和关心。男女之间很容易亲昵。但是，男人的优势至少部分地被他们对自己性能力的担心抵消了。过去，男人可以认为他在为女人做一件奇妙的事情，期待他所带来的一切能得到赞赏。但那是在男人能够十分肯定女人没有对他的性能力进行比较和评判之前，这种比较和评判令人气馁。而且，有时男性某些不可否认的生理现象使他难以进行性行为，使他更愿意做表达欲望的一方。

女人对自己亲自驾驭独立过程的自由和能力依然很惬意，但她们也常常怀疑自己被利用，怀疑从长远观点看她们需要男人更甚于男人需要她们，担心她们不能过多地指望这些不负责任的当代男人。她们鄙视男人一向认为女人应该奉献的那些东西（这也是现在它们被那么随便献出的部分原因），但是她们仍会情不自禁地想，她们献出的东西是否让男人难以忘怀。不信任感显然充斥于轻易完成的两性交易之中。闹翻了的情况比比皆是，虽然说不上惊天动地，但也肯定令人不快。考试期间是学生大量分手的时间，他们的压力太大，功课太多，难以承受两性关系带来的烦恼。

青年男女拥有的是“关系”，而不是爱。爱表示某种奇妙、令人振奋和积极的东西，它牢牢植根于激情之中。关系则是灰暗的，难以名状的，它暗示一项计划，没有既定的内容，只有实验性。你若是在关系上下功夫，爱情就只能自顾自了。在关系中首先出现的是麻烦，所以得寻找共
125 同的基础。爱情则为想象力呈现完美的幻觉，把人类交往中的自然分歧置诸脑后。人们焦虑地谈论着关系，喋喋不休，在彼此“有关系”的男女大学生经常光顾的学生聚会场所或餐馆，这种谈话想不听都难；尼科尔斯和梅夫妇的定期喜剧广播和伍迪·艾伦的电影把这种让人不胜其烦的无聊废话演绎得出神入化。在尼科尔斯和梅的一个节目中，一对初次睡在一起的男女煞有介事地说：“我们得发生关系了。”《孤独的人群》对20世纪50年代芝加哥大学的洞察是相当典型的，唯一的错误是鼓励人们相信越是“自主”，越是走向孤单的自我，人们就越不会孤独。然而问题不在于人们不够真诚，而在于他们没有共同的目标、共同的利益，没有自然的互补性。不消说，自我除了与它自身有关，与其他任何事物都没有关系，这就是为什么“交往沟通”是它们的问题所在。群居性，像畜群中的动物群居性一样，是所有人都承认的。畜群摩肩接踵，肩并肩一起吃草，这是众所周知的，但是，还得有得到更多东西的欲望和必要，才能实现畜群到蜂群的转变，在蜂群中才存在着真正的相互联系。所以蜂群——共同体、根、大家庭——大受赞颂，但是并没有人愿意从不确定的自我转变为身份过于明确的工蜂、雄蜂和蜂王，愿意服从任何整体必不可少的等级次序和劳动分工，因为整体不仅是毫无联系的各部分的堆积。自我想成为整体，但后来又渴望成为部分。这就是关于关系的对话依然很空泛、很抽象和不得要领，它的全部内容都被存放在贴有“担

当”标签的瓶子里的原因。这也是人们大谈“约束”之类现象的原因。在人的心灵缺乏任何相通性的情况下，他们便从与兽群中看到的机制的徒然类比中寻求信心。然而，这是不会奏效的，因为人的归属感总是包含着一种被这种类比所否定的自觉选择的成分。只需把描写男性义务的无数小说和电影与亚里士多德《伦理学》中关于友谊的论述作一比较，就可以明白，友谊就像与之相关的现象——爱情——一样，已不在我们的视野范围之内，因为两者都需要心灵和自然天性的概念，由于理论和政治两方面的原因，我们甚至不能思考这两个概念了。

对关系的依赖是一种自欺，因为它建立在内在矛盾的基础之上。两 126
性之间的关系总是困难的，这也是我们的文学作品大量描写男女争吵的原因。就想象和实际存在的男女关系——从伊斯兰教徒的内室到柏拉图的《理想国》——而言，肯定有正当的理由怀疑男女之间的相互适应性，不管——像某些浪漫派作家认为的那样——它是因为自然扮演了后母的角色，还是因为上帝以追悔的心情把造物弄坏。那个男人被创造出来，并不是要让他孤身一人，这很好，但是再造个什么人来与他一起生活呢？这就是男人和女人面对婚姻会踌躇的原因，也是求爱被认为是弄清一对男女是否相容所必要的，或许还能提供相处之基本训练的原因。谁都不想被一个不可能成为伴侣的人缠上一辈子。但是尽管如此，他们还是很清楚彼此需要什么，问题仅在于他们能否得到它（而我们今天的问题是想要的东西太多）。男人得去谋生，保护妻儿；女人要操持家务，尤其是相夫教子。一方或双方经常不是做得很好，因为他们要么不擅长各自的职能，要么不热心于履行自己的职能。为了使事情井井有条，莎士比亚剧作中有易装癖的女人，譬如鲍西娅和罗瑟琳，不得不打扮成男人，因为真正的男人不够格，需要加以匡正。这只会发生在喜剧中；若是没有这些大胆的女人，那就是悲剧的剧情了。但是，一身男儿装扮的女人是遵守礼仪习俗的。男人应该做假扮男人的女人所做的一切；这些女人让事情走上正规以后，她们就重新成为女人，听命于男人，虽然她们机智而讥诮地意识到，为了维护一个可行的秩序，她们至少得部分地做戏。婚姻中的安排,即便只是出于习俗,也在告知当事人可以期待什么,应该满足于什么。这事十分简单,家庭是个微型政治系统,其中丈夫的意志是整个家庭的意志。女人能够影响丈夫的意志,它由妻子和孩子的爱赋予活力。

现在这种家庭已经彻底解体了。它不复存在了,人们不再认为好家庭应是这个样子。但是也没有什么东西明确取代了它的位置。男人和女人都不知道他们落入了怎样的境地,甚至有理由担心最糟糕的局面。家
127 庭中存在着两个平等的意志,没有仲裁原则把它们联系起来,也没有终审法庭。更麻烦的是,两个意志本身都是不确定的。因此需要引入"孰先孰后"的考虑,对女人来说尤其如此,因为她们仍须决定把事业还是孩子放在首位。人们不再有把婚姻视为主要目标和责任的想法了,他们拿不定主意的状态又被离婚统计数字大大加深,因为这些统计数字意味着,把像鸡蛋一样易碎的心理放入婚姻的篮子,是一种无价值的冒险。男人和女人的目标和意志变成了两条平行线,得有罗巴切夫斯基[①]的想象力才有望使它们相交。

最终目标的不和谐在女性就业上得到了最具体的体现,如今它跟男性就业完全一样。凡是由三十五岁以下受过教育的人组成的家庭,几乎都有两个同等的就业者,就业不光是实现家庭目标的手段,而且是个人的成就。在这个过着流浪生活的国家里,配偶的一方很可能被迫或有机会在另一方工作的城市之外的城市谋职。怎么办?他们可以待在一起,一方为另一方牺牲自己的职业,也可以往返于两地之间,或者可以分手。这些办法都不令人满意。更重要的是,将要发生什么是不可预料的。婚姻和职业孰轻孰重?今天,妇女就业与她们在20年前的就业有本质的不同,所以现在这种冲突是不可避免的,结果是婚姻和职业都贬值了。

长期以来,中产阶级妇女一直在丈夫的鼓励下外出就业。人们认

---

① 罗巴切夫斯基(Lobachevsky,1792—1856):俄国数学家,非欧几何的创立者。

为,她们有权提高自己的才干而不是操持家务。当然,其中隐含的观点是,资产阶级的职业确实为实现人的潜能提供了机会,而家庭,尤其是女性的家务劳动,仅仅属于必然王国,既是有限的,也是限制人的。有良知的严肃男人认为,必须让妻子发展自己的才能。但是,几乎没有例外,双方依然理所当然地认为家庭是女人的责任,如果存在潜在的冲突,女人会把自己的职业放在次要位置或干脆放弃。这没什么大不了的,女人通常对此都很明白。这种安排终归是靠不住的,而且天平失衡的原因很清楚。夫妻双方都认为,家务事不能使女人在精神上获得满足,女人享 128
有同等的权利。家庭生活适合女人的观点是不可信的,为什么女人不应该认真对待自己的事业,就像男人对待自己的事业一样?为什么女人不应该被男人认真对待?根据现在对公正的理解,对女人受到的不公待遇的愤慨,反映在男人和女人都认为完全正当的要求上:男人减少事业上的投入,同等分担家务和照顾孩子。女人放弃女性特征的做法因女性特征抛弃了她们而得到加强,经济变化使女性就业成了值得向往和必需的事情;婴儿死亡率的降低意味着女人怀孕次数的减少;寿命的延长和健康的改善意味着女人可以用一生中少得多的时间生儿育女;家庭内部变化了的关系意味着女人不太可能在不断照顾儿孙中寻找乐趣。到四十五岁时,她们会发现自己无所事事,而她们还有四十多年的活头。她们成就事业的年龄已经过去了,她们没有能力再跟男人一较高下了。这时一个女人若是再想做传统女性,她会发现做到这一点非常困难,即便她能勇敢面对不友善的舆论。在所有这些事情上,女权主义者的证据确实令人折服。但是,尽管婚姻条件发生了剧烈变化,新的条件却没有制定出来。

女权主义者说,正义要求男人和女人同等分担家庭责任。这并不是解决问题的方法,而是一种妥协,即男人减少对事业的投入,女人减少对家庭的贡献,这给双方带来有争议的多样性,更给他们的生活带来同样有争议的分裂。双方在不同的城市工作,谁迁就谁的问题得不到解决,不管怎么说都是一种引起关系恶化的痛苦,是怀疑和不满的根源,是双方交恶的诱因。况且,这种妥协也没有决定照料孩子的问题。父母会不会更看重自己的职业而不是孩子？从前，孩子至少能得到一个人——女人——的无私关照，她们的照顾对于孩子来说是人生最重要的事情。两人各付出一半关照,这跟一个人全心全意的关照一样吗？这是不是不顾孩子的借口？在这种安排下,家庭不是个统一体,婚姻是无聊的争斗,双方都很容易脱身,男人尤其如此。

129 整个事情在这里变得不堪入目。为使女人摆脱男人的支配,必须摧毁男人的灵魂——他们野心勃勃、好战、保护欲和占有欲强的性格。男子气概——这是对男性特征或男人勇气的颇有争议的描述，在古人心目中它是男人灵魂中居于核心位置的自然激情：奉献和忠诚的激情——正是祸端,是两性差别的渊薮。女权主义者不过是在完成一项由霍布斯开始的工作,按他的构想驯化灵魂中残酷的成分。随着男子气概声名扫地,正面的任务是让男人体贴温存,乃至有教养,以适应重构的家庭。因此,男人必须根据抽象的计划接受再教育,他们必须接受自己本性中的“女性成分”。一群霍夫曼和斯特里普[1]式的人物拥入了学校、大众心理学、电视和电影,使这项计划倍受尊重。男人为了避免背上歧视女性的骂名，为了跟妻子或女友相安无事，一般都会认真接受再教育,虽然有点儿郁闷。当然可以做到让男人更温和一些,但这跟让男人“体贴”是两码事,这项计划的失败是不可避免的。

说它必定落空,是因为在个人主义时代,公共精神不能被强加于两性中的任何一方,由公共精神减少的人强加就更不行了。况且“体贴”是一种激情或是一种美德,它不同于“温存”之类的描述性字眼。美德驾驭激情,一如节制驾驭贪欲,或勇气驾驭恐惧。那么,体贴驾驭什么激情呢？人们也许会说,驾驭占有欲。但是近来占有欲已不必驾驭——应当

---

① 霍夫曼(Dustin Hoffman)和斯特里普(Meryl Streep)都是美国当代电影演员,这里是指两人合演的名片《克莱默夫妇》,讲述一个妻子不堪忍受家务事出走后,丈夫痛改前非的故事。

把它连根拔除。需要做的事情是矫正人性中的自私,但光有愿望是不成的,无论抽象的道德多么需要愿望。旧的道德秩序虽不完美,它至少通过激情趋向于美德。假如人只顾自己,这种秩序会扩大自我关心的范围,把别人的利益也纳入其中,而不是命令人们不再只关心自己。这种命令的做法既专横又无效。真正的政治或社会秩序要求心灵像高耸的哥特式教堂一样,需要自私的压力和紧张给予支撑。抽象的道德说教谴责人性中的某些基石,并要把它们去掉,在心灵崩溃时又指责结构和基石的本质。社会主义集体农庄在农业方面的失败,就是这种情况的最佳
政治例证。想象的动机取代了真实的动机,当想象的动机不能产生真实 130
的效果时,缺少动机的人就会受到责难和迫害。在家庭问题上,人们认为男人有着强烈的致富动机,所以古老的智慧试图把对家庭的关心与这种动机联系在一起——允许并鼓励男人把家庭看作自己的财产,这样他就会像本能地关心财产一样关心家人。这种做法行之有效,虽然从公正的角度看有明显的弊端。当妻子儿女来到丈夫和父亲面前说:“我们不是你的财产;我们就是我们自己,我们要求你这样对待我们。”这时外人不能不为之动容。但是,当妻子儿女刚刚表现出对自己的关心,却又进一步要求那个男人一如既往地关心他们时,麻烦就来了。他们反对父亲的有缺陷的动机,要求用纯洁的动机奇迹般地取而代之,他们想用这种动机来实现自己的目的。父亲几乎不可避免地会收敛对财产的追求,不再做父亲,重新变成一个单纯的男人,而不是像别人要求的那样,成为一个有天命在身的神。正如柏拉图指出的,“理想国”中令人不堪的事情,就是要求男人为了公共利益而放弃土地、金钱和妻子儿女,从前他们对公共利益的关心是由这些低层次的情感支持的。这是希望建造一个完全由不幸的男人组成的幸福城邦。在今天这个纲常废弛和自我放纵的时代,有人提出了同样的要求。柏拉图的教诲是,不管正义多么值得称颂,不能指望普通人中间会出现美德的奇迹。一个受到自私动机玷污的真实城邦,要比一个只能停留在口头上、并助长真正暴政的城邦好得多。

这里我不想说旧式家庭结构有多好，也不是在主张我们应该或能够恢复这种安排。我只是认为，我们不能一叶障目，以为只要我们想得到取代它的东西，这些东西就会出现。母亲对孩子的特殊情感过去就存在，在某种程度上现在依然存在，不管它是天性还是培养的产物。要说父亲本应具有完全相同的情感，这一点并不十分明显。我们可以坚持这点，但是如果天性不予配合，我们的一切努力都是徒劳。生理特点迫使女人休产假，法律能够命令男人休产假，却不能让他们产生应有的情
131 感。只有那些无可救药的宣传家，才看不到这两种产假的不同，看不到男人产假的做作和滑稽的意味。法律可以规定把男人的乳头做得和女人一样大，但男人的乳头还是流不出乳汁。女人对孩子的情感至少会因为期待着男人对孩子的情感而有所减少。可是这种期待能兑现吗？再说了，难道每个男人不想单独建立自己小小的心理存储系统吗？

同理，由于男人靠不住，女人不得不为自己的独立提供手段，这简直给了男人一个更少关心女人幸福的借口。有所依靠的柔弱女子的确很脆弱，会受到男人的任意摆布。但是她的魅力也确实在很长时间影响着很多男人。现在医治男人不负责任的处方是让他们更不负责任。能独立于男人的女人，没有多少动机去引诱男人关心自己和自己的孩子。我听到一位有这种气质的陆军女中校在广播中解释说，军队里唯一妨碍女性完全平等的东西就是男性的保护意识。所以，少来这一套！然而，基于男子汉自豪感的男性保护意识，以及通过保护羞涩女子的名誉和生命而获得荣誉的欲望，是两性联系的一种形式，也是使自私升华的一种方式。如今，男人何必拼上性命去保护一个女空手道冠军呢？她对男性的身体构造一清二楚，知道控制他的哪个部位就可以自卫。在新的公正的名义下被摧毁的两性关系形式，有什么东西能够取而代之呢？

我们的一切改革都是为了打掉我们齿轮上的齿，让它们不再相互啮合。它们一个个挨在一起，但都在空转，无法使社会机器运转起来。这就是年轻人考虑自己的未来时必须正视的空转运动。女人为她们的成功、她们的新机会、她们的计划以及她们的道德优势而欣喜，但她们内

心里多多少少也意识到，自己依然有着天生的二重性，既能做男人做的多数事情，也想要孩子。她们也许另有向往，但是当她们单独抚养孩子时，她们十分希望出来工作，也必须出来工作。她们期望和筹划的事情是很可能会发生的。女人现在具有的意识形态优势男人一概阙如，但男人无须付出多大代价就能抽身而退。在他们与女人的关系上，他们几乎没有什么发言权；他们承认旧秩序不公道，他们得对此负责，而且他们 132
实际上也无力改变势不可当的大方向；他们言听计从，努力适应，但又时刻准备一走了之。他们需要两性关系，但局势很不明朗。他们预感到需要巨大的感情投入，希望它但愿不会以破产告终，他们得为此而牺牲自己的事业目标，一点也不清楚除了不明不白地待在一起，自己还会有何收获。现在，最强烈、最古老的婚姻动机之一已经不管用了，如今的男人很容易享受到以前只能在婚姻中享受的性。奇怪得很，过去的父母劝告女儿的那些令人生厌、愚蠢透顶的陈词滥调——“你把他想要的东西轻易给了他，他就会不尊重你，不娶你”——竟然成了对目前状况最真实、最透彻的分析。女人可以说，我们不在乎，她们既可以要求男人有正确的动机，也可以不需要他有任何动机，但是人人都清楚，并且她们自己最清楚，她们对自己顶多只做到了一半的诚实。

性爱

这就是校园里的性状况。理论上的相对主义和实践上的缺乏关联，使大学生无法思考或展望他们的未来，他们在现在的我和物质的我的樊篱中枯萎了。他们愿意喃喃吟诵指定的教义问答，把它当作思考的替代品，因为它承诺拯救他们，但他们几乎没有信仰。就像一个非常聪明的学生对我说的：“我们全都着了魔似的跳进井里，但出来时身上总是干的。”校园同性恋者的说法也完全证实了这一点。在提出反对现有秩序的所有要求和抱怨——“不要歧视我们；不要为道德立法；不要给每个寝室派警察；尊重我们的取向”——之后，他们又回到了寻找生活方式的空谈之中。这里没有、也不可能有任何更特别的东西。一切关系在它们的不确定性中取得了统一。

我们的大学生的性爱欲望是有残疾的。它不是苏格拉底所赞赏的神圣的疯狂；不是对动人心魄的不完整性的觉悟和为克服它而做的探索；不是天作之合的美妙，即通过部分对部分的拥抱而恢复自我的完整
133 性，或有限的存在通过繁衍自己的后代而获得永恒的渴望；不是让天下人记住自己行为的愿望；也不是对完美的沉思。性爱的欲望让人烦闷，但它本身承诺给人以慰藉并肯定肉体之善。它是人与他人以及与自然整体的关联性——虽然它可能并不完美——的证明，主观但又无可辩驳。好奇，即诗歌和哲学的源泉，是性爱欲望的典型表现。性爱需要追求性爱者的勇气，并为这种勇气提供极好的理由。渴望完整性就是渴望教育，对完整性的研究就是教育。苏格拉底对无知的认识与他对性爱的完美认识是一样的，他用自己的对话影响他的同伴，在他死后这种影响更加强烈，并且持续了千百年，人们对他的谈话的渴望证明他是爱他人的人中最贫穷、最贪婪的情人，也是被人爱的人中最富有、最慷慨的情人。我们大学生的性生活以及他们对这种生活的想法，消除了这种渴望的力量，使其不为他们所理解。渴望的减弱夺去了性爱的神秘力量。学生们不信任性爱，所以也不再尊重自己。在自己从性教育中学到的东西和柏拉图的《会饮篇》之间，他们几乎看不到任何关系。

然而，只有从这种危险的高度，才能以恰当的视角观察我们现在的状况。这种视角已不可信的事实说明了我们的危机程度。当我们承认《斐德罗篇》和《会饮篇》是对我们的经历的阐释时，我们便可以确信那样的经历我们人人都有，但是我们的教育少得可怜。卢梭是对性爱追根溯源的学说最令人信服的创始人，他说，《会饮篇》一向是情人的读物。我们不再是情人了吗？这就是我提出我们时代的教育问题时采用的方式。

在除了人以外的所有物种中，动物生长到发情期就万事大吉了。发情是动物生长和学习的明确方向和目的。动物的行动就是繁殖，它一直处于这种平稳状态，直到生命开始走下坡。只有在人身上，青春期仅是

人生的开始，在他对道德和知识的学习过程中，更伟大和更有趣的内容是随后才开始的，并且在文明人中是与他的性爱欲望结合在一起的。他的品味乃至他的选择，是在这种“情感教育”中确定的。人似乎是为了自己的性欲而学习。这是一种互为因果的关系，人为学习付出的精力显然来自他的性欲。没有人把进入发情期的孩子看作成年人，我们正确地觉察到，从发情到成年还有很长的一段路要走，到了成年阶段他们才能控 134
制自己，做真正的父亲和母亲。这个过程是教育的一个重要内容，它使动物的性欲变成人的性欲，本能让位于按照真、善、美的标准所做的选择。与其他动物不同，发情不能为人提供他所需要的可以留给同类的一切。这意味着人的性欲的动物性因素是以极其复杂的方式与人的灵魂的更高境界纠结在一起，灵魂必须以其洞察力告诫欲望；这也意味着教育最微妙的内容就是使两者保持和谐。

我不敢妄称自己很了解这个秘密，但是我知道自己的无知，这使我对连接我们的最高境界和最低层次的自然天性中的这个方面保持关注，并远离时下那些有关这种现象的简单化说明。我认为，最有趣的大学生是那些尚未解决性问题的人，他们还年轻，甚至看上去比实际年龄还小，他们认为有很多东西可以期待，有很多东西他们得再成长一段时间才能了解，他们天真烂漫，为他们还没有完全知晓的奥秘而激动。有些年仅十六岁的男女对性爱无所不知。他们不会再有什么大的变化，在这个意义上他们是成年人。他们也许会成为能干的专家，但他们的心灵是单调乏味的。对他们来说，这个世界就是呈现于他们感官的世界，既无想象力为之增添光彩，也不存在任何理想。这种单调的心灵就是我们这个时代的性智慧力求推而广之的东西。

十几岁的少年在性行为上随随便便，这剪断了连接性爱和教育的金线。通俗化的弗洛伊德给两性的非性爱理解打上科学的标记，从而一劳永逸地完成了这项工作。由于自己的性渴望而在有意或无意之中使学习充满活力的年轻人，与不受这种动机驱动的年轻人有着非常不同的经验。一个想在圣特尼塔桥上遇到他心目中的贝雅特丽齐[1]或在雅典市政广场见到苏格拉底的年轻人，和一个没有此种迫切需求的年轻人，对于他们来说去佛罗伦萨或雅典一游完全是两码事。后者只是个观光客，而前者却是在寻求完美。福楼拜，一个描写渴望在现代世界之命运的大师，派他那位怀着敬畏的爱玛·包法利到没落贵族的府第参加舞会，她在那里看到：

> ……在餐桌上座的，却是一个老人，他是女客中唯一的男宾，弯腰驼背，伏在盛得满满的一盘菜上，餐巾像小孩的围嘴一样，在背后打了结，他一面吃，一面让汤汁从嘴里漏出来。他的眼睛布满了血丝，一头卷起的假发，用一根黑带子系住。他是侯爵的老岳父，拉韦杰老公爵，曾经得到过国王兄弟的宠幸，孔弗让侯爵在沃德勒伊举行猎会的时候，他是红人，据说他和夸尼、洛曾两位先生，先后做过王后玛丽·安图瓦奈特的情人。他过着荒淫无度的生活，声明狼藉，不是决斗，就是打赌，或者强占良家妇女，把财产荡尽花光，使家人担惊受怕。他结结巴巴，用手指着盘子，问是什么菜，一个仆人站在他椅子后面，对着他的耳朵大声回答。爱玛的眼睛总是不由自主地望着这个耷拉着嘴唇的老头子，仿佛在看一个千载难逢、令人起敬的活宝一样。他到底在宫里待过，在王后的床上睡过觉呵！[2]

别人只看见一个糟老头子，爱玛却看见了旧制度。她的所见更为真实，因为确实有过旧制度，彼时确有贵族情人。离开使我们对现状不满的渴望，有限的现实就不能告诉我们那时的事情。这种渴望是学生最需要的，因为传统的伟大遗迹已在我们的关切中日渐飘零，需要运用想象力才能使它们恢复往昔的青春、美丽和活力，然后才能体验它们的启示。

---

① 贝雅特丽齐(Beatrice)：但丁《神曲》中的理想化了的一位佛罗伦萨女子。

② 译文采用许渊冲先生的《包法利夫人》中译本(译林出版社，1992年)，42—43页。

那个不屑于到女孩子窗下弹吉他的学生，永远不会在她的影响下读诗或写诗，他有缺陷的性爱不会给他的心灵提供美的形象，他的灵魂会一直粗糙和脆弱。这不是说他不会去装点这个世界或对它抱有理想；而是说他看不到这个世界上有什么。

大量的学生身心纯洁地来到大学，希望在那里改变他们的无知状态。他们把欲望注入他们的所思所为。他们痛苦地意识到自己想得到点儿什么，但又拿不准那到底是什么，是什么形式，对他们有何意义。他们的欲望所指出的满足范围从娼妓移到柏拉图，从罪行移回到崇高。尤为重要的是，他们希望得到指点。实际上，他们在人文学科和社会科学中读到的一切，都可以是让他们了解自己痛苦的资源和治愈痛苦的途径。这种强大的张力，这种实实在在的求知欲，是老师能够从一些学生的目光中看到的，他们奉承他的办法是明确表示需要他。教师本人的满足则 136
来自于他脑子里有货，能消除学生的饥渴，能源源不断填补他们的空白。他的欢乐就是当他把莎士比亚和黑格尔端上来满足他们的食欲时，听到那欣喜若狂的欢呼：“噢，太对了！”老鸨和接生婆可以用来恰如其分地形容教师。对仿佛只是性交之事的渴望，是阿波罗神殿上的神谕的实质体现，它不过是在提醒人们别忘了人类最基本的欲望——“认识你自己”。

今天走进大学的学生，饱尝了唾手可得、不痛不痒、枯燥无味的肉体与灵魂的满足，很难再像过去那样踏上销魂之地了。他们对那些废墟视而不见，不去想象那里曾是怎样一番景象。他们精神上萎靡不振，不想在大学里寻求完美。这些最有学习效率的岁月，也就是亚西比德[1]长胡须的时刻，因为不自然的早熟和在高中学到的诡辩小聪明而被荒废了。接受性教育的真正时机过去了，几乎没有人拥有性是什么的观念。

① 亚西比德(Alcibiades，约前450—前404)：雅典政治家。他的监护人伯里克利忙于政务，无暇对他进行适当的教育。成年后他仪表堂堂，机敏过人，但是自私自利，缺乏责任感。

相应地，大学也不认为自己能管得了这种需求，不相信在它的博物馆展出的木乃伊能够同参观者对话，或——这太可怕了——随他们一起回家同住。人文学者就像在图书馆上班的老处女。按我的反思，大学与大学生相互配合结出硕果的最后时机，是20世纪40和50年代弗洛伊德大行其道的时候。他宣扬一种现实的心理学，一种经过调整以适合现代人嗜好的对心灵现象的古老研究。今天的人很难想象那种兴奋感觉。当我大学的第一位女友告诉我大学的钟楼是阳物崇拜的象征时，那是何等的令人惊骇。这等于把我秘不示人的困惑与我期待从大学学到的极严肃的东西实实在在地绑到了一起。中学可不是这样。很难说清楚它的全部意义是在于我就要失去童真，还是我就要探索存在的奥秘。这是一种令人赞赏的迷惑。终于一切都摆到桌面上了。脏东西从精神哲学中消失不见了，弗洛伊德承诺恢复心灵并严肃对待心灵中发生的一切。他想象自己是个更诚实的新柏拉图，使我们能够再度把柏拉图吹捧为弗洛伊德的先驱。

但是，它却变成了一种没有“灵性”即没有心灵的心理学。弗洛伊德
137 根本没有对我们感受到的一切给出令人满意的解释。一切高尚的事物只能是对低俗事物的抑制，而且是其他事物而不是它自身的象征。弗洛伊德式的眼光能对人的真正知识渴望起到的作用，充其量不过是《威尼斯之死》，但是对于更美好的精神来说，它显然不是一个有待发掘的富矿。亚里士多德说，人有两种伴随着强烈快感的高峰：性交和思考。人的心灵就像椭圆或双曲线，心灵现象分布于两个焦点之间，表现出喻义的多变和模糊。弗洛伊德只看到了心灵的一个焦点，也就是和兽类相同的一点，他只好用社会压抑或印度神仙索[1]之类的观点来解释一切高级的心理现象。其实他并不相信有心灵，而是相信肉体以及它的消极的意识工具——理智。这阻碍了他对高级现象的观察，这在他对艺术和哲学的

① 印度神仙索：据称印度托钵僧掌握一种技能，他能在黄昏时分把绳索抛入云中，让一孩童攀绳而上。这里指子虚乌有的事情。

武断观察中暴露无遗。不管大学生意识到没有，他们寻求的不仅仅是性满足，而是对自己的认识，弗洛伊德并没有提供这种认识。人们发现，弗洛伊德的“认识你自己”把他们引到睡榻，在那儿耗尽了本当用于把想法提升为知识的能量储备。对于弗洛伊德来说，“认识你自己”不意味着了解人在万物秩序中的位置。大学心理学对于有哲学冲动的学生的吸引力由来已久。弗洛伊德心理学已经成了一个大产业，进入了公众生活的主流，其地位与工程学和金融业相当。但它一点也不比它们具有更多的精神吸引力。我们必须到别的地方寻找自我。

卷二　虚无主义，美国的风格

德国思想的联系 141

当罗纳德·里根总统把苏联称为“邪恶帝国”时，思想健全的人群情激愤，一致抗议这种挑衅性的言辞。在另一些场合，里根先生又声称美国和苏联“**价值观不同**”（着重号是我加的），同样还是那些人，对这个说法却经常表示赞同，至少是予以默认。我相信，里根先生认为他这两种说法指的是同一件事，对他的不同说法的截然不同的反应，揭示了我们这个时代最重要和最惊人的现象。更令人诧异的是，这种现象几乎没有引起人们的注意：现在有一种关于“善恶”的全新语言，它源于人们企图“超越善恶”，使我们不再有信心继续谈论善恶。甚至对我们当前的道德状况痛心疾首的人，也在使用反映这种状况的语言。

这种新语言就是所谓的**价值**相对主义，它改变了我们对道德和政治的看法，其影响之大，只有当年基督教取代希腊罗马异教可与之相比。新的语言一向反映新观点，新词汇或旧词汇的新含义悄无声息地逐步流行，明确标志着人们对世界的认识和表达发生了深刻变化。霍布斯去世后的几十年里，主教们几乎是泰然自若地谈论自然状态、契约和人权这些话题，这清楚地表明霍布斯已经击败了教会的权威，他们现在已 142
经不能像过去那样理解自己了。从那以后，现代和古代的坎特伯雷大主教之间不会再有任何共同之处就是不可避免的了，就像伊丽莎白二世不同于伊丽莎白一世一样。

里根总统使用的“邪恶”一词让当代人听着刺耳的原因是，这是一种文化炫耀，是在假定只有里根和美国知道什么是善；这是在否定其他生活方式的尊严，暗含着对不同于我们的生活方式的轻蔑。政治上的必然结果便是他拒绝谈判。善与恶的对立是不能用谈判来解决的，它是导致战争的原因。热衷于“化解冲突”的人发现，缓解价值矛盾远比消除善恶冲突来得容易。价值观是非物质的东西，主要存在于人们的想象之中，而死亡却是实实在在的。“价值”一词意味善恶信仰是极其主观的，这有助于人们以放松的心情寻求惬意的自我保存。

可以说，价值相对主义使人们大大摆脱了善恶观的长期统治，同时也摆脱了羞耻和罪恶感的重负，以及追求其一避免其二所要求的不懈努力。顽固的善恶观引起无尽的麻烦，例如战争和性压抑，而采用更灵活的价值观，几乎立即就能从中解脱出来。在有必要对价值观稍做调整时，人们无须为此感到内疚和不安。这种对摆脱束缚、拥有一个祥和快乐世界的渴望，首先反映着我们现实的美国生活和最发达的德国哲学之间的姻亲关系，它在对总统言论的批评中得到了表达。

但是事情还有另一面。对价值深信不疑的人是值得赞赏的。他们的强烈信仰，他们的关爱或兴趣、他们对某种事情的信念，是自主、自由和创造性的明证。这样的人与无所用心的人正好相反，他们是有准则的；更为可敬的是，这些准则不是来自传统，不是基于人人可见的现实，或是源自对物质利益斤斤计较的浅薄理性。英雄气概和艺术品格献身于自我创造的理想，它是资产者的对立面。在这里，价值服务于那些寻求
143 新灵感和新信念的人，他们所追求的信念，至少同已被科学理性除魅、消除了神秘性和神话色彩的旧信念一样强大。这种解释似乎是在表明，为价值而死是最高尚的行为，过去的现实主义和客观主义则削弱了人们对目标的执着。自然本身无所谓善恶；是人的解释为自然规定了生命的法则。

由此看来，我们使用的价值语言把我们引向两个截然相反的方

向——沿着阻力最小的路线前进，或是采取强有力的姿态和狂热的解决方案。然而它们不过是从同一个前提得出的不同推论。价值不是由理性发现的,寻求价值、发现真理或善的人生是徒劳的。始于奥德赛的探索三千年来延绵不绝,最终得出的看法却是没有什么可以追求的。当尼采在一百年前说出“上帝死了”的时候,他便是宣布了这个所谓的事实。这时善与恶第一次表现为价值,它千奇百怪,从理性或客观的角度说没有哪一种价值优于另一种价值，善与恶确实存在的美好幻觉被彻底驱散了。对尼采来说,这是一场空前的浩劫;它意味着文化的解体和人类志向的丧失。像苏格拉底那样“检省”生活既不可能,也不可取了。人生本身是未经检省的,如果未来还有人类生活的任何可能,那也必须从过一种返璞归真、不加检省的生活的能力开始。哲学化的生活方式简直是毒药。简言之,尼采向现代人郑重宣布,他们是虚无主义深渊的自由落体。也许正是在体验了这样可怕的经历,尝尽了这杯苦酒之后,人们才希望看到价值创造的新纪元,期待新的神明现身。

现代民主当然是尼采批判的对象，它的理性主义和平等主义与创新精神截然相反，它的日常生活在尼采看来是人类徒有文明外表的动物化。人们不再真正相信任何事情,每个人都在拼命工作和尽情玩乐中度过一生,这样就可以不必面对现实,不必探究那个深渊。尼采呼吁反抗自由民主,甚至比马克思更强烈、更激进。他还补充道,左翼,即社会主义,并不是特殊类型的右翼即资本主义的对立面,而是它的实现。左翼意味着平等,右翼意味着不平等。尼采的主张来自右翼,然而这是超越了资本主义和势力日益壮大的社会主义的新右翼。

但是,尽管如此,或许正因为如此,现代民主派和平等派的最新模 144
式在尼采对事物的理解中找到了很有吸引力的内容。如今尼采更知名了,对左翼的影响更超过了对右翼的影响,这恰恰标志着平等的威力和尼采在与它对抗时的失败。

乍一看这似乎挺奇怪,因为尼采期待的是超凡出众而非平庸寻常,是不平等而非平等。但是像任何统治者一样,民主派也需要有人谄媚,而早期的民主理论不能提供这种谄媚。它们为民主政体提供的辩护是，它保护寻常百姓，使他们能够为实现十分平凡的共同目标而努力。它还是一种受民意左右的政体，由共同的意愿制订人人必须遵守的规则。民主体制表现为得体的平凡，这与旧体制华丽气派的腐朽场面完全相反。然而，建立一种政体，使人能够认为全体公民至少具有潜在的自主性，可以为自己创造价值，则完全是另外一回事。创造价值的人是至善之人的一个合理替代物，在流行的相对主义中，这种替代也是不可避免的，因为没有几个人会认为自己毫无价值。值得敬仰和可以接近的人的高贵，不是在追求或探索善的人生中发现的，而是在个人“生活方式”的创造中发现的，这种创造不是有一种可能性，而是有多种可能性，相互之间无法比较。拥有自己生活方式的人不与人争，所以也不会低人一等，因为拥有了自己的生活方式，也就赢得了自尊和别人的尊重。

所有这些已经成为美国人的日常精神食粮，最盛行的心理学流派及其心理疗法，都把价值定位(value positing)作为健全人格的标准。伍迪·艾伦的喜剧不过是以某类人为主题所做的一系列变奏，他没有真实的“自我”或“身份认同”，他觉得自己优于那些有着虚幻的自我满足的人，因为他对自己的处境了然于心；同时他又觉得不如那些人，因为他们是“适应”环境的。这种借来的心理学在《齐立格》[①]中被奉为教科书，它讲述了一个“依附取向”(other-directed)的人的故事，他与“自主取向”(inner-directed) 的人形成鲜明对照。这些字眼在20世纪50年代由于里斯曼的《孤独的人群》(David Riesman, *The Lonely Crowd*)而广为流传，而里斯曼又是从他的分析师弗洛姆那里借来的，弗洛姆则是从尼采的继承人、真正严肃的思想家海德格尔那里汲取了这些思想(譬如“内省的
145 人”)。我吃惊地看到，艾伦是那么教条，而他看待事物的方式——直接植根于深邃的德国哲学——又是怎么变成了美国娱乐市场的套路。作

① 《齐立格》是伍迪·艾伦自编自演的一部著名喜剧，描写一个因渴望受人关注导致身份认同混乱的人物。

为把德国思想和美国思想联系在一起的人物之一，即心理学家贝特尔海姆，其实只在《齐立格》中扮演了一个小配角。

齐立格是个你期待他是谁他就会变成谁，你期待他怎样他就会怎样的人物——与富人在一起他就是共和党人；与黑手党在一起他就是歹徒；与黑人、华人或女人为伍，他就是黑人、华人或女人。他自己什么都不是，只是由别人规定的各种角色的集合。于是他不可避免地成了精神治疗的对象，我们从这种治疗中了解到，他曾经是“传统取向的”，也就是说，他出生在一个单纯的、摇摆不定的犹太教士家庭。“传统取向”意味着受古老价值观的支配，接受的是传统信条，通常是宗教信条，这种信条赋予人一定的角色，它远远超出了他的世俗角色和地位。不用说，回归那种具有适应性和表面健康的旧模式既不可能，也不可取。人们或许会嘲笑这个摇摆不定的犹太人，虽然不清楚是出于异化还是健康的观点。但犹太人为“贱民”——马克斯·韦伯的这个概念被汉娜·阿伦特弄得臭名昭著——这一点是肯定的。他在这里令人感兴趣，仅仅因为他是一个对局内人有特别洞察力的局外人，他的犹太人身份本身并没有多少优点。他的价值是由目前对他有兴趣的世界决定的。当他成为“有自主取向”的人，当他遵照自己的真实本能确立自己的价值时，他的健康就恢复了。当齐立格听人说今天是个好天气，而情况也显然如此时，他的回答是今天不是个好天气。于是他立刻就被那些他曾经竭力模仿，而现在意见相左的人赶回了精神病院。这就是社会把自己的价值强加于创造者的方式。最后，他为了讨好别人，只好主动回过头来阅读自己过去没有读过就妄加评论的《白鲸》。他的健康状态是暴躁和温顺、自知之明和自以为是的混合体。

伍迪·艾伦扑朔迷离的喜剧诊断出了我们的病根来自价值相对主义，其治疗方法是价值定位。他的强大力量在于他刻画了一个有自我意识的角色扮演者，从未对自己扮演的角色感到自在；他令人感兴趣，是因为他竭力想模仿别人，而这些人因为不清楚自己的空虚而十分可笑。
但是，艾伦在戏弄他的犹太人身份时却是乏味而浅薄的，在他看来，这 146

种身份显然没有内在的尊严可言。他对健康而自主的人的刻画——既不可笑也无意义——是他彻头彻尾的败笔。这种形象可以作为理解和评判别人的参照，就像守财奴只有对照懂得金钱的真正价值的人才显得可笑一样。但是,艾伦塑造的自主取向的人根本就是个空洞苍白或子虚乌有的人物,这使人不得不怀疑人物创造者的思想有多么深奥。这里我们面对的是空无一物,只是不清楚艾伦是否明白这一点。自主取向是平等派的诺言,它使我们很容易憎恨和嘲笑我们在自己身边看到的"资产者"。这实在太肤浅和太令人失望了,因为它试图使我们相信,我们生活中的虚无主义的痛苦不过是一种神经官能症，但凡稍加治疗和挺直腰板即可治愈。弗洛姆的《逃避自由》(Fromm, *Escape from Freedom*),不过是在卡耐基的思想上面涂了一点儿中欧文化的奶油。只要摆脱资本主义的异化和清教徒的压抑,每个人做出自己的选择,一切就都会好起来。但是,关于什么是自主取向,伍迪·艾伦其实没告诉我们任何东西,里斯曼也没有,如果追溯得更远一些,弗洛姆同样没有。只有在海德格尔那里才能了解到一点儿有关自主取向之真正含义的严酷事实。艾伦从来没有像确实严肃对待这个问题的卡夫卡那样可笑，没有用宣传的口吻一再宣称左翼进步主义会解决这一问题。齐立格是在和希特勒调情——自不待言,后者是在召唤那些有"依附取向"的人,或用德国心理社会学家阿多诺流传甚广的相同表述来说，是在求助于"威权主义人格"[①]——但是幸而被他的心理疗法挽救了(在这个知识分子圈子里,与斯大林调情是从来无需解释的)。艾伦帮助我们惬意地与虚无主义共处,帮助我们把它美国化。我挺好,你也会很好,只要我们同意一起喝点儿迷魂汤就成。

在政界、娱乐界、宗教界,无论在什么地方,我们都可以发现与尼采的价值革命联系在一起的语言，同我们密切相关的事物的新观点使其

---

① 贝托鲁奇的《同流者》(Bertolucci, *The Conformist*)一片也强调过相同的观点,虽然他缺少艾伦那样的机智。——原注

成为必要。像“克里斯玛”、“生活方式”、“担当”、“认同”以及其他许多很
容易追溯到尼采的字眼，现在实际上已经成了美国人的俚语，虽然它们 147
和它们所指称的事情是我们的父辈、更不用说我们的开国元勋无法理
解的。几年前，我跟亚特兰大一个出租车司机闲聊，他告诉我他刚从监
狱里放出来，是因为出售麻醉品而服刑的。他幸运地接受过“治疗”。我
问他是哪一类治疗，他答道：“所有类型的治疗——深层心理分析、心理
互动分析，但我最喜欢的是‘格式塔’疗法(Gestalt)。”一些深刻的德国思
想甚至不用翻译成英语，就变成了老百姓的语言。非同寻常的是，德国
的上层阶级所谈论的、属于西方知识生活之巅峰的东西，现在变得像在
美国大街上嚼口香糖一样平常。它对这位出租车司机确实有效。他说他
已经找到了自我认同，学会了喜欢自己。如果在一代人以前，他会发现
上帝，并学会讨厌自己这个罪人。问题是出在他的自我意识上，而不是
出在他的任何原罪感上。我们在这里看到的，是典型的美国方式对欧洲
大陆式绝望的消解。这是一种有着快乐结局的虚无主义。

德国哲学在美国的通俗化使我特别感兴趣，因为在我的知识生涯
中，我一直关注着它的发生和成长，感觉有点儿像一个人在拿破仑六岁
时就认识他一样。我看到价值相对主义及其伴生物在这块土地上茁壮
成长，超乎任何人的想象。在1920年，谁会相信马克斯·韦伯的社会学专
业术语有朝一日会成为美国的日常用语，而这个粗俗平庸的国度同时
也发展成了世界上头号强大的国家？嬉皮士、易比士、雅皮士、黑豹党、
教士以及总统的自我意识，是在不知不觉之中由半个世纪以前的德国
思想塑造的；马尔库塞的口音变成了美国中西部的腔调；“德国造”的标
签换成了“美国制造”的标签；美国的新生活方式成了迪斯尼乐园版的
魏玛共和国，变得妇孺皆知。所以，我的研究难免使我回到所有这一切
的若隐若现、令人兴奋的起源，它为我提供了一个进行双向观察的立足
点：既可展望我们不断展开的美国生活，又可回首深邃的哲学反思，它
打破并埋葬了哲学传统，带来了思想、道德和政治方面极其含糊不明的
后果。为了了解我们自己，使我们获得真正的选择机会，必须了解这段 148

令人陶醉的思想史——但愿思想史学者能够相信，思想影响着历史，就像尼采所言，“最伟大的行动是思想”，“世界围绕着新价值观的发明者旋转，默默地旋转。”尼采就是这样一个发明者，我们现在依然在围绕着他旋转，虽然转起来吱吱作响，不很滑顺。这就是我们的境况，令人费解之处在于，他的观点是怎样被那些渴望用借来的华丽服饰装扮自己的民主派弄得琐碎浅薄，民主又是怎样被外来的观点和品味弄得腐化变质。

我第一次观察这种情景是在它发展的中期，那时美国的大学生活正在因德国思想而经历着一场革命，德国思想仍然只为热忱的知识分子所珍视。当20世纪40年代中期我来到芝加哥大学时，第二次世界大战刚刚结束，像“价值判断”这样的术语还很新鲜，仅局限于精英阶层，是一种很有前途的特殊见解。社会科学领域有着各种伟大的期待，认为一个新的时代就要开始，对人类和社会将会获得比以往更充分的认识。哲学系的学究气，以及它们那种令人厌倦、索然无味的方法论和实证主义，使那些关心永恒而鲜活的人类问题的人纷纷转向社会科学。有两位作家——弗洛伊德和韦伯——唤起了人们真正的热情。马克思也受到尊重，但是就像长期以来的情况一样，他的读者寥寥无几，他没有为如何应付我们真正面对的问题提供启示。尽管至今仍未得到充分的评价，但是弗洛伊德和韦伯都深受尼采的影响，对于那些熟悉尼采并了解19世纪末德语世界发生的事情的人来说，这一点是非常明显的。他们用一种奇怪的方式，分别继承了尼采的心理学和社会学思想。弗洛伊德关注的是“本我”(id)或潜意识，作为最有意义的精神现象之原动力的性冲动，以及升华(sublimation)和神经官能症的相关思想。韦伯最关心的是价值问题、宗教在价值形成中的作用和共同体。弗洛伊德和韦伯是我们今天十分熟悉的绝大多数语言的直接来源。

人人都知道弗洛伊德和韦伯是德国的思想家，也知道给自己讲课的教授不是从希特勒统治下逃出来的难民，就是在希特勒上台前到德
149 国学习过或师从于德国的流亡者。对他们中的任何人来说，这些思想来

自德国是不成问题的。弗洛伊德和韦伯是前希特勒时代伟大的德国古典传统的一部分，非常受人尊重。尼采本人在当时不那么受人尊重，因为他的思想和法西斯主义有着某种令人失望的联系，在盎格鲁萨克逊世界，许多赞赏尼采的人（尼采对很多艺术家有着非常显著的直接影响，其中最著名者当属埃兹拉·庞德）对法西斯主义和反犹主义的危险缺乏足够的警醒(虽然尼采本人是反对反犹主义的)。德国思想从尼采开始，更确切地说是从海德格尔开始，走向反理性和反自由，这一事实是非常确凿的。但是这个事实却受到压制，当时人们对于它对同代人的影响视而不见。有些人就德国发生的事情肤浅地谴责黑格尔、费希特和尼采，但是德国的整个古典传统和德国的历史主义仍然受到推崇，我们这个时代的思想新星，要么被看作它们的副产品，要么被视为其自然发展的结果。魏玛体制遇到的麻烦，仅仅是让一伙歹徒得了逞。

在我的教授中间有很多人后来非常有名，他们并不倾向于哲学思维，也不想深究自己正在使用的新语言和新范畴的起源，他们认为这是和其他科学发现一样的发现，将被用于进一步的发现。他们非常着迷于抽象和概括，就像托克维尔预言他们会这样做一样。他们相信科学在不断进步，并表现出(这里也许有一点儿吹嘘和自嘲的成分)确信他们处于社会科学领域取得历史性突破的边缘，其成就可以同16和17世纪的伽利略、开普勒、笛卡尔和牛顿在自然科学的贡献相提并论，它可以使早期的社会科学失去意义，就像在哥白尼之后托密勒失去意义一样。潜意识和价值观让这些老师如痴如醉。他们确信科学的进步与社会和政治进步密切相关。他们或者是马克思主义者，或者是鼓吹罗斯福新政的自由主义者。反对右翼的斗争在国内赢得了选票，在对外事务中则在战场上获胜。原则性的关键问题都有了定论。平等和福利国家现在是世界秩序的一部分，剩下的问题就是完成民主大业。心理疗法能使个人幸福，就像社会学研究能改善社会一样。 150

我不相信这些教授中有任何一个人注意到了弗洛伊德和韦伯思想中阴暗的一面，更不用说尼采—海德格尔潜藏于表面之下的极端主义倾向了。或者更准确地说,就算他们注意到了这一点,也是把它置于个人生平而非科学研究的基础之上。让我吃惊的是,弗洛伊德阐释的一切有意识生命的非理性起源,和韦伯阐释的所有价值的相对性,居然没有给他们以及他们对科学的乐观态度带来任何问题。弗洛伊德对文明的未来和理性在人类生活中的作用是持极端怀疑态度的。他肯定也不是民主或平等的可靠鼓吹者。韦伯在科学、道德和政治方面比弗洛伊德更有头脑,但他始终沉浸在一种悲观气氛中。他把自己的科学阐述为对事物无序状态的一种含糊的挑战,但价值超出了这种科学的界线。这就是对事实和价值做出的令人生疑的——即使不是凭空想象的——区分的含义。政治中的理性导致不人道的官僚体制。韦伯发现,选择理性的政治而不选择非理性的信念的政治是不可能的;他相信理性和科学本身就是价值担当,像其他价值担当一样,它们没有能力肯定自身的善,从而失去了自己最有特色的东西。政治需要危险而难以控制的、半宗教式的价值定位,韦伯目睹诸神为控制人和社会而战,其结局不可预料。没有塑造和维护社会的价值,精于计算的理性到头来将对事物进行刻板、冷酷和卑鄙的支配;感情将导致私心在浅薄享乐中的放纵;政治担当有可能助长狂热,而人类是否还有足够的价值定位能力是令人生疑的。一切都飘乎不定,难以捉摸,人的劳作没有了神的支撑。像德国深受尼采影响的其他许多人一样,韦伯看到,我们所关心的一切都受到尼采观点的威胁,我们没有支配人类结局的知识和道德资源。我们需要价值观,而价值观又需要人类非凡的创造精神,这种精神正在枯竭,而且没有任何普遍力量的支持。科学分析本身在消解人们赖以做出价值判断的保护性的思想界限,同时也得出了理性软弱无力的结论。这些观点并不是韦伯所特有的,或仅仅是来自他悲观的性格,他这种性格至少部分地归因
151 于他所面对的暗淡前景。毫无疑问,相对主义价值观,如果它是真实的并为人所信奉,将会使人陷入灵魂的黑暗迷茫和极其危险的政治实验。但是在美国这块神奇的土地上,悲剧意识几乎没有立足之地,新社会科学的早期拥护者欣然接受了有关价值的见解, 确信他们的价值非常之

好,而且与科学齐头并进。比较一下帕森斯和韦伯的思想特点和关注领域的不同,你就会看到欧洲大陆与我们的距离。在帕森斯那里,你看到的是循规蹈距的韦伯。直到20世纪60年代,价值学说才在美国产生了真正的影响,情形就像三十或四十年前的德国一样。没有受过传统价值的精华滋养的新一代,一直被教导用不偏不倚的哲学和科学态度对待善恶问题的新一代,突然登上了舞台展示价值担当,给他们的长辈上了最令人不快的一课。

这种令人瞠目的德国悲怆精神的美国化写照,可以从路易斯·阿姆斯特朗扯开嗓门唱那首当红歌曲《刀锋马克》(Mack the Knife)时的笑脸中看到。多数美国知识分子都知道,它是从《三分钱歌剧》中的歌曲《刀锋马克》(Mackie Messer)翻译过来的。这部歌剧是魏玛共和国通俗文化的典范,由两位著名的左翼艺术家布莱希特和库尔特·威尔创作。在希特勒上台前的一段时期内,美国知识分子中间有一种不寻常的怀旧情绪,罗特·兰雅演绎的这首歌和玛琳·黛德丽在《忧郁的天使》中演唱的《我沉浸在爱河中》,共同表达了一种迷人的、神经质的、性感的、颓废的情调,一种不自觉的朦胧渴望。我们的知识界对尼采的《查拉图斯特拉如是说》中的一节所知甚少,而布莱希特是非常熟悉这本书的;在题为“苍白的犯罪者”这一节里,讲述了一个神经质的杀人犯,他与《罪与罚》中的拉斯柯尔尼科夫有着奇怪的相似性;他不知道,也无法知道,他杀人是出于和其他人一样正当的动机,这种动机在许多重要场合很有用,但在我们的和平时期却是非法的:他渴望“挥舞屠刀的快乐”。就《刀锋马克》而言,这个情节是人们期望超越道德的开始,他们等待着,希望看到吸引魏玛时代及其美国崇拜者的本能冲动的火山喷发。只要不是法西斯主义,一切都是对的!用梅·布里特代替黛德丽,用阿姆斯特朗取代兰雅,带来的是巨大的市场,传递的信息也不再那么危险,虽然一样腐 152
败。异国情调的感觉已荡然无存,它被视为民间文化,具有十足的美国风格,构成了美国世纪的一部分,就像“保持放松”(与“绷紧”相对)一向被视为美国摇滚乐的真谛,而不是海德格尔的泰然任之(Gelassenheit)一词的翻译一样。历史意识以及同我们时代的距离,魏玛时代的怀旧情绪中唯一值得称道的东西,消失不见了,美国人的自我满足感——舞台属于我们，生活中没有什么重要的事情需要我们从历史中学习的感觉——粉墨登场。

这种情形可以在我们的思想史中看到,只要用玛丽·麦卡锡替换路易斯·阿姆斯特朗,用汉娜·阿伦特替换兰雅,或用戴维·里斯曼替换阿姆斯特朗,用弗洛姆替换兰雅,总之,照此替换美国知识界的名人即可。我们的歌星们唱着连他们自己也不懂的歌，它译自德国原曲，十分走红,产生了不明原因的广泛影响,因为原曲中的某种东西触动了美国人的灵魂。不过,在这一切背后,矗立着抒情诗巨擘尼采和海德格尔。

简言之,在战后,美国出口的蓝色牛仔裤把所有国家的青年人团结在一起,牛仔裤作为普遍民主精神的具体形式,对许多被奴役的国家产生了思想解放的作用;而美国同时也在进口德国制造的精神外衣,认为它很不错，而且完全符合人权，但这个舶来品实际上与一切都格格不入,并对我们赖以生存的这个世界的美国化提出了疑问。我们的思想轮廓完全被德国思想家改变了，其剧烈程度甚至远超过德国建筑师对我们城市轮廓的有形改变。[①]

我反复强调所有这些现象的德国性质，并不是想对外国影响做出一种无知的回应,到每一张床下搜寻德国知识分子,而是想让我们清醒地认识到,若想明白我们在说些什么,想些什么,我们应该从何处着眼,因为我们正处于遗忘的危险之中。有着丰富精神生活的民族会对精神生活天赋相对不足的国家发挥巨大影响,即使后者的军队强大无比,这在人类历史上并不鲜见。最明显的例子莫过于古希腊对罗马的影响和法国对德国和俄罗斯的影响。然而,正是这两个例子与德国和美国的例

---

① 密斯·凡德罗在真正有机会搞建筑之前,就是芝加哥地区的一个人物,而包豪斯建筑学派(Bauhaus)则是魏玛时代的另一个产物,与我描述的思想潮流紧密相连。——原注

子之间的差别，使后者在我们眼里成了问题。古希腊与法国的哲学在目 153
的与事实方面具有普遍意义，它们吁请人们运用一种无论何时何地的任何人都潜在拥有的才智。事实上，“希腊”哲学中的“希腊”一词本身只是个无足轻重的标签，就像“法国”启蒙运动中的“法国”一样（“意大利”文艺复兴也是如此，这场复兴运动是民族的非本质特点和希腊思想家普遍精神的明证。）它们所教导的美好生活和公正制度，没有种族、国家和宗教的界限，也不受气候的影响。这种美好生活和公正制度与名副其实的人的关系，正是哲学的定义。我们在谈论科学时很清楚这一点，没有人会郑重其事地讨论德国的、意大利的或英国的物理学。我们美国人在严肃地讨论政治时，我们的想法是，我们的自由平等原则以及作为其基础的各项权利是合理的，是任何地方都可以接受的。第二次世界大战其实就是一项教学计划，它要强迫那些不接受这些原则的人接受它。

但是，黑格尔之后的德国哲学对上述原则提出了质疑，并且德国政治与德国思想之间是有着某种联系的。历史主义认为，思想同历史或文化有着本质的联系。根据后期德国哲学家的观点，德意志民族性格是历史与文化的重要组成部分。对尼采和那些受其影响的人来说，价值观是民族精神的产物，并仅仅与这种精神有关。如我所说，海德格尔对翻译的可能性是持怀疑态度的。他认为希腊哲学概念的拉丁文翻译是很肤浅的，不能传达原始文本的精髓。与早期的思想不同，德国思想并不试图摆脱自身的文化，而是倾向于在自己的文化中重构被哲学和政治的世界主义所动摇的根基。我们就像电影《鬼魂西行》中的百万富翁，他把一座城堡从云雾笼罩的苏格兰搬到了阳光明媚的佛罗里达，并加上运河和威尼斯凤尾船作为“地方特色”。我们选择了一种不能旅行的思想体制，就像某些葡萄酒换了产地味道会变一样；我们选择了一种看待事物的方式，它绝对不可能成为我们的，它从一开始就不喜欢我们和我们的目标。美国被视为一个没文化的国家，一个真正文化废弃物的聚集地，它只想从一种在思想和行动上致力于肤浅的世界主义的体制中追寻舒适的自我保护。我们对德国事物的渴望，恰好证明了我们不能理解

154 它们。人民的性格以及他们那种由形形色色的历史主义、尤其是尼采的激进历史主义所决定的价值观，使德国的情形与希腊截然相反。这种差别可以从西塞罗和尼采对待苏格拉底的不同态度中看出。对西塞罗来说，苏格拉底是朋友和当代学者；而在尼采看来，他是敌人和古代学者。鉴于我们国家极端推崇启蒙精神的普遍意义，尼采和海德格尔最不愿意看到的，大概就是我们向他们敞开了怀抱。

至于这种相对主义价值观是否与民主和谐一致，解决问题的办法是从来不提出这个问题。社会科学一直把纳粹主义作为精神病理学问题来对待，认为它是威权主义人格或依附人格的产物，或者像伍迪·艾伦所说，是精神病学家的病例。社会科学否认思想、尤其是严肃的思想，即便是根深蒂固的思想，与希特勒的成功有任何联系。但是在魏玛共和国——它的左翼观点如此吸引美国人——有很多知识分子至少一开始是受到法西斯主义吸引的，其原因跟激励着左翼意识形态分子的原因差不多，即对自主精神和价值创造的反思。人一旦堕入深渊，是否能在彼岸找到平等、民主或社会主义，是没有任何保障的。即便在最佳情况下，自决也是不确定的。但是价值创造的条件，尤其是它的威权主义的、宗教的或克里斯玛式的特点，似乎会跟民主的理性精神发生对抗。共同体的神圣基础与个人权利和自由主义的宽容精神是对立的。与共同体和文化联系在一起的新宗教精神影响着那些从创造的角度看待事物的人，使他们倒向右翼。左翼一方只有一种论断，即马克思在他的革命之后会把尼采的承诺准确地变为现实，而在右翼一方，是有关我们对创造的条件知道些什么的沉思。我不想评论其纳粹身份现已得到确认的海德格尔在纳粹时期的表现，我只想说，人们竟然更加公开地承认他是我们这个时代最令人感兴趣的思想家，天真地取代了从前把他作为各种思想的代理人而给予的赞赏，这证明了我们是在玩火。他对新的神明的兴趣使他像尼采一样，在自己的学说中推崇无节制，贬低节制，并对道德观念冷嘲热讽。他们两人促成了魏玛时代的暧昧气氛，在这种气氛中自由主义者被看作傻瓜，而对于那些在酒肆中高歌屠杀乐趣的人来说，似乎一切都是可能的。循规蹈矩的人也渐渐习惯了过去自己连想都不敢想，更别说公之于众的事情。魏玛时代左翼与右翼斗争的极端结局是 155
不可避免的。

不可思议的是所有这一切同美国精神的密切关系，对此美国人既没有教育准备，也没有历史经验可言。皮埃尔·哈斯纳曾经问道，弗洛伊德在美国获得的神奇成功，是否可以简单地归因于他的很多门徒逃脱了希特勒的魔爪，从而成了十分有效的宣传员，或是归因于一个他不怎么关注的国家对他的思想有着特殊的需要。当我还是一个芝加哥的小孩子时，就对一件事老是感到特别吃惊：马歇尔·菲尔德三世。一个巨商家族的后裔，韦伯派所说的"新教伦理"的成功典型。接受了格里高利·齐尔布格——美国早期有影响的弗洛伊德信徒之一——的心理分析之后，竟然成了左翼事业的狂热支持者，其财富也因经营政治同路人的左翼报纸而丧失殆尽。商铺地下室里发生的事情显然大大多于我们的猜测。莫非有某种美国人的自我理解不能辨认或满足的东西不成？

一旦美国人确信有一间由精神病学家掌管钥匙的地下室，他们的取向就成了"自我"的取向，这个"自我"是我们的存在的神秘、逍遥、无拘无束的中心。我们的全部信念都源于它，没有其他任何正当来源。虚无主义及其伴随的生存绝望，在美国人看来几乎仅仅是一种姿态，但是随着来自虚无主义的语言成为他们教育的一部分，并且日渐渗入他们的日常生活，他们开始利用由这种语言所决定的方式追逐幸福。有一大堆术语可以用来谈论虚无——关切、自我实现、扩张意识，诸如此类，简直无穷无尽。虚无是确定的，虚无是有所指的，就像我们在艾伦和里斯曼那里看到的一样。人们按捺不住要说点儿什么，要追寻自己清楚自己拥有的内在世界(inwardness)，但它依然是个无果之因。内在世界似乎与外在世界毫无关系。外在世界被消解了，在内在世界看来遁于无形，而内在世界就像鬼火或纯粹的虚空。难怪只有存在主义者的"虚无"和黑格尔信徒的"否定"能让当代人竖起耳朵。美国人的虚无主义是一种情绪，一种喜怒无常的情绪，一种不知所以然的焦虑。这是一种没有深渊的虚无主义。

虚无主义作为一种精神状态，其最显著的表现并不是缺乏坚定的信念，而是本能或情欲方面的混乱。人们不再相信灵魂中多变而相互冲突的各种倾向有着自然的等级，用来替代自然的传统也已崩溃。灵魂变
156 成了一个由定期变换节目的剧团使用的舞台——有时上演悲剧，有时上演喜剧；今天讲爱情，明天谈政治，最后是宗教出场；一会儿是世界大同，一会儿是牢固的忠诚；既有城市，又有乡村；既有个人主义，也有共同体；多愁善感唱罢，残酷无情登场。人们既无原则也无意愿给这一切分出三六九等。所有时代和地点，所有种族和所有文化，都可以登台亮相。尼采相信，这场激情狂放的化妆舞会即是后期现代性的优势，也是它的劣势。明显的劣势是统一性或“人格”的解体，从长远看这将导致心理耗散。人们希望的优势则是现代精神呈现出的丰富与张力有可能成为综合性新世界观的基石，它将严肃地接纳那些过去被当作精神垃圾丢弃的东西。按尼采的说法，这种丰富性主要来自于千百年来一直被人们所继承、现在仍未得到满足的虔诚渴望。但是，就年轻的美国人而言，这种可能的优势根本不存在，因为贫乏的教育使他们缺少抱负，他们几乎不能领悟尼采所思考并且由他本人所代表的伟大历史。他们现在的作为不过是在各种平庸的激情中胡打乱闹，就像一个颜色单一的万花筒。他们是一群自我主义者，但说不上邪恶，因为他们不是明知什么是善、正义和高尚却自私地拒绝它们的那号人。他们成了自我主义者，是因为在当代理论中，在传授给他们的课程中，自我无所不在。

我们有点儿像那些被传教士发现和感化的野蛮人，对神启到来前后发生的一切没有体验就皈依了基督教。没有弗洛伊德的话，我们中的多数人也许根本不会听说俄狄浦斯，这个事实应该使我们认识到，我们几乎要完全依靠德国的传教士或中间人，才能获取有关希腊、罗马、犹太教和基督教的知识；无论这些知识何等深奥，他们的解释是唯一的解释；我们所能学到的仅限于他们认为我们需要了解的。对于那些希望认识自我的人来说，当务之急是弄清楚使我们陷入这种困境的思想依赖

的全部意义。下面我对我们的目前语言的解说,旨在为这项工作提供一点帮助。

157

两次革命和两种自然状态

探究和发现灵魂深处，为其幽深莫测的内容所吸引，长久以来一直是欧洲大陆思想的特点。朦胧的渴望和对宇宙万物难以捉摸的根基的探究，构成了19和20世纪法国、德国和（革命前的）俄国文学的普遍主题。在知识界看来，欧陆的“深刻”与美国的“肤浅”适成鲜明对照。可以说，美国的精神建构是没有根基的，它更想顺应这个世界，而不是让眼光超越这个世界，它没有被自己经历的无根基所困扰。所以，当美国人能够像享用欧陆美食一样纵情享受欧陆文学盛筵时，我们不能不怀疑，他们是否真有这样的胃口，又如何消化这些美味佳肴。

欧洲大陆和我们之间的问题，可以用“资产者”一词加以概括。两百多年来，欧洲大陆的哲学家和艺术家一直为新民主政体中的新人贴上资产者这个标签。这个词的原义是指品味低下、自私、物欲熏心和缺少高尚情操的人，而且它一直含有这种贬义——因马克思而为美国人所熟知。然而，在尼采声称这个主题令人生厌很久以后，欧洲大陆的思想家仍然揪住资产者不放，把它描绘成现代性最糟糕、最可耻的失败，必须不惜一切代价加以克服。但是虚无主义却在其最为明显的意义上意
158 味着资产者的胜利，意味着未来、一切可预见的未来都属于他们，一切高于或低于他们的境界都是虚幻的，以这种境界为基础的生活是没有

价值的。这实际上是在宣告，所有另辟蹊径或修正的措施——譬如理想主义、浪漫主义、历史主义和马克思主义——都没戏。另一方面，美国人普遍相信，现代民主制度正在他们的国家得到实现，它也可以在任何地方得到实现，而且这种民主制度是完美无缺的。他们用"资产者"来称呼自己或相关的另一些人时觉得很别扭。他们确实喜欢自称中产阶级，不过这个词并不包含任何特定的精神涵义，它不过是指一种不错的状态。如果这里还有什么美中不足，那就是还存在着穷人。"中产阶级"一词不像资产者那样有那么多对立面，如贵族、圣徒、英雄或艺术家——一切美好之物；或许只有无产阶级或社会主义者除外。这种精神在美国找到了自己的归宿，即便没得到完全的满足。

现代性是建构在自由和平等之上的，从而也是建构在被统治者的同意之上的；主宰和征服自然的新自然科学提供了繁荣与健康，使这种政体成为可能。这是一项自觉的哲学规划，是有史以来在人与人的关系和人与自然的关系中实行的一场最伟大的变革。美国革命为美国人民建立了这种政府制度，他们对结果大体上感到满意，并且对他们的所作所为有着清醒的认识。政治原则和权利的问题得到了一劳永逸的解决。如果革命是指改变基本的正当性原则，顺应理性和事物的自然秩序，用武装斗争对抗那些坚持旧秩序和不公正统治的顽固派，那么进一步的革命就不需要了。革命这个政治词汇中的新名词，最初是指1688年英国的光荣革命，它也是用和我们的革命十分相似的原则作为旗号，这样的革命非常类似于太阳从夜间到天亮的运行。

被康德称为新时代曙光的法国革命，在当时人们的眼中是比美国革命更伟大的事件，因为它关系到当时的两大强国之一，涉及欧洲真正伟大的思想学派，涉及一个最悠久、最文明开化的民族。就像英国和美国革命一样，它为自由和平等而战，并且赢得了胜利。它似乎使现代哲学规划取得了不可抗拒的胜利，为自由和平等的神正说提供了最后的 159
证据。但是与以往的革命不同，法国革命产生了一系列令人眼花缭乱的理论，引起了各方面的强烈反响，这种探索的冲动至今仍未衰减。右翼——按其唯一严肃的含义，是指反对平等(不是经济平等，而是权利平等)的政党——从一开始就想以皇权和教会的名义破坏革命，这种反动可能一直苟延残喘到1975年的佛朗哥政权。另一种形式的右翼，即作为一种进步主义的右翼，想在世界上创造和推行一种新的不平等，一种新型的欧洲或德国贵族政体，1945年它在柏林被炸得粉身碎骨。试图通过废除私有财产完成革命的左翼目前依然很活跃，但从来没有在深受法国革命影响的国家、尤其是法国取得成功。最终还是中间道路，即资产阶级的解决方式，在法国、德国、奥地利、比利时、意大利、西班牙和葡萄牙等国胜出，就像英国和美国一样，但这是在经历了那么多的悔恨和失望之后才获得的。最后一批真正憎恨资产阶级的伟人，萨特、戴高乐和海德格尔，大约在同一个时期都去世了(美国人没有充分认识到，对资产阶级的痛恨右翼至少和左翼是一样的。)人们能够期待某种文学的余辉，因为抨击资产阶级几乎成了作家的条件反射，难以释怀，这从如此多的人抱着这种痛恨不放即可得到证明，尽管纳粹和苏联体制也许更值得他们关注。为使仇恨的火焰永不熄灭，许多文学家把希特勒解释成一种资产阶级现象，他们凭借不断重复的力量，把这种解释变成了自己手中的一根大棒。

如今，我们似乎已经耗尽了这些新革命的意蕴，需要新的形而上学为它们正名，这是为了修正人们“感受到的”法国大革命的失败；但是，顺应现实只会让人倦怠，不会唤起激情。我之所以说“感受到的”，是因为尼采在各种有关法国大革命的读物——由君主派、天主教徒、自由主义者、社会主义者、罗伯斯庇尔分子和波拿巴分子撰写；不是休闲式的学术习作，而是塑造人生和诱发行动的纲领——的基础上得出了结论：这里没有文本，只有解释。这一见解是当今一种流行观点的基础，它认为世上没有“实然”，只有对“变化”的看法；感知就像实然一样实在，事
160 物就是被感知的存在。这种观点理所当然地同另一种观念结成了盟友，即人是价值的创造者，而不是善的发现者。所以，在现代政治最重大的事件中至少能够部分发现这种思想的起源，也就不足为怪了。

美国与欧洲大陆之间的互不理解在于，美国人眼里的答案，在欧洲人眼中却是个问题。美国革命产生了一个清晰而统一的历史事实，法国革命带来的却是一系列疑问和难题。美国人往往以纵容的态度看待法国革命，认为它代表着善的事物，酷似我们的革命，但它没有给法国人提供一个稳定的制度框架。在欧洲大陆的知识分子中间，有相当一部分人，而且是最有影响的人①，则认为法国革命是一场失败，不是因为它未能成功地建立自由民主制度，而是因为它在造就自由民主的典型人物——资产者——并赋予他所属的资产阶级以社会权力上取得了太大的成功。甚至像托克维尔这样亲美和亲自由主义的作家，对法国没有能力适应自由体制的困难十分清楚，也对这种体制下人充分发展的前景十分惆怅。

法国革命前的旧制度不会让美国人产生任何好感。它的皇权和教会是非正义的不平等与偏见的真实写照，这正是美国政体要在人世间予以消除的东西。美国人相信，他们的国家能够比较轻松地完成自己的事业，因为他们有平等的条件作为起点。美国人不必诛杀国王、驱逐残余贵族，从而引起骚乱，也不必解散甚至禁止教会。法国人却必须做这些事情，加之存在着不接受法治的巴黎暴民，使得法国人无法取得秩序井然的民主政府所需要的理性共识。

然而，对这些事件的另一种看法支配着欧洲大陆的公众舆论。在某些欧洲人看来，美国人代表着不堪忍受的人类的狭隘视野，他们为自己
得体的秩序和繁荣付出的代价太高了。法国贵族的高贵、典雅和品味， 161
与自由社会的商业生活和动机所导致的计较和圆滑形成了尖锐对比。贵族所代表的一切的丧失，使这个世界变得枯燥乏味。更重要的是，遭到废除的宗教可以被视为对生命价值的深沉而严肃的表达。如果高尚

① 像托克维尔这类在一定程度上支持美国革命的思想家，在法国却很少有人阅读和关注；孟德斯鸠是最接近英国和美国政治哲学传统的法国人，极大地影响了美国的缔造者，但他也是一个对法国思想影响甚微的真正伟大的作家。——原注

和神圣的东西在民主体制中不能得到庄严的表达，它是否值得选择就很成问题。这便是反动分子、旧制度的残渣余孽的观点，是他们特有的辩护词。

在我们看来，那些接受我们的自由平等原则的革命者的论点更严肃一些。许多人认为，我们对这些弥足珍贵的理想并没有进行深入思考。平等真的仅仅意味着禀赋不平等的人拥有获取财富的平等机会吗？难道锱铢必较的精明应该比美德得到更多的奖赏？既然连柏拉图都要求在平等者之间实行共产主义，私有财产能够与平等安然共处吗？在美国，共产主义也好，社会主义也罢，在反对私有财产受到的尊重方面都没有真正取得多大进展。洛克对财产的定义，无论过去还是现在，一向十分符合我们美国人的口味，而卢梭对私有财产的批判在这里几乎没有留下任何印迹，虽然它在欧洲一向很有威力。自由对我们来说仅仅意味着随心所欲的行动，只受社会生活最低限度的要求的限制。我们没充分理解在为自己制定法律时真正需要的东西，也没有超越仅仅满足原始冲动的纯粹消极的自由。至于宗教，已被驯化的教会在美国保留着基督教的迷信，而战胜它也许才是人类解放的关键。好的制度应该信奉无神论，还是应该有一种公民宗教？最后，在这个世界上，对于拿破仑现象——野心勃勃，崇尚武力——我们除了不予理睬或拆穿其骗局之外，还能做些什么呢？

这些问题被法国大革命推上了“历史”的断头台，这是一些我们不希望听到的问题。它们为欧洲大陆一百年的严肃哲学提供了素材，英国的哲学精神也从中得到滋养。功利主义是一种较为狭隘、更容易自我满足的早期自由主义版本，甚至它的传人密尔也不得不从德国思想家洪堡那儿借用自主的概念，以便对自由的本质做出有吸引力的现代解释，
162 使其免于多数人暴政的危险。哲学似乎开始面对各种重大的政治抉择。自法国大革命以来，在所有真正伟大的哲学家中，只有康德是自由民主体制的朋友。然而他觉得自己不得不用另一种方式对它重新诠释，使它变得对于我们来说晦涩难懂，索然无味。自然科学是决定论的，他却提

出了一种使自由成为可能的新认识论；人的本性被认为是由自私的本能欲望构成的，他却提出了一种实现人类尊严的新道德学说；他还阐发了一种新美学，把美和崇高从纯粹的主观性中解救出来。所有这一切都与自由主义奠基人的早期平等思想毫无关联。

美国和法国革命所践行的思想，是洛克和卢梭这两位现代政治剧的脚本作者在他们的著作中事先就已构想好了的。这些思想领域的哥伦布们——霍布斯率先出征，洛克和卢梭紧随其后，并被视为更可靠的通讯员——对所谓的自然状态这片新大陆进行了探索，我们的先祖曾在那里居住。他们报告的重要消息是，所有的人天生是自由而平等的，享有生命、自由和追求财富的权利。正是这种信息引起了一系列革命，因为它把魔毯从国王和贵族的脚下抽走了。洛克和卢梭在这些基本观点上是一致的，它们为现代政治奠定了坚实的基础。在他们有分歧的地方，则爆发了现代性的主要冲突。洛克的思想在实践中取得了巨大胜利，英国和美国的新政权都是依据他的思想创建的。卢梭恐怕是历史上最成功的文人，他激励着后人——个人和公众，思想和行动——去改变、纠正和规避洛克的彻底胜利所指明的必由之路。

当前时髦的观点是否认曾经有过自然状态。我们就像那些贵族一样，不屑于了解我们的祖先曾经是野蛮人，他们仅仅出于对死亡和匮乏的恐惧，就为争夺几粒橡果而互相杀戮。尽管我们拒绝接受这些祖先，但我们仍然继续依靠他们留给我们的财富生活。人人相信自由和平等以及源自它们的权利。这些东西无论如何是从自然状态带入政治社会的；由于缺乏别的依据，它们就像不可靠的旅行者讲述的自然状态神话一样神秘。按照新的自然科学为他们提供的指南，他们像过去的政治哲 163
学家一样到达了自然状态的起点而不是终点。苏格拉底在演说中构想了一个光明之城；霍布斯发现了孤立的个人，他的生活“卑下、肮脏、野蛮和贫困”。这些不同的期望反映着人们对政治的不同要求和愿望。人们深思熟虑的结果不是希冀一个致力于培育珍贵的、难以实现的——即使不是根本不可能的——美德的政权，而是希望有一支出色的治安队防止人们彼此伤害，并准许他们尽可能维持自己的生存。霍布斯、洛克和卢梭都发现自然会以某种方式把人们引向战争，因此政治社会的目的不是顺应人们趋向完美的自然趋势，而是在自然的不完美导致战争的地方缔造和平。

关于自然状态的报告混杂着好消息和坏消息。也许最重要的发现是根本不存在伊甸园；黄金国变成了荒漠和丛林。人最初一无所有，他当前的状态也不是他的罪孽的产物，而是大自然悭吝的产物。他得依靠自己。上帝既不照顾他，也不惩罚他。自然对正义的冷漠使人类感到一种可怕的失落。他必须自己照顾自己，不能抱有好人一向抱有的希望：恶有恶报，坏人肯定遭殃。但它同时也是一种伟大的解放：使人摆脱了上帝的监护，摆脱了国王、贵族和教士的要求，摆脱了罪恶或负罪感。最大的希望破灭了，但某些恐惧和内在的奴役也随之烟消云散了。

毫无保护，孑然一身，无助的痛苦和可怕的死亡，是失去幻想的人必须面对的前景。但是，如果从已经建立的社会的角度看待这一切，人完全可以为之自豪。他的确进步了，并且是靠自己的努力。他能够认真地思考自己。而且他现在掌握了真理，可以更自由地做他自己，改善自己的处境。他可以自由地创建一个不受虚幻的义务和统治资格约束的政府，让它为自己服务。霍布斯、洛克和卢梭对社会起源的探索使理论踏上了新的起点，使重构政治的方案成为可能，就像对新大陆的探索和发现预示了人类实践的新纪元一样。这两个新的起点同时出炉，带来了种种奇迹，美国便是其中之一。

洛克通过对自然状态的反思，得出了把自然科学和政治科学独特
164 地结合在一起的启蒙思想的原则。它的出发点是不受限制地运用理性，在这方面他仅仅是沿袭了哲学家最古老的思想。对人类来说，自由的含义在于运用自己从专制力量和谎言——即神话——的权威中解放出来的独特才能，认识对自己有利的事情并根据这种认识安排自己的生活。借助于独立的理性，人作为人本身——不同于属于某时、某地、某国或某种宗教的人——能够把握事物的原因，能够为了自己而了解自然。自

主不像今天普遍认为的那样，意味着在虚无中做出宿命的、毫无根据的决定，而是指根据现实去支配自我。必须有一个外在世界，才能使内在世界具有意义。

洛克和他的哲学先贤们以及他的追随者都是这样认为的。启蒙思想与早期哲学的根本区别在于，它试图把过去只为少数人保留的事情扩大到所有的人：即过遵循理性的生活。激励这些哲学家的不是“理想主义”或“乐观主义”，而是一种新科学，一种“方法”，以及同它们结合在一起的新政治科学。运用普通人随时都能掌握的简单方法发现的关于物体运动的清晰明了的数学科学，使得普通百姓也能了解有关自然的知识，尽管不能为他们提供发现这种知识的天才。关于整体的各种神秘主义的或诗意的观点使所有的民族视野逼仄，哲学家在他们中间一向陷于孤立，遭人误解；这些观点将被抛弃，科学家和非科学家在观点上的根本分歧将得到克服。进一步说，人一旦从黑暗蒙昧王国的阴影中走出来，在科学的阳光下审视自己，他就会明白自己生来属于运动物体的王国，他像其他所有物体一样希望维持这种运动，即维持他的生命本身。每个人对死亡都有着强烈的恐惧，这完全符合自然规律。对于为人设定的另一些目的进行批判性的、科学的和方法论的考察，能够证明这些目的都属于幻想和错误观念的王国，或者是由维持生命的主要目的派生出来的。只要有哲学家的指导，人人都能进行这种批判性的考察，其结果是目标的有益统一和问题的有益简化：脆弱的人类必须寻找自我维持的手段。既然这是每个人的真正需要之所在，因此无论什么安排，只要它有助于他们得到衣食、居所和健康，以及最重要的，有助于保 165
护他们——假如他们受到适当的教育——免于彼此伤害，就会赢得他们的赞同和信赖。

一旦从这个世界中肃清了鬼怪精灵，它呈现在我们面前的严重问题就只有匮乏了。自然像是一个撇下我们不管的继母。但这也意味着我们无需感恩戴德。我们在敬畏自然时是贫穷的。由于供应不足，我们只好你争我夺；这种竞争的结果便是不可避免的战争，这是对生命的最大威胁。假如我们不去相互争斗，而是携起手来向那个不让我们染指其财富的继母宣战，我们便既能满足自己的生活需要，也能结束我们的冲突。科学知识及其产生的力量，使征服自然成为可能，这种征服是人类政治发展的关键。爱人如己的训诫对我们提出了不可能实现的要求，这种要求违反人性，在满足我们的真正需要上毫无作为。人们需要的不是情同手足的爱和信仰，不是希望和仁慈，而是基于个人利益的理性劳动。最能减轻人类苦难的人是最有生产力的人，让他这样做的最可靠办法，不是对他加以规劝，而是最慷慨地奖赏他，使他为了将来的利益牺牲眼前的享乐，或通过由此获得的权力避免痛苦。从人类福祉和安全的角度看，需要的不是实践基督或亚里士多德式美德的人，而是理性（能够计算自己的利益）和勤奋的人。他们的对立面不是堕落、邪恶或有罪的人，而是喜欢嚼舌争吵、懒惰闲散之人。教士、贵族和心血来潮之人都可列入其中。

这个理论体系为自由民主制度的关键术语，即我们这个世界最成功和最有用的政治概念——“权利”，提供了架构。政府的存在就是为了保护人们劳动的产品、他们的财产、生命和自由。人拥有不可剥夺的自然权利；这种权利属于他个人，不管从时间上还是神圣性上说，他都优先于政治社会；政治社会为这些权利而存在，通过保障这些权利而获得正当性——这些思想都是现代哲学的发明。权利，像本章讨论的其他术语一样，是现代思想的新语汇，不属于政治学或古典政治哲学中的常识
166 语言。霍布斯首先提出了权利的概念，洛克则赋予它至尊的地位。与其他术语不同，我们美国人对权利的理解十分完美，能够直窥权利观念之堂奥。相比之下，其他术语对于我们就很隔膜，很成问题，理解起来需要付出极大的努力，而且我认为我们并未做过这种努力。但是，权利属于我们，它构成了我们的存在；我们实践着它；它是我们的常识。权利不是与谬误相对[1]，而是与义务相对。它是自由的一部分，或者说是自由的本

① 这里的“Right”（权利）一词亦有“正确”的含义。

质。它源于人类对生活、对痛苦最少的生活的深切期望。对普遍的需求及其同整个自然的关系的分析，表明这种欲望不仅是一种空想。当一个人充分意识到自己需要什么，认识到自己正受到别人的威胁，而别人也正受到他的威胁时，这种意识即可被称为权利，并且可以被转化为一个与政治相关的术语。使社会机器运转起来的发条就是这种认识，它导致了这样的算计：只要他同意尊重别人的生命、自由和财产（对此他不会有天生的尊重），就会诱导别人也给予他相应的尊重。这就是权利的基石，一种牢固建立在个人利益之上的新道德观。

说“我拥有自己的权利”，对于美国人来说是像呼吸一样出于本能，他这种看待事物的方式是显而易见的。它赋予游戏规则以重要意义，人们遵照规则相安无事地游戏，人们理解和接受这些规则的必要性，违反规则会引起道德义愤。这是我们唯一的公正原则。由于我们对权利的了解，我们也同意为保护我们权利的共同体承担义务。社会公正对我们来说意味着尊重受到政府的权力平等保障的平等权利。今天世界上人人都在谈论权利，马克思的继承人也在谈论权利，他们嘲弄“资产阶级权利”的虚伪性。但是几乎每一个有头脑的观察家都知道，在美国，权利观念已经深深地渗透进公民的血液，这解释了美国人为何非常缺少奴性。没有这种观念，我们将一无所有，只能陷入自私自利的混乱之中；这是某种无私精神的有趣来源。我们觉得人民的利益应该受到尊重。

这个理论体系代表着与看待政治问题的旧方式的彻底决裂。过去人们认为，人是一种有着双重性的动物，他的一部分关心共同利益，另一部分关心个人私利。人们认为，要想使政治有效运转，必须战胜他的
自私部分，压制他纯粹的私欲，才能使他成为品德高尚的人。洛克和他 167
的前一代思想家认为，人根本不会自然地趋向于公益，老观点不仅极端残酷，而且无效，因为它违背人的天性。他们尝试让私利服务于公益，把天赋的自由置于严于律己的美德之上。私利与公益是对立的，但是开明的私利则否。这是认识启蒙意义的关键。能够对人的理性加以培养，使他看到自己的脆弱，预见到未来的匮乏。这种对未来及其危险性的理性

警觉足以使欲望发挥作用。在过去，人成为社会的一员，是因为他受着神明的主宰，依附于构成家庭的血缘关系，用卢梭的话说，他们“脱离了自然”。他们的忠诚是盲目的和压抑本性的。清醒的理性清除了石板上的字迹，以便刻上冷静订立的契约，它包含着对商业活动形成的各种关系中的利润预期。所有的事务都被归结为精心计算的工作。托马斯·沃森[①]贴在自己的办公室和工厂墙上的格言——“思考”，便反映着这种现象，因为他是在向正在工作的人说话。

美国人都是洛克的信徒：他们承认工作是必不可少的（并不向往子虚乌有的伊甸园），它能带来富裕；他们适度地顺从自己的天性，不是因为他们拥有节制的美德，而是因为他们的欲望是均衡的，而且他们承认这种均衡的欲望是合理的；他们尊重别人的权利，这样他们自己的权利也会得到尊重；他们遵守法律，因为他们是根据自己的利益制定了这种法律。从上帝和英雄的角度看，这一切不那么令人振奋。但是对于穷人、弱者和受压迫的人——人类的大多数——来说，它却是拯救的诺言。列奥·施特劳斯一语中的，现代“是建立在低级但坚实的基础之上”。

卢梭认为，霍布斯和洛克走得不够远，他们并没有达到精神的印度群岛，虽然他们以为自己达到了。他们正好找到了他们打算寻找的东西：一个自然人，他的自然性是由那些建构社会所必需的品质构成的。它简单得不敢让人相信是真的。

> 自然人完全是为自己而生存，他是一个数量单位，是只与
> 168 他自身及其同类相关的绝对整体。公民只是一个依赖分母的分数单位；他的价值取决于他与整体的关系，即同社会机体的关系。……

---

① 托马斯·沃森（Thomas Watson，1874—1956）：IBM（国际商用机器公司）的创始人。

> 想在公民社会秩序中保持自己的自然情感之首要地位的人,并不知道自己想要的到底是什么。他总是自相矛盾,总是在自己的天性和义务之间徘徊,他将永远既不能成为人也不能成为公民。他对自己或他人都一无是处。我们这个时代的人:一个法国人、一个英国人、一个资产者,就是这样的人。他将成为一无可取的人。(《爱弥尔》,布卢姆编,Basic Books,1979年版,第39—40页。)

洛克要在社会秩序中维持自然情感的首要地位,他的错误导致的结果便是资产者。卢梭发明了这个术语的现代含义,它使我们发现自己处于现代精神生活的源流之中。他对这种现象条分缕析,使后人休想再说出什么新见解,后来的右翼和左翼永远只能把他对现代人的描述作为简单的事实加以接受,而中间派则对它念念不忘,心生胆怯,并因此而处于守势。卢梭的思想是如此有说服力,他摧毁了正高奏凯歌的启蒙精神的自信。

切莫忘记,卢梭十分崇敬洛克,他的批判就是从他在根本上赞同洛克所说的人之动物性开始的:人天生是个孤立的动物,他只关注自我保存和舒适。卢梭进一步认为,人为了自我保存,通过契约建构了政治社会。他不同意洛克的地方是,无论怎样理解私利,它同社会的需要可以自动地协调一致。如果卢梭是对的,那么人类的理性在计算其最大利益时,不会导致他希望自己成为一个好公民,一个守法的公民。他要么希望成为他自己,要么希望成为一个公民,他若是想同时做到这两者,他就会一样也做不到。换言之,启蒙不足以建构社会,甚至有可能瓦解社会。

脱离自然状态的道路是漫长的,现在自然已经远离了我们。一个自给自足、孤立的人要经历许多变化才能成为一个有需求的社会人。在这个过程中,幸福的目标换成了对安全和舒适——即实现幸福的手段——的追求。文明社会当然要优于物质匮乏、战火无处不在的状态。

然而，所有这些手段维护的却是这样一个人：他不再知道自己是什么人，他完全沉迷于自己的生存之中，以至于忘记了自己生存的理由；他
169 在实际获得了充分的安全和舒适的同时，也失去了应该做什么的观念。进步达到巅峰，是发生在认识到生活毫无意义之际。霍布斯寻找人类最强烈的情感无疑是有道理的，它们独立于人类的意见而存在，但又总是人类的一部分。但是，死亡的恐惧，无论它多么强烈，无论它作为追求和平与法律的动机多么有用，却不能被视为根本性的体验。它有一种更根本的体验作为前提：人生是美好的。最深切的体验是存在的愉悦感。悠闲的野蛮人能够享受这种愉悦感，忙碌的资产者则不能，他要辛苦劳作，他要为身外之物而操心。

自然还能教给我们一些极重要的事情。我们可以努力主宰自然，但主宰自然的理性却是源于自然本身。霍布斯所依赖的、同时对洛克也具有决定意义的对死亡的恐惧，始终保持着对自然的消极体验，并抹煞了以此为前提的积极体验。这种积极的体验多少仍然活跃在我们的心中，我们在自己的健忘中充满了模糊的不满足感，但是我们的理性却必须努力发现人生全部的自然甘甜。返回的路途至少像把我们带到这里的路程一样漫长。对霍布斯和洛克来说，自然近在咫尺，毫无吸引力，人走进社会的那一刻是轻松的，毫不含糊是美好的。对卢梭来说，自然是遥远而有吸引力的，人在进入社会时步履维艰并且发生了分裂。就在自然似乎终于被我们丢弃或征服之际，卢梭却在我们中间唤醒了对它的强烈渴望。我们的完整性就是被遗失在了那里。这使人想起柏拉图的《会饮篇》，但是《会饮篇》中对完整性的渴望是以认识理念和目的为取向。而在卢梭那儿，渴望的对象是——按其最初的表述——源于自然状态的原始感觉的享受。柏拉图坚信对善的渴望乃是人的本性，这与把小心地避免恶作为人之本性的观点正好相反，他大概会和卢梭联手反对资产阶级。渴望和激情都不属于资产者。哲学故事和各门艺术在卢梭的影响下，一直在寻找或编造渴望的合理目标，以对抗资产者的幸福和自我满足。这个故事的一部分内容是资产阶级也在努力获取有关渴望的教

养，作为他们自我满足的一部分。

按卢梭的解释，自然与社会的对立是导致人性分裂的原因。他发现在爱自己与爱他人、本能倾向与义务、真诚与虚伪、保持自我与异化的 170 冲突中，资产者体验着这种人格分裂。这种自然与社会的对立渗透进了所有关于人类问题的讨论。霍布斯和洛克为了克服道德要求给人造成的精神紧张，使这种完整性对人类较为容易达到，对自然和社会作了区分。他们认为，他们从本能倾向中推导出了所有的义务，从而缩小了本能与义务之间的距离；卢梭却认为他们只是扩大了这一距离。因此，卢梭恢复了人性分裂的更加古老的前现代含义，从而也恢复了人类实现幸福的复杂含义，自由社会为追求这种幸福提供了保障，同时也使获得这种幸福变得不可能。但是这种恢复是发生在非常不同的基础上，这从以下事实即可看出：过去，人们把冲突归因于肉体与灵魂之间，而不是自然与社会之间不可调和的要求。这为我们重新思考卢梭思想的独创性开辟了广阔的领域。谴责的对象变了，对统一性由来已久的追求焦点也变了。人生而具有完整性，所以他再次成为完整的人至少是可以想象的。由此出现了一种灵肉之分不能允许的希望和失望。人们在怎样看待自己和自己的欲望方面发生了变化。纠正的手段从革命到心理治疗，但没有给忏悔和禁欲留下什么位置。与奥古斯丁的《忏悔录》相反，卢梭的《忏悔录》试图表明他生来就是善的，人的肉欲也是美好的，并不存在原罪。人的天性受到蹂躏有一段漫长的历史；而现在他必须生活在他不能适应、向他提出种种虚妄要求的社会中。人要么无奈地屈从于现实，要么借助这样那样的方式尝试回到过去，或是寻求把自然和社会这两极的创造性地综合起来。

这就是与卢梭对自由主义的批判分道扬镳的19和20世纪社会和政治思想的本质。自然[①]与社会的区分对我们所有人来说是一个再熟悉不过的命题。我们从弗洛伊德那里对它知之甚详，在他对潜意识的阐释

① 这里的“自然”(nature)一词亦指人的“本性”，下同。

中,可以发现自然的丧失以及我们脱离自然的整个严酷过程;在他对精神疾病的阐释中,可以看到文明的要求对我们的影响;在他对现实原则的阐释中,可以看到人们必须无情地改造自己适应资产者的社会。早期的现代思想中那种解决人性分裂的轻松办法被否定了,但是人们仍在
171 期待着某种解决方案。古人把这些根本冲突看作永恒的现象,寻求这些问题的解决方案,无论是容易的还是困难的,是现代性的标志。

自我对社会适应不良的第一反应,它对自我保存和财产的合理性的抵抗,是试图恢复自我的原始状态,按照它的本能倾向生活,“抓住情感”,过一种自然纯朴,没有人为的社会欲望,也没有依附和虚伪的生活。卢梭思想的这一面唤起了人们对自然的怀乡病,在传入美国的初期也表现在梭罗的生活和作品中。近年来,它伴随着其他思潮日益兴盛,广为流传。这种或那种形式的无政府主义便反映着这种渴望,每当政治和法律被视为压抑人性时,它就会勃然兴起;这种压抑也许是必要的,然而它毕竟是对我们本能倾向的压抑,而不是实现它们或满足它们的模式。在政治哲学史上,人们第一次不再认为自然冲动导致了政治社会,或它们在政治社会中可以得到满足。那些最早区分自然和社会(这显然意味着社会完全是人为的,无论如何也不是自然的)的人认为,应当毫不犹豫地立刻选择社会。事实上,做出这种区分就是为了强调文明社会是多么可取,人的自然生存状态是何等脆弱,从而消除那些以得到自然或上帝的保护、反抗文明社会的幻想为基础的欲望。人若是理智的,他就会把自己从自然中分离出来,变成它的主人和征服者。无论过去还是现在,这一直是自由民主——它拥有和平、文明、繁荣、生产力、应用科学,尤其是医学科学——的主流信念。

人们认为,这一切是超越野蛮的自然状态的伟大进步。洛克说,“英国苦力的衣食和居所比美洲的君主还要好”,当然,这里的君主是指印第安部落的酋长。但托克维尔注意到,美洲的君主也有某些令人难忘的东西。如果把高傲、独立、蔑视死亡、没有对未来的焦虑和诸如此类的品质考虑进去,未开化的人大概也有某些优越之处。从这些野蛮人的视角

看自然，它是美好的而不是丑恶的。排除了人类和他那双脏手，自然就成了崇拜的对象。在从前充满了人类奇思怪想的地方，它为人类指明了方向。认为城市恐是自然顶峰的旧观点不值一提，甚至令人费解。城市 172
虽然摆脱了自然的束缚，但它不过是一件人工制品。可以给城市附着上截然不同的价值，但它们是始于同一个前提。现在有两种关于人与自然关系的互不相让的观点，它们都是以对自然和社会的现代划分为基础。自然是人类摆脱严酷的必然性的原料，或者人类也只是自然的玷污者。在这两种观点中，自然都意味着僵死的自然，或是没有人的自然和人迹未至的自然——高山、森林、湖泊和河流。

我们的国家是一个实践伟大思想的大舞台，上演的是洛克的自然状态观和卢梭对它的批判之间的经典对抗。一方面你可以看到一些农民，他们从来不用罗曼蒂克的眼光看待美国的森林、田野和河流。树木可以砍伐，变成木材，用于盖房子和取暖；田野可以耕作以生产更多的粮食，必要的话也可以开矿，为各种机器提供动力；河流可以当作运粮的航道或动力资源。另一方面是“山峰俱乐部”(Sierra Club)，它致力于阻止人们对自然的进一步破坏，而且显然对已经做过的事情懊悔不已。更有意思的是，这种彼此对立的情感并存于我们今天最先进的思想之中。没有人类劳动的介入，自然不过是没有价值的原料；然而自然也是最高级、最神圣的东西。努力挽救食蜗牛的鹈鹕的人，同时也在为炮弹祝福；他们既对猎鹿担忧，又为堕胎辩护。既敬畏自然，又主宰自然——怎么舒服就怎么干。矛盾律已被废除了。

这就是两种自然状态学说的直接后果。洛克的学说要对我们的制度负责，他为我们接受私有产权和自由市场提供了辩护，并且给了我们权利意识。卢梭的学说是关于什么是生活以及如何治愈我们的创伤的大多数观点的基础。前者教导说，对文明社会的适应几乎是自然发生的过程；后者则认为，这种适应其实非常困难，在适应与丧失的天性之间需要各种媒介。我们今天的两类杰出知识分子分别代表了这两种学说。果断、进取、讲效率、不说废话的经济学家都是洛克派；深沉、凝思、郁郁寡欢的心理分析学家都是卢梭派。从原则上说，他们的立场水火不相容,但是只图舒服的美国人为他们提供了一个暂时妥协的环境。经济学家告诉我们如何赚钱,精神病学家为我们提供了一个花钱的场所。

自我 173

自我现在是精神病学家和其他致力于深入了解人的专家掌控的领域。它是关于自然状态的众多发现中的又一个,也许是最重要的发现,因为它揭示了我们究竟是什么。我们就是我们自己,我们做的一切都是为了满足或实现我们自己。洛克是在现代意义上运用这一词汇的早期——即使不是最早——思想家之一。从一开始,人们就发现这个词很难定义;而当伍迪·艾伦帮助教育我们时,它变得更加难以定义。我们正在经历长达三百年之久的认同危机。我们追本溯源,追寻自我,越走越远,因为它退进了茫茫丛林之中,仅仅先我们一步。尽管尚有疑虑,根据最新的解释,自我的本质是:神秘莫测、不可言喻、难以定义、漫无边际、富于创新,只能根据它的行为来认知;简言之,就像上帝一样,这是对它的一种不太虔敬的写照。最重要的,自我是个人的,独一无二的;它就是我,不是某个遥远的一般意义上的人或存在于自身的人。就像托尔斯泰小说中的主人公伊凡·伊里奇所解释的,“人都是要死的”这个著名的三段论可以保证苏格拉底也是要死的,但是却不能用到这个在孩提时代就有一个条纹小球的伊凡·伊里奇身上。每个人都知道,特殊之为特殊在于它逃脱了理性的掌握,而理性的形式是一般的或是普遍的。总而言之,自我是灵魂的现代替代品。

所有这一切都可以追溯到一位大胆的创新者马基雅维利，他赞扬
174 那些关心自己祖国命运远胜于关心拯救自己灵魂的人。灵魂对人提出的更高要求不可避免地会导致人们对现世的忽略和对来世的憧憬。数千年来对灵魂的哲学探讨一直没有定论，而那些冒充知晓灵魂的神职人员，他们大权在握，对灵魂施加影响，结果却败坏了政治。君王或其臣民关于灵魂得救的观点，对君主不起任何作用，而人们因灵魂观的分歧而相互大肆屠杀。对灵魂的关注在引导人们的生活时反而伤害了他们。

马基雅维利公然鼓励人们忘记他们的灵魂和永久惩罚的可能性，让他们就像他所赞赏的那些人一样，不仅在理论上而且在实践上这样做。霍布斯等人步他的后尘，对阿波罗神殿的古老铭文“认识你自己”——苏格拉底曾把它解释为进行哲学思考的劝诫——做了全新的诠释，而弗洛伊德后来又把它解释为心理分析的邀请书。弗洛伊德是在不自觉地追随着霍布斯，霍布斯说，人人都应认清自己的感觉——是感觉，不是思考；是他自己，而不是别人。自我更多地是一种感觉而不是理性，而且首先被定义为其他人的对立面。“做你自己”。令人惊讶的是，霍布斯是第一个宣扬放荡不羁的波希米亚生活方式的人，同时又是倡导真诚或真实的人。不必展开想象的翅膀畅想宇宙的目的，不存在形而上学的基础，也不存在把事物和人纳入秩序的灵魂。人也许是自然中的一个不速之客。但他的确是某种存在，通过他的强烈激情就能找到自己的意义所在。“感受吧！”霍布斯说道。具体而言，当有人拿枪顶住你的太阳穴并威胁要把你打死时，你应该想象到自己的感受。所有的自我就会集中到一点上，告诉我们什么才是重要的。此时此刻，人是一个真实的自我，不是虚妄的意识，也不是被教会、国家和公众的观点异化了的自我。这种体验在“确定优先次序”方面，比任何关于灵魂的学说或它的所谓派生物——譬如良心，都更有帮助。

贯穿整个宗教和哲学传统，人始终有两种关切：对其肉体和对其灵魂的关切，表现为人的欲望和道德的对立。原则上，据说人是渴望完美的，他渴望摆脱肉体欲望的束缚。完美是幸福的，但那是不可能的，至少

在现世是不可能的。马基雅维利把整个事情颠倒了过来。幸福其实就是完美的,让我们努力在现世实现它吧。传统把人看作是令人费解、自相 175
矛盾的两种实体——肉体和灵魂——的统一体。不能把人只理解为肉体,但是如果人的非肉体的功能与肉体欲望的满足结合起来,那么人的分裂就被克服了。纯粹的美德是不可能的,对美德的热爱只是一种想象,是一种因社会(即他人)对我们的要求而形成的变态欲望。然而纯粹的欲望是可能的。

这种不受美德思想制约的欲望的绝对性,便是从自然状态中发现的东西。它代表着哲学思想的转折,从努力用美德来驯化或完善欲望,转向发现人的欲望是什么,并顺应欲望生活。这主要是通过对掩盖和腐蚀欲望的美德的批判来完成的。我们的欲望成了我们尊奉的神谕;它现在是最后的训示,而在过去它是我们身上令人怀疑和危险的成分。人在欲望中的统一仍存在着很多理论难题,但是我们会说,它具有实实在在的说服力,因而不像令人费解、自相矛盾的肉体与灵魂的统一,它为强烈的体验所确认,譬如对凶死的恐惧,那并不需要抽象的推理或劝导。

霍布斯开辟了人类追寻自我的羊肠小道,它后来又扩展成了不讲心灵(灵魂)的无所不在的心理学的高速路。但是他像洛克一样,没有发展出完备的自我心理学,就像他没有十分深入地探讨自然状态一样,因为他的解决方式似乎只停留在表面。霍布斯和洛克假设,一旦古老的美德——信徒的虔诚和贵族的荣誉感——被抛弃,多数人会立即承认他们的自我保护欲望是真实的,它发自内心,与其他欲望相比占据首要地位。这个真正的自我不仅对个人有好处,还为达成共识提供了基础,这是宗教或哲学所不能提供的。洛克用理性勤奋的人代替品德高尚之人,就是这种解决方案的最好表达。它不是新教徒或其他信徒的伦理或道德观,而是开明的自私(即通过现代哲学而明白了哪些目标真实、哪些目标虚妄的自私)或正确理解的自利的坦率承认。洛克还揭示了理性而勤奋的人的对立面,懒散多事之人——我们看到,他们可能是僧侣或贵族(即那些道貌岸然的家伙)——用一种比霍布斯较少挑衅性的方式揭 176

穿了美德的真面目。洛克的理性勤奋之人,作为一种典型,具有真诚的魅力,他没有虚伪的虔诚,按照自己的所思所想行事,追求自己的利益。当然,在他的自私背后潜藏着一种预期,自私要比道德说教更有利于他人的利益。这种真诚的品格更多地表现为对伪善嗤之以鼻,而不是对美德的一味赞扬。

死亡的恐惧是一种直接的、无法抵抗的自我主观体验,其重要性超过一切,随之而来的是避免死亡的迫切要求,这一切都为新的自然哲学所证实,它从自然中只看到运动中的物体,依照惯性规律盲目保持守恒运动的物体。在自然中,或是由于诉诸人的理性,或是用以约束人的情欲,所有高层次的目标都消失了。关于人,自然没有特别向我们说过什么,也没有提供规范人的行为的律条。但是可以看到,人的行为与其他物体的活动没什么两样,他遵循强烈的本能时所受到的虚妄约束——导致他的行为不同于自然物体的活动的约束——也销声匿迹了。非理性的欲望和理性的科学以新的方式联手确定了自然法则:追寻和平。人的欲望的主观性与自然哲学的前提达成了一致——何止如此,它还把这些前提作为行动的准则——而且哲学发现这种一致也与自然相符。人在某种程度上依然是自然的一部分,但其方式与他在亚里士多德的哲学中有所不同,而且更有疑问,在亚里士多德哲学中,灵魂处于中心地位,人最高贵的东西与自然中最高贵的东西是相似的,或者说,灵魂就是自然。人其实只是自然的一部分,而不是自然的缩影。自然不存在秩序或等级,自我也不存在秩序或等级。

洛克式的自然人实际上与他所阐释的文明人是等同的,对舒适的自我保存的关切使他遵守法律,勤奋生产。但这种自然人根本就不自然。卢梭很快指出,洛克渴望为政治问题找到一种简便或自动的解决方式,所以他要求自然做到的事情远远超出了他有权期望机械的、非目的论的自然所能够做到的事情。自然人也许是野蛮的,几乎难以与其他动物区别开来,他不适宜群居,既不勤奋,也不理性,换言之,懒散而又非理性,完全受感觉和情绪的驱使。霍布斯和洛克斩断了人与灵魂相连的更高层次的渴望,希望为人找到一块立足的基石,而卢梭把它拆除了。177
人类跌入了我所说的深渊,它现在呈现出无底的状态。在这里,卢梭深入发掘了人的全部复杂性,在马基雅维利以前的时代它们是极高贵的。洛克为了他的社会契约,从人性中不合理地选取他所需要的部分,压制所有其他部分,这在理论上是个难以令人满意的过程,在实践上则代价高昂。资产者便是这种代价的标志,他最不能承受真实的自我,他否认自己身上那个被稍加遮掩的深渊,他完全是为一个社会的各种目的而塑造,这个社会甚至没有给他完美或救赎的承诺,只是收买了他。卢梭粉碎了自然与社会之间过分简单的和谐,而它似乎是美国的前提。

卢梭依然希望在自然的真实基础上软着陆,然而这是不易实现的,需要研究和努力。这个自然基础是否存在也变得令人怀疑,于是深渊被打开了。但是,也正是卢梭建立了完备的现代自我心理学,它要穿透理性和文明的表层一探究竟,它拥有探索无意识的各种新方法,它承担着在崇高与低俗之间建构某种健康的和谐状态的无尽使命。

卢梭的执著为人与自然的分离创造了条件。他全心全意地附和野蛮人是真正的人这种现代科学的理解。但是自然不能令人满意地解释人与野兽的区别、人从自然走向社会的过程以及人的*历史*。笛卡尔在解构灵魂方面发挥着自己的作用,他把自然归结为延展性,在它之外只留下了观察延展性的自我。人除了他的意识之外,在一切方面都是延展性的一部分。然而他怎样成为人,成为一个统一体,所谓的自我是如何出现的,则完全属于神秘现象。这种经验的整体,一个延展性与自我的联合体,似乎是难以理解和毫无根据的。物体,或运动中的原子,激情和理性,也是某种形式的统一体,但这个统一体是处在自然科学的掌握之外。洛克发明自我,似乎是为了给感官印象永不停息的短暂更替提供一种连续性,如果没有地方维持这种感官印象,它们就会消失得无影无踪。我们能够知道自然中的一切,只有知道自然的东西除外。如果人是
自然的一部分,那么他也消失了。自我逐渐把自己从自然中分离出来,178
自我的现象也必须被区别对待。笛卡尔的自我表面上看坚不可摧,其冷

静与独立一如神明，但到头来也被证明只是冰山一角，漂浮在深不可测、波涛汹涌、被称为“本我”的大海上，意识只是无意识的衍生物。人就是自我，这一点现在似乎很清楚了。但自我又是什么呢?

我们欣然接受了给我们留下这个问题的心理学。如果我们彻底接受这种心理学，了解隐匿其后的异常复杂的历史就是非常重要的。有一点可以肯定：如果信奉这种心理学，那么对于探讨在我们的自由社会中被忽略太久的人性因素来说，它是来得太迟了，而且打开了潘多拉的盒子：我们自己(ourselves)。它就像埃古[①]一样告诉我们：“我从未发现一个人知道怎样爱自己。”现代心理学在这方面与马基雅维利率先提出的流行观点是一样的：自私有一定的好处。人就是自我，自我必定是自私的。其新鲜之处在于它告诉我们要更深入地探究自我，我们过于轻率地以为自己了解它并已接近了它。

人类生活的暧昧性总是要求以这样或那样的方式对善恶加以区分。重大的转变是，过去的好人通常是指关心别人的人，与之相对的则是那些只关心自己的人；而现在的好人却是指知道如何关心自己的人，与之相对的则是不知道怎样关心自己的人。这在政治领域表现得最为明显。在亚里士多德看来，好政体有献身于公益的统治者，坏政体则有利用职权谋取私利的统治者。对洛克和孟德斯鸠来说不存在这种区分。好政体拥有适当的制度架构，既能满足又能制约创建它的自私的人，坏政体则无法做到这一点。自私是预设的前提；对人做出的假设不是他应该是什么样，而是他事实上是什么样。心理学只区分出好的和坏的自私形式，这类似于卢梭对amour de soi和amour-propre——很难译成英文，因为我们只能用self-love(自爱)一词来表示它们——做的细致精妙而公正的区分。

对我们来说，最具启发意义和最令人愉快的区分——因为没有意识到它的恶劣——是对自主取向和依附取向的区分，前者被视为绝对

① 埃古：莎士比亚《奥赛罗》剧中一个阴险狡猾的人物。

的好事。当然，我们被告知，健全的自主取向的人其实是关心他人的。对此我只能回答：你若是连这种话也相信，你就能相信任何事情了。卢梭更清楚这一点。

这种自我心理学大获成功，以至于现在我们大多数人想医治自己 179 的毛病时，本能地求助于自己而不是事物的本质。苏格拉底也认为，按别人的观点生活是一种病态。但他并没有敦促人们寻求发展自己独特意识的源泉，也没有批评他们墨守成规。他认为健康的衡量标准不是真诚、真实或其他必然含糊不清的、区分健全自我的标准。真理是人们最迫切需要的东西；顺应自然完全不同于遵从法律、传统或舆论。苏格拉底倾其一生跟别人、也跟自己探讨什么是美德，什么是正义，什么是虔诚，他摒弃那些无法成立或自相矛盾的观点，深入探索那些似乎更强有力的观点。通过思考人们对事物的说法，才能接近事物的本质。苏格拉底总是与雅典人待在一起，但又不像他们中的一员，而且显然没有因为他们不信任自己而觉得不舒服。他既不离群索居，也不是雅典公民。卢梭，一个在新传统中处于同样境地的人物，为人类的仇恨所困扰，但至少在言辞上他既是完全的公民，又是彻底的隐士。他挣扎在两个极端之间，而中间地带是不存在的。他是个推理大师，但他所推崇的认识自我的方式却是敬畏、梦境、古老的记忆和不为理性控制所阻挠的联想。要想了解人这种无定形的东西，在卢梭看来他自己和他的独特生涯要比苏格拉底有关抽象人或具体个人的追问更重要。苏格拉底跟两个年轻人讨论什么是最佳政体，而卢梭则仰卧于木筏，漂浮在碧波荡漾的湖面上感觉自己的存在，拿这两个形象做一比较，他们之间的差别就一目了然了。

180 # 创造力

当皮科·米兰多拉在15世纪提出“人的尊严”这种说法时,它就带有亵渎神明的意味。过去,人一向不被认为有什么特殊的尊严。上帝是至尊的,人无论拥有什么尊严,都是因为他按上帝的形象创造的(而且是用泥土创造的),或因为他是理性的动物,他的理性可以把握自然整体,从而与这个整体血脉相连。如今人的尊严不再有这些支撑物;它意味着人是至高无上的存在,它所肯定的,正是亚里士多德和《圣经》所断然否定的。人得到了提升,但他变得孑然一身。如果这是合理的,则人就必须是自由的——不是古典哲学意义上的自由,它意味着自由人可以参与一种政体,在那里他既是统治者又是被统治者;也不是霍布斯和洛克所说的自由,他们认为自由人是能够遵从自己的理性,不必服从上帝或别人的人——而是一种更加富丽堂皇的自由,即人可以为自己和自然立法,因此无须自然的引导。

对这种自由观的补充和阐释就是“创造力”。我们已经太熟悉这个词了,所以它就像最陈腐的独立日演说一样对我们几乎没任何影响。事实上它已经成了我们的独立日演说。但是当它第一次被用于人时,散发着亵渎神明和自相矛盾的味道。过去一向只把上帝称为创造者,这是一
181 切奇迹中的奇迹,超越因果关系,拒斥一切理性的前提,是无中生有。用

来定义人的东西不再是理性——理性只不过是人自我保存的工具——而是艺术，因为在艺术中才可以说人是有创造性的。他通过艺术把秩序带给混乱。最伟大的人不是智者，而是艺术家，是荷马、但丁、拉斐尔和贝多芬那样的人。艺术不是对自然的模仿，而是摆脱自然的束缚。一个能够形成引导生活的宇宙观和理想的人是天才，是一种神秘的、魔鬼般的存在。这种人最伟大的艺术作品就是他自己。能够把握自身——一个充满种种意向和欲望的混乱世界，一个统一性令人生疑的事物——并赋予它秩序和统一性的，是他的个性。所有这一切都源自他的精神和意志的自由活动。他身上包含着立法者和先知的因素，与那些把现有秩序视为永恒、无法理解人的沉思者、哲学家和科学家相比，他能更深刻地把握事物的真实性。这是与科学的平等精神相对立的古人的伟大精神的复活，但它现在的面貌是多么不同！这种新的语言是差异的标志；思考希腊人如何翻译和诠释它所描述的现象，是一项毕生的任务，它将为理解自我带来丰厚的回报。

自我、文化和创造力这些词汇相当充分地概括了卢梭开启的变化带来的影响，它们反映着对启蒙时代的科学和政治解决方案的不满。它们转向理解自然的真谛。大体上，自然总是被归结为人类据以引导自己的东西。但是，有影响的思想家都不想回到前启蒙时代对自然的理解，即所谓的目的论观点。按这种观点，自然本身是完美的，每一种生命都在努力获得这种完美。自然被视为运动中的事物、为了人类的需要可以征服自然，对这种自然有两种反应：一是回归自然是美好的观念，但这仅仅是指由田野、森林、高山、河流构成的蛮荒的自然，野兽悠然自得地生活于其中；一是沿着创造性的方向超越自然。后一种做法风靡了欧洲大陆，并通过像柯尔律治和卡莱尔这些人从德国传到英国。始终如一地严肃看待这场思想革命的全部意义的思想家寥寥无几，只有黑格尔是一个最伟大的例外。但是人人都受到它的影响，其影响力遍及从右翼到左翼的整个政治领域。如果没有卢梭所做的一切，我们所熟知的马克思主义和保守主义都是不可想象的。

今天，从一个颇有启发性的小事例中即可看出反启蒙思想的普遍
182 程度,即科学家热衷于自称为“有创造力”。违背科学精神之事莫过于认为科学家是在编造而不是发现结果。科学家应是反对上帝创世说的人,他们正确认识到,如果这种教义有意义,他们的科学就是错误和毫无用处的。但是他们未能看到创造力恰好具有相同的效果。自然存在着有法则的秩序也好,没有这种秩序也罢;有奇迹也好,没有奇迹也罢,科学家不能证明不存在奇迹,他们只能假设;没有这种假设,就没有科学。今天,否认上帝的创造力,把它作为蒙昧的过去的产物,已经被科学克服,是很容易的事情,但是人的创造力,作为一种更不可思议的东西和仅仅是对上帝的模仿,却有着奇特的吸引力。科学家推崇创造力的观点,并不是科学或严肃地思考科学的结果。他们仅仅是顺应民主大众的观点,这种观点不自觉地受到了鼓吹人人都是创造者这种浪漫派观念的迷惑。艺术家而不是科学家成了令人敬仰的人类楷模;科学意识到自己必须与那种楷模同化才能保住它的可敬地位。既然人人都被认为本质上是理性人,科学家就会被认为是人人向往的完人。这就是启蒙运动建构科学的中心地位并使之受人尊敬的方式。这种自我描述的转变表明“时代精神”已经变了,科学并没有置身其外,将人从它的制约中解放出来,而是与它同流合污了。理论生活已经丧失了其地位,如今科学家在努力恢复其作为人人向往的完美典范的地位；但是人人向往的东西也已改变,科学与社会之间的自然和谐受到了破坏。

有人也许认为这是在玩文字游戏,类似于C.P.斯诺把科学称为一种“文化”。科学看上去具有创造性,只是因为我们忘记了创造性的真正涵义,认为它就是提出假设、发现证据或构思实验过程中表现出的聪明。从这个角度来说,科学是朴实无华的,而且让我们看到了语言污染的又一个事例。不过,这种形式的玷污虽不如另一些类型的玷污来得可怕,其实却更加致命。它就是我们这个时代的思想混乱。采用毫无意义的说辞,使科学和艺术的清晰含义丧失殆尽,把社会——它希望被告知享受着一些美好之物——所向往的两种相互对立的东西强行整合在一起,

使两者都受到了削弱。这里存在着对科学理念——即便不是它的具体实践——丧失信心的危险，这种理念是民主社会建立的基础，是一个相对化的世界中唯一绝对的东西。这些科学家不知道自己在做什么。当受到实证科学蔑视和拒斥的哲学被庸俗化为粗俗的公众舆论时，它也受到了报复。 183

因而，卢梭及其追随者的影响，遍布于我们周围的公众舆论的血脉之中。不言而喻，把“创造力”和“个性”之类的词汇挂在嘴边，并不意味着使用它们的人理解让它们的使用成立的思想，更不用说赞同这些思想了。这种语言已经变得平庸无聊，原本用来描述和激励贝多芬、歌德的词语，现在每个学龄儿童都在使用。民主的本质在于否认美好事物不可企及。如果这些事物确实不是人人都能企及，就会出现否认事实的倾向——例如，干脆把不是艺术的东西称为艺术。美国社会有一种突出自我的狂热冲动，一有大家认为不同凡响的事情，它就会被包装成可以让人人觉得自己忝列其中的样子。创造力和个性就是表明这种不同凡响的字眼。事实上，在一个一切杰出表现都受到威胁的平等社会里，它们力图成为适合于这个社会的杰出表现。通过亲近民众来拉平杰出表现，不过是在鼓励自我满足。现在这些术语属于每一个人，所以无论在大众用语中，还是在把它们作为概念使用的社会科学中，它们不能用来表达任何事情。它们没有特别的内容，只是麻醉公众的精神鸦片。然而，它们确实为不满提供了一个靶子，任何地方和时代的生活，尤其是民主社会培养出的生活，都会产生这种不满。创造性和个性取代了美德、勤劳、理性和品质这些老字眼，影响着我们的判断，为我们提供了教育目标。它们是非资产者的资产者思维方式。因此它们是背离我们的真正美德的市侩品质和虚伪行为的源泉。我们有很多优秀的工程师，而才华横溢的艺术家却寥寥无几。然而一切荣誉都被归于后者，或者应该说，被归于众人眼中那些跻身于艺术家行列的充数者。真正的艺术家不需要这种支持，相反，他会因此而受到贬损。会赚钱的人并不是最有品味的人，但他更乐于附庸风雅。

于是，本来是要提升品位和道德的东西，却仅仅成了品味的附庸，184 同时削弱了品味的基础。这不是仅在欧洲出现的结果，在那里，创造性有时还具有激发灵感的作用，而且是个内容更加充实的概念。我们很快就会看到，即便在欧洲，资产负债表也出现了有争议的负数。但是在美国，我看不到任何收益。况且创造性的源泉——文化本身——也已成了空洞无物的谈资，它原有的含糊不清已经达到了病态的地步。人类文化学家不能界定文化，虽然他们确信存在着这种东西。艺术家不具备崇高的观念，但他们知道文化（即他们正在做的事情）有权得到文明社会的尊敬和支持。社会学家及其观点的传播者，即无所不谈的新闻记者，把一切都称为文化——吸毒文化，摇滚文化，街头文化，诸如此类，不一而足，而且不分高下。实际上，文化的失败现在也成了文化。这就是当法国革命传入美国后引起的堂皇反应。我们的国度依然是一个大熔炉。

文化 185

对自然与社会之间的紧张关系的有趣反应，甚至比回归自然或怀恋自然更加丰富，可以用“文化”一词加以概括。它似乎意味着某种崇高、深邃和令人尊敬的东西——一种我们顶礼膜拜的东西。它和自然一起，成为评判人及其行为的尺度，但有着更高的尊严。与“社会”、“国家”、“民族”或“文明”这些字眼不同，它几乎从未有过贬义的使用。文化正在逐渐取代这些术语，或者说，它们的正当性要由文化提供担保。文化是人的野蛮天性与他从自然状态走向文明社会的过程中学会的一切艺术与科学的统一体。文化在一个更高的层次上恢复了人类最初的完整性，在这个层次上，人的能力能够充分发展，在他的自然欲望和社会生活道德规范之间不存在冲突。

第一次在现代意义上使用“文化”一词的是康德，他使用这个词时正在思考卢梭，尤其是卢梭关于资产者的言论。资产者是自私的，但不是那种纯粹而简单的天性上的自私。他订立契约，希望从与之订约的人那里获取更多的利益。他对别人守信，遵守法律，是以预期的收益为基础：“诚实是上策。”因此他败坏了道德，道德的本质是为自身而存在的。资产者对自然和道德这两极都不满意。如果道德要求自然不能给予的东西，它只不过是抽象的理想。野蛮的自私比虚伪的道德更为可取。

186 文化的进步把人的本能和义务联系起来。康德用性欲的教育作为例子。不言而喻,人有性交的欲望,所以也有生儿育女的欲望。可是他并没有照顾或教育孩子的欲望，虽然孩子能力的成长需要长时间的抚育和训练。因此家庭是必不可少的。但是自然欲望并不指向家庭。欲望是不讲章法的,使人倾向于为所欲为。因而欲望必须受到压抑。人受命放弃他的欲望,他因欲望而受到惩罚。创造出种种神话纠缠着人,使他产生负罪感,使他相信自己因为自然欲望而有罪。婚姻约束着男女双方,不忠的行为和欲望也习惯性地与它相伴。尽管存在着各种社会机制,不驯服的欲望总是存在。欲望是自然的,它可以被压制下去,但永远不可能被彻底征服,它总是以这种或那种方式进行报复。

在这种状况下的人绝不可能幸福。但是,当一个男人深爱上一个女人时,至少在那一刻双方都愿意而且确实关怀对方。如果后一种情况能够持久,欲望和道德就在实践上取得了一致。婚姻的自由选择和信守这种选择——不但表面上如此，而且发自内心——是文化和文明教化欲望的明证，也是人类的自由、道德征服自然而没有给人带来不幸的明证。如果一个人的魅力是建立在自然人无法领略的美与善的基础之上,那么对此人专一的爱就会使性变得崇高,或者说,使性得到升华。这就是爱,这就是诗歌和音乐中力求表达的爱。这种崇高的、升华了的欲望在艺术中达到了巅峰。作为爱情产物的儿童使思考教育成为必然,而家庭,它的权利和它的义务,它的法律基础以及对它的保护,最终把孤立的、只关心自己的个人和政治联系起来。从前使人分裂、束缚着人的爱情、家庭和政治,现在能够以实现和强化自然欲望的方式秩序化,并得到意志毫不含糊的肯定。人再次成为自己的主人,然而他是社会人,或者说他是与别人联系在一起,没有因他们而被异化。他既不滥交,也没有受到压抑,因为他的性欲能够得到充分的表达和满足。自然生活和社会生活都得到了实现。他获取知识不只是为了装点门面,而且可以和谐
187 地服务和丰富自己的生活。这就是与性有关的文化理想。为了造就个性,造就有充分文化教养的人,人生的所有方面必须发生某种特定的

事情。

卢梭—康德的理论体系，从本质上说与启蒙运动关于人的自然本性的看法是一致的，但这是在哲学中第一次从人身上发现某种有别于自然并高于自然的东西。

应该指出,在美国创立者的思想中,几乎没有提到性的主题。它讨论的全是自我保护而不是生殖繁衍,因为恐惧比爱更强烈,人们认为活命比享乐更要紧。这种对性欲和与之相关的因素的压抑或驯服,使社会更容易满足最强烈的自然欲求。为性正名,使社会的任务更加繁重,对社会提出了另一些要求。与早期的现代思想重视自我保护的本能相反,晚近的现代思想把性本能放在第一位，这可以解释我们精神生活中的很多戏剧性场景和对社会生活不断变化的期望。我们又回到了我们的经济学家和精神病学家那里。

但是,康德所说的文化和我们所说的文化,这两者之间有什么关系呢？似乎有着两种流行的含义,它们虽有区别,但又相互关联。第一,文化几乎等于人民或民族,譬如法国文化、德国文化、伊朗文化,等等;第二,文化指的是艺术、音乐、文学、教育电视节目、某些种类的电影,简言之,一切可以鼓舞精神、陶冶情操的东西,与商业活动相对。两者之间的联系在于,文化使更高层次上的丰富的社会生活成为可能,这种社会塑造了民族、他们的习俗、风格、兴趣、节庆、礼仪和神明——所有这一切把个人联结为有共同根基的群体，联结为一个共同体，在这个共同体里,人们有共同的思想和意愿,民族是一个道德统一体,而个人也具有内在的统一性。文化是艺术的产物,其中的美术表达着崇高的境界。从这个角度看,自由民主政体就像个乱哄哄的市场,早上人们带着自己的产品来到这里,晚上带着卖掉产品后买回的东西回家私下享用。另一方面,在文化中,个人是由集体塑造的,就像希腊戏剧中合唱队成员是由合唱队塑造的一样。因此,像戴高乐和索尔仁尼琴这样的人,认为美国仅仅是个人的堆积,是一个其他地方废弃物的垃圾场,人们一味消费;简言之,没有文化。

作为艺术的文化，是人的创造力的最高体现，是人冲破自然的狭隘
188 束缚的能力，从而摆脱现代自然科学和政治科学对人的贬低性解释。文化确立了人的尊严。文化作为共同体的一种形式，是一个关系网络，置身其中的自我得到了多彩多姿而又细腻的表现。它是自我的家，也是自我的产物。它比只管人们的肉体需要、逐渐退化为纯粹经济的现代国家更为深厚。这样的国家不是一个人们可以自由活动而不使自己扭曲的舞台。所以，在更优秀的社交圈子里，谈及热爱祖国似乎格调不高，讨论西方文化，哪怕是美国文化，则让人肃然起敬。文化使古代城邦“艺术与生活的统一”得到恢复。

文化中唯一缺乏的城邦因素是政治。对古人来说，城邦的灵魂是政体，是官职的安排和参与，是有关正义和公共利益的协商，是战争与和平的选择以及法律的制订。作为政治活动家的公民的理性选择，被认为是社会生活的核心，是其他一切事物的起因。城邦是由它的政体来定义的。这类事情在文化中是找不到的，用什么来定义文化极难搞清楚。今天我们感兴趣的是希腊文化，而不是雅典的政治。修昔底德关于伯里克利在阵亡战士葬礼上演说的记载，被当作那种文化的原型再现，是对雅典人热爱美与智慧的一篇辉煌赞辞——其背景是一次宗教典礼。这种解释有一定的意义，但它是一种错误的解读；它旨在丰富我们的精神，却只是证实了我们的偏见，这典型地说明了我们完全依赖德国人对希腊事物的解释。实际上，伯里克利根本没有谈及我们想到的诸神或诗歌、历史、雕塑或哲学。他赞扬雅典的政体，在它的政治成就中发现了美——它的政体，尤其是它用专制手段维持的帝国。雅典人是远胜于荷马时代政治家的政治英雄，艺术则被含蓄地理解为是在摹写和装点这种英雄主义。我们却只找到了我们想要寻找的东西，对其中的内涵一无所知。这样来解释伯里克利，对我们来说太肤浅了。

政治的消失是现代思想最显著的特点之一，并对我们的政治实践有很大影响。政治逐渐退化为亚政治（经济）或所谓的高于政治（文化），
189 这两者都在逃避整体均衡的技艺，即政治家的精明。在传统意义上，政

治包含着经济和文化这两极，并让它们结合在一起。它们之间的对立，不过是美国精神生活二元化的又一种表现形式，这种二元化在本书中不断出现，也是它的一以贯之的主题。

从卢梭著作中最著名的段落之一可以找到它的来源。这段话标志着与早期现代治国术的决裂，并且对文化观念的发展至关重要，这就是卢梭《社会契约论》中关于立法者的一章(II,7)。他把人们的视线拉回古代城邦，以此匡正启蒙运动的政治说教。与他的许多后学不同，他在政治上精明而讲究实际，认为政治家的行为是民族生活的核心。正是在关于一个民族的生存条件问题上，卢梭指责上一代思想家的误解和疏漏。他坚持认为，个人的自私不足以建构公共利益，但是没有它，政治生活也是不可能的，人们在道德上会变得十分卑劣。政体的缔造者首先必须塑造政体所属的人民。它不会从个人对自身利益的觉醒中自发产生，所以政治努力是必不可少的。立法者必须

> (可以这样说)能够改变人性，能够把每个自身都是一个完整而孤立的整体的个人转化为一个更大的整体的一部分，这个个人就以一定的方式从整体里获得自己的生命与存在；能够改变人的素质，使之得到加强；能够以作为全体一部分的有道德的生命来代替我们人人得之于自然界的生理上的独立的生命。总之，必须抽掉人类本身固有的力量，才能赋予他们以他们本身之外的、而且非靠别人帮助便无法运用的力量。这些天然的力量消灭得越多，则所获得的力量也就越大、越持久，制度也就越巩固、越完美。从而每个公民若不靠其余所有的人，就会等于无物，就会一事无成；如果整体所获得的力量等于或者优于全体个人的天然力量的总和，那么我们就可以说，立法已经达到了它可能达到的最高的完美程度了。[1]

---

[1] 这里的译文采用何兆武先生的译本（《社会契约论》，北京：商务印书馆，1983年）。

卢梭以其特有的鲜明的坦诚态度，着重指出了共同体的合作性质以及如何获得这种性质，其方式与启蒙运动所宣扬的抽象个人主义完全相
190 反。卢梭在阐释这一主题时，甚至谈到了民间节庆和所有类似的事情。这种由立法者建构的复杂神经系统就是我们所称的文化。或者应该说，文化是没有立法者参与、没有政治意图的立法所产生的效果。

卢梭在理论上对立法问题的坦诚或严厉态度，让后来的思想家望而却步，但他们毕竟需要这种严厉态度的结果，即共同体。或者更有可能的是，罗伯斯庇尔的严厉实践以及他的立法努力的失败吓跑了温和的观察者。看来，改变人性是一件野蛮、龌龊、专横暴戾的事。结果是人们开始否认有人性这种东西。倒不如说，人是不断成长的，他愈益走向文化；文化，其字面含义也很明显，意味着成长。人是文化的产物，而不是自然的产物。人从自然得到的东西根本无法与他从文化中得到的东西相比。一种文化，就像伴随和表现它的语言一样，是一系列偶然事件的组合，它累积成决定着人的本质的统一的意义。自然渐渐从人的研究中消失了；自然状态被视为过去的神话，虽然缺少对自然状态的详细阐释，文化的概念是难以想象的。后天获得的因素比自然因素更重要，这是文化理念的基石；这一理念又与一种历史观密切相关，它认为历史不是对人的行为的研究，而是现实的一个维度。从自然状态向文明状态的转变这一事实表明，历史是存在的，而且比自然更重要。在卢梭看来，自然与政治秩序之间的紧张始终存在，立法者必须强迫二者取得某种和谐。历史是二者的统一，它们消失在历史之中。

卢梭赞成立法者做出种种调整，以使立法能够适应特定的时空环境，但他仍在追求与启蒙思想家相同的普遍目标：确保在文明社会中人人享有平等的自然权利。他直截了当地指出霍布斯和洛克没有做到这一点，他认为自私不足以成为政治道德的基础。政治方案更加复杂，要求也更加苛刻。最先把文化作为历史学说一部分的康德持有类似的普
191 遍目标。虽然在他的学说中自然权利已经变为人的权利，但它们是建立

在新基础之上的同样的权利；他从卢梭的学说中洞察到的历史进程，是在向着文明社会中这些权利得到有效确立前进。普遍性和合理性是所有这些教诲的标识。对康德而言，用有时代错置之嫌的话说，对卢梭而言，文化是单数的，但这个单数的文化(culture)很快就变成了复数的文化(cultures)。世界上有英国人、法国人、德国人和中国人，这一点是很清楚的。是否有普世文化或它是否正在形成，这一点却是不清楚的。在各种自然的联合体中，拥有文明者为数甚少而且相当艰难；它们走向同一个目标的可能性也极小；我们应该珍视这些创造，为任何一种文化感到欢欣。这种多样性展示出迷人的魅力。卢梭采用共同的根基，把它作为达到人类单纯的理性目标的条件。他的历史主义和浪漫主义继承人则主张，这个目标会损毁那个根基；于是根基变成了目标。

对人类来说什么东西最重要，这里我们再次遇到了对这个问题的两种相互矛盾的理解。一种观点对我们说，人们共有的东西才是重要的，另一种观点则主张，人们共有的东西是次要的，他们是从不同的文化中获得了自身的深度和利益。这两种观点都认为，生命、自由、追求财富，即健康和维持生存的利益，是人类所共有的。两者的不同之处在于，它们赋予法国人或中国人、犹太教徒或天主教徒以不同的分量，或特定文化在同肉体的自然需求的关系中的等级次序。一种观点倡导世界大同，与人权密切相关，另一种则强调特殊性，尊重各种文化。有时人们指责美国没有促进人权，有时又指责美国不尊重其他民族，要把"美国生活方式"强加给它们。如果美国干的是后一件事，它常常打着符合全人类福祉的不言自明的真理旗号。但是批评者认为根本不存在这种真理，它不过是美国文化的偏见。另一方面，阿亚图拉[1]起初得到了这里一些人的支持，因为他代表着真正的伊朗文化，如今他则因为侵犯人权而受到抨击。但是他所做的一切都是以伊斯兰教的名义进行的。他的批评者坚持说，存在着对伊斯兰权利加以限制的人类普遍原则。打着文化旗号

① 阿亚图拉(Ayatollah)：伊斯兰教徒对什叶派领袖的尊称。

批评美国的人和打着人权旗号批评阿亚图拉的人是同一批人，他们往往是既想吃掉蛋糕又想保留蛋糕的人。

192 也许有人会问，为什么不能既尊重人权又尊重文化呢？道理很简单，因为文化本身孕育了它自己的生活方式和原则，尤其是它的至高无上的原则，不存在任何高于这些原则的权威。如果真有这样的权威，它的原则所孕育出的独特生活方式就会发生动摇。采用文化这个概念，恰恰就是因为它提供另一种选择，可以取代那些基于我们动物本能之上的权利，那些权利被认为浅薄而不合乎人性的普遍规范。民众心理取代了理性。在启蒙运动的普遍性和批判启蒙运动的学说所导致的特殊性之间，存在着持续不断的战争。对启蒙运动的批判唤起了已被它根除的对家庭、乡土和上帝的传统依恋，对它们做出了新的解释，寄予了新的同情，这种批判为拒斥哲学提供了哲学基础。

问题在于，理性是否确实取代了本能；对传统价值或根基的论证是否能够替代直接的欲望；所有这些诠释是否不仅是一种对阻挡平等主义的、斤斤计较的个人主义思潮的任务的不相称的反应，因为批评家本人也赞同这种个人主义，对它的特权不愿加以否认。听到那些刚离了婚的人赞美大家庭，对维持它的生存所必需的神圣家庭纽带和祖先的专制却一无所知，这时你很容易明白他们的思考是与他们的生活脱节的，但你很难相信他们知道必须付出多大牺牲才能实现大家庭。听到那些男男女女宣称他们必须保护自己的文化，人们不禁会产生怀疑，这个做作的概念是否真能取代他们过去愿意为之献身的上帝和国家。

“新的种族特性”或“根”这些说法，不过是关注特殊性的另一种表现，它不但证明了现代大众社会面临的现实的共同体问题，而且暴露出对它的反应的浅薄，同时也证明了对自由社会与文化之间的根本冲突缺乏认识。这种想在新大陆保留传统文化的努力是浅薄的，因为它忽略了一个事实：人们之间的真正差异是以根本信仰的真正差异为基础的，这是在善恶、什么东西最崇高、上帝的信仰方面的差异。服饰、饮食的不同对深层信仰要么没有影响，要么只是它的次要表现。我们在美国看到

的"种族"差异，仅仅是对导致我们的祖先相互残杀的传统差异的残存 193
记忆。充满活力的原则，差异的灵魂，已经从差异中消失了。各个种族的节日庆典不过是流于形式地展示源于故土的服饰、舞蹈和食物。只有对灿烂的"文化"史一无所知的人，才会被这些索然无味的民俗表演（顺便提一下，它把文化的双重意义——民族和艺术——结合到了一起）打动或吸引。美国的文化运动给予文化多样性观念的全部支持促进了团体政治的加强和正当性，而另一种信念，即《独立宣言》中阐明的个人权利不会成为过时的语言，却相应地衰退了。

文化观念的建构是为了在现代科学的背景下发现人的尊严。科学是唯物主义的，因此也是推崇简约主义和决定论的。如果人没有特殊的地位，假如他与野兽没有根本的区别，他就谈不上有何尊严。人身上肯定还有另外一些因素，它解释了人的完美性，阻止以人的野蛮性为前提的政治和经济安排使人退化到那种野蛮状态。那些努力确立人的尊严的人，并不希望或试图改变这种新的自然科学。这是一个共同生存的问题。他们发明了仍然与我们相伴的各种二元论——自然和自由、自然和艺术、科学和创造力、自然科学和人文科学，在这一对一对的词语中，后一个词语应该享有更高的尊严，但它的根基总是变得很成问题。自由在康德的学说中是一个假设，一种可能性，而不是一道演算题，而且至今依然举步维艰。文化虽然自称是综合性的，包括了人的一切高级活动，但它实际上没有包含自然科学，而自然科学也不需要这个概念，它在由它协助建立的民主制度下如鱼得水，并且受到这种制度的鼓励。当代心理学中有一个重要的学派，它认为人与禽兽无异，譬如斯金纳的行为主义；而在另一个学派那儿，人是动物的事实实际上已消失，譬如拉康的存在主义分析；还有各种杂烩，譬如弗洛伊德的心理分析理论，它希望以生物学为基础，同时又要解释精神现象，但给两者都造成了障碍。总之，每个人都想在尊重人的尊严的同时讲求科学性。

194

价值

我们又回到了我们的起点，即价值取代善恶的地方。但我们至少对与现代政治——它使上述反应带有强迫性——有关的思想经历作了一番粗略的回顾。勤于思考的德国人如何看待它，马克斯·韦伯在有关上帝、科学与非理性的一段著名话语中做了发人深省的表述：

> 在尼采对那些“发明了幸福”的“最后的人”做出毁灭性批判之后，对于幼稚的乐观主义将科学——即在科学的基础上支配生活的技术——颂扬为通向幸福之路这种事情，我已完全无需再费口舌了。除了在教书匠和编辑部里的一些老稚童，谁还会相信这种幸福？（《以学术为业》）

韦伯这位目光敏锐、见多识广的观察家，能够在1919年说，所有严肃的人都认为处在西方民主体制核心位置的科学精神已经泯灭了，是尼采扼杀了它，或至少给了它“致命的一击”。《查拉图斯特拉如是说》中“最后的人”的出现，决定了启蒙运动的旧式理性主义已无需再去探讨。韦伯的意思是，所有未来的讨论或研究都必须事先确信这种“幼稚的”观点已经失败。理性不能确证价值，它相信自己能够做到这一点，是最愚蠢、最致命的幻想。

这简直是在说,那个时代的几乎所有美国人,特别是有思想的美国 195
人,都是天真的“大孩子”,而且在欧洲大陆已经成熟很久以后,他们依然如此。你只要想想约翰·杜威,就会意识到他完全符合韦伯的描述,简直丝毫不差,然后你会想起他在这里的影响。不仅是杜威,从我们的政体创立之初,人人都抱着理性主义的梦想,尤其是那些说“我们认为这些真理不证自明”的人。韦伯的论述是非常重要的,因为他同别人一样或更多地使我们接触到欧洲大陆对自由民主制度最深刻的批判,他介于尼采和我们美国人之间,而尼采是美国人最讨厌的人,这或许是因为他把我们说成最糟糕、最没有希望的人,所以我们不愿用那面镜子照照自己。我们不可救药的乐观主义被阴暗的未来观所笼罩。我们是一群玩成人玩具的孩子。这些玩具太复杂,我们摆弄不了,但我们可以为自己辩护说,这些玩具太复杂,很可能不是只对我们如此。

韦伯向我们指出,尼采是20世纪严肃思想家的共同资源,他还告诉我们,唯一重要的问题是:理性或科学与人类至善的关系。当他谈到幸福和最后的人时,他不认为最后的人不幸福,而是认为他的幸福令人作呕。为了把握我们所处的环境,必须有一种深刻的轻蔑感,而我们的轻蔑能力正在消失。韦伯的科学是以这种轻蔑感为前提的,而我们把它称为主观的。他从尼采的思想中看到这种轻蔑感后,他在学术生涯中花更多的精力研究宗教,以期理解那些不可轻蔑的人,那些有所尊重有所敬畏,因此从不自满的人,那些拥有价值,或换言之,信奉诸神的人,尤其是那些创造诸神或创立宗教的人。他从尼采的思想中认识到,宗教或神圣的信仰是最重要的人类现象,他对这种现象的深入研究,是以尼采的非正统观点为基础的。

“上帝死了”,尼采宣称。但他在这样说时,不是以胜利的口气,不是以早期无神论的风格——暴君已被打倒,人民获得了自由。相反,他在这样说时带着强烈的痛楚,因为人类最强烈而脆弱的虔诚信仰失去了恰当的目标。人热爱上帝,需要上帝,却失去了他的圣父和救世主,再无

恢复的可能。人们在马克思那里发现的解放的欢愉,最终变成了失去保
196 护的恐惧。诚实迫使严肃的人们在检讨自己的良心时承认,传统信仰不再具有强制性了。基督徒美德的极致是要求为基督教而牺牲,这是一个基督徒所能做出的最伟大的牺牲。启蒙运动弑杀了上帝;但是就像麦克白一样,启蒙时代的人不知道宇宙会对这一行动进行报复,整个世界会变成"白痴讲的故事,充满喧闹、狂躁,毫无意义"。尼采用痛苦的无神论取代了随遇而安、悠然自得的无神论,忍受着它给人性带来的严重后果。在他看来,渴望信仰,却又顽固地拒绝满足这种渴望,便是对我们整个精神状况的深刻写照。马克思否认上帝的存在,但又把上帝的作用转而赋予"历史",它不可避免地把目标导向人的全面发展,它取代了神意。如果有人过于天真,他也许还会做个基督徒。在尼采之前,凡是教导人是一种历史存在的人,都把自己的历史描绘为以这种或那种方式在进步。尼采之后,描绘我们历史的典型公式是"西方的没落"。

尼采考察并总结了现代思想的种种矛盾,得出的结论是,获胜的理性主义没有能力主宰文化或灵魂,它在理论上不能自圆其说,它带给人性的后果不堪忍受。这构成了西方的危机,因为在西方,在西方的任何地方,有史以来第一次,所有的政权都是建立在理性的基础上。人类创建者只盯着所有的人仅仅凭借理性就能认识的自然正义的普遍原则,以被统治者的同意为基础建立政府,而不是乞灵于神启或传统。但是,理性也清楚地看到,以往所有的文化都是由神祇、在神祇或信仰神祇的基础上建立的。只有当新政体取得了极大成功,能够与其他文化中的创造性天才和辉煌表现相媲美时,理性的合理建构才能相等于或优越于理性知道其建造于别处的另一些建构。但是这种相等或优越是大有疑问的,因此理性承认自己的不足。必须有宗教,因为理性不能创建宗教。

在对启蒙运动的第一波批判中已经透露出这种意思。卢梭说,一种公民宗教对于社会是必不可少的,立法者也必须披上有宗教色彩的外衣。托克维尔专心研究宗教对美国的核心作用。鉴于罗伯斯庇尔那种公
197 民宗教的失败,人们在卢梭的《萨沃伊教区牧师的信仰告白》的激励下,

为弘扬一种经过修正的或自由的基督教做着不懈的努力。文化这个观念，实际上就是维持某种类似于宗教的东西而又不谈论宗教的一种方式。文化是理性和宗教的综合物，它试图隐藏这两极之间的尖锐对立。

尼采探查过病情之后，认为治疗手段无效，于是宣告上帝死了。现在宗教已经无法存在；但是人需要文化，所以依然存在着宗教冲动。没有了宗教，但宗教精神依旧。这种见解在尼采对现代性的分析中无处不在，并且，虽然无人注意，它是当代心理学和社会学范畴的基础。他把宗教问题重新置于哲学的中心。考察现代文化的根本立足点，是它的无神论本质；那个更令人讨厌的资产者的接班人，即“最后的人”，则是平等精神、理性主义和社会主义无神论三者的产物。

因此，西方危机的异常之处是，它相当于一场哲学危机。读一下修昔底德，我们可以看到希腊的衰亡是一种纯粹的政治现象，我们称为思想史的东西对于理解这一点并不重要。旧的政权有着传统的根基；但是在现代性中哲学和科学成了主宰，纯粹的理论问题起着决定性的政治作用。谈到现代政治史，不讨论洛克、卢梭和马克思是不可想象的。众所周知，苏联停滞不前的根本原因在于理论的虚幻和陈腐。在这方面“自由世界”也相去不远。尼采是这种疾病最深刻、最明晰、最有力的诊断者。他认为，对于我们来说有一种在合理的基础上摈弃理性的内在必然性——因此我们的政体注定难逃厄运。

给上帝和自然“除魅”，必须对善恶做出新的解释。按照柏拉图对诸神的表述，我们不是因为某一事物是善的才爱它，而是因为我们爱它，它才成为善。是我们决定尊重某事，才使其成为可尊重的。人是有所崇敬的动物，他有敬畏和自卑的能力，是“会脸红的动物”。尼采声称，他看到人所敬畏的对象并没有强迫人去敬畏；这种对象甚至经常根本就不存在。它们的品质只是人本身最强大的因素的投射，用于满足他的强烈需求和愿望。善恶是使人的生活和行动成为可能的因素，他们的善恶判断的品质，表明了他们是什么样的人。

简言之，尼采认为，现代人正在失去或已经失去价值判断的能力， 198

因此也失去了人性。自我满足、顺应欲望、寻求问题的简便解决、福利国家的整个计划,都是一种无能的标志,即不敢指望人类可能的完美或超越自我的境界。最可靠的标志是我们使用“价值”一词的方式,尼采不仅从中诊断出症结所在,而且使它更加严重。他想给人们指出他们的危险所在,他们面对的保护和强化人性的艰巨任务。照他的理解,如果人们相信上帝、自然或提供价值的历史,他们在目前的衰退中就可以做到从容不迫。只要人的客体化的创造物依然崇高,依然富有生气,这样的信仰就是有益的。但是随着传统价值在当下时代的衰竭,为了使人们意识到对自己命运的责任,必须把他们带向深渊,使他们对自己的危险感到恐惧,对自己可能变成什么产生厌恶。为了创造价值,他们必须反求诸己,重建他们进行创造活动的条件。自我必须成为一张绷紧的弓,它必须跟对立面对抗,而不是同它们保持和谐,也不能把紧张转交给最后的人的伟大工具——娴熟的放松弓弦者和我们时代的耶稣会士,即精神病学家,他们与和平使者有着同样的精神,同属于现代性阴谋一部分,致力于消除冲突。我们从《圣经》中知道,与战争不同,混乱世界是孕育创造力的温床,但它必须受创造者的掌控。自我必须用欲望制造箭。这属于人的弓箭能向苍穹发射引导人的星斗。必须挣脱有关价值的梦幻,所以尼采根据我们的处境认为,必须打破一切误导人们的对舒适或安慰的希望,赋予少数创造者以威严,使他们意识到一切都依赖于他们。虚无主义是人类历史上一个危险但必不可少而且可能有益的阶段。人在这个阶段面对他的真实处境。它能使人精神崩溃,使他陷于绝望,导致精神或肉体的自杀。但它也能激励人们重建一个意义世界。尼采的著作展示了一个人的壮丽灵魂,如果还有人能被称为有创造性的话,那就可以把他称为这样一个人。这些著作是对创造性最深刻的阐述,因为作者对理解创造性有着炽热的欲求。

尼采不可避免地陷入了对上帝降临——对创造上帝——的沉思之
199 中,因为上帝是最高价值,其他的价值都有赖于它。上帝并不创造,因为
上帝是无。但是,人所创造的上帝反映着人是什么,而这是不为他本人

所知的。据说上帝从无中创造了这个与我们息息相关的世界；所以人也是从无中创造了上帝这种东西。对上帝的信仰和对奇迹的信仰比任何科学解释更接近于真理，因为科学解释必须忽略人的创造性，或把它说得无足轻重。摩西受到内心的朦胧冲动的驱使，登上西奈山顶取回了价值法典；这些价值是必需之物，是比健康或财富更迫切的必需品。它们是生活的核心。还有另一些可能的价值法典——按照查拉图斯特拉的说法，有一千零一种之多；但这些价值使一个民族成为特定的民族，赋予他们独特的生活方式以及内在体验和外在表现或形式的统一。使一个民族得以形成的神话的创造并无一定之规，也没有标准化的测验可以预见谁是创造神话的人或确定哪些神话是可行的、适宜的。既有材料也有创造者，就像石料和雕塑家一样；不过这里的雕塑家不仅是实际执行的原因，也是形式原因和终极原因。神话的基础是虚无，不是实体，也没有原因。对价值成因的探求，无论它是对善恶知识的理性探索，还是对其经济决定因素的探究，都不能对其得出正确的解释。只有进入创造性的心理现象，才能有所澄清。

这种心理学不可能是弗洛伊德的心理学，它以尼采对无意识的理解作为起点寻找创造性的原因，抹煞了拉斐尔与画坛无名小卒的区别。这种区别无比重要，是我们的科学必然无法把握的。无意识是一个巨大的谜团，是上帝的真理，它——即本我——像上帝一样深不可测。弗洛伊德接受了无意识，然后试图用科学方法把它说得一清二楚。然而是本我产生了科学，它能产生很多科学。弗洛伊德的手法就像是试图用他所创造的本我来确定上帝的本质或自然。上帝也许创造了世界的无限性，如果他仅限于一点，那么他既不是有创造性的，也不是自由的。

若想理解创造力，就必须理解这一切。本我是创造的源泉，它是深不可测、难以捉摸的，它产生世界的解释。然而自然科学家——弗洛伊德也想忝列其中——根本不把它当回事儿。生物学家甚至无法在他们 200
的科学中解释意识，更不用说无意识了。所以，像弗洛伊德这样的心理学家是游荡于科学和无意识之间，这是不可能的，因为科学不承认他要解释的心理现象的存在，而无意识又处于科学的疆域之外。这迫使尼采坚持认为，这是在科学与心理学之间的选择。既然科学是心智的产物，所以心理学是实际的赢家。科学家自己也逐渐受到这种选择的影响。也许科学只是我们知之不多的文化的产物。科学是真实的吗？人们在它过去十分健全的理智的边缘，看到了衰变的迹象。像托马斯·库恩《科学革命的结构》之类的著作，就是这种状况的流行征候。

这就是我称之为深不见底或深不可测的自我——最后一版自我——面世时的处境。尼采把它命名为“本我”。当一个人说“发现了自我”时，那是本我在嘲弄自我。至高无上的意识等待着下面的某种东西，它会为其奉上精神食粮。自我的这个版本跟其他版本的区别在于，它们都是起源于共同的体验，它或多或少是可以直接理解的，是人人都有的；它构筑起了可以称为人之本性的普遍人性，即使它有着互为主体的性质。死于暴力的恐惧和对舒适的自我保护的渴望，是向堕落迈出的第一步。人人都清楚这种恐惧和渴望，我们据此可以相互辨认。第二步是存在带来的甜蜜感情，这种感情对文明社会的人来说不再能够直接理解，但是他能够加以恢复。在它的魔力之下，我们可以肯定地对自己说，“这才是真正的我，这才是我的人生目标”，并且可以进一步确信别人肯定也是如此。它与一种模糊而笼统的同情心结合在一起，使我们成为同一个物种，并且能够成为我们的向导。迈出这第二步，就再也没有驻足之处了，下降的过程令人触目惊心。就算有人能够发现什么东西，那也纯粹是他自己的东西，尼采称之为人的fatum，顽固而强壮的屁股，它除了就是它自己以外，说不出任何东西。人最多只能发现自己，它是无法与人沟通的，它使人们彼此完全隔绝，而不是把他们融合在一起。只有极个别的人能够找到自己的落脚点，能够从这里推动世界。他们是真正造诣深厚的人。

对于源于自我的各种价值、视野和有关善恶的律条，无法说它们是
201 对是错，也不能从人类的共同情感中推导出来，或是用理性的普遍标准判断其是否合理，但是与那些庸俗的价值理论教师所信奉的相反，它们

并不是平等的。尼采以及那些以这样或那样的方式接受其思想的严肃的人认为，人们之间的不平等已被如下事实所证明：不存在原则上人人都能理解的共同体验。像真实与不真实、深刻与肤浅、创造者与被创造者之间的区别，取代了对与错的区别。这样一来，某个人的个人价值，就成了那些自身经验无法提供向导的人的北斗星。这些极罕见的人便是创造者，所有其他的人都需要他，并追随着他。

真实的价值是人们能够赖以生存的东西，它能够塑造一个产生伟大行为和思想的民族。摩西、耶稣、荷马、佛陀：他们是创造者，是构筑视野的人，是犹太文化、基督教文化、希腊文化、中国文化和日本文化的缔造者。他们的卓越非凡入圣之处，不在于他们的思想是真理，而在于它产生文化的能力。如果一种价值只是保护和强化生命，那么它就仅仅是价值。人类价值的虚伪的整体性，多多少少都是对原创者价值的苍白拙劣的描摹。平等主义意味着千人一面，因为它赋予那些僵化的人以力量，他们只能利用旧的价值，别人已经创造出的价值，它是没有活力的、其倡导者并不信奉的价值。平等主义是以理性为基础，这种理性是否认创造性的。尼采的全部思想都是对理性平等主义的抨击，它揭示了现在人们惯常谈论的价值是多么无聊——左翼对尼采的推崇又是多么令人吃惊。

既然价值是非理性的，而且不是以它们的遵从者的天性为基础，那它们一定是被强加的。它们必须打败对立的价值。理性的劝说不能使人相信它们，所以斗争是必然的。产生价值和相信价值是意志的行为。意志力的缺乏，而不是理解力的缺乏，成为致命的弱点。**担当**精神是一种美德，因为它表明了行动者的严肃性。当活着的上帝被自我提供的价值标准取而代之时，担当精神就成了信仰的同义词。这是帕斯卡的赌注，这赌注不再押在上帝的存在上，而是押在相信自我的能力和为自己设定的目标上。担当精神评价各种价值，使价值成为价值。不是对真理的爱，而是**理智的真诚**，是精神处于适宜状态的特征。既然价值中没有真理，生活中存在的什么真理也就不那么可爱了，**真实自我**的特点是尊重 202

个人的神谕，同时直面真实的自我和它所体验到的一切。决断，而不是慎思，是行为的原动力。人无法预知未来，也不能设计未来。人必须用意志力争取未来。没有设计好的程序。伟大的革命者必须摧毁过去，开辟能让创造力自由发挥的未来。政治是革命的政治；但不同于英国光荣革命、美国革命、法国革命或俄国革命，新的革命应该是非程序化的。它们是由思想真诚、具有担当精神、意志坚强、富于创造力的人完成的。尼采不是法西斯分子；但他的思想激励着法西斯分子的言论，他们向往旧文化的振兴或新文化的建立，与左翼革命的理性主义的、无根基的普世主义恰好相反。

尼采是个文化相对论者，他清楚这意味着什么——战争，极端的残忍，而不是伟大的悲悯。战争是基本的现象，和平有时能被强加于其上，但总是处于不稳定状态。自由民主国家不会相互开战，因为它们理解适用于一切地方和一切人的相同的人性和相同的权利。各种文化之间兵戎相见，它们必须这样做，因为只有战胜别的价值，而不是说理劝导，价值才能得到确立和维护。各种文化有不同的感悟，它决定着世界的面貌。文化之间不可能达成和解，因为最高的事物之间是无法沟通的。（当人们没有共同的世界时，沟通可以作为理解的替代物，当人们彼此之间产生误解时，可以向它求助。从自我和文化的封闭体系的隔绝状态中，出现了各种“接触”的尝试和“沟通的失败”。如何能够把个体和文化相互“联系”在一起，完全是一项神秘的任务。）文化意味着向混乱开战，而且意味着对其他文化开战。文化这个概念本身就包含着一种价值取向：人需要文化，必须竭尽所能创造和维系文化。这里没有理论家的立足之地。为了活下去，为了拥有内在的本质，人必须拥有价值，必须有所担当或engagé[①]。所以，文化相对论者必须更关注文化而不是真理，即便知道自己的文化不正确，也要为它而战。

这好像不可能做到，尼采同这个问题搏斗了一生，看来也没有找到

---

① 法语：担当。

满意的答案。但他明白，科学的观点对文化来说是致命的，普通的政治 203
或道德文化相对主义者注定是没有文化的。文化相对主义与相对主义完全相反，它在削弱信仰的同时又教导需要信仰。

尼采似乎没有太多的犹豫就接受了他的哲学前辈的文化观。按照他的观点，文化是可以解释人的特质的唯一框架。不同于自然中的其他存在，人是纯粹的变化；人是在文化中变成了超越自然的东西，除了特定的文化，他没有别的存在模式，也没有别的支撑物。植物和其他动物的实现包含在它们的潜能之中，但人不是这样，正如许多文化花朵所示，它们有着本质的不同，但都产生于同一个种子——人。尼采的贡献在于，他以毫不妥协的态度得出了这种观点的结论，并努力与它们相处。既然存在着许多文化，它们不是由一种使人成为人的完美无缺的文化，简言之，一种没有“希腊的”、“中国的”、“基督教的”、“佛教的”这些前缀词的文化发展而来（也就是说，即使柏拉图的《理想国》勾画了一个完美的政体，它也只是个神话，是柏拉图的想象力的产物），那么“人”这个词就是个悖论。有多少种文化就有多少种人，不存在任何视角可以谈论单数的人。不仅人的习惯、风俗、礼仪、时尚是如此，人的精神更是如此。因此，有多少不同的文化，就一定会有多少不同类型的精神。如果精神本身不属于那些与文化相关的事物，文化相对主义的观察就是无关紧要的，并总是可以为人们接受。人人都喜欢文化相对主义，但希望与自己相关的东西除外。物理学家想保住他的原子；历史学家想保住他的历史事件；伦理学家想保住他的价值。但是它们都是同样相对的。如果有一个真理可以逃脱流变，那么原则上就没有理由说，为什么其他许多真理就无法逃脱它；因此，流变、发展、变化、历史或你所拥有的诸如此类的东西，不是基本的现象，而是存在本身，是科学和哲学的不朽原则。

尼采的优点在于，他清楚哲学思考在文化的和历史主义的处理中有着严重的问题。他承认其中包含的可怕的思想和道德风险。他全部思想中都有个核心问题：“怎么有可能做我现在所做的事情呢？”他试图把
文化相对主义的教诲运用于自己的思想。别人从未实际这样做过。例如 204

弗洛伊德说，人受性欲和权欲的驱使，但他并没有用这些动机去解释他自己的科学或自己的科学活动。但是，假如他能做真正的科学家，即在热爱真理的驱使下从事科学活动，那么别人也能这样做，那么他对别人的动机的描述就有着致命的缺陷。或者，假如他是受着性欲和权欲的驱使，他就不是真正的科学家，他的科学只是为了达到目的而采取的许多可能的手段之一。这种矛盾贯穿于全部自然和社会科学之中。它们对事物做出的解释不可能解释科学实践者本身的行为。道德高尚的经济学家只谈利润，有公民精神的政治学家只看集团利益，物理学家签署要求自由的请愿书，同时又承认宇宙中只有非自由的事实——支配着运动物体的数学定律，这都表明了为科学提供自我解释和为理论生活提供基础的困难，它从现代性的早期就伴随着人们精神生活，随着文化相对主义的出现而变得尤其严重。尼采为应付这个难题，用他自己的哲学进行危险的试验，把问题的根源归结为权力意志而不是追求真理的意志。

尼采在哲学上的新起点始于下面的观察：共有的神圣感是识别文化最可靠的方式，是理解文化及其各种表现的关键。黑格尔曾在他的历史哲学中清楚地阐明了这一点，他发现希罗多德在研究不同的民族，如希腊人和野蛮人时，也拥有同样清醒的认识。一个民族顶礼膜拜的对象，告诉了我们它是一个什么样的民族。但是黑格尔犯了一个错误；他相信可能存在着一个完全理性的上帝，能够使文化要求和科学要求协调一致。不过，他也多少看出了事情并非如此，他谈到密涅瓦的猫头鹰只在夜间飞翔，这意味着只有当一种文化完结时才能为人们所理解。黑格尔理解西方文化时，恰巧处在它的终结之日。西方文化已经失去神话色彩，失去激发灵感的力量和对未来的展望。所以很明显，它的神话赋予文化以活力，神话的制造者就是文化和人的缔造者。他们高于那些只知研究和分析诗人作品的哲学家。黑格尔承认，诗已经丧失了先知的力量，但他相信哲学就能满足需要，以此来宽慰自己。

尼采在自己身边看到的那些极具天赋的艺术家证实了诗的衰落。
205 他们是他所说的颓废派，这不是因为他们缺少才华，或他们的作品不吸引人，而是因为他们的作品是对艺术低能的哀悼，描绘的是诗人认为自己无力影响的丑恶世界。紧随法国大革命之后出现过巨大的艺术泡沫，诗人以为自己又能充当人类的立法者了。新的文化哲学为艺术家提供的使命激励着他们，一个新的古典时代诞生了。理想主义和浪漫主义似乎在建构事务的秩序方面为崇高开辟了新领域，但是在一两代人之间，情绪就明显地尖酸刻薄起来，艺术家开始把浪漫作品看作毫无根基的恶作剧。像波德莱尔和福楼拜这样的人开始离公众而去，对他们上一代艺术家的道德说教和浪漫热情冷嘲热讽。没有爱情的通奸、不受惩罚或得不到救赎的罪孽成了艺术更为真实的主题。这个世界已被除魅。波德莱尔描绘了在基督教看来有罪却无望得到上帝拯救的人，戳穿了那些以宗教作幌子的欺骗和虚伪的说教。福楼拜则陷入了对获胜的资产阶级的刻骨仇恨。文化只是虚荣的资本。伟大的二元论崩溃了；艺术、创造力和自由都被决定论和狭隘的利己主义吞噬了。在他所塑造的最伟大的角色药剂师奥麦身上，福楼拜囊括了现代性在当时和未来的一切内涵。奥麦代表着科学、进步、自由主义和反教权主义的精神。他活得非常仔细，关注自己的健康，接受过人们心目中最好的教育。他知道过去发生的一切。他了解基督教有助于解放奴隶，但它的历史作用已经过时。历史的存在就是为了造就他，一个没有偏见的人。他事事如鱼得水，没有他不明白的东西。他是新闻记者，为启蒙大众而传播知识。同情是他的道德主题，所有这一切不过是他的褊狭的自我。社会的存在就是为了给他荣誉和自尊。文化是属于他的。既没有英雄需要描写，也没有听众需要激励。他们都各忙各的事情。爱玛·包法利是奥麦的陪衬，她只能梦想不存在也不可能存在的世界和人。在这个理智的世界中，她是个不折不扣的傻瓜。她就像现代艺术家一样，一心向往不可能实现的目标。她唯一的胜利和唯一的自由行动就是自杀。

尼采发现这些颓废派、悲观主义者或早期虚无主义者具有启示性，
就像他发现那些伟大的事迹和激情的仿造者，尤其是瓦格纳（他们是硬 206
币的另一面）具有启示性一样。他蔑视前者，不是因为他们缺乏真诚，或

他们对周围世界的描述不准确，而是因为他们知道过去有过诸神和英雄，这些人是诗意的想象力的产物——这意味着诗意的想象力能让他们再生；然而他们没有勇气或决心去创造诸神和英雄，所以他们是毫无希望的。只有他们仍然能够渴望；然而他们是基督教的上帝或至少是基督教世界观的秘密信奉者，却不相信真正的新宗教。他们惧怕在没有海图、风暴肆虐的大海上航行。只有陀思妥耶夫斯基的灵魂充满生机，证明能与颓废派抗衡。他的无意识经过了基督教精神的过滤，表现为被压抑的欲望、犯罪、自卑、感伤和残忍；但他是活生生的，他一直在奋斗着，证明了野性欲望依然健康和内心深处的骚动不安。

艺术家是最有意思的现象，他代表着创造力，是人之为人的标准。他的无意识中充满了怪异的想法和梦，为意识提供各种图像，意识把它们作为既定之物，作为"世界"，并把它们合理化。合理性不过为没有理由或不合理的行为提供完美的理由。我们做的一切都是命中注定的，这命运就是我们的个性，但我们必须解释，必须与人沟通。后者就是意识的功能；当无意识为意识提供丰富的素材时，意识活动就会硕果累累，甚至幻想它有充沛的能力也是有益的。但是，当意识像数学和物理学现在所做的那样，剖析和玩味它的遗产时，保持完整的营养丰富的东西就所剩无几了。意识现在需要补充养分。

因此，尼采开拓了一个供现代艺术家、心理学家和人类学家探索的巨大领域，从最黑暗的无意识或最黑暗的非洲的深层寻求重振我们衰竭的文化。尼采的断言并非全都可信，但它的魅力是不可否认的。他走到了卢梭思想的尽头，并超越了他。美国人不感兴趣的现代性的一方面——因为它寻求的不是政治方案，而是对人的充分和全面发展的理解和满足，在尼采的思想中得到最深刻的表述，他代表着第二种自然状
207 态的顶峰。他首先是艺术家的朋友，当他在学院派中间不受敬重时，艺术家第一个站出来承认他；在艺术家中间，他的影响无疑最为丰富，只要想一想里尔克、叶芝、普鲁斯特、乔伊斯就够了。献给他的最伟大的哲学赞词是海德格尔的《尼采》一书，其中最重要的一章题为"作为艺术的

权力意志”。

意识从纯理智的角度把人的其他部分看作外在的东西，看作一堆物质影响,就像物理学、化学和生物学的其他研究对象一样。尼采通过充实这种单调乏味的意识图像,重构了某种类似灵魂的东西,供我们去理解人。无意识取代了所有非理性的事物——首先是宗教迷狂和性渴望;它们是旧式灵魂的一部分,在现代性中失去了意义。无意识把意识和整个自然连接起来,从而恢复了人的统一性。尼采使心理学作为最重要的研究再次成为可能;上个世纪在心理学中一切有意义的发展,不仅心理分析,还有格式塔心理学、现象学和存在主义,都是发生在他发现的这片精神大陆的疆域之内。不过,由于理性地位的变化,自我与灵魂之间的差别依然是巨大的。在尼采的思想中，对人的重构要求牺牲理性,而启蒙运动无论有什么失误,一直维持着理性的中心地位。就尼采的全部魅力以及他那些打动热爱灵魂的人的全部言论来说，他在这个关键方面对柏拉图的背离远远超过了笛卡尔或洛克。

尼采的心理学与信仰上帝的冲动有关，因为自我在这种冲动中配备和展示了它的全部力量；他的思想影响使知识界重新爆发了宗教兴趣——即使不是宗教信仰本身。尼采教导说,上帝是一个神话。神话是由诗人创造的。柏拉图在《理想国》中也正是这样说的,在他看来,这无异于哲学与诗歌之间正式宣战。哲学的目标是用真理代替神话(根据其定义,神话是虚假的,这一事实经常被我们那些沉迷于神话中的后尼采学者们忘记)。既然神话的发生在前,使人们有了先入之见,所以哲学意味着通过批判毁灭神话,为了自由和自然的生活而追寻真理。像柏拉图对话中描述的那样,苏格拉底对那些已被人接受的观点提出疑问,发出诘难,是哲学生活的典范;他因为不相信同胞的神话而死在他们手中， 208
是哲学风险的集中体现。尼采从有关神话的同样的事实中,却得出了完全相反的结论:世界上既没有自然,也没有这样的自由。哲学家必须反苏格拉底之道而行之。所以尼采是攻击苏格拉底的第一位哲学家,因为苏格拉底的生活不是典范，而是完全缺乏高贵精神的堕落而古怪的生活。苏格拉底竭力予以消除和净化的悲剧性生活，才是严肃的生活。新哲学家是诗人的盟友和拯救者，或者说，哲学本身就是最高级的诗。传统模式的哲学做着去除神话和非神秘化的工作。它没有神圣感；它为世界除魅，它使人失去根基，从而走向虚空。哲学在求索的尽头发现了虚无状态，这个启示使新哲学家明白，为了创造一个世界，他必须把制造神话作为自己的中心任务。

把社会和政治经验中关于宗教神话制造和价值定位的理论灌输到美国人血液中的过程，在很大程度上受着马克斯·韦伯的语言的影响。我很想说，他在这里的成功简直是个奇迹。他的发明——“新教伦理”——是一个很好的例子。我在芝加哥大学学习第一门社会科学课程时，读到他那本以此命名的书，由此步入现代的神秘殿堂。这门课程是社会科学“经典著作”概论，经典里也包括马克思的著作——不但有《共产党宣言》，还有大部头的《资本论》。当然，无论是洛克还是亚当·斯密，作为“资本主义”的正式代言人，大可以被视为它的创始人，但都未被列入书单，因为我们所要研究的是能够被当代社会科学家严肃对待的思想家。马克思把资本主义的出现解释成历史的必然，不受任何人的控制，是针对物质财产关系的阶级冲突的产物。在他看来，新教完全是一种反映着资本家控制生产资料的意识形态。我当时没有认识到，也无法肯定我的老师是否清楚，如果韦伯是正确的，马克思——他的经济学，他的革命，简言之，马克思主义及其必然引发的道义上的同情——就完蛋了。韦伯旨在阐明不存在这种客观必然性，人的“世界观”或“价值观”决定着历史的发展，精神推动物质，而不是别的什么。这有着恢复比较传统的观点的作用，即个人有一定的价值，存在着人类自由和对领导权的需要。韦伯说，正是加尔文的克里斯玛以及与之相关的、被他的追随者常规化
209 的世界观，对资本主义的发展起着决定作用。但是，韦伯的克里斯玛领袖与洛克、孟德斯鸠、斯密和联邦党人眼中的理性政治家是多么不同啊。他们努力实现为理性所把握，有着不言自明的自然基础的目标。他们不需要价值观和创造性的视野，就能理解所有理性人应当理解的一

切——严肃、可靠和繁荣的自由状态需要付出艰辛的劳动。马克思在这一点上更接近他们的思想实质，虽然对此是有争议的；在他看来，虽然人受着历史进程的制约，但历史进程本身是理性的，它是以人的理性自由作为目标。不管怎么说，人依然是理性动物。

另一方面，韦伯否认加尔文教派所规定的“价值”的合理性；它们是“决断”，而不是“慎思”，是由强有力的人格、“世界观”或“对世界的解释”强加给混乱无序的世界，除了新教徒的自我，这些东西没有任何基础。那些价值给新教徒建构了一个他们的世界，它们首先是意志行为的表现，同时建构了自我和世界。这样的行为必定是非理性的，没有任何基础。在混沌无序的宇宙之中，理性是不合理的，因为自相矛盾是不可避免的。先知成了政治家的完美模式——并且带来至关重要的结果。这就是美国社会科学领域出现的新情况，它本应清楚地表明——但却没有——某种完全不同于自然科学所了解的新的因果关系已经粉墨登场。

尽管如此，韦伯的语言及其对世界的解释像野火一般迅速蔓延。我读到过日本人的新教伦理，犹太人的新教伦理。这种明显荒谬的说法似乎让人难堪，所以现在“工作伦理”逐渐取代了“新教伦理”，但这仅仅是一种调适，几乎掩盖不了仍然存在于它背后的观点。关心自由市场的人似乎真的没有认识到，当他们使用这种语言时，意味着他们承认为了使他们的“理性”体制得以运行，需要道德上的补充，而这种道德本身却不是理性的——或者就他们所理解的理性来说，至少对这种道德的选择不是理性的。推迟物质满足对于整个体制可能是有意义的，但它对个人也有着无可争辩的好处吗？对于基督徒来说，财富的增长显然优于贫困吗？如果工作伦理只是许多同样正确的选择之一，那么自由市场体制本身也只是许多选择之一。因此，当自由市场的拥护者们看到那些曾经得到普遍认同的东西不再强制人们信奉时，他们不应该感到吃惊。人应该 210
抱着严肃的态度回到洛克和亚当·斯密那里，不是为了寻章摘句，而是给自由社会的理性道德基础找出论据。人们不再这样做了，因为他们已经丧失了阅读严肃的哲学著作或把它们作为立身根本的习惯，而且他们很可能做不到这一点了。当自由主义学说，后来所说的功利主义学说，占据了支配地位时，正如那些最成功的事业所示，完美的论证就不再那么必要了，难以理解的原初论证被貌似有理的简单化所取代——或根本没有东西来取代它。洛克和斯密以来的自由思想史，在哲学本质上几乎处于一种持续衰落的过程之中。当自由主义的经济思想或生活方式明显受到威胁时，其支持者为了维护它，随便摸起手边的任何东西就用。为了维护资本主义这个唯一的目的，似乎也得发明一种宗教，而与它结盟的早期哲学家则认为，为了建立资本主义，至少要对宗教加以弱化。不能容纳资本主义习性的宗教——托克维尔认为也应当如此——现在却被用来鼓励这些习性。

不必说，韦伯一刻也没有思考过加尔文是否真正得到了来自上帝的启示——这肯定会改变事物的面目。韦伯的无神论是很顽固的，但他毫无兴趣去证明加尔文是江湖骗子还是疯子，他宁愿相信加尔文和类似的思想缔造者是真诚的，他们代表着最高层次的心理类型，他们能够在这个世界上生活和行动，他们懂得如何承担责任，他们拥有内在的坚定信念或担当。宗教体验是俗事，不是上帝。理性与神启之间的传统争吵是无关紧要的，因为两者都是错误的，都错误地理解了自身。然而，神启在告诉我们人是什么，人需要什么。像加尔文这样的人是价值的创造者，所以也是历史中的行动楷模。我们无法相信他们体验的根基（上帝），但那种体验是至关重要的。我们关心的不是搞清楚他们如何理解自己，而是从自我中找出他们的信仰根基的神秘替代物。我们不能拥有，也不想拥有他们所特有的幻想；但是我们需要价值和担当。这种无
211 神论的宗教精神的结果，就是神秘主义的沉思冥想，以及韦伯和许多思想家（想想萨特吧）关于信仰和行为的言论，其巅峰之作非常不同于宗教领袖或理性政治家的言行。它融合了这两种人，但更看重前者，看重信仰以及与它相伴随的一切的必要性。与这种分析相配合的知识手段，倾向于掩盖宗教之外的选择，尤其是理性的选择。

结果，历史的视野不断向宗教解释倾斜。世俗化是个神奇的机制，它使宗教变成非宗教。马克思主义是世俗化的基督教；民主学说、乌托邦主义、人权理论统统如此。一切与价值选择有关的事情都是源自宗教。人们无需探究别的东西，因为基督教是我们的历史的必要而充分的条件。这使得人们不可能认真看待霍布斯或洛克，把他们当作我们的历史的原因，因为我们知道肤浅的理性不能创建价值，这些思想家是在不自觉地传播新教伦理的价值。理性可以传输价值，并使之常规化、正常化；但它不能创造价值。所以，韦伯对我们传统中理性的一面不屑一顾。哲学主张被忽略了；宗教主张却是令人敬畏的。僵化的无神论在宗教是唯一要素这个自相矛盾的结论中登峰造极。

从这种"世界观"中诞生了"克里斯玛"这个华而不实的宗教字眼，它发挥着极其重要的政治影响，同时也成为美国最令人厌烦的时髦话语。芝加哥有个"具有克里斯玛的清道夫"，每一条街的黑帮头子都被称为"有克里斯玛"。在美国，克里斯玛不仅是一种描述，而且是关系到领导能力的好东西。它甚至赋予领袖超越法律的资格，因为领袖有着固有的"特殊禀赋"。韦伯在谈到克里斯玛时想到的是摩西、释迦牟尼或拿破仑之类的伟人，但黑帮头子在形式上也符合他的定义。对于那些被政治的法制规范排除在外，又要求人们给予关注的事物，韦伯力图在政治领域给它们一席之地，虽然它们不是建构在理性或同意——这是自由民主体制下唯一的统治权利——的基础上。故也难怪，那些受到我们的宪政体制约束的煽动家，要抓住一个似乎能让他们合法化、向他们献媚的字眼。况且，民主体制下的个人主义没有为领导者正式提供太多的活动空间，在这种体制下每个人都应该是自己的主宰。克里斯玛既为领导者 212
辩护，又为追随者开脱。这个词对煽动民心的才能和活动给予正面的肯定，而我们的宪政传统认为这种才能和活动是负面的。它含义模糊，这使它成了欺诈的工具，成为那些善于制造形象吹捧自己的人的工具。

韦伯十分清楚，克里斯玛是上帝给予的恩宠，它通过上帝的许可而赋予人领导权。与他在《新教伦理》中的分析相一致，他把自我的价值定位看作得到上帝恩宠的人类真理。他的解释似乎仅仅是在描述，但实际上是规范性的。在深受尼采影响的段落里，他对国家进行了分析，认为这是一种人支配人的关系，它以合法的暴力——即**被人们当作**合法的暴力——为基础。如果人具有某种信念，他就会从内心接受被统治。被统治者为了接受他们的统治者的暴力，从自己的内心为此做出辩护，这是合法性的唯一基础。根据韦伯的看法，这种辩护有三种类型：传统的，理性的和克里斯玛的。有些人臣服是因为历来如此；有些人同意服从称职的公务员，是因为他们按照既定的理性规则行事；还有一些人则是被某人的克里斯玛所迷惑。三者之中，克里斯玛型的正当性最为重要。无论保守派怎么想，传统始于非传统。传统得有创立者，他从来就不是保守派或传统主义者，构成传统的基本价值是他的创造。传统是某个迷人时刻的半死不活的延续，在那个迷人的时刻，幸福的少数人能够与创造者一起沉浸在灵感的巅峰状态之中。传统把灵感调整为人类寻常而普遍的动机，譬如贪婪和虚荣；它使克里斯玛常规化。正是因为那种原始冲动，传统才成其为传统。所以，克里斯玛是克里斯玛型正当性和传统型正当性两者的条件，它也是正当性的卓越的表现形式。理性的正当性则不是由克里斯玛形成的，公务员——官僚——因此也不能做出真正的决断或承担责任。我们可以说，他们没有能力决定大政方针，或者用更古典的说法，不能建构目标。仅仅称职的人只能服务于已经确立的目标和根据既定规则做出决策。为了指出正确的方向或其他方向，理性的正当性至少必须有克里斯玛型的领导作为补充。于是克里斯玛重新占
213 了上风。价值创造，即制定一个民族赖以形成和生存的法典的活动，按尼采的说法，是存在这个外壳的内核。

不管韦伯的这些分析和范畴有什么优点，它们已然成为许多知识分子的圣经。正像韦伯认识到的，它们不仅是一种学术操练，而是表达了他对20世纪的危机的看法。这是所谓的事实也表达价值的一例。以传统为基础的政体已经耗尽了自身的动力，正在走向衰亡。建立在理性基础上的政体则完全变成了“最后的人”——令人无法容忍的极端消极的

人——的管理机构。那么,为了重振西方政治,或许是克里斯玛型领导在某种形式上的尝试。整个任务取决于一种信念,即尼采是正确的,最后的人是坏到不能再坏的人,或者更一般地说,尼采对理性的批判是正确的。

克里斯玛式的政治的问题在于,它几乎是不可界定的。历史上也许有过很多先例,但它们是无法模仿的。如果政治像艺术风格(这一想法是从韦伯发明的术语"生活方式"学来的)一样,那就没有什么东西可以预先规定。不存在固定的原则,也没有行动纲领。人们顶多能够说"要有主见!""要有创新精神!""放开些!"以及诸如此类的话。克里斯玛是极端主义和恣意妄为的法则。此外,领袖必须有追随者,所以存在着种种诱惑,使他脱离追随者所定义的角色另外采取行动。最后,真正的克里斯玛是极难判断的。要对得到神宠的克里斯玛型领袖的真实性进行令人信服的检验,显然是极难办到的。至于那种克里斯玛来自更加神秘莫测的自我的领导人,实际上不可能加以验证。韦伯所诊断的现代社会状况需要下猛药,克里斯玛型领导人就是这样一剂药方。

当韦伯著书立说时,希特勒已经出现在地平线上。他是个领袖,领导者,当然,他既非传统型的领袖,亦非理性的官僚,而是对韦伯所向往的克里斯玛型领袖——即煽动家——的疯狂、可怖和拙劣的模仿。希特勒让大多数人——即或不是所有的人——满足,向他们证明了最后的人不是最坏的人;他的例子本应使政治想象力放弃那个方向的试验,虽然并没有做到。韦伯是一个有着健全政治直觉的好人,他对希特勒只会给予憎恶和蔑视。他只想对德国政治弊病做一些温和的修正——就像 214
戴高乐为法国政治所做的一样。但是,当一个人冒险进入尼采开拓的广阔天地时,要设置界限是很难的。权衡和节制与这片天地格格不入。韦伯只是许多深受尼采影响并大力宣传其思想的严肃学者之一,他们不相信极端主义,而尼采则断言这种极端主义是置身善恶之外的结果。无限的未来包含着许多惊人之处,尼采的追随者帮助人们把善恶连同理性一起抛弃,为这个未来铺平了道路,却拿不准用什么去替代它们。韦伯使我们特别感兴趣，是因为他是为美国这片希望的乐土选定的传教士。不仅他留给我们的意味深长的语言的广泛流传使人惊叹,而且在那些堪称严肃的学者中间,他对政治现象的阐述的耐久性也令人称奇。无论是在这里还是在欧洲,希特勒的出现没有引起人们对政治的反思。恰恰相反,当我们与希特勒作战的时候,在欧洲先于他而出现的思想却征服了这里。这种思想对希特勒至少起着某种鼓励作用,对我们理解他却没有起到任何作用,而且仍然占据着支配地位。

在20世纪30年代,一些德国社会民主党人意识到,他们以往使用的韦伯的分析术语不适合希特勒和斯大林,于是开始用“极权主义者”来描述他们。当然,这是否足以匡正韦伯有些狭隘的政治科学尚有疑问。但是“克里斯玛”确实适合希特勒,除非克里斯玛必须意味着某种好品质——值得嘉许的价值判断。我怀疑,那些在这方面抛弃了韦伯的人,他们之所以这样做,是因为他们不能正视韦伯所犯的错误,或者是因为他们所拥戴和宣传的思想可能有助于支持法西斯。汉娜·阿伦特在她的《艾希曼在耶路撒冷》一书中,用现在著名的短语“平庸的邪恶”来描述艾希曼,或许不自觉地证实了我的猜想。在这层薄薄的伪装之下,不难分辨出“克里斯玛的常规化”。可见希特勒肯定是有克里斯玛的。在希特勒之后,每个人匆忙遁入道德保护之下,但实际上没有人认真思索善与恶。不然的话,我们的总统或主教大人就不会谈论价值了。

就像我力图表明的,韦伯的全部语言隐含着这样一层意思,即宗教
215 是一切事物——政治、社会和人格的——的根源;它依然传递着这类信息。但人们没有为重建宗教做任何事情——这会使我们难堪。借助于我们种类繁多的事实,我们拒斥作为我们生活方式基础的理性主义,却没有什么东西可以替代它。随着宗教的本质逐渐变成稀薄、衰朽的气体,弥散在整个空气中，以令人敬畏的神圣的名义谈论它也逐渐成为可敬的事情。当德国思想侵入美国之初,在大学里对宗教的暧昧性有一种科学的轻蔑态度。宗教作为已经被我们超越的历史的一部分,可以用学术方法进行研究,但是作一个信徒就有些愚昧或病态了。根据一种广为流

传的神话，新的社会科学应该取代被传统道德和宗教玷污的学说，就像伽利略、哥白尼、牛顿等人建立的自然科学粉碎了中世纪黑暗时代的迷信一样。启蒙运动或马克思主义的幽灵依然在这片大陆上四处游荡；宗教和科学的关系被等同于偏见和真理的关系。社会科学家们根本没有认识到，他们的新工具是建立在不接受正统二分法的思想的基础上，不但在政治舞台上寻找类似于宗教信徒的人物的欧洲思想家，而且新精神本身或自我，与帕斯卡的世界观有很多共同之处，就像与笛卡尔或洛克的世界观的共同点一样多。神圣性——作为自我的核心现象，不为科学意识所承认，更被丧失了宗教直觉的无知路人踩在脚下——从价值学说发端伊始，就为德国思想家所看重。那是因为他们懂得“价值”的真正含义。而在我们这里，在经历了弱化一切信念、抹去一切卓越之后，神圣性才被认为是无危险的，才获得了它的自我。

不消说，当我们使用神圣一词时，它与上帝毫无共同之处，就像价值和十诫、担当和信仰、克里斯玛和摩西、生活方式与耶路撒冷或雅典毫无共同之处一样。神圣性变成了一种需要，就像食物或性一样；在一个秩序良好的社会，它必须像其他需要一样得到满足。在我们早期的自由思想的热情中，我们往往忽略了它。来一点宗教仪式不是坏事；神圣空间①和某种传统是必需品，就像一代人以前文化被认为是有益的补充 216
一样。这些概念的真实涵义和它对我们的意义之间有着令人反感的不协调。我们生来就相信我们拥有一切。我们传统的无神论对宗教的把握要胜过今天对神圣的新崇拜。无神论者非常严肃地对待宗教，承认它是一种现实的势力，它让人做出某种牺牲，它需要艰难的抉择。而那些轻松谈论神圣性的社会学家，就像一个人牵着一头没有牙的马戏团狮子，绕着房子遛弯，却想领略丛林探险的刺激。

---

① 请注意“空间”一词——过去通常是指人们的公寓、工作间、办公室或其他地方——怎样变得时髦起来。——原注

217

左翼的尼采化或尼采的左翼化

到目前为止，我很少谈到马克思，也很少涉及他的概念，虽然整个世界已经分裂为两部分，一部分的思想渊源可以追溯到洛克，另一部分可以追溯到马克思，后者比前者更愿意承认自己的老祖宗。但是，当你开始谈论美国青年的灵魂时，这种相对的忽略是不可避免的，因为马克思没有谈及他们，那些试图影响他们的所谓的马克思主义教师，也不使用马克思主义的语言。坦率地说，马克思已变得令人厌倦——而且不仅对美国年轻人如此。在一些落后的穷乡僻壤，不屈不挠的自学者对“全世界的工人……”这种词藻依然激动不已，第三世界一党制国家的主席们也通过乞灵于马克思的权威强化他们的愤懑。但是，在那些人们与时俱进，意识形态已成定局的中心地带，马克思早就销声匿迹了。《共产党宣言》看起来很幼稚。《资本论》无法让读者相信它是有关经济学或人类的必然未来的真理，值得按它的要求付出艰苦的努力。不错，他的少数精彩文章依然魅力不减，但不足以建构一种世界观。这位末路英雄的思想沉寂并没有给许多左派继续自称马克思主义者造成多大阻碍，因为在穷人与富人的漫长斗争中，在他们要求得到比自由社会所提供的更大平等的运动中，他代表着穷人。除此之外，左翼的滋补品还来自其他方面。在萨特、加缪、卡夫卡、陀思妥耶夫斯基、尼采和海德格尔培育出的灵魂中,马克思是引不起共鸣的。在马克思一败涂地的地方,卢梭仍然能够发威。

为了说明马克思影响的变化,不妨看看"意识形态"这个概念,这是 218
他的像韦伯术语一样广为流传的少数术语之一。(后面我还会讨论美国人对"辩证法"的运用。)

在马克思看来,意识形态是统治阶级建构的一套虚假的思想体系,旨在掩盖它的自私动机,使它的统治在被统治者看来具有正当性。马克思对意识形态和科学做了严格的区分,马克思的理论体系是科学——也就是说,是建立在对历史之必然性的客观认识基础上的真理。共产主义社会没有意识形态。用尼采的话说,"纯粹精神"依然存在于马克思的思想中,就像它存在于所有哲学中一样——它是一种理解事物存在方式的可能性,是一种不可再缩减为其他东西的思想能力。意识形态是个带有轻蔑意味的字眼;为了看透它的实质,需要对它进行透彻的考察。它的意义不在于它自身,而是需要把它转换成被它歪曲描述了的基本现实。没有意识形态而掌握着科学的人,能够观察经济基础,认识到提倡智者统治的柏拉图政治哲学不过是对奴隶制经济中的贵族地位加以合理化;或是认识到霍布斯的政治哲学——它宣扬自然状态下的人的自由,以及由此导致的人人为敌的战争——从本质上说不过是在掩盖适应新兴资产阶级的政治制度安排。这种眼光为思想史提供了基础,它说出了故事背后的故事。为了了解何为勇气——一个对我们十分重要的命题——我们不应当看柏拉图和霍布斯,而应该看看他们对勇气的定义多么适合那些掌握生产资料的人。

但是,适用于柏拉图和霍布斯的观点,却不适用于马克思;否则,关于这些思想家受经济因素决定的断言就成了欺骗,就成了马克思恰好效力的新剥削者的纯粹意识形态。这种解释会不攻自破。马克思或许不清楚他要在那些不可避免和不自觉地受到历史进程制约的思想家身上寻找什么,因为他和他们处于同样的境地。马克思的科学确实有一些历史的前提条件,但这无损于他的真知灼见,他认为历史进程中存在着某个任何力量都不能扭转的绝对时刻。这个真理为革命打了保票,它在道德上相当于给美国革命提供担保的自然权利。没有它,一切杀戮都是非正义和无意义的。

219 然而,列宁在1905年却把马克思主义说成是一种意识形态,这意味着它也不能主张有什么真理。还没过半个世纪,马克思的绝对论就被相对化了。人们逐渐普遍承认,这种绝对时刻论和置身历史之外的观点是不可信的(尼采在其激进的历史主义中也坚持这一点),从而把马克思送进了化石博物馆。这是内部衰朽的起点,最终使有头脑的人不再相信马克思主义。马克思主义本身也成为了意识形态。把马克思的思想进行历史相对主义的处理,用他的方法论反对他本人,现在看来就像在宇宙的流变中断然采取某种立场,是创造者的标志,是对万物没有意义的公然挑衅——也就是说,它以这种方式看待那些被尼采咒语迷惑的人。对这种新眼光的拙劣模仿可以在萨特这个人身上找到,他对虚无、深渊、厌恶、无根基的担当有着神奇的体验——结果几乎必定是对党派路线的支持。

今天,在大众语言中,意识形态首先被普遍理解为一种有益的、必不可少的东西——但资产阶级意识形态不在此列。在尼采的鼓励下,摒弃政治和道德问题上的真伪之别,使这个术语的演变成为可能。人与社会为了生存,需要的是神话而不是科学。简言之,意识形态变得与各种价值无异,这就是它跻身于我们赖以生存的名称光荣榜的原因。只要考察一下韦伯的三种正当性形式——传统、理性和克里斯玛,它们使人接受别人以暴力为基础的支配——我们立即就会明白,我们可以把它们称为意识形态,也可以称为价值。当然,韦伯的意思是,人类的一切社会或共同体都需要这种暴力支配——在一个除了人的创造精神以外不存在秩序力量的世界中,这是从无序中产生秩序的唯一途径;但是马克思主义者依然朦胧地向往着一个存在价值但没有支配的世界。这就是他们的马克思主义的全部残留物,他们能够而且确实与尼采的信徒成为同路人,一个不错的结局。在他们的思想中,意识形态不再与昔日的伙伴科学为伍,而是孤傲地屹立在那里,从这个事实中你可以看到他们的窘境。

不仅如此,意识形态也不再与经济学有着明确的关联,不再是简单的决定论。它在创造性的王国里切断了必然性的束缚。自尼采以降,理性的因果论好像不足以解释历史上独特的事件和思想。现在,资本主义 220
意识形态很自然地被看作更接近于新教伦理,而不像《资本论》所描述的东西。在与今天的马克思主义者交谈时,如果你请他们从客观经济条件的角度解释哲学家或艺术家,他们会轻蔑地一笑,回答说:“那是庸俗的马克思主义。”这好像是在反问:“过去75年来你干什么去了?”谁也不喜欢让人视为庸俗之辈,所以人们往往会陷入尴尬的沉默。庸俗的马克思主义当然也是马克思主义。不庸俗的马克思主义是尼采、韦伯、弗洛伊德、海德格尔,以及后来步他们的后尘,希望投身于阶级斗争的一大批左翼分子——比如卢卡奇、科耶夫、本雅明、梅洛—庞蒂和萨特。为达到这个目的,他们必须摒弃令人尴尬的经济决定论。当马克思主义者也开始谈论“神圣”时,这场游戏想必是要收场了。

早在本世纪初,因遭遇尼采而造成的影响就可以在马克思主义中间感觉得到。革命的意义便是一例。如我们所知,革命及其伴随的暴力在现代政治哲学中被认为是合理的,它为现代政治史提供了扣人心弦的景象。革命取代了叛乱、内讧或内战,所有这一切显然都不是好事;同时革命也是最美好、最伟大的事件——无论在英国、美国、法国和俄罗斯的官方语言中,还是在它们的民众心目中,都是如此。德国是列强中唯一没有发生革命的国家,马克思主义的创立部分是为了在德国掀起一场更宏大、更美好的革命,这是德国哲学完美的自然结局,如同法国哲学在法国革命中达到顶峰一样。当然,革命势必导致流血,这证明了人们爱自由胜过爱生命。但是,大量流血是不必要的,暴力本身并没有被视为好事。旧政权已摇摇欲坠,需要再给它一击;在其背后新秩序的条件已经发育成熟,这种秩序的合理性已经得到自然、理性和历史的充分证明。

近年来这种情况却起了变化。暴力本身就有迷人之处，挥舞屠刀是一种乐趣。它证明了有抉择或有担当。新秩序是等不来的，必须由人的意志加以落实；除了意志之外，它没有任何依凭。意志成了右翼和左翼共同的关键词。可以说，过去意志被认为是必不可少的，但只是第二位的——原因才是第一位的。当尼采说“好的战争使每一种原因都变得神
221 圣”时，他极具煽动性地阐明了一种新思路。各种原因不分高下，皆是价值。价值定位才是要害所在。把暴力从一种手段转化为至少有了目的的性质，这有助于说明革命的暴力和法西斯主义之间的区别与联系。《论暴力》一书的作者索列尔是一个影响了墨索里尼的左翼人士。他的核心思想可以通过柏格森追溯到尼采：如果创造性是以混乱——因此也是冲突和征服——为前提，人正在创造一种没有冲突的和平秩序，正在成功地把世界理性化，那么创造性的条件，即人性，就会遭受灭顶之灾。因此，针对社会主义的和平与秩序，必须用意志力去制造混乱。马克思自己也承认，人类历史的伟业和进步源于它必须努力克服的矛盾。如果像马克思所允诺的，革命以后矛盾不再存在，那么人类还会存在吗？旧式的革命家向往和平、繁荣、和谐与理性，即最后的人。而新型的革命者则向往混乱。几乎没有人全盘接受尼采的规定，但是其观点却不胫而走。可以肯定，它给意大利和德国的知识界留下了深刻印象，在他们的眼中法西斯分子和纳粹“运动”非常得宠。因此，自我肯定，而不是正义或清晰的未来观，成了关键因素。

这样，决心、意志、担当、关切（这个拙劣的表述在我们这里颇为得势）、关心或掌握着你的一切因素，成了新的美德。这场新革命在20世纪60年代的美国魅力四射，让旧式的马克思主义者极为反感。目前，对恐怖分子的同情中也有某种类似的因素，因为“他们是有所关切的”。我曾看到一些年轻人，还有老年人，他们都是民主自由派，热爱和平，举止优雅，可是对于那些因为微不足道或冠冕堂皇的原因就以令人发指的暴力相威胁甚至动用这种暴力的人，他们在目瞪口呆的同时也报之以钦佩。他们心中暗想，自己遇上了真正有担当的好汉，这正是他们自己缺

乏的。他们认为最重要的是要有担当，而不是真理。托洛茨基和毛泽东对马克思进行修正，呼吁“不断革命”，便是考虑到了这种对革命行动的渴望，它的感召力也正在于此。20世纪60年代的激进学生自称为“运动”，他们没有意识到这也是20世纪30年代纳粹青年使用过的语言，而且是一份纳粹杂志《运动》的名称。运动取代了进步。进步有着明确而美好的方向，是一股控制着人的力量。*进步*是传统革命所要证明的东西。运动中则没有这些幼稚的道德废话。运动而不是固定不变是我们的状 222
态——但这种运动除了由人的意志所强加的内容和目标之外，再无其他内容。我们时代的革命是个混合物，既包含早期被视为革命的成分，又有安德烈·纪德所说的无缘由的行为，他的一部小说描述过这种行为：一个陌生人在列车上被无缘无故地杀害了。

马克思主义者的变体所做的不懈努力把马克思非理性化了，而且把尼采也变成了左翼分子。尼采的政治惨败被以下事实所证实：右翼——他唯一的希望就是他的教诲能对他们发挥适当的作用——完全销声匿迹了，他自己也被右翼临终前的苟延残喘所玷污，今天的尼采信徒和海德格尔信徒实际上个个都是左翼分子。本世纪最杰出的马克思主义知识分子卢卡奇粉墨登场。他年轻时来到德国，经常出入于斯特凡·格奥尔格和马克斯·韦伯的圈子，意识到他们所讨论的关于历史和文化事物的分量。这影响到他后来的工作，使他重新回过头去考察更为丰富的黑格尔思想，而在传统马克思主义者看来，黑格尔早就被马克思完全超越了。①

① 现在流行的做法是把马克思与黑格尔和尼采—海德格尔混在一起，凡是想通过严肃的哲学表述了解这一现象的人，都要看看亚历山大·科耶夫这位20世纪最有才华的马克思主义者的著作。他被迫把马克思仅仅看作一个传播黑格尔这位真正哲学家的思想的知识分子，虽然他对黑格尔做出些许修改。此外，科耶夫也十分坦然地正视“最后的人”这一问题。他认为，马克思主义者，即理性主义者，必须忍受“最后的人”，因为“最后的人”是理性历史的产物，在这一点上科耶夫同意尼采的观点。他认为，只有鼓吹野蛮的、非理性的消极因素的各类神秘主义者才能回避这个结论。梅洛—庞蒂和萨特能完全领会他的意思，并深受他的影响。——原注

成熟的马克思几乎完全不再谈论艺术、音乐、文学或教育，也不再谈论摆脱压迫的束缚后人的生活将会怎样。有些人从他早期的“人道主义”著作中寻找灵感，这在他的后期著作中是找不到的；但是他们到头来也成了浅薄的跟风者。既然尼采分子把这一切说得惟妙惟肖，为何不干脆把他们的言论据为己有呢？于是他们接收了“最后的人”，并把他等同于马克思的资产阶级；他们接收了“超人”，并把他等同于革命成功后的无产阶级。只要你相信资本主义多多少少是“最后的人”的原因，随着
223 资本主义的消灭会释放出新的能量，那么尼采关于人的渺小化和精神生活贫困化的无与伦比的描述，就能加强马克思的立场。激进的平等精神是救治尼采极其出色地描绘过的平等主义弊病的一剂良方。

再举一例：弗洛伊德讨论一些有趣的事物，它们在马克思那儿是绝对找不到的。整个无意识心理学，和它的内在动力性欲一样，是同马克思格格不入的。这些货色完全不能直接纳入马克思的学说。但是，如果能把弗洛伊德对精神病起因的解释以及他对精神失调的治疗解释为资产阶级的谬论，是在为资本家控制生产资料所导致的奴役制度效力，马克思就可以走上弗洛伊德主义的讲坛了。弗洛伊德所说的人类本性与社会之间的永恒矛盾，能够辩证地加以运用，在社会主义社会不会再有压抑的需要，而压抑是导致精神病的原因。这样一来，就十分巧妙地让弗洛伊德加入了马克思主义的大军，经济学的魅力又补充上了性爱的魅力，从而为革命成功后人们应当做什么的问题——这是马克思没有解决的问题——提供了解决方案。这就是我们从马尔库塞等人那里看到的情况，他们从不谈论马克思和弗洛伊德之间基本原则的矛盾所造成的困难。两种强大的思想体系被捆在一起端到人们的面前。弗洛伊德的学说是这个混合体中真正有血有肉的成分。马克思则提供了普遍适用的担保：资本主义确实存在弊病，问题可以通过更多的平等和自由加以解决，获得解放的人民将拥有一切美德。

“资产者”一词的含义模棱两可，这为用“最后的人”来解释它增添了分量。在公众的意识中，尤其是在美国，资产者总是跟马克思联系在

一起。但是还存在着作为艺术家敌人的资产者。人们认为资本家和市侩气的资产者是一回事,但马克思只谈到了经济方面,并且假设——理由并不充分——它可以解释艺术家所描绘的资产者在道德和美学方面的缺陷,而且可以解释艺术家自身。对于这样看待资产者和艺术家是否有效表示怀疑,是吸引以艺术家作为核心论题的尼采的主要原因之一。像我曾多次以不同方式提到的,过去200年间欧洲的大多数著名小说家和诗人都是右翼分子,在这方面尼采不过是他们的补充。在他们看来,问 224
题在于这种或那种形式的平等都没有给天才留下位置。所以他们都是马克思的对立面。但当一个人说他憎恨资产阶级时,他多少会被视为左派的朋友。因此,当左派有了接受尼采的念头时,他们便同他一起获得了19和20世纪文学传统的全部权威。歌德、福楼拜和叶芝都憎恨资产阶级——所以马克思是正确的:这些作家根本没有认识到资产阶级会被无产阶级征服。从正确的角度看,尼采可以说也是革命的支持者。读一下完全由左翼分子主办的早期的《党派评论》杂志,你会看到他们对乔伊斯和普鲁斯特有着无限的热情,他们把这两人介绍给国人,显然是因为按他们的意见这两人代表着社会主义未来的艺术,虽然两位艺术家认为艺术的未来存在于相反的方向。

在德国,后来的马克思主义者一直纠缠于文化的概念,他们厌恶资产阶级的庸俗,也许还怀疑在社会主义的未来他们能否继续无拘无束地研究文化。他们希望保留过去的辉煌,对此他们有着比他们的前辈更多的认识。他们的马克思主义其实囿于对资产者的传统仇恨而裹足不前,同时怀着一种朦胧的希望:无产阶级会带来文化的复兴或更新。你从阿多诺的言论中很容易看到这一点。但你在萨特和梅洛—庞蒂那里也很容易看到,资产者是他们真正关切的对象。工人阶级的马克思主义者仍在思考剩余价值和其他真正的马克思主义观点。知识分子却迷恋文化,正如柯拉克夫斯基十分恰当地指出的,他们发现自己中间没有一个无产阶级。这就是他们中间的许多人十分欢迎20世纪60年代学生的原因。但是海德格尔也欢迎他们。他们给了他某种启示。

此外,应当着重指出,随着社会日益繁荣,穷人也逐渐变为资产者。阶级意识和阶级斗争并没有增强,反而日趋衰落了。人们能够预见到一个人人都成为资产者的时代,至少在发达国家如此。马克思主义的又一根支柱被摧毁了。问题不是出在贫富问题上,而是出在庸俗化上。马克思主义者正在危险地接近一种观点,平等的人是资产者,他们必须要么加入资产者的行列,要么成为伪君子。唯有一种绝对没有任何根据的信条,即资产者式的工人是我们经济体制的病态现象,是**虚假意识**的产
225 物,使他们像托克维尔那样,没有说出这就是民主的本质,你只能要么接受它,要么起来反抗它。任何这样的反抗都不是马克思所说的革命。人们也许不禁要说,对于平等社会来说,这些高级的马克思主义者太有文化了。他们把这个社会称为资产者的社会,不过是为了避免承认这一点。

大体上,高级的马克思主义后来变成了对西方民主社会中的人生的批判。由于众所周知的原因,它一般回避严肃地讨论苏联。有些批判见解深刻,有些则浅薄浮躁,但都不是来自马克思或某种马克思主义的观点。它过去和现在都是尼采式的,是我们生活方式的变种,像"最后的人"一样。如果我们回顾一下我在这一章的开头谈及的在美国有着影响深刻的心理学,我们就能明白,传统取向、依附取向和自主取向,恰好是对韦伯的三种正当性形式的轻微修正,其中依附取向(可以解读为资产者)源于受市场需要或舆论支配的经济理性或官僚理性,自主取向相当于克里斯玛型,相当于提供价值的自我。韦伯的先知被信奉社会主义和平等主义的个人所取代。除了毫无根据地宣称社会主义者就是自我立法者以外,这里没有丝毫马克思的成分。对自主取向的人的讨论一向是空谈,举不出任何例子。韦伯至少还举出了几个例子,尽管他的定义颇成问题。人们不免要产生怀疑,韦伯关于价值提供者是精神贵族的论点,比那些主张只要有合格的精神治疗专家,或社会主义社会是为他而建构的,那么任何人都是价值提供者的观点,是否更不可信。对韦伯的平等主义改造,使得任何一个不倾向于左翼的人都会被诊断为精神病

患者。批评心理分析的左派把它称为资产者盲从的工具；然而人们也会怀疑这些批评家是为左派的盲从效力的心理治疗的操纵者。阿多诺对威权人格和民主人格的虚张声势的类型划分，实际上与自主取向和依附取向的类型划分有着同样的来源，而且有着同样险恶的内涵。

所以，尼采来到了美国。人们轻松地接受了他确实转向左翼，因为美国人不相信任何真正聪明和善良的人会不从心底里赞同威尔·罗杰斯的**处世哲学**："我从未遇到过我不喜欢的人。"尼采的落地生根是分许
多阶段完成的：我们中的一些人去欧洲寻找他；他随着流亡者来到美 226
国；近年来从事比较文学的教授做着大宗进口贸易，从巴黎购到所需货物，在那里，自从1945年解放以来，拆解尼采和海德格尔，再把他们组装到左派理论之中，一直是主要的哲学营生。通过这最后一个渠道，尼采和海德格尔在盛名之下，踏上由早期传播者为他们铺就的红地毯，来到了美国。在很长一段时间里，学院里的心理学、社会学、比较文学和人类学领域一直受他们的支配。但是，他们从学院走向市场才是真正的传奇。一种为了向有识之士解释我们多么差劲而提出的语言，经过我们改造以后，向世界宣布了我们是多么有意义。转运过程给货物造成了一定的破损。马尔库塞在20世纪20年代的德国开始其学术生涯时，多少还算是个严肃的黑格尔学者。而在这里，他不再撰写毫无价值的文学批判著作，转而在《单向度的人》等名扬天下的著作中表现出浓厚的性兴趣。在苏联，代替哲学王的是意识形态暴君；而在美国，文化批判变成了伍德斯托克音乐节式的喧闹。

227

我们的无知

在反思我前面提到的这种语言时，它背后的思想以及它被美国人接受的方式，使我想起自己的一位老师，他为美国人写下了十诫，它是这样开头的："我是主，你们的神，带你们离开欧洲暴君的王宫，来到我的土地——美国：放松吧！"如我们所知，这些让我们似懂非懂的话，正是对一些重大问题的概括，希望过严肃生活的人们必须面对这些问题：理性与神启、自由与必然、民主政体与贵族政体、善与恶、肉体与灵魂、自我与他人、城邦与人类、永恒与时间、存在与虚无。我们的怀疑习惯使我们意识到生活中有各种选择，但直到最近仍没有为我们提供手段，以便打消我们对应当优先做出哪种选择的怀疑。严肃的生活意味着充分了解这些选择，极其认真地思考这些选择会让人面对生与死的问题，会使他充分认识到，每一种选择都有着巨大的风险，必然会带来难以承受的后果。这正是悲剧文学的意义所在。它清楚地表达着人们渴望或许也需要的一切高尚事物，揭示出它们不能和谐共处的情形是多么令人难以承受。人们只需记住，对于那些面对信上帝还是拒绝上帝这种选择的人，它通常会招致什么后果。或者举一个重要性较小但同样相关的例子，想想托克维尔这一朵法国旧贵族中罕见的奇葩吧，他选择了把平等置于贵族的荣耀之上，因为他相信平等更符合正义，尽管它绝不会有利于帕斯卡之类的人,致力于沉思上帝存在的人,尽管缺少直面万物的不妥协精神会使人生变得贫乏,削弱其严肃性。这是真正的选择,但或许只对那些正视真正问题的人才是如此。 228

另一方面,我们接受了这些词语,它们指向这些重大问题的丰富内涵,我们却把它们看作好像是答案本身,以避免我们亲自面对。它们不是斯芬克斯之谜,需要我们扮演勇敢的俄狄浦斯,而是事实,我们无须一探究竟,它们建构了与我们有关的世界。对于我们来说,存在主义对虚无有什么作用?同样,价值对善恶、历史对永恒与时间、创造性对自由和必然、神圣对理性和神启又有什么作用?古老的悲剧性冲突被贴上保险的标签重新出现:“我好,你也好。”选择现在风行一时,但已不再带有过去的含义。在一个人人自由的——讲责任的——自由社会里,谁能始终不去“赞成选择”?然而,当这个字眼仍然具有一定的形式和固定的含义时,困难的选择意味着要接受困难的后果,它的表现形式是受苦、他人的不赞同、受排斥、惩罚和负罪感。没有这些后果,人们会认为选择是毫无意义的。为了肯定真正重要的事情而接受后果,给了安提戈涅以崇高;她的妹妹伊斯墨涅不愿这样做,因此名望大减。今天,当我们谈论选择的权利时,我们认为并不存在必然后果,别人的不赞同只是偏见,负罪感不过是一种精神疾病。积极参与政治活动和心理治疗就可以治愈它们。这样看来,海丝特·白兰和安娜·卡列尼娜并不是难以应付的人类问题和有意义选择的高贵典型,而是无谓的牺牲品,她们的痛苦在我们这个高度自觉的开明时代是不必要的。美国有无过错车祸,无过错离婚,它在现代哲学的帮助下正走向无过错选择。

国家之间、个人之间和我们自己内心的冲突,是我们极力想要避免的罪恶。在自然已被驯化,人也变得温顺的时刻,尼采试图运用他的价值哲学恢复人们愿意为之献身的残酷冲突,恢复人生的悲剧意义。在美国,这一价值哲学则被用于完全相反的目的——推动冲突的解决、讨价还价以及和谐关系。如果冲突只是价值观的分歧,调和就是可能的。我

229 们必须尊重价值,但它决然不能通过和平方式取得。①因此尼采献身于他极力想要治愈的东西。对他来说,作为创造性前提的冲突,正是我们急需的疗法。上文提到的亚特兰大市那个出租车司机和他的格式塔心理治疗,一直萦绕在我心中。康德认为,因为人具有道德选择的能力,他才享有平等的尊严。社会的职责就是为这样的选择提供条件,并给予那些完成选择的人以尊重。借助于价值相对主义这个媒介,我们可以把公式简化为:人人享有平等的尊严。我们的事业就是平等分配尊重。罗尔斯的《正义论》是这种分配的指导手册。康德的正义理论使人们有可能把《安娜·卡列尼娜》理解为对我们处境的意味深长的表达;罗尔斯的理论对理解电影《恐怖飞行》也有同样的作用。

我们对减少冲突的渴望解释了"辩证法"一词广为流行的原因,按我们的理解和马克思主义者的理解,它以对立始,以综合终,所以一切魅力和诱惑都统一于和谐之中。哲学和伦理学中最困难和最基本的原理是,"你不能既吃蛋糕又保留蛋糕",但辩证法战胜了这个法则。苏格拉底的辩证法是发生在话语中,虽然在追寻综合中向前发展,但总是以怀疑告终。苏格拉底的最后遗言是,他知道自己一无所知。马克思的辩证法是发生在行动中,最终的结果是无阶级社会,它也终结了理论冲突,即现在众所周知的意识形态。历史辩证法为我们的相对生活方式提供了绝对基础和愉快的解决方案。马克思的公式"人类从来不会提出自己不能解决的问题",与我们民族性格的一个侧面很吻合。当罗斯福宣称"我们无需恐惧,除了恐惧本身",他表达的是同样的意思。这种乐观主义是一个民族的力量所在,并且与我们最初主宰自然的计划联系在一起。但这项计划本身并不是毫无问题的,只有在一定的界限之内才是有意义的。界限之一就是人性的神圣不可侵犯,它绝对不可以被主宰。

① 尼采说过,如果一个人不相信自己的邻居,会被"最后的人"视为发疯,而如果"最后的人"为此而痛苦,他们则应自愿去疯人院。思考一下"偏执狂"一词在今天的使用吧。——原注

如果把罗斯福的名言夸大到无限,它就会变成毫无意义的废话。万万不可以为了拥有一个无问题的世界而改变人性。人不仅是一个解决问题的存在,像行为主义者想让我们相信的那样,而且是一个承认问题和接受问题的存在。

马克思的诉求让我们有了快要到家的感觉，因为他像是完成了我们为自己设定的任务——解决那些过去上帝和自然似乎无法解决、早 230
期的人类不得不无奈地忍受的问题。过去的人一直要向上帝、爱和死亡让步。它们的存在使人类不可能在地球上安闲自在地生活。但是美国正在以新的方式与它们打交道。上帝在这里被慢慢处死;这花费了200年的时间,但是,地方的神学家现在告诉我们,上帝已经死了。他的位置已被神圣性取代。心理学家杀死了爱。它的位置已被性和意味深长的关系取代。这只用了大约75年的时间。所以,一门新的科学,死亡学,或曰有尊严的死,正在着手杀死死亡,也就不足为怪了。应付死亡的恐惧,苏格拉底的漫长而艰苦的教育,学会如何死亡,将完全不必要了。死亡已经不再是过去的样子,但是什么东西将取代它的位置尚不清楚。恩格斯在谈到无阶级社会将持续很长时间(如果不是永远)时,曾经就这样的社会需要什么做过预测。这使我们想起了歌剧《爱的甘醇》中的杜尔凯马尔,他说自己闻名于整个宇宙——甚至宇宙之外。一个人必须做的就是忘记永恒,或是模糊永恒与瞬间的界线;这样人类最难以解决的问题就迎刃而解了。有教养的人在礼拜天早上会听一些有关死亡与永恒的高谈阔论,对这些问题给予少许关注。这比啃下《纽约时报》星期日版危险不了多少。有着各种精妙形式的忘却，是我们解决问题的主要模式之一。我们正在学习与上帝、爱甚至死亡“泰然相处”。

我们接受和消化欧洲事物的方式,十分生动地表现在托马斯·曼的《威尼斯之死》对美国人意识的影响上。这个故事在一代又一代大学生中广泛流传,因为它似乎反映着内心复杂的欧洲人的神秘和痛苦。它符合我们对弗洛伊德的先入之见,也适合艺术家;它的同性恋主题引起人们的好奇,而且在某些方面远不只是好奇,尤其是当涉及违禁主题,人们的想象力不济之时。它有点儿像人们在世纪之交谈论的思想精华的汇编。在《威尼斯之死》中，托马斯·曼采用了一种我认为十分沉重的弗洛伊德手法，分析自文化出现以来诗人和小说家所喜爱的命题和主人
231 公——艺术家，也就是他本人。故事的背景和情节暗示了西方的衰落；它的主人阿申巴赫的堕落与死亡宣告了崇高的失败和他的文化上层建筑的摇摇欲坠与空洞无物。上层建筑的基础只是深藏不露、桀骜不驯的原始驱动力，是他努力奋斗的真正动机。对这一点的清醒认识，摧毁了阿申巴赫的人生事业，而且没有提供任何可以接受的选择。这在很大程度上阐释了托马斯·曼在《托尼奥·克鲁格》中的著名论断："艺术家是有负罪感的资产者。"我的理解是，这意味着他正在体验所有后期浪漫主义对艺术家的根基或其对崇高追求的怀疑，他认识到现实就是资产者，但是艺术家的良心不安从道德角度带他走向崇高，又从本能的角度使他走向低贱。阿申巴赫是个作家，他继承了德国的传统，但显然不是歌德那样的精神贵族。他的泰然自若是建立在不了解自我的基础上。他在威尼斯触到了根基，发现了自己真正想要的东西；但他对自己这种意识所能做的事情毫无高尚可言，甚至无法忍受。他感到可怕的幻灭，最后死于这座漂亮而堕落的城市里肆虐的一场瘟疫。弗洛伊德的升华观与尼采截然相反，他认为性欲有着固定的目标，这是一种自然现实。相应地，文明的行为是以它为基础，是次要需求的满足，所以，倘若基本需求可以得到满足，那就不值得选择前者。弗洛伊德对性欲的解释只会使细心的观察者对文明产生懊悔，渴望直接的性满足。尼采则认为，写诗能够像性交一样成为原始的情爱行为。没有什么固定不变的天性，只有不同层次的精神境界。从这个角度看，阿申巴赫既代表着对失落的自然怀有渴望的浪漫主义，也代表着把自然说得阴冷无情的科学主义，外加后尼采时代的悲怆。但是，《威尼斯之死》确实涉及了弗洛伊德和尼采的共同主题——性欲的升华与文化的关系。托马斯·曼开始意识到文化的基础对文化有着致命的危险，于是勾勒出一幅文明危机的图画。升华失去了它的创造或塑造的能力，如今只有干瘪的文化和被玷污的自然。

但是，我不认为这是美国人接受它的方式。他们被刺激得兴奋难耐,当真认为它们就是性解放运动的早期宣言。即使是最出色的天才， 232
或者说尤其是最出色的天才，因为受到社会压抑的朦胧渴望而痛苦不堪。对于他们来说,这是再糟糕不过的事情;人不应被舆论吓倒,应该学会接受自己。他们无须恐惧,除了恐惧本身。简言之,阿申巴赫是个渴望“走出密室”的人。或许托马斯·曼也有一点这样的感觉,即需要对受压抑的欲望持开放精神,但由于他所处时代的气氛,这种欲望只好披着悲剧的外衣露面,它折磨自己,又哭又叫。可以说,纪德的尼采主义也是以此作为主要动力。纪德似乎认为,为了争取性解放,我们必须做个超越善恶的超人。为了削平资产者的性道德,他采用加农炮打蚊子的方式,抓住尼采的反道德主义不放。对此,尼采除了报以蔑视,大概不会有别的回应。这位声称一切伟大皆需要“血液中的精液”的人,不会同情那些被性压抑困扰的人,他们不能从性爱中产生出崇高的东西,他们渴望的是“自然的”满足外加公众的认可。在尼采看来,纪德就像个受虚无主义拖累的资产者。如果这样的自我表达是曼的意图所在,那么这也是他的颓废、他的创造力衰竭和渴望在傀儡——与创造者相反——般的漫无目的的享乐中逃避责任的标志。

尼采从性欲角度对艺术和宗教做出的强有力解释，以及弗洛伊德虽然大为逊色但流传更广的解释,对美国人起着腐蚀作用。他们关注崇高远不如关注性升华中的性。尼采旨在引导人们走向崇高境界的东西,在这里被用于为了眼前的欲望而揶揄崇高境界。用低俗方式解释崇高境界的任何做法都会出现这种倾向,在民主体制下尤其如此,这里的人对特殊要求怀有妒忌,认为人人都能达到完美境界。这就是弗洛伊德在美国立刻就有大量听众的深层原因之一。由于欧洲大陆狂飙突进,所以他相信自然,即洛克所教导的自然,动物的自然。他仅仅是加上了性的作用，以此建构起他的健康生活公式——“爱与工作”——因为他实际上不能解释爱。这就是我们从小就被培养相信的东西。它符合科学,而不像尼采那样,依靠诗意的空想。他对性爱真正想要什么的解释有着坚实的基础，这对我们本土的经验主义很有吸引力。而且，我们在谈论淫秽之事时，更喜欢采用科学而不是诗意的手段。所有这一切，再加上满
233 足我们欲望、解除我们痛苦的某种承诺，使弗洛伊德从一开始就成了大赢家，成了欧洲所有伟人中最易于为我们接受的人。他给性在公共生活中的中心地位发放了许可证，这是我们时代的鲜明特色。说到底，他似乎也有太多的道德说教，不够开放。但是，你只需构想新的社会结构，要求它们的功能没有太多的压抑就可以了。马克思的用处正在于此。或者，你可以干脆忘掉情欲与文化之间的关系问题，要不然就假定两者之间有着自然的和谐。弗洛伊德这位德国哲学的弄潮儿，使美国人能够认为满足性欲是幸福最重要的因素。他为本能提供了合理化解释，虽然这也许不是他的本意。

由于那些对我们的文化做出科学和文学贡献的人，性观念在移入美国时有着特殊的地位。但是，一旦来到这里，它的举止就与美国的其他事物没什么两样了。凄婉的语调，诗意的描述，在文明有赖于崇高境界的基础所做的辩解，统统消失了。为了有效地专注于需求本身，我们揭去掩饰经济需求的伪装——譬如帕台农神庙和夏特尔大教堂；同样，为了有效地满足性欲，我们去除了性欲的神秘面纱，直接观察它们的真面目。这就把人性的第二个中心带进了洛克的世界，这也是卢梭以及受他影响的人们所关注的。人的基本权利是“生命、自由、追求财富和性。”“把你的贫穷、你的性饥渴交给我们吧……”弗洛伊德使人们能够把性压抑看作医学疾病，因此，在一个致力于自我保护的国度，它被赋予了与健康有关的任何事情自然而然享有的好名声。人们倾向于忽略卢梭的提醒，即人不会由于性饥渴得不到满足而死亡，甚至大色狼的强烈欲望也可以因为会被处以死刑而平息下来。这样一来，我们就消除了经济和性的神秘面纱，满足着它们的基本需求，取消了哲学家告诉我们的他们的创造性冲动，然后我们又抱怨自己没有文化。我们总是能够在办公室和床第之间走进歌剧院。在苏联，人们依靠糟糕的旧时代传下来的歌剧，因为专制阻碍了艺术的表现；我们也依靠同样的歌剧，因为产生艺

术需求的饥渴已被消除。我忘不了一位阿默斯特大学的新生,他带着天真无邪的困惑问我:“我们应该回归崇高吗?”还是回归无糖的减肥替代品吧。被卢梭、康德、尼采和弗洛伊德赋予各种微妙意义的崇高啊,这就是它在美国的遭遇。那个小伙子的坦率让我感动,但我不能把他看作严肃的文化继承人。因为我们已经学会了把不必要的东西当成必要的,我们对必要性,无论是自然的还是文化的,已经彻底失去意识。 234

然而,当作为生活方式的性在舞台上亮相时,却迈出了至关重要的一步。在那之前,只有一些关于性的简单而粗略的自然指南。在传统美国,人们把性具有目的——传宗接代——视为理所当然的事情,而且认为它是达到这一目的的手段。无益于这个目的的事情是无用的,甚至是危险的,应当被忘却,或是应当由法律、不认同、良心和理性——没错,就是理性——加以控制。弗洛伊德的作用是把性从这些严格的束缚中解脱出来。性是一种无目的的力量,能够发挥多种功能;人要获得幸福,就必须赋予它的野性的、弥散的能量以一定的形式。但是,弗洛伊德的真正的自然主义,虽然他借用了尼采那种石破天惊般的不确定性作为基础,再加上对健康和完整人格的要求,为正当的性表达规定了边界和结构。托马斯·曼在《威尼斯之死》中表述的各种欲望,在弗洛伊德的学说中是得不到满足的。弗洛伊德解释和治疗它们,但没有原封不动地接受它们。在托马斯·曼那儿,它们多多少少预示着什么,像是难逃陷入虚无之厄运的灵魂的呼号。这些欲望也在寻求意义——大概一切情欲都是如此——但这个世界上没有什么东西能赋予它们意义。把麻烦从法庭和牧师转交给医生,或是把它解释成无所谓的事情,是肯定不会使这些欲望得到满足的。人们在所有事情上都愿意接受大事化小,但是对他们至关重要的事情除外。无论是资产者的社会还是自然科学,都没有为性的非生殖因素提供一席之地。资产者的简朴作风日益松懈,无害的享乐获得了解放,对无碍他人的性行为的一定宽容也逐渐成了时尚。但这是不够的,因为谁都不希望自己宝贵的欲望被说成跟发痒和挠痒是一路货色。

尤其在美国，总是存在着对道德辩护的需求。生活方式这个说法跟崇高来自于同一个思想流派，实际上它被理解为崇高的产物，但在美国
235 生活方式和崇高却从未结合在一起，这是因为分工的不同，弗洛伊德以性的升华为专业，而韦伯则擅长于研究生活方式。生活方式成了神赐之物。“生活方式”为生活的任何方式提供了正当理由，就像“价值”为一切意见正名一样。它摆脱了世界的自然结构，世界不过是风格设计师灵巧双手中的原料。这种说法使所有的道德说教和自然主义在神圣基础的界线面前戛然而止，它们清楚自己的局限，并对创造力充满敬意。此外，由于我们奇妙的混合型传统，生活方式与权利也是相符的，所以捍卫它们是一项道德事业，这为对侵犯人权者表示义愤的甜蜜激情提供了正当性，与它相对立的品味在成为生活方式之前，无论在政治上还是心理上都得不到辩护。现在，他们能够号召全世界所有的人权爱好者加入他们保卫人权的行列，因为对任何一个群体的权利的威胁就是对他们全体的威胁。施虐狂和休戚与共的精神在共同的人权事业中结合在了一起，他们的命运取决于他们所赞成的讨伐运动的成功。性不再是一种行为，而是成了一项事业。过去，对边缘人物，波西米亚人，还留出一个可敬的位置，但他们必须用知识和艺术成就来为自己的非正统生活正名。生活方式要更加自由轻松，更加真实，更有民主气象，没有人在意它的内容。

当生活方式一词最初在这里流行时，是为了描述某些人的生活并使其变得可以为人所接受，因为这些人做的一些吸引眼球的事情令社会侧目。它与反文化的意思一样。在美国人的语汇中，这两种说法都因为它们的哲学来源而披着权威的外衣，为人们随心所欲的生活提供了道德依据。当然，反文化享有文化所得到的尊严，其意思是谴责资产者为我们在身边看到的文化所提供的借口。至于反文化或生活方式到底是怎么回事——它是高贵的还是卑下的，则无关紧要。没有人会受到强迫，去深入思考自己的举止。这样做是不可能的。所以，不管你是什么样子，无论你是谁，都是好事。这一切完全证实了托克维尔所说的抽象观

念在民主社会中令人吃惊的力量。纯粹的词汇改变了一切。它也是对我们道德说教的一种评判。最初追求的即使不是自私的享乐——未来的历史学家在回顾历史时，不会把我们看作知道如何“享受”的享乐主义者，尽管我们一直在谈论这个话题——至少是在追求避免和缓解痛苦 236
与悲伤，它后来却被歪曲成了一种生活方式和权利，成了道德优越的依据。无拘无束的舒适生活就是道德。

在全部政治生活的许多领域我们都能看到这种情形。自私被表述为客观原则，而且人们也确实相信就是如此。当你看到热忱支持生育控制、堕胎、轻松离婚的中产阶级——他们还有社会关切、一本正经的自信和一大堆类似的统计数字——时，你会情不自禁地想到这些事情都对他们十分有利。这不是在否认现实问题，例如穷人的孩子太多，强暴和殴打妻子的可怕后果等等，然而这些问题其实都不属于中产阶级，他们已经不再繁衍后代，也很少受到强暴或殴打。他们是自己所倡导的一切的最大受益者。假如他们的某个主张会使他们自己或本阶级的自由或享乐做出一定的牺牲，他们在道德上会更说得过去。实际上，就当代意义上的选择而言，他们的主张都有助于他们的选择能力。不应当把很容易受到玷污的动机作为矫揉造作的道德基础，虽然它确实是这种道德的基础。在这种情况下，像在其他许多情况下一样，让性关系变得轻轻松松就等同于道德。当今美国人中自以为最有道德的人，恐怕正是那些从自己的说教中捞好处最多的人。如果他们的理论武器是由与他们的意图截然相反的哲学教诲打造的，这一切就更加令人厌恶。

但是，托马斯·曼的故事中最令我吃惊的因素，促使我对当初这类文学引起我们的注意时在美国发生的事情进行反思的因素，却是他对柏拉图的运用。阿申巴赫越来越迷恋沙滩上的男孩，他的脑海里不断浮现出《斐德罗篇》(柏拉图关于爱情的对话之一)中的引言，表达了他怀着恐惧渐渐认识到的东西就是他的吸引力的特点所在。柏拉图已被融入德国传统，《斐德罗篇》可能是阿申巴赫在中学里学习希腊语时就读过的作品。但是，它的内容，关于一个男人的娈童恋的谈话，好像不应该影响到他。这篇对话,就像德国教育中的其他很多内容一样,是“文化”和历史信息的一个残片,它没有成为一个活的统一体的一部分。这是阿
237 申巴赫自己的文化活力死亡的征兆。这个片断突然之间迸发出意义,指向通往受压抑欲望的深渊的道路。它像是一个梦;假如你是弗洛伊德派,你就掌握着揭开梦的意义的钥匙。梦包含着原始的、生理上无法接受的事实,是无意识的栖身之所,用隐匿的方式表达自己,获得隐蔽的满足。它们把自身附着于意识可以接受的材料,使其不再意味着它似乎具有的意义。它现在既表达又不表达真正的意义。柏拉图的著名对话是阿申巴赫的良心与淫荡好色之间的媒介。柏拉图发现了一种表达、美化、升华反常性欲的方式。托马斯·曼的故事也描述了这种方式。没有迹象表明,他认为人们能直接从柏拉图关于性爱的对话中学到多少东西。把弗洛伊德的眼光运用于柏拉图,了解欲望怎样为自己的存在找到合理性,却能学到一些东西。对柏拉图进行科学解剖,可以看到他是个卑劣的肉体。托马斯·曼对弗洛伊德学说的新奇性过于着迷,所以他丝毫不怀疑是否真像这种学说所声称的那样,升华能够解释精神现象。他是个教条主义者,或者说,他相信我们比古代思想家懂得更多。他们是神话作者。

弗洛伊德和柏拉图都认为性爱弥漫于人的各个方面。但他们的共同点也仅限于此。那些相信现代心理学更优越的人,如果他们把这种自信先放一放,就会从柏拉图那儿看到,对于使我们困惑,使我们陷入目前的荒谬境地的性爱表现,他对其多样性有着更丰富的解释。他可以看到实现性爱的可能性与不可能性之间的有益连接点。柏拉图既迷恋性爱,又不为其所惑,这两者我们都需要。至少在曼那里,还存在着使我们振奋的传统,虽然不那么生机盎然。我们或许可以带着曼给予我们的东西踏上自己的征程,发现比阿申巴赫更有意义的战利品。然而,在托马斯·曼那里几乎已达到极限的细线,在美国却彻底断开了。我们与传统不再有任何联系。性爱是意乱神迷,但没有人去思考它,也不存在思考它的可能性,因为现在我们把对灵魂的解释当作有关灵魂的事实本身。

性爱逐渐变得毫无意义,低俗不堪;凡是对人来说美好的东西,无一不是由思想充实其内容,由现实的选择加以肯定的,而这种选择意味着受深思熟虑引导的选择。索尔·贝娄曾把自己的意图描述为“在现代思想的废墟下重新发现世界的神奇”。抽象观念的灰色网络通常是用来掩盖 238
世界,用取悦于我们的方式简化和解释世界,如今它在我们眼里却成了世界本身。理解现象而不是关于它们的贫乏概括,重新体验它们的含糊性,唯一的方式就是拥有可供选择的不同眼光,拥有多种多样的深刻见解。但是,我们目前的观念却使这种体验在实践上极为困难,在理论上根本不可能。在柏拉图只看到预兆的地方,一个年轻人却看到了升华,这样一个人怎么向柏拉图学习?至于柏拉图能对他说些什么,更是连想也别想。由新型教育人为建构的灵魂,置身于一个经过人的技能改造的世界里,它相信一切价值都是相对的,是由持有这些价值的人的私人经济欲望或性欲望所决定的。这种灵魂如何恢复原初的自然体验?

我估计,假如我们制定一部法律,禁止使用本章列出的那些令人难忘的词汇,很大一部分人会变得哑口无言。技术性的讨论仍会继续,但是,同对与错、幸福、我们应有的生活方式有关的问题,会变得非常难以表达。这些词汇是思想的载体,它们的消失将会让思想的虚空表露无遗。词汇的演练是件大好事,它可以促使人们去思考他们真正相信什么,躲藏在套话后面的是什么。可不可以不说“生活方式”而说“随心所欲的生活”?不说“价值”而说“我的观点”?不说我的“意识形态”而说“我的成见”?“煽动民心”或“单纯的神性”能否代替“克里斯玛”?这些标准词汇好像个个寓意充实,令人起敬。它们似乎能为人们的偏好和举止正名,而人类也需要这样的正名,无论他们会说些什么。我们必须为自己的所作所为找个理由。这是我们的人性的标志,是我们有可能构成共同体的原因所在。我从未见过一个人说:“我相信我所相信的”,“这就是我的价值观。”总是需要论证的。纳粹有自己的一套说辞。小偷和妓院老鸨都有自己的说辞。也许有人不觉得必须为自己辩护,但他们肯定要么是流浪汉,要么是哲学家。

然而，这些词汇本身并不是理由，它们也不是作为理由提出来的。相反，它们意在表明，我们了解自己的行为、臻于尽善尽美的深层需要
239 无法得到满足。这些词汇由于某种神奇的力量成了我们的辩护词：虚无主义成了伦理道德。令我震惊的并非相对主义的不道德。令人诧异和可耻的是我们接受这种相对主义的教条主义态度，是对我们的人生意义缺乏关切的随便态度。一位全然没有受到美国人注意的作家——他没有为我们的马克思主义者、弗洛伊德主义者、女权主义者、解构主义者或结构主义批评家提供任何可以损毁的东西，也没有用故作姿态、多愁善感或陈词滥调来吸引我们的年轻人——路易—费迪南·塞利纳，充分表述了当一个人面对应当或不应当相信什么的抉择时，生活是什么样的。他是个极具天赋的艺术家和细致入微的观察家，远胜过广为人知的托马斯·曼和加缪。他所崇拜的罗宾逊，《茫茫黑夜的旅行》一书中的主人公，是个彻头彻尾的自私家伙，为了金钱可以说谎、欺骗和谋杀。塞利纳为何欣赏他呢？部分原因是他的真诚，但最重要的原因是，他宁肯让女友开枪打死自己，也不愿对她说出他爱她。他有某种信念，这是塞利纳做不到的。美国的大学生抵制和惧怕这本小说，怀着厌恶的心情唯恐避之不及。倘若能够强迫他们读一读，也许能促使他们重新思考，使他们认识到，思考自己的人生前提，让他们隐而不彰的虚无主义浮出水面，严肃地进行反省，是一件很迫切的事情。我始终忘不掉新闻短片中的一些画面，它们反映着我们当前的思想状况：法国人在海滨快乐地戏水，他们正享受着勃鲁姆人民阵线政府的立法通过的带薪年假。那是在1936年，同年希特勒得到允许占领了莱茵兰。我们所有的大好事都与这样的假期无异。

事情的荒谬性在于，我们的语言是卓越思想和伟大哲学的产物，而对于它们，粗浅的考察充其量不过提供了一点儿暗示。它们包含着毕生不懈的研究，能使我们日益贫乏的信念变为人性化的怀疑。寻求语言背后的缘由，对照其他语言的缘由权衡它们的价值，这件事本身就会使我们获得解放。我试图按照我们灵魂的本来面目，提供一个灵魂考古学的

大纲。我们就像个无知的牧羊人,他住在文明一度繁盛的地方,摆弄着地表的残砖断瓦,却全然不知它们曾是恢弘建筑的一部分。唯一必要的事情就是细心地发掘,以强化人生的楷模去再现它们。我们需要历史,不是因为它能告诉我们过去发生的事情,或为我们解释过去,而是因为它使历史保持活力,能够解释我们并创造一个可能的未来。这就是我们 240
教育的危机和机遇。西方理性主义对原因的拒斥已经到了登峰造极的地步。难道这种结果是必然的吗?

许多人会说,我关于欧洲哲学、尤其是德国哲学对我们的决定性影响的论述是虚假的或夸张的,就算这种语言确实来自于我所说的来源,语言也不会有这么大的作用。但是,语言在我们的生活中无处不在,它的来源也无可否认,就像产生这种语言的思想无可否认一样。我们了解语言是如何传播的。只要想想我那位阿默斯特大学的学生和亚特兰大的出租车司机,我就能让人相信精神范畴决定知觉。既然我们能相信加尔文教徒的“世界观”创造了资本主义,那么我们也能相信德国哲学家的强大观点可能正在为未来的专制做着准备。

我必须重申,卢梭、康德和尼采是最高层次的思想家。事实上这正是我所讨论的要点。我们必须反思这件事的意义,而且必须看到还有属于同一层次的另一些人。

卷三 大学

从苏格拉底的申辩
到海德格尔的就职演说 243

我十五岁那年第一次看到芝加哥大学，并多少觉得我发现了自己的人生。过去我从未见过或至少留意过这样一种建筑物，它明确地致力于更崇高的目的，不是为了功利或需要，也不仅是为了栖身、生产或贸易，而是为了某种目标本身。中西部不是以宏伟的朝圣地或政治荣耀的纪念碑而闻名，也少有看得见的精神遗迹可以激发青年人的想象力或敬仰。我对未知事物的渴望，突然间在外部世界得到了回应。

当然，这是一些仿哥特式建筑。我在上学期间得知它们是仿制品，况且哥特式风格其实并不对我的胃口。但是，它们指向一条通往伟人相聚之地的学习之路。你在那里能看到一些自己周围不太可能见到的楷模，没有他们，你既不能认识自己的能力，也不会明白作为人类的一员是多么奇妙。这种对古代异邦风格的模仿，表明了人们清醒地意识到自己缺少这种风格所表达的厚重，表明了人们对它的尊重。这些建筑是一个世界上最热衷于积极生活的民族，对沉思生活表达的崇敬。这种伪哥特式风格受到很多嘲笑，所以再没有人建造那样的建筑了。据说，它是不真实的，没有表达我们的本质。但是对我来说，无论过去还是现在，它都表达着我们的本质。人们不免怀疑，对于我们的精神需求，文化批判家是否具有和那些出钱盖房子的庸俗富人一样出色的本能。这个民族 244

的冲动是指向未来的，对它来说传统似乎更多地意味着羁绊而不是启示。历史的记忆和警示是我们摸索前行时的唯一监督。这些受人轻蔑的百万富翁在市中心建一所似乎仅仅致力于美国目标的大学，是在向他们一向忽略的东西致敬,不管这是由于他们意识到自己失落了什么,还是由于他们只顾别的事情而感到良心不安,或是为了满足虚荣心,要把自己的名字跟某种事业联系在一起。(以何种方式满足虚荣心,也完全能够说明他的为人。)教育,而不仅仅是技术教育,是美国的本色。

对我来说,这些建筑物的承诺一直被完整地保留着。从我成为该校学生的那一刻起，用全部时间思考我是什么人似乎就成了一件合情合理的事情,这件事让我着迷,但好像从来不是一个合适的或可能的研究课题。我在上高中时见过许多年长一些的男孩和女孩走进州立大学,然后成为医生、律师、社会工作者、教师,在我生活的那个小圈子里它们都是受人尊敬的职业。上大学是成长的一部分,但人们并不指望它成为改造的经历——事实上也不是如此。谁都不相信存在着我们闻所未闻的严肃目标,或存在着某种研究我们的目标、判断其优劣的方法。简言之,哲学只是个字眼,文学只是一种娱乐形式。我们的中学及其周边的气氛造就了我们这种心态。然而,一所著名的大学却代表着另一种氛围,它宣称有一些人人都应关心的问题,但在日常生活中不会提出这些问题,也不期望有答案。它提供一种自由探索的氛围,因此排斥一切不利于或有害于这种探索的东西。它对什么重要、什么不重要做出界定。它维护传统,不是因为传统本身,而是因为传统提供了在独特的高层次上进行讨论的模式。它蕴含着奇迹,使在对奇迹的共同体验中产生友谊成为可能。最重要的是,这里有真正伟大的思想家,他们是存在着理论人生的鲜活证明,他们的动机不能被轻易归结到更低俗的层次上,尽管人们乐于认为那是普遍存在的。他们拥有权威,但它不是以权力、金钱或家族
245 为基础,而是来自令人肃然起敬的自然天赋。他们相互之间以及他们与学生之间的关系,展示了一个有真正共同理想的共同体。在一个以理性为基础的国家里,大学是政体的庙堂,它致力于运用最纯粹的理性,在

人们心中唤起一种敬畏，自由而平等的人类联合体当之无愧的敬畏。

岁月教会了我，这多半是出于我年轻时的热情想象，事情并不像人们以为的那样美好。大学的立场比我能够设想的更加暧昧，有对立的潮流来袭时，它们要比表面看上去更加脆弱。但我确实看到了真正的思想家，他们为我开辟了新的天地。我学会了留心一些书，它们充实着我的存在内容。它们在我每天的生活中时时与我相伴，让我领会了很多事，也做成了很多事，假如命运没有把我带进这所处于鼎盛期的著名大学，我是做不到这一切的。我有着人们梦寐以求的老师和同窗。更重要的是，我有一些朋友，可以跟他们分享有关何为友谊的思考，同他们心心相印，我刚才所说的共同理想在他们中间发挥着作用。不消说，这一切都与生活中必然包含的软弱和丑陋混在一起。它没有抵消人的卑贱，但即便如此，它也在对这种卑贱给予教诲。甚至对大学——它毕竟只是原则上可以与之分离的内容的载体——的失望也没有使我怀疑，它给予我的不是我所能得到的最美好的生活。我从未想过大学只是从属于社会的一个部门。相反，我始终认为社会是从属于大学的一个部门，我祈求这样一个社会，它能多少宽容并供养一个永远长不大的孩子，这个孩子的玩耍反过来又能造福于社会。沉迷于大学的理念并不是一件荒唐事，因为只有通过这种理念，才能了解人们能够达到的境界。没有它，理性生活的全部神奇成果都会陷入原始的泥沼之中，再也无法复活。轻浮的经济学和心理学对这种理性生活的诽谤，并不能抹煞它那无法抗拒的美。但这种诽谤会使它受到遮蔽，事实也确实如此。

托克维尔论民主体制下的精神生活 246

托克维尔的教导使我知道了大学对民主社会的重要性。他的杰作《论美国的民主》触动了我的尚不成熟的情感。他对“美国人的精神生活”的描绘是一面我们可以用来审视自己的镜子。但是，我们对他的更为广博的观点十分生疏，所以我们不能立即认出自己。以我的经验，学生们最初总是对托克维尔关于美国精神的解释感到厌倦，但是只要他们真正努力专心阅读,终会被它吸引并受到它的警醒。谁也不愿意相信自己的视野囿于环境,不管他在别人身上看出这一点是多么容易。托克维尔告诉我们,民主体制导致一种特殊的精神倾向,如不主动加以纠正,就会扭曲人们的精神视野。

托克维尔认为,民主的最大危险是沦为舆论的奴仆。民主的要求是人人为自己做决定。运用自己的天赋才能为自己决定何为真假善恶,这就是美国人的哲学态度。在其他政体中,传统决定着人们的判断,而民主则摆脱了传统的束缚。宗教、阶级和家族的偏见不但从原则上而且从事实上被消除了,因为它们的代表没有精神权威。平等的政治权利使教会或贵族不可能筑起能让他们影响人们看法的堡垒。把神的启示作为自己的标准的教士,对古人有着强烈敬畏的贵族,以及总是把祖先的权利置于理性权利之上的父辈,都被平等的个人所取代了。即便人们寻找权威,他们也无法在其他政体中通常可以发现权威的地方找到它。所以说,在民主社会里,自由运用理性的外在障碍已被清除。较之人们在其他政体下的情况及其对意见来源的尊重,他们实际上是独立自主的。这促进了理性一定程度的发展。然而,民主政体鼓励人们算计私利,只有很少的人学会了把理性运用于这件事之外的目标,所以,考虑到他们既
247 无时间也无能力做出判断,他们在许多问题——事实上是所有的问题,因为一切事情都需要鲜活而独立的判断力——上需要帮助。甚至他们所计算的私利——各种目的——也是不确定的。某种形式的权威对大多数人来说经常是必不可少的,对所有的人来说至少在某些时候是必不可少的。由于没有别的东西可以依赖,大多数人的共同信念几乎总是决定着人们的判断。这正是传统一贯的价值所在。只要不为其不民主、反理性的神秘性所迷惑,传统的确能为单纯的流行因素提供制衡和纠偏的作用,它包含着古老智慧的遗存(虽然也有很多非智慧的东西)。一个人的灵魂中如果活跃着传统,他就有力量对抗转瞬即逝的东西,而只有智者才能单纯依靠自己去获得这种力量。理性解放的荒谬结果是让人更多地跟着舆论走,是对独立精神的削弱。

总而言之,理性被推到了舞台的中央。在民主体制中,人人都认为作为个体的自己与所有其他人是平等的，但这也使他难以抗拒平等人的集合体。如果所有的意见都是平等的,那么按照政治学的心理类比,多数人的意见就应占据统治地位。人人都应按照自己的意见行事,这话虽然好听，但是社会和政治生活要求共识，所以迁就众人是必不可少的。因此多数人的意见必然占上风,除非有强大的理由去反对它。这就是多数暴政的真正危险的形式,它不是积极迫害少数人的暴政,而是打垮内心抵抗意志的暴政,因为人们缺少不服从原则的合格依据,也没有自己更正确的感觉。多数就是一切。多数的决定就是终审裁决。令人害怕的不是它的权力,而是它貌似正义。托克维尔发现,美国人虽然大谈个人权利,但他们的思想极为单调,少有鲜明的独立见解。即便那些看起来像是自由思想者的人,真正注意的也只是选民,并期望某一天成为多数派的一员。他们像盲从者一样是舆论的产物——是在盲从者的剧院里主张不盲从的演员，这些盲从者为某种形式的不盲从——把已经成为主流的意见加以激进化的不盲从行为——欢呼叫好。

在理性的政体中不存在以原则或正义信念为基础的、传统意义上 248
的阶级,这使张扬的理性处境艰难。人们对最根本的政治原则基本上看法一致，因此对它们的怀疑是没有立足之地的。贵族政体中还有平民党,在民主政体中却不存在贵族党。这意味着,反对主流原则得不到保护和尊重。过去还有代表教会利益、反对君主利益和贵族利益的政党。它们也为不同意见的发展提供了土壤。我们的政治辩论热火朝天,这往往使我们忽略一个事实,即较之过去那些使人们为之战斗的分歧,我们的原则分歧是非常小的。在我们的历史上,确实涉及根本原则分歧的唯一争执是有关奴隶制的论战。然而即使是奴隶制的拥护者,也不敢像亚里士多德那样宣称有些人天生要为他人服务；他们只能否认黑人具有人性。再说,这个问题其实早已被《独立宣言》解决了。黑奴是一种必须消灭的反常现象,而不是我们民族生活的永恒现象。被《独立宣言》和《宪法》打入冷宫的不仅有奴隶制,还有贵族制、君主制和神权政治。这非常有利于我们国内的和平安定，却不利于对获胜的平等提出理论质疑。人们不仅认为政治理论的老问题得到了明确的回答，而且认为使问题的认识多样化的根源也被清除了。民主良知和单纯的生存需要结合在一起，压制着怀疑的产生。托克维尔针对美国提出的种种问题——对它们的回答使他能够比我们大多数人更合理、更积极地肯定平等的正义性——源于我们无法具备的体验：他对另一种政体和心灵倾向——贵族制度——的直接的体验。如果我们没有办法获得类似的体验，我们对人类可能性的范围的理解就是贫乏的，我们评估自己的优势与劣势的能力就是微不足道的。

为了理解这种可能性的范围，克服现有政体阻碍正确评价其他重要政体形式的趋势，大学必须为不受保护且胆怯的理性提供帮助。大学
249 是一个让探索和哲学开放精神自行其是的地方。它旨在鼓励人们对理性本身的非工具性运用，它提供一种气氛，使统治者意志的道德优势和自然优势不至于吓跑哲学上的怀疑。而且，它维护着滋养这种怀疑的伟大行为、伟大人物和伟大思想的丰富宝藏。

精神自由不仅需要、或者说不是特别需要不受法律的限制，它更需要不同思想的并存。最成功的暴政不是用武力确保一统天下，而是使人们意识不到还有其他可能性，把还有其他道路可走当作不可思议的事情，使人们失去对外部世界的感觉。给人以自由的不是感觉或担当，而是思想，是理性的思想。感觉主要是由习俗形成和塑造的。真正的分歧来自思想和根本原则的分歧。民主中的许多因素导致对这种分歧意识的攻击。

首先，对所有政体来说，都存在着可以称之为官方历史的东西，它使过去看起来有缺陷，或把过去只作为迈向现有政体的一个步骤。这方面的一个例子是奥古斯丁《上帝之城》中对罗马和罗马帝国的解释。罗马并没有被遗忘，但它只是通过获胜的基督教才被记住的，因此它不会对后者构成挑战。

其次，对掌权者趋炎附势是每一种政体都存在的事实，尤其是在民

主政体中，与专制政体不同，它有得到公认的正当性原则，这摧毁了人们内在的反抗意志，而且，如我所言，在民主政体中，除了人民之外不存在一种人可以依靠的合法力量。在现代民主中，对人民的权力、对大众品味支配生活舞台的事实表示反感的现象是很罕见的。马克思主义的思想魅力之一就在于，它在解释人民的不公正或庸俗时，把这归咎于那些操纵人民的堕落的精英分子，以此为人民辩白。因此，马克思主义者既能批判现在，又能不让自己脱离现在和未来。几乎无人愿意正视这样一种可能性："资产者的庸俗"其实是人民的天性，它一直就存在，而且无处不在。对人民阿谀奉承、无力抵制舆论是民主的恶习，尤其多见于作家、艺术家、记者等等依靠受众过日子的人。敌视和过分轻蔑人民是 250
贵族政治的恶习，但这对我们几乎不构成问题。贵族政体最痛恨和害怕的是煽动家，而纯粹的民主政体最痛恨和害怕的是"精英"，因为他们不公正，就是说，他们不接受民主政体中处于主导地位的公正原则。所以说，每一种政体都贬低那些最有可能认清和纠正其政治和思想嗜好的人，赞美那些鼓励这些嗜好的人。不过我要再说一遍，由于民主政体中不存在非民主的阶级，所以这种趋势更严重。每一种政体中都有人民；而其他阶级的存在并非必然。

第三，民主只关注实用之物，只关注大众眼中最紧迫问题的解决，这就使与现实拉开距离的理论不仅显得毫无意义，而且不道德。面对贫困、疾病和战争，谁有权利在伊壁鸠鲁的花园里优哉游哉，问一些早就有答案的问题，在需要承担责任时却袖手旁观？"只讲事物本身"与现代民主精神是格格不入的，在精神问题上尤其如此。一到关键时刻，从事思考的民主人总是陷入良心危机，不得不想办法用功利标准解释他们的思想努力，不然就倾向于放弃或扭曲这种努力。在平等的社会里，几乎没有人自视甚高，也没有人养成特殊的正义感或蔑视单纯的必需之事，结果使这种倾向更加严重。亚里士多德的灵魂高尚之人热爱美丽无用之物，他们不是民主类型的人。这样的人既热爱荣誉又鄙视荣誉，因为他知道自己应当得到更好的东西，而虚荣的民主人则囿于它所追求和获得的荣誉。热爱美丽无用之物的人远不是哲学家——至少像热爱实用之物的、更加理性的人一样——但是他有自己的优点，他鄙视的许多事情与哲学家相同，他为了装点自己，可能赞美哲学家的无用。与那些热爱实用之物的人相比，不寻常的伟业对他来说是更加自然，他相信并尊崇被功利主义心理学否认的动机。他能把多数人为之奋斗的目标——金钱和地位——视为稀松平常之物。他是自由的，必须寻求另一
251 类成就，除非他献身于帮助别人得到他已经拥有的一切，因为从民主的观点看这是他应该做的。他即刻就能理解，求知本身就是成就，而不是达到其他成就所必需的任务。理解与手段相对立的终极目标，与追求幸福相对立的幸福，需要贵族气质。所有这一切都有益于精神生活，却不是民主的特点。

因此，仅仅宣布理性统治，并不能创造理性充分发挥作用的条件，而且在清除它的障碍时也摧毁了它的某些支撑。理性只是灵魂机制的一部分，为了正常发挥功能它需要其他部分的制衡。麻烦在于到底激情是理性的仆从，还是理性是激情的婢女。后一种是霍布斯的解释，在现代民主的发展中发挥着重要作用，它既是对理性的贬低，也是对理性的褒扬。更古老、更传统的秩序虽不鼓励理性的自由运用，但它包含着某些因素，使人想起对理性的更高贵的哲学解释，这有助于使其免于堕落。这些因素与这种秩序下普遍存在的虔诚有关。它表达着对更高思想境界的敬畏，对沉思生活——可以理解为对上帝和献身精神的沉思——的尊重，对阻止人们专注于紧迫或眼前之事的永生的执著。这就是哲学的庄严形象——必须强调的是，它是对原始状态的扭曲，是其不共戴天的敌人，但它维护着宇宙的秩序和作为哲学之发端的灵魂的秩序。托克维尔在对帕斯卡的生动阐释中，对此作了令人叹为观止的描述，他显然认为帕斯卡是最完美的人。在托克维尔看来，在民主体制中，这种类型的人——理论型的人——的生存可能是最受威胁的，要使人性不致丧失殆尽，必须给予强有力的保护。现代民主下的理论思考，大多可以被解释为是平等主义对以帕斯卡为代表的更高境界的人的怨

恨，毁坏他的荣誉，扭曲他的形象，抹杀他的存在。马克思主义和弗洛伊德主义把他的动机贬低为人人都有的动机，历史主义否认他与永恒同在，价值理论使他的理性思考失去意义。即使他真出现了，我们也会对他的卓越视而不见，我们会对他引起的不愉快避之唯恐不及。

可以说，民主国家中大学的存在，正是为了防止或治愈这种民主特 252
有的盲目，这不是为了建立贵族政体，而是为了民主政体本身，为了保护这种制度中某些人的精神自由——这当然是最重要的自由之一。成功的大学证明了一个社会能够致力于所有人的幸福，又不阻碍人的潜能或把人的精神禁锢在政体的目标之内。民主最大的精神弱点是缺乏理论生活的兴趣或才能。我们获得的所有诺贝尔奖和诸如此类的东西，都不能把托克维尔这方面的评估一笔勾销。问题不在于我们是否聪明，而在于我们是否擅长进行最广泛、最深刻的思考。我们现在比过去更需要经常提醒自己的不足。欧洲著名的大学曾经是我们的思想楷模，但是随着它们的衰落，我们得依靠自己。没有什么东西阻止我们对自己评价过高。所以必须在我们中间建立一个不随俗的学术机构，它把澄清的头脑置于物质福利和同情之上，它抵制各种强烈的欲望和诱惑，它摆脱一切趋炎附势的习气而坚持自己的标准。这些标准首先是我们可以接触到的历史精华，虽然它们必须接纳新事物，只要新事物确实与它们相符。即使新事物都与它们不相符，那也不是灾难。伟大精神繁荣兴旺的年代是不多见的，它们可以为精神比较贫乏的年代提供养分。不能从这些时代获得灵感，又没有可以替代的东西，才是灾难。这会使罕见的天才更不可能从我们中间脱颖而出。《圣经》和荷马的影响已逾千年，它们或是与主流同行，或是陷入低潮，但其力量难以超越，不会因为不合时尚或某个政权的精神而失去意义。它们提供着改革的出路和模式。

所以，大学的任务很明确，即使它不易实现甚至不易记住。首先，它要始终把永恒的问题放在第一位，放在中心位置。做到这一点首先是靠保存——通过使其保持活力——最出色地讨论这些问题的人的成果。在中世纪，亚里士多德一直存在于社会领袖的头脑之中。他一向被当作几乎与宗教先驱平起平坐的权威，甚至被同化于他们。这当然是在滥用亚里士多德，因为他认为权威与哲学是对立的。人们应该总是带着问题
253 和怀疑去研究他的教诲，而不是盲目信仰。哲学的本质在于摒弃一切权威，依靠个人的理性。然而亚里士多德从未消失，他温和明智的观点影响着世界，指引着存有哲学疑问的人。在我们这个时代，摆脱权威和理性的独立已是老生常谈。可是，亚里士多德非但没有得到正确的运用——既然我们有了恰当的体制——反而从所有的意图和目标中完全消失了。我们很难像黑格尔那样，能够运用亚里士多德去把握现代性的特点。相反，我们越来越局限于此时此地的狭隘经验，变得鼠目寸光。亚里士多德的消失与他的固有特征关系不大，更多地是因为人们在政治上嫌恶他，再加上自负导致的思想修养的匮乏。理性变成了我们的偏见。卢梭注意到，很多在一个世纪以前会成为宗教狂的人，在他那个时代却成了自由派。他断定他们并不是真正理性的人，而是盲从者。变为偏见的理性是最恶劣的偏见，因为理性是摆脱偏见的唯一工具。在理性时代，大学最重要的功能就是成为真正开放精神的典范，以保护理性免受理性自身的伤害。

因此，即便没有答案，大学也知道什么是开放精神，也清楚问题的所在。同时，大学了解自己置身其中的政体及其对自身活动构成的种种威胁。在民主社会里，对于大学来说，对急迫、变化和一时的事物持反对态度，要比全盘接受它们冒的风险更小，因为社会已对这些事物持开放态度，它既不监测自己所接受的东西，也没有对旧事物给予足够的尊重。同理，大学坚持毫不妥协的高标准，要比过分的包容风险更少，因为社会倾向于以平等的名义模糊这些标准。看重英雄事迹要比关心普通事情风险更少，因为社会拉平了一切差距。在贵族政体下，为了解放理性，大学可能不得不走向与民主政体中截然相反的方向。但是，大学在贵族政体中不像在民主社会里那么重要，因为贵族政体中还有另一些精神生活的中心，而在民主社会里实际上不存在其他中心，不存在需要
254 加以培养和鼓励、甚至允许给予培养的生活方式、天职或专业。这种状

况在20世纪后期愈演愈烈。作为一项制度的大学，必须补充民主社会中个人缺乏的东西，必须鼓励其成员参与它的精神生活。作为政体自身的最高层次的智能与原则的储备库，它必须强烈地意识到它在平等个体制度之外的重要性。它必须蔑视舆论，因为它本身包含着独立自主的源泉——遵循自然，探寻和发现真理。它必须专注于哲学、神学、文学经典，专注于像牛顿、笛卡尔、莱布尼茨这样的科学家，他们有着最广阔的科学视野，并且清楚地意识到自己所做的一切与事物整体秩序之间的关系。这肯定有助于保存在民主社会中极易被忽略的东西。它们并不是教条主义，恰恰相反：它们是反对教条主义所必需的。大学必须抵制诱惑，不要试图事事都为了社会。大学是许多利益中独一无二的利益，它必须时时盯着这种利益，以避免与希望它更实用、更现实、更随俗的要求妥协。

大学的任务可以用托克维尔指出的民主思想发展的两种趋势加以说明。一种是抽象化。由于不存在传统，人们又需要指引，所以那些产生于某时、没有适当的经验基础、似乎又能解释事物、帮助人们在复杂的世界里找到自己的道路的一般理论得以流行。马克思主义、弗洛伊德主义、经济主义、行为主义，等等，都是这一趋势的例证，这些理论的提供者也从中大为受益。民主的普遍性和它预先假定的人的同质性助长了这种趋势，使人们的头脑对差异变得不那么敏感。本书第二卷所讨论的全部问题，便是这种抽象性、思想和经验的虚幻性的证据，它们比取代了反思的口号好不了多少。在贵族政体中，人们认为自己国家的经验既独特又优越，他们不倾向于普遍性思维，而是倾向于忘记人的自然共同体和思想的普遍性。但是他们确实注重自己的经验，注重被抽象的"思想倾向"同质化的社会现象的多样性。这是民主大学必须向贵族政体学习的另一件事。在光彩夺目的新学说与得到充分认知的经验之间，我们总是禁不住要选择前者。甚至我们著名的经验主义，与其说它是面向经验的开放精神，不如说是一种理论。提出理论并不是理论思维，也不是 255
理论生活的标志。具体性而非抽象性才是哲学的标志。一切有意义的概括必定产生于对所解释的现象最丰富的了解，抽象化却导致对这些现象的简化，以便让它们更加易于处理。

譬如，倘若有人只把谋利看作人们行为的动机，那就很容易解释这些行为。只对真实的事物加以抽象即可。他马上就会只注意这种预设的动机。人们一旦开始相信这种理论，他们就不再相信自己还有其他动机了。社会政策若是建立在这种理论上，最终就会成功地造就出符合这种理论的人。当这种情况正在发生或已经发生时，当务之急是重新发现人的原始天性和动机，认清那些不符合这种理论的因素。霍布斯对各种美德的功利性描述在心理学中大获全胜，应当把它与亚里士多德的描述加以对照，因为后者保留着美德不受约束的高贵品质。霍布斯在提出自己的学说时思考过亚里士多德，我们却从来没有这样做。为了恢复真正的辩论，从而恢复人的现象，必须同时阅读亚里士多德和霍布斯，以了解他们各自从人身上看到了什么。这样你才拥有了深入思考的原料。对于生活在被抽象概念改变了的世界、自己也被抽象概念改变了的现代人来说，重新体验人的唯一办法，就是依靠那些思想家的帮助去思考这些他们所没有的抽象观念，他们可以引导我们获得没有他们的帮助我们难以拥有或不可能拥有的体验。

与此相关的问题是，社会科学中有这样一种趋势，即人们更倾向于对事件的宿命论解释，而不是把它们看作人们思考和选择的结果。托克维尔把这种倾向解释为个人在平等社会中无能为力的结果。奇怪的是，在民主这种最自由的社会里，人们反而更愿意接受那些说他们受天命左右，即他们不自由的学说。似乎没有人自己能够或有权利控制事态，它似乎都是由非人的力量推动着。而在贵族政体中，天生居于高位的人则对他们可以发号施令的事情的控制力估计过高，他们对自己的自由十分自信，憎恨一切有可能左右他们的东西。对于事态的起因，无论贵
256 族还是民主的感觉都不正确。在人们认为自己软弱的民主政体中，他们太易于接受自己就是软弱的理论，这种理论让人相信不可能采取控制措施，使他们变得更加软弱。应对之策仍是古典，仍是英雄人物——荷

马、普鲁塔克。乍一看,我们会觉得这些人天真得无可救药,然而正是我们世故的幼稚使我们这样想。丘吉尔从他的祖先马尔伯勒那里汲取灵感，没有这个典范人物的鼓舞，就难以想象他会对自己的行为那么自信。马尔伯勒认为莎士比亚在他的教育中起了非常重要的作用,而莎士比亚则从普鲁塔克那里学到不少治国方略。这就是现代英雄的知识谱系。精神领域的民主革命清除了这种古老的思想传承,用决策理论取而代之,它既没有治国方略,更没有英雄。

总之,大学的活动有一条简单的规则:它不必致力于向学生提供在民主社会中可以得到的经验。他们无论如何总会得到这样的经验。它必须向学生提供他们在民主社会中得不到的经验。托克维尔并不相信古代作家十全十美,但他相信他们能让我们明白自身的不完美,这对我们才是至关重要的。

大学从未很好地发挥这一功能。如今,它们实际上连这样的努力也不再做了。

思想与文明社会的关系

大学的起源十分久远。不过,我们现在所了解的大学,从它的内容和目标来看,却是启蒙运动的产物。启蒙就是给过去黑暗的地方带去光明,就是用有关自然的科学知识取代原有的想法,即迷信。这种知识是从人人看得见的现象出发,最终得出人人都有可能理解的理性证明。必须用理性,即科学或哲学(对两者做出区分的起源并不很久,仅在19世纪才流行起来)去考察和理解万物。认识万物的本质是启蒙运动的目标。过去的特点并非无知,而是虚假的观念。人们对万物总有看法,但它们是站不住脚和无法论证的。然而它们却统治着各个民族,拥有至上的 257
权威。因此,启蒙运动的问题不仅在于发现真理,而且是真理同已经写进法律的人类信念之间的冲突。启蒙运动始于一种冲突,一方是城市和宗教迫使人们相信的东西,另一方是对科学真理的探索。过去人们知道的一切政权,都禁止人们思考和怀疑这些基本观点,更不用说提出替代的观点。这种做法被视为不忠和渎神,事实上也确实如此。

当然,启蒙运动的大师们并不是最先认识到这种紧张的人。早在公元前8世纪到6世纪之间科学在希腊诞生时,这种紧张就已经存在,并且人们也认识到了它的存在。启蒙运动的思想家很清楚,从那时起就有非常卓越的哲学家、数学家、天文学家和政治学家遭到迫害,被迫生活在社会的边缘。启蒙运动的创举在于它试图减轻这种紧张,改变哲学家与文明社会的关系。学术社团和大学,受到公众尊敬和支持的科学家团体——他们为自己制定规则,遵从科学的内在引导而不是世俗或教会权威去追寻知识,以及他们之间的自由交流——都是这项创举的看得见的标志。更早的思想家接受这种紧张,随遇而安地过日子。他们的知识基本上只属于他们自己,他们的私生活与公共生活大不相同。他们只想让自己摆脱黑暗,走向光明。启蒙运动则是把光明带给全人类的大胆尝试,既是为了全人类,也是为了科学的进步。这种尝试的成功取决于科学家的自由结社和自由对话。只有当统治者认为科学家不对他们构成威胁,才能赢得自由。启蒙运动不仅是——甚至可以说主要不是——一项科学计划,而是一项政治计划。它始于这样一个前提:统治者是可以教育的,这是一个启蒙运动的古代同行并不赞成的前提。

这项计划是一个阴谋,达朗贝尔在启蒙运动的重要文献——《百科全书》的前言中如是说。它只能是一个阴谋,因为要想让理性的统治者
258 上台,必须罢黜许多传统的统治者,尤其是那些从神启中得到权威的统治者。教士是启蒙运动唯一的对头,因为他们拒不承认理性的要求,把政治和道德建立在神圣的经文和神权基础之上。哲学家好像否认神的存在,至少是否认基督教上帝的存在。旧秩序是建立在基督教基础之上的,它决不会允许理性的自由运用,因为理性必然是破坏性的,不接受凌驾于它之上的任何权威。因此,争夺统治权的公开斗争是不可避免的;因为哲学家们虽然彬彬有礼,他们至少需要有利于自己、选择了理性的统治者。思想自由的权利是一种政治权利,它要想生存,就必须有一个承认这种权利的政治秩序。

换句话说，为了说服社会中那些权势最大的人，使自由探索得到保障，必须提出自由的科学探索有益于社会的论证。简言之，必须证明知识进步与政治进步是平行发展的。这决不是一个不证自明的命题，凡是读过卢梭的《论科学与艺术》——该书对它进行过大肆抨击——的人都明白这一点。然而它却是启蒙运动的指导原则，是赞成思想自由和探究自由的大多数人所持有的偏见的根基。我之所以说偏见，是因为理性几乎已经被人遗忘，反对思想自由的其他思想却大行其道。旧秩序提供根基和救赎，对这种旧秩序的怀恋则是最新思潮的标记。启蒙思想家在为更健全、更有效率的政治确定原则和各项安排时，提出了一种可供创建者——例如美国的创造者运用的政治科学；他们还提出了一种自然科学，它能够为满足人的需要而主宰自然。这些承诺不仅使文明社会愿意接受理性，甚至使它成了文明社会的中心。建立在理性基础上的社会需要最善于理性思考的人。科学家将取代君主和教士的位置，成为最受尊敬的人，因为他们是一切有益于生命、自由和追求财富之事的显而易见的来源。准确地说，这并不是以一种信仰取代另一种信仰，因为即便不是人人都能从事新科学，但人人都能理解它，只要他受过科学方法的训练即可，而且对人的权利和义务的认识也要求他运用自己的理性。

启蒙运动是一项勇敢的事业。它的目标是完全遵照哲学与科学的 259
指导重建政治和精神生活。没有哪个征服者、先知和开国者的视野比它更宽广，也没有人取得过比它更惊人的成功。实际上，没有哪种现代政治制度不在一定程度上是启蒙运动的结果，而最好的现代政体，即自由民主政体，则完全是它的产物。因启蒙运动而得到普及的科学，受到普天之下所有人和所有政权的信赖和承认。启蒙运动通过长期的教育，使人们懂得了马基雅维利所说的“现世的事情”，无情地击败了它一开始就瞄准的对手，尤其是教士和依靠教士的人。只要读一读亚当·斯密《国富论》中论述教育的第五卷，你就可以明白，大学的改革，尤其是大学对神学影响的摒弃，对现代政治经济学的出现和以它为基础的政体的建立起了多么至关重要的作用。由此可见，学术社团和大学是自由民主制度的核心和基础，它使原则保持生机，是保持这种政体运转的知识和教育的不竭源泉。

崇尚平等、自由和人权的政体是理性的政体。自由的大学只存在于自由民主政体之中，而自由民主政体也只存在于有自由大学的地方。马克思主义者说的不错："资产阶级的大学"从根本上只与"资产阶级社会"有关，但其含义却不同于他们的设想。大学不捍卫社会，不是因为大学只反映它们自身的利益，而是因为这种社会中各种力量的均衡最需要尽量尊重思想自由，因而也最需要保护思想自由。早期的思想家团体受到宗教和政治势力的监督，它们根据的是不容置疑的权利。法西斯制度拒绝理性并控制了大学。卡尔·施米特在希特勒上台时说："在今天的德国，黑格尔已经死了。"虽然存有争议，黑格尔是迄今为止最伟大的大学人。苏联的制度断言，人民在先锋党的呵护下已经成了理性的人民，所以大学不再需要一种特殊的地位——也就是说，它可以受党的控制。只有自由民主政体同意把理性放在第一位，尽管人们并不认为它的公
260 民既单纯又一贯讲究理性。它保证大学享有特殊地位，这使它不必拘泥于文明社会中的思考和言论所受到的一般道德和政治限制。大学并不是符合社会全体成员利益的思想自由的受益者。恰恰相反，在对现代社会的最初设计中，人们相信普遍的思想自由值得向往，是为了给哲学家和科学家的思想提供支持，严格来说只有他们才配得上"思想"二字。最初，首要的自由就是思想自由，这既是因为理性乃人类最出色的能力，也因为它是美好社会最需要的东西。若想拥有一种新型社会，为人类形成一种新的安排，就必须让霍布斯、笛卡尔、斯宾诺莎、培根、洛克和牛顿能够自由思考和宣传他们的学问。

后来被称为学术自由的东西，它的特殊地位逐渐受到了侵蚀，几乎没有人清楚它的含义。在公众甚至大学的意识中，学术自由与政府、企业或工会所保障的职业安全之间几乎看不出有什么差别。它被等同于经济制度，就像是一种有时得到认可、有时得不到认可的自身利益。科学的权利现在基本上跟各种说法不一的思想权利没有什么区别。言论

自由让位给表达自由,据此,猥亵动作和示威演说享有同等保护。一切都很精彩;一切都享有自由,不必做出令人厌恶的区分。但是,把好事说过头,它就成了假的。实际发生的情况是,理性已被扫地出门,进入了不值得文明社会注意和支持的行列,它的影响力减少了,变得更加脆弱了。大学及其传播的知识受到左翼和右翼的半理论式的攻击,社会对大学的需求日益增长,高等教育的大规模扩张,所有这一切加在一起,使大学最重要的特点变得模糊不清。

经过改革的高等院校的初衷是为理论研究者提供一个可敬的场所——和一种支持手段。他们在任何国家里再怎么说也是极少数人,他们在这里可以互相见面,交流思想,用科学方法培养年轻人。高等院校应该充当科学进步的发动机。改革者试图为科学家确立的权利,是让他们在自己擅长的领域里,不受限制地运用理性去解决自然提出的问题。 261
这里应当着重强调理性和专长。“思想诚实”、“担当”以及诸如此类的东西与大学毫不相干,它们属于宗教和政治斗争的舞台,只会妨碍大学的活动,使它遭受不必要的怀疑和批评。思想自由和言论自由是在理论中提出来的,是由严肃的政治改革家付诸实践的,是为了对盲从和利益统治的世界里的沉寂的理性之声给予鼓励。思想和言论自由的含义后来如何发生变化,表示对狂热和利益的鼓励与保护,这是跟理性的政治秩序理想的衰落有关的又一件怪事。《联邦党人文集》的作者们希望,他们的政体方案可以导致理性和理性人在美国占据优势。他们并不特别关注保护怪诞或疯狂的意见和生活方式。现在我们常常把这种保护视为建国者的中心意图,其实它只是保护理性所产生的偶然结果,只要理性遭到否定,它也会失去存在的理由。这些创始人并不尊重的众多的宗教派别,也不看重多样性本身。允许众多教派的存在,只是为了防止出现一派独大的局面。

启蒙运动胜利之时,似乎也成了它走向衰败的起点。民主化的结果使它的目的变得模糊不清,这表明了它的内在困境。这项事业为那些在研究万物第一原理的学科中从事理性探索的为数不多的理论研究者带来了自由。这种探索需要一种气氛，它使理性的声音不至于被流行于政治生活中的各种有关“担当”的喧嚣所淹没。知识就是目的；胜任的能力和理性是追求知识者必备的条件。这些学科是哲学、数学、物理学、化学、生物学和人的科学，即能够洞察人性和政治目的的政治科学。这就是高等学府的内容。依附于它们的还有一些应用科学——尤其是工程学、医学和法学——它们的名望较低，属于知识的旁支，但能产生科学成果造福于不懂科学的人，并使他们尊重科学。这样一来，追求知识的智者和追求自身福利的无知者的利益就同时得到了满足，两者之间形
262 成了和谐的关系。把智者和掌权者隔开的年代久远的鸿沟得以消除，智者在文明社会中的处境问题也得到了解决。这项事业是反映着可认知的自然秩序统一性的统一体，它根据整体中各部分的秩序对部分加以组织，最后按照科学的顶峰——哲学——的考察，把它们整合到一起。

这项事业已经失去了它的统一性，陷入了危机。理性没有能力构建它的统一体，不能决定它的内容，不能对精神劳动进行分工。它在既无罗盘也无轮舵的状态下随波逐流。

假如大学确实是启蒙运动的产物，是它在现代民主中的有形体现，假如启蒙运动是一项旨在改变智慧与权力、知识与社会之间关系的古老特点的政治工程，那就可以猜想，已经被政治所利用的知识危机——即大学的危机——和自由民主社会——即依靠知识的政治秩序——的危机，对启蒙运动促成的新关系确实起着一定的作用。

我把马基雅维利、培根、蒙田、霍布斯、笛卡尔、斯宾诺莎、洛克同18世纪的思想家孟德斯鸠、狄德罗和伏尔泰一齐纳入启蒙哲学家的范畴，虽然通常人们认为只有后面这些人的学说构成了启蒙运动。我这样做是因为他们明确地把自己的思想归功于前边那些思想创新者，启蒙运动很大程度上只是普及了这些人的思想。这些启蒙运动的人物是最早的一批人，他们不是仅仅（或者主要不是）向同一层次的哲学家或潜在哲学家宣传自己的学说，他们不仅关注能够理解他们学说的人，还致力

于改变整个人类的想法。启蒙运动是第一场受到哲学启示的“运动”，是一个同时具有政治力量的理论学派。启蒙运动这个词传达着这些混合因素，就像马克思主义一词一样，而柏拉图主义或伊壁鸠鲁主义严格来讲只指理论——它们可能会有这样或那样的影响，但本质只是一种理论。虽然柏拉图和亚里士多德也有自己的政治哲学，人们却不能指出哪种政体是柏拉图主义或亚里士多德主义的政体，因为这两个思想家并没有发起运动或成立政党，并最终建立那种政体。启蒙运动肯定促进了 263
自由民主政体的产生，就像马克思主义促进了共产制度的诞生一样。思想史学者往往被哲学和政治学中这些晚近发生的事件冲昏了头脑，以至于认识不到它们是多么晚近的事情，认识不到它们是这两个领域里的新现象，认识不到启蒙运动最深刻、最重大的意义在于：它在政治活动模式和程度方面是对哲学传统的自觉的根本决裂。

启蒙思想家认为自己在从事一项最大胆的创新：用马基雅维利的话说，现代哲学要有政治效用，而柏拉图和亚里士多德，以及自苏格拉底创立政治哲学以来追随他们的所有古代思想家，却是没有政治效用的。马基雅维利宣称他传授的是有效用的真理，他和实际追随他的人都致力于政治效用。马基雅维利效仿柏拉图《高尔吉亚篇》中的卡里克斯，他嘲笑苏格拉底不能保护自己免受侮辱和挨耳光。哲学家的脆弱似乎是反思和革新哲学的出发点。这在今天的许多人看来也许是不足挂齿的事情，但是无论古代还是现代，整个哲学传统都把思想与社会的关系看作理解人类处境最富有成果的出发点。其实，我们有充分了解的最初的哲学，就是开始于审判和处决哲学家。马基雅维利就是从理性在政治秩序中的脆弱性出发，建立了现代性的伟大哲学体系，并把纠正这种脆弱作为自己的事业。

有人或许会说，现代思想家的动力并不是对哲学家命运的关注，而是——用培根的话说——改善人类生活状况的愿望。然而它们最终还是要归结到一件事上——指责古代哲学家的无能，反思知识与文明社会的关系。古人总是颂扬美德，但结果并没有使人变得更讲道德。到处都是腐朽的政权，压迫人民的暴君，剥削穷人的富人和压制平民的贵族，人们得不到法律或武器的充分保护，等等。智者看得很清楚，问题到底出在哪里，但他们的智慧不能产生任何有所作为的力量。新哲学宣称
264 发现了改革社会、保护理论生活的手段。即便这两个目的不是完全一致，人们也希望它们彼此能够相得益彰。

切不可忘记，这是哲学领域内部的争论，党派之间对什么是哲学早已有了共识。现代哲学家考察希腊哲学家及其继承人——罗马哲学家，对他们并不认同。但他们都同意这样一种观点：哲学以及同它联系在一起的我们所说的科学，是诞生于希腊，而且就目前我们所知，它们从未出现在其他地方。哲学是对整体或自然的理性解释。自然这个概念本身就源于希腊，而且是科学必不可少的。矛盾法则指导所有人的谈话，现代哲学家提出理性的论据，对他们持有异议的先哲的论证进行反驳。他们完全接受了古代天文学和数学的大部分内容，他们尤其同意哲学生活是最高层次的生活。他们与先哲之间的争论不像摩西与苏格拉底或耶稣与卢克莱修之间的分歧（他们之间没有共同的话语世界），而更像牛顿和爱因斯坦之间的分歧。这是一场理性主义者争夺理性主义的斗争。人们对这个事实视而不见，部分原因在于经院哲学——即罗马天主教会对亚里士多德的运用——是受到现代哲学猛烈攻击的旧秩序中的哲学幽灵，这种攻击更多地出于反神学的义愤，而不是因为憎恶古典哲学。古代哲学家与现代哲学家之间根本上的一致性不再明显，另一个原因是现代思想史的研究倾向于把所有意见分歧都看作“世界观”的分歧，因此混淆了基于理性的争论与基于信仰的争论之间的不同。

“启蒙”这个概念同柏拉图用来形容思想家与社会关系的最有说服力的比喻——洞穴——紧密相连。在《理想国》中，苏格拉底把人描写成黑暗洞穴中的囚犯，他们被捆绑着，只能看到投射在墙上的影子，以为那就是人，是唯一的现实存在。对人来说，自由意味着摆脱束缚和文明社会的习俗，离开洞穴走向阳光普照万物的地方，看清它们的真实面目。思考它们立刻就能得到自由、真理和最大的快乐。苏格拉底的描述
265 意欲说明，我们开始于欺骗或神话，但我们有可能运用理性进入一个没

有成规的世界，进入自然。错误的观念可以得到纠正，它们的内在矛盾促使有思想的人追寻真理。教育是带领人们从黑暗走向光明的运动。理性把光芒投射到最初我们只朦胧认识的事物，由此产生了启蒙运动。

现代哲学家同意理性能够理解万物，科学向往的光明也是存在的。现代哲学家与古代哲学家的全部分歧在于洞穴，或者用非比喻的说法，在于知识与文明社会的关系。苏格拉底从未暗示，即便在哲学家为王并拥有绝对智慧这种不太可能的情况下，洞穴的性质会发生变化，或文明社会、人民或民众会没有错误观念。返回洞穴的哲学家能够看出被人当作现实的只是幻影，但他们只能让少数幸福的人看到他们的真实存在。他们会理性地引导城邦，但他们一旦离去，城邦就会回复到非理性状态。或者换一个说法，无知者不能识别智者。与此相反，培根和笛卡尔之类的人则认为，让人人具有理性，改变亘古不变、无处不在的陈规是可能的。启蒙就是要把光芒照进洞穴，使墙上的影子永远消失。那时就会出现人民与哲学家的统一。整个问题就变为洞穴是像柏拉图想象的那样难以驾驭，还是像17和18世纪最伟大的哲学家所谆谆教诲的那样，可以通过新式教育加以改变。

柏拉图告诉我们，苏格拉底受到不虔敬、不信城邦所信奉的神的指控，他因此而成了罪人。柏拉图总是把苏格拉底描写为典型的哲学家，苏格拉底一生所经历的事件和他所面对的问题，是这种哲学家所必须面对的问题。《申辩篇》告诉我们，对于哲学家来说**政治**问题就是神的问题。很清楚，洞穴岩壁上的影子代表着神，人们不会容忍有关它的矛盾。苏格拉底对指控的反应不是肯定研究天地万物的学术自由的权利。他接受城邦要求他信仰的权利。他为自己辩护说，他不是颠覆者，但并不令人信服。他确信哲学的无上尊严，试图尽量缩小哲学与公民美德之间 266
的鸿沟。换言之，他见风使舵，或者说不老实。他的申辩不具有“思想诚实”的特点，也不太符合同代人的口味。他只想尽可能让别人不要理他，但他也非常清楚，一个怀疑每个好公民都知道的道理的人，一个毕生坐而论道却不行善事的人，必定会与城邦发生冲突。苏格拉底的特点是，他生活在根本性的冲突之中,他阐释它们,却不努力消除它们。在《理想国》中,他试图把哲学和公民权利统一起来。唯一可能的办法就是让哲学家成为统治者,这样在城邦的需求和哲学家的要求之间,或者说在权利和智慧之间,就不会发生对抗了。但是,这种解决方案是讥讽性的,也是不可能的,它只能揭示人们必须忍受的现实。哲学王的政体通常只是笑料,被人视为极权主义,但它包含着很多我们真正向往的东西。实际上,每个人都希望理性统治一切,没有人认为苏格拉底这样的人应受能力低下的人统治,或是他必须调整自己的思想以适应这些人。《理想国》教给我们的是,这一切都是不可能的,我们的境况既需要很多妥协,又需要很多强硬,风险很大,希望渺茫。重要的不是说出自己的思想,而是找到一种维护自己思想的方式。

与一般的看法相反,正是启蒙运动希望哲学家统治,严肃看待苏格拉底的讽喻。就算哲学家没有国王的头衔,他们仍要千方百计把他们的政治计划付诸实施。但是,付诸实践不是依靠乞求王公贵族的服从,而是通过哲学产生足够的力量迫使他们让步。在坚持要求建立一种政体以保护人的各项权利时,哲学的统治也得到了承认。如果我们同意,而且我们也无可奈何地同意,在对儿童的信仰或行为提出任何可以想象的要求之前,必须教给他们科学的方法,那么我们在读到苏格拉底要对诗歌进行审查时产生的愤怒就是非自我意识的。启蒙教育确实在做着苏格拉底只是尝试性地提出建议的事情。苏格拉底至少还试图保留诗歌,而启蒙运动对它的命运几乎漠不关心。我们认为诗歌课程和理性教育都应该存在,这个事实使我们忽视了一点:如果灵魂屈从于抗拒诗歌巨大魅力的严格戒律,这会给诗意的想象造成什么后果?启蒙思想家在
267 这件事上十分明确。与它相关的传统并未断裂。他们用理性优先的方式简单地解决了问题,而苏格拉底虽然希望能够解决这个问题,但他认为这是不可能的。启蒙运动就是让苏格拉底受到尊重并能随心所欲地从事研究,因而它是经过重建的文明社会。《申辩篇》中的苏格拉底既不工作,也没有继承遗产,所以穷得一塌糊涂,他在城邦的会议厅里极其傲

慢地提议用公共开支来养活他。但是,发工资并提供教职的现代大学,不就是为哲学和科学家提供的一顿免费的午餐吗?

启蒙运动明确地致力于消除政治中的宗教狂热，这导致了对教会和国家的区分。它的动机是希望防止最高原则在政治生活中对理性的敌视。这也是《理想国》中的苏格拉底对诗人讲述的神的故事进行改写的意图所在。否认矛盾法则的任何力量都不能成为权威,因为这会让苏格拉底触礁沉没。但是苏格拉底不认为教会和国家能够分离。他可能把这两个词都当作人为的东西。人们相信神是所有城邦的缔造者,是它们最重要的内容。他恐怕不敢为了捍卫自己而摒弃众神。

启蒙思想家承担起了苏格拉底的事业，向非理性或超越理性的原动力对科学的持续威胁开战。这场不断取得胜利但从未完胜的战争,把理性的愿望变成了理性的权利,变成了学术自由。在这个过程中,政治生活以许多政治家和思想家难以忍受的方式重建，并逐渐导致宗教和非理性披着一层新的、常常是可怕的伪装重现。这是苏格拉底也会担心的事情。

但是,我在这里只指出了传统的统一性,而启蒙运动却要赋予苏格拉底所代表的东西以政治地位。高等院校是把苏格拉底的精神大体上贯彻得不错的机构。然而,这些机构的存在同时也凸显了它们与苏格拉底是多么不同,苏格拉底没有建立任何学院,他只有朋友。先是卢梭、然后是尼采对这些学院的攻击，是对本着苏格拉底的精神创建的苏格拉底理性主义的攻击。西方的思想和学术史可以概括为苏格拉底的命运史,它以为他辩护的柏拉图为起点,经过使他学院化的启蒙运动,以非
难他的尼采告终。这个人因哲学思考而被城邦处死,2500年来对他的珍 268
贵记忆又以文化的名义被最后一位伟大哲学家亲手处以精神极刑而结束。城邦和文化都因神圣而获得了权威。

对苏格拉底的沉思是一个发人深省的哲学命题，自柏拉图和亚里士多德开始,经由法拉比、迈蒙尼德、马基雅维利、培根、笛卡尔、斯宾诺莎、洛克、卢梭和黑格尔,到尼采和海德格尔,这个命题从未消失。苏格

拉底是个好帮手，他谜一样的存在引导我们反思智者的本质。

哲学体验

苏格拉底所代表的体验的性质是很重要的，因为它是大学的灵魂。这种经验及其同拥有这种经验的人的文明社会的关系——这是大学问题的普适性表述——是柏拉图和色诺芬的著作始终存在的主题，这些著作为我们描述了一个有血有肉的苏格拉底，提供了令人困惑的材料供我们对他做出评判，揭示了他这样一个人如何生活、他提出的问题、他结交的各类朋友、他与统治者、法律和诸神的关系、他对周围世界的影响。这迫使我们提出疑问，譬如，苏格拉底对政治家的羞辱对年轻的亚西比得——他注定会成为他们中间的佼佼者——有何影响。苏格拉底不是第一个与城邦发生冲突的哲学家，却是第一个受益于用戏剧性和诗意的手法描写自己生活方式的人，这使他置身于英雄的行列，使人们能够甚至必须不但反思他的教诲，而且要反思他这个人以及他如何适应城邦生活。这位早期哲学家以哲学家的身份引起城邦的注意，他戏剧般的丰富人生从所有的角度提出了思想自由的全部问题，其中没有任何教条主义，从而为我们认识这种自由的重要性和困难提供了一个新鲜的视角。从真正严肃地只关注知识的《理想国》，到全神贯注于政治生活中的竞争需求的《法律篇》，作为一个完美主义者和社会异己分子，
269 苏格拉底展现出他的行为的所有维度。他和另一些与法律斗争的哲学家所遇到的困难，虽然不应与社会对外来者、异己分子和不盲从者的偏见混为一谈，但它显然至少是对人的忠诚的两种最高要求——对他的共同体和他的理性的忠诚——根本对立的结果。这种对立只有在黑格尔描述的理性国家，或在尼采主张的放弃理性的情况下，才能得到克服。无论如何，我们获得了一份在细节和深度上无与伦比的有关哲学最初形态的记录，我们能够领悟在哲学对世界产生影响之前人们对它的自然的、至少是原始的反应。在我们也许正在见证哲学结束——它的部分原因是我们不再知道它的起点——的时代，它为我们提供了一个认

识哲学起始状态的视角。

柏拉图和色诺芬描写苏格拉底的诗歌已经采用了为其辩护的语气，他们要为这个受到指控的人平反昭雪。对城邦反对苏格拉底最先做出陈述的是阿里斯托芬。苏格拉底是多么幸运！他不仅调动了柏拉图和色诺芬的如椽之笔，还是一出最伟大的天才喜剧的中心人物。《云》经常激起那些对苏格拉底漠不关心，但认为不应把严肃事物当笑料的人的愤懑之情。苏格拉底的命运和阿里斯托芬对此可能起的作用让他们心烦。但苏格拉底很可能不是他们信服的人。他在临死那天还嬉笑戏谑。他和阿里斯托芬都有放浪轻薄的名声。阿里斯托芬确实塑造了一个滑稽可笑的苏格拉底，他采用了庸人的眼光，对庸人来说，苏格拉底确实是滑稽可笑的。但阿里斯托芬也在嘲笑庸人。阅读他的著作，我们确实像无知者一样嘲笑智者，但我们也像智者一样嘲笑无知者。最让我们嘲笑的则是无知者对智者的愤怒。

《云》中的苏格拉底是一个鄙视别人看重的东西、看重别人鄙视的东西的人。他毕生研究自然，为昆虫和星宿操心，因为在自然中找不到诸神而否认他们的存在。市民眼中灿然夺目的雅典，在他的地图上不过是个小圆点。法律常规对他来说什么都不是，因为它们不是出于自然，而是人造之物。他的同伴是一些脸色苍白的年轻人，完全缺乏常识。这个在雅典的自由气氛中建立起来的学术圈里，这些怪人从事着自己的活动，只有一些无害的古怪想法。他们贫困潦倒，没有维持生计的固定 270
方式。苏格拉底接受馈赠，显然也不反对小偷小摸，这完全是为了保持灵与肉的统一。他们没有道德观，但也不是什么恶人，因为他们只关心自己的学问。苏格拉底对荣誉或奢侈享乐漠不关心。

阿里斯托芬为我们再现了一个成年人把时间花在思考昆虫的肛门上是多么荒谬。我们一向过于相信科学的功用，看不到科学家与君子的眼光差距有多大，也认识不到对于一个关心战争、和平、正义、自由和光荣的人来说，科学家的兴趣是多么粗鄙和琐屑。如果科学只是为了满足人们的好奇心，像理论家们认为的那样，那么在务实的人看来科学就是一派胡言,而且是不道德的一派胡言。世界失去了对称之美。只有斯威夫特对科学的戏谑描摹可以与阿里斯托芬相媲美。他对透过显微镜看到的女人胸部的描述表明了科学是什么,他这样做并不是要诋毁科学,而是要表明，大多数男人趋之若鹜的世界与理论家栖居的世界有着严重的不对称。

阿里斯托芬讽刺的是科学的表象，即科学家在非科学家眼中的样子。他只能对科学家事业的尊严做出暗示。他笔下的苏格拉底是没有个性的;他不是我们所了解的那个苏格拉底,而是哲人类别中的一员,即自然尤其是天文学的研究者。这个类别的第一个著名成员是泰勒斯。他最先发现了日食的原因，并预言了日食的发生。这意味着他已经了解到,天体运行是有规律的,与数学推理是一致的。他能够从可见的结果中推导出看不见的原因,并推测出可以认知的作为整体的自然秩序。他在那一刻意识到自己的思想与自然法则是一致的，他就是一个微观的宇宙。

这个时刻包含着许多成分:问题解决后的满足;施展个人才能的欢愉;因洞察和把握一切而产生的、超过任何征服者的充分自豪;无需任何权威、完全来自自身的确信;在实现个人的最高追求时不靠他人、不靠舆论、不靠因出身或选举而获得权力这种偶然事件、不依赖任何不属于自己的东西的自我满足;没有混杂着幻觉或愿望的实实在在的幸福。
271 但是对于泰勒斯来说,大概最为重要的事情是,他明白了对日食和月蚀的诗意的或神秘的解释是虚假的。它们不是像科学出现之前人们相信的那样,是神发出的信号。日食和月蚀超越了诸神的力量,它们属于自然。所以人无须畏惧神明。理论体验是解放的体验，它不仅带有否定性——让思想家摆脱对神的恐惧,而且带有积极性,即它同时也发现了最佳的生活方式。迈蒙尼德对哲学运用理性的体验做了如下描述:“那是打开禁锢之门使人进入其中的钥匙。一旦门被打开，进入了这些地方，灵魂将在那儿得以安息，眼中将充满喜悦，身体将摆脱繁重的劳役。”过去灵魂中被禁锢的因素将会尽情嬉戏。摆脱神话及其把虔敬视为最美好事物的断言,使人得以认识到认知才是最美好的,它是从事其他一切事情的目的,是能够不自相矛盾地加以肯定的唯一的最终目的。重要的理论体验必然导向世间万物的第一原理,并包含着对善的认识。人之为人,无论其民族、出身和财富,都能获得这种体验。这是人类在精神上能够共同拥有的唯一东西:来自于人本身因而对所有人都一样的科学论证。当我思考毕达哥拉斯定理时,我知道自己那一刻心里想的事情跟别人完全一样。而所有其他可以设想的共同经验,再怎么说也有暧昧性。

这种经验的某些方面依然保留在当代自然科学中,在人文科学中也会昙花一现。它的统一性在任何地方都难以寻觅或察觉了,因为哲学在今天已经几乎不存在了。然而哲人总是能够理解它,因为他们共同享有这种体验,并能够在别人身上辨认出来。这种共同体意识对他们来说比任何关于终极事物的分歧更重要。哲学不是教条,而是一种生活方式。所以,无论哲学家的学说有多大差别,他们之间的共同之处要大大多于他们同其他人甚至同他们的追随者的共同之处。柏拉图在巴门尼德的思想中看到了这种共同之处,亚里士多德在柏拉图、培根在亚里士多德、笛卡尔在培根、洛克在笛卡尔和牛顿身上都看到了这种共同之处。这样的例子不胜枚举。

完全投身于这种生活方式的极少数人是大学的灵魂。无论从原则上还是历史事实上说,这一点千真万确。大学逐渐成为人们从哲学家的教诲中得到启发和示范的地方。哲学及其对理性的沉思生活的演示,使 272
学术和每一个学科成为可能,并或多或少自觉地为它们注入活力。如果这些范例失去生命力,或被没有此种体验者压倒,大学就会走向没落甚至遭到毁灭。严格地说,这就是野蛮和黑暗的时代。我并不是说,哲学家平日里在大学的存在,要比先知或圣人平日里在礼拜堂的存在还不寻常。但是,礼拜堂里供奉着先知和圣人的精神,所以它们才有别于其他场所。它们能够承担与这种精神不太相干的许多功能,但由于它们所景仰的东西,它们依然是礼拜堂,它们所做的一切都透着敬畏。倘若信仰消失了，倘若先知和圣人讲述的体验不再可信或变得无关紧要，那么即使里边继续举办各类活动，圣殿也不再是圣殿了。它会逐渐衰败，顶多成为一个古迹，闲逛至此的游客不会感悟到它的内在生命。虽然这种比较不完全恰当，但大学也透着一种精神，只有极少数人可以充分享有这种精神，即已故先贤的精神，大学必须对他们保持尊重。大学几乎可以接纳任何人，但是只有当这个人景仰大学里发生的事情，能够朦胧感悟到它的尊严，他才会真正得到接纳。大学总是处于为它注入生机的原则失去接触的危险之中，代表着某种它不再拥有的东西。由极少数人形成的这个团体应该成为对大学真正重要的因素的核心，这种大话也许听上去很不合理，但直到昨天为止它一直得到人们的承认。例如，在19世纪的德国大学这是尽人皆知的事情，而它们正是美国大学最后的伟大楷模。无论大学多么不好，无论外部的变化对它构成多大压力，总有一条神圣的原则：一个亚里士多德或一个牛顿是它的全部价值所在。

不能把哲学生活等同于大学。直到19世纪，多数哲学家与大学毫无关系，最伟大的哲人大概还憎恶大学。出于某些值得我们关注的原因，人们无法把苏格拉底想象成一位教授。但苏格拉底代表着大学的本质。大学的存在保护和推动着他所代表的一切。实际上，大学几乎不再这样
273 做了。但一个更为重要的事实是，作为启蒙运动成果的哲学家和哲学，放弃了自己原来的习惯和老巢，一股脑拥进了大学。在那里，他们在新的生存方式下变得很脆弱，面临着灭绝的危险。古典哲学家有很好的理由不去冒这个风险。理解这些缘由，对我们面临的特殊困境有着不可估量的价值。

哲学家们把哲学体验理解为人类独有的东西，但是对于人的定义、对于哲学的尊严和魅力，却总是或大体上得不到普遍的承认。立志成为君王、先知或圣贤、英雄或政治家、诗人或艺术家的人就不是这样，他们的要求即便不被接受，一般也被认为是严肃的。他们一直存在着，显然与文明社会同步生长，而哲学家是后来才登上舞台，不得不为自己开辟道路。这对事情有一定影响，但它也许只是表征而不是原因。我怀疑人

们对先知、国王和诗人的典型体验的了解是否多于他们对哲学家的体验的了解。追求荣誉的过程中表现出的伟大想象力、灵感和勇气，较之理性思维的体验更加远离普通人的日常生活，因为后者在日常运用的实用技术——譬如农耕、建筑和制鞋，这都是一些让高雅人士瞧不起的工作——中就能找到。苏格拉底总是不得不去提醒他的贵族谈话对象别忘了这些技艺，把它们作为他们所缺乏的知识的实例。但这也意味着某种麻烦：人们需要一些高雅尊贵的东西加以崇敬。就苏格拉底本人来说，乍看上去他肯定不是个让人崇敬的对象，阿里斯托芬的喜剧对此做过明确的描述。此外更重要的是，先知、国王和诗人显然是全人类的恩人，为人们提供救赎、保护、繁荣、神话和娱乐。他们是文明社会的崇高卫士，而人们一向把有利于自己的行为看作善行。哲学无法提供这种实惠，恰恰相反，它是苦涩的，甚至有些凄惨，因为它剥夺了很多人们最珍爱的希望。它肯定不能抚慰痛苦的人，不能缓解他们无尽的脆弱。相反，它指出了人们毫无防卫之力，指出了自然对个人命运无动于衷。苏格拉底又老又丑，穷得叮当响，连家庭都没有，在城邦中也没有威望或权力，只会喋喋不休地说什么以太取代了宙斯的位置。

诗歌所赞扬和雕塑所描绘的国王形象是模糊不清的。一方面，他们 274
似乎只为自己而存在，那种美我们不能参与其中，只能景仰。另一方面，他们又服务于我们——统治我们，救治我们，也许还惩罚我们，但这是为了我们好；教导我们，取悦于我们。阿基里斯是完美的，是大多数男人梦寐以求的偶像，所以他是他们的头领和当之无愧的主子。但他为拯救希腊，克服了别人无法克服的死亡恐惧，所以也是他们的战争守护神。所有这些英雄都关怀人、赞美人（民众），并因自己的付出而得到了崇敬和荣耀。在某种意义上他们是文明社会虚构的人物，服务于这个社会的目标。这并不是说他们无所作为、徒有虚名。但是对他们行为之善的衡量尺度，唉，却是功利，是最大多数人的最大利益。政治家的美德应当以它们本身为美；但实际上他能否成功地保护人民才是衡量的尺度。这些美德是保护目的的手段，也就是说，美好生活从属并服务于最普通的生活。如果理论生活是一种美好的生活方式,那么,至少按照最真实的表述,它就不能服务于城邦,或者不能严肃地把它理解为这样。因此,它有一个几乎无法解决的公共关系问题。苏格拉底在《申辩篇》中戏谑地——因为他从不发怒,他通过把自己比作只会撤退的士兵而出尽风头——把自己比作阿基里斯,便暗示了这一点。

阿里斯托芬指出了哲学在城邦中毫无自卫能力的状态,并对此加以嘲讽。身为诗人的他对哲学家的智慧深表同情,但是也为自己不那么愚蠢而沾沾自喜。他会关照自己,获得人们的褒奖和酬劳。面对智者,他摆出一副机灵鬼的姿态;他代表着城邦的机智。他以喜剧形式描述城邦的仇恨,以此警告哲学家并证实了预言。追随苏格拉底的一代伟人,包括柏拉图、色诺芬和伊索克拉底,都从心底里接受了他的警告。他们认识到哲学是软弱的,这恰恰是因为它是标新立异的,是不必要的,没有参与城邦的权力。它既受到威胁,也威胁着把城邦结为一体、使其他上流人物——僧侣、诗人和政治家——联合起来反对哲学的全部信仰。所以,苏格拉底的继承人才倾其全力,以充满英雄气概的壮举去拯救和保护哲学。

在阿里斯托芬的故事中,苏格拉底一心只想自己的事,是街谈巷议
275 和冷嘲热讽的对象,直到有个父亲因为儿子挥霍家产而债务缠身,为摆脱自己的责任而求助于他时,事情才有所改变。苏格拉底的无神论是他的灵丹妙药,因为这意味着即使他违法做了伪证,也不必害怕宙斯大发雷霆。被撕去伪装的法律只是人为的产物,所以只要他能躲过别人的注意,谁也无法证明他行为不轨。哲学使这个愚蠢的老人得到了解脱。他的儿子也得到了解脱,但结果出人意料,他从此不再敬畏父母,因为他们已经不再受到神灵的保护。这是这位父亲无法忍受的,他重新皈依了神,神最后也保护了他的全家和整个城邦。一怒之下,他烧毁了苏格拉底的学校。

阿里斯托芬是有先见之明的。对苏格拉底的实际指控是腐蚀青年人和不敬神,它的言外之意是,后者是前者的深层原因。不管学者们对

阿里斯托芬或雅典人的指控的不公正能说些什么，这些指控是有证据支持的。譬如，《理想国》中的苏格拉底认为，婚姻仅仅是为繁育后代而做的短期安排，家庭解体了，聪明的儿子统治并教训着愚钝的父亲，乱伦的禁令至少是放松了。理性取代了对先人的敬畏，父权和世袭权受到质疑。这是苏格拉底的思维方式的直接产物，它流入西方社会的血脉，无论是好是坏，是只有在西方才能看到的哲学无以计数的影响之一。愤怒的父亲是道德上敌视苏格拉底的选民中的一员，虽然他没有试图造成这种后果或试图改革家庭。导致这种结果的仅仅是他的示范作用和他所采用的判断标准。

苏格拉底没有同文化、社会或经济发生冲突，而是与法律——这意味着与政治现实——发生了冲突。法律是具有强制性的。人类事务以政治需要的形式向哲学家发动了攻势。哲学家为了生存，需要的不是人类学、社会学或经济学，而是政治科学。因此，不需要提供任何复杂的理由，政治学是必须创立的处在第一位的人类科学或关于人类事务的科学，而且直到18世纪的某个时候，它一直是唯一的人类科学。哲学家完全明白，他得依靠城邦，当他仰望上苍时，他就失去了地上的立足之地，这迫使他关注政治，发展哲学的政治学，发展跟其他党派——民主的、 276
寡头的、贵族的和君主的党派，这是一些一直存在的党派——并存的党派。他创立了真理党。古代政治哲学几乎完全是为哲学服务，为的是使这个世界对哲学更安全。

再者，与苏格拉底发生冲突的法律是与诸神有关的法律。最有意义的说法是，法律是神定之法。城邦是神圣的，它是个神学与政治学的实体。（顺便提一下，这就是斯宾诺莎为何把《神学政治学》当作政治著作的原因。）哲学家认为问题主要出在宗教上。他们必须与它在城邦中的权威存在取得妥协。《申辩篇》中的苏格拉底提出了哲学家必须如何行事的若干建议。虽然他对自己的信仰的特点一直支支吾吾，但他必须否认自己是无神论者。仔细阅读《申辩篇》就可以清楚地看到，苏格拉底从未说过他信奉城邦的诸神。但他确实想让自己看上去像是诸神发出的信号,他的所作所为是受命于阿波罗神。但他还是被定罪了。

他在向陪审员解释自己的生活方式时,简要说明了自己的问题:

> 如果我告诉你们,我不会服从神,所以我不可能保持宁静,你们是不会相信我的,反而会认为这是我的戏言。如果我告诉你们,对于一个人来说,最大的善事就是每天讨论美德以及你们听到我谈论的其他事情,检省自己和他人,而且,对一个人来说,不加检省的生活是没有价值的生活,你们甚至会更不相信我。

那些人察觉到了苏格拉底话中带刺和高高在上的口气,也知道他的宗教主张是多么不合理。他的讽喻一目了然,因而并不成功。但是,没有用阿波罗神谕加以装点的真理是难以理解的,不符合他的听众所拥有的经验。如果他坚持第一种说法,他也许更易于取得成功。人们能通过这种描述分析政治形势。当时的人分为三派:多数人不理解他,对他抱有敌意,投票支持判他有罪;很小但并非无足轻重的一部分人也不理解
277 他,但发现他身上闪烁着某种高贵的气质,所以同情他,投票支持判他无罪;最后,当他说一个人最大的善事就是谈论——而不是实践——美德时(除非谈论美德就是实践美德),只有极少数人明白他的意思。最后这一部分人在政治上微不足道。因此,政治上拯救哲学的全部希望取决于第二部分人的善意,他们都是好公民,平常很虔诚,但持有一定的开放态度。

两千年来哲学要用言辞打动的正是这些人,这些绅士们。在他们当政时,气氛多多少少总有利于哲学。在人民(民众)当政时,宗教狂热或庸俗的功利心使人们更难以接受哲学。暴君出于真正的好奇,或是为了附庸风雅,有可能受到哲学家的吸引,但他们是最靠不住的盟友。所有这一切都要依靠哲学家被迫进行的心理分析,他们从前并不怎么关心人类或他们的灵魂。他们观察到,大多数人最强烈的情感是对死亡的恐惧。只有极少数人能坦然面对自己的死亡。人们不接近哲学并不怎么愚

蠢,爱惜自己,尤其是爱惜自己的生命、自己的子女和城邦才是愚蠢的。我们所关切的事情得不到广泛的支持,正视这一点是最艰巨的任务。所以苏格拉底把哲学的使命定义为“学会如何死亡。”通常伴有幻觉和神话的各种类型的忘我境界，使人能够在活着的同时不必毫不妥协地正视死亡——这意味着不断思索死亡，思索死亡对生命和生命中一切宝贵东西的意义,这正是严肃生活的特征。每个人都想让自己的生命有意义,但它受着偶然事件的严重制约。大多数人和所有的城邦都要求不科学的一般与特殊、必然与偶然、自然与习俗的混合体。这种混合体正是哲学家不能接受的,他把它分解为它的各种成分。他把他从自然界学到的东西应用于自己的生活。“就像树叶更新换代一样，人也更新换代”,——这种阴郁的教训只能从洞察事物的强烈愉悦中得到补偿。没有这种只有极少数人才能享有的愉悦,将是令人无法忍受的。哲学家如果真正只享受思索,只热爱真理,那是没办法让他醒悟的。他没有能够破碎的幻想。假如他只是个可笑的喜剧家,他至少能够绝对不沾悲剧的边。不进行哲学思考的人,只有当真理同自己的珍爱之物——自我、家 278
庭、国家、名誉、爱情——不相抵触时,才热爱真理。一旦发生抵触,他们就会憎恨真理,把不关心这些崇高事物、证明它们如同过眼烟云并这样对待它们的人视为怪物。神保证了自然与多数人珍爱的习俗的统一,而哲学只会消解这种统一。因此,科学与整个人类之间的敌意并非偶然。

哲学家认为,哲学家和民众的普遍情感之间的敌对关系是永恒的,因为人的本性是不变的。只要有人在,他们就会受到死亡恐惧的驱策。这种情感构成了洞穴的最初含义,在这种视野中希望似乎是有道理的。为这个洞穴里的群体服务、为保存生命而冒险犯难是光荣的。庸人的道德便是这种自私的集体主义的法典，任何越轨行为都是道德义愤的目标。道德义愤,而非普通的自私或纵欲,才是对思想者的最大威胁。由于害怕保护城邦的诸神发怒,撤消他们的保护,这导致人们丧心病狂的恐惧,使他们野蛮地报复那些触犯神法的人。在《申辩篇》中,苏格拉底解释了像他这样一个好公民为何要远离雅典的政治生活。他在主持议事会时拒绝就一项死刑动议进行投票，但他还是败下阵来。这项动议针对的是取得了雅典最伟大海战胜利的指挥官，因为他们在一场危及生者性命的风暴中，审慎地拒绝打捞水中死亡将士的尸体。但是神法要求收回尸体，义愤填膺的人坚持要把这些指挥官处以极刑。仅靠审慎不能推翻神法。与公众的道德狂热相比，苏格拉底的哲学与审慎有着更多的相同之处，更为重要的是，他置审慎于神明之上，这种狂热后来使他也难免一死。苏格拉底把这种狂热视为文明社会的基石，它最后总是会压倒和扭曲理性。因此存在着两种可能：哲学家必须掌握绝对统治权，或“像一个置身风暴中的人，当风裹挟着沙尘和雨水袭来时，躲到一堵矮墙下面。”没有第三条道路可走，或者它只属于一些知识分子，他们试图影响那些可能受其影响的掌权者并最终掌握这种权力。哲学家强化他们的权力，并使自己的思想适应他们的目标。

279 哲学家要了解事物的真相。他热爱真理。这是一种求知的美德。但他不喜欢讲明真理。这是一种道义上的美德。大概他不愿意去行骗；但是，假如这是他生存的前提，他也不会反对。改造人类的愿望几乎总是以没有改造人类反而改变了自己的思想告终。改革家往往在行动上不妥协或走极端，但很少在思想上也不妥协，因为他们必须保持与现实的关系。然而，最容易适应社会习俗、最少与之发生争斗的人，才拥有更多的思想自由。古代真正的激进思想总是掩盖在政治行为的中庸之中，这使很多现代学者产生误解。古人没有办法可以保护哲学家，又想避免那些惯于靠滥用智慧为生的人滥用他们的智慧。没有道德秩序可以保护他们，或保证真理在或长或短的时间内总会获胜。

因此，哲学家是在从事一种高雅的骗术。不管梭罗会怎么想，不存在与世隔绝的文明社会。但是哲学家无法避免引人注目。他们与众不同。因此哲学家与绅士结成联盟，使自己有益于绅士，从来不向他们过多地表现自己，而是通过改善他们的教育，加强他们的绅士风度和开放精神。为什么这些绅士比平民更开放？因为他们有钱，所以有闲暇去欣赏美丽无用之物，还因为他们鄙视基本需求。尼采有很好的理由说，古代的绅士鄙视吃饭和性交，因为这是他们的动物本性强加给他们的行为,他们为享有自由而自豪。虽然他们往往让人敬畏,他们也可以不让人敬畏,他们确实不像许多人那样倾向于宗教狂热,因为他们不太受恐惧的摆布。

亚里士多德在《伦理学》中阐述了哲学家如何表现为绅士的同盟，向他们说明他们所特有的(但不是他的)高贵举止。显然,他所说的一切,不过是在阐明他们已在实践的行为。但是他针对哲学略微作了一些改变。他甚至没有把敬神包括在个人美德中。他提到羞耻心——高贵者的品质,理性的大敌——仅仅是为了将其清除出道德法典。亚里士多德说，具有美德的人没有什么可以感到羞耻的——这种观察符合苏格拉底对自己的看法,却不是绅士的典型观点。亚里士多德逐渐让读者的注 280
意力转向理论生活,采用的方式不是与他们进行严肃的理论探讨,而是指明理论生活的取向。他把它说得如同神明，使他们从不完美达到完美,而过去他们通常是通过崇拜阿基里斯、敬畏奥林匹亚山上的众神才实现了自己的完美。现在他们敬仰那些沉思有思想的神的理论家。这些绅士以这种方式理解哲学的精髓，现代人则因为科学家为其提供有用之物而尊敬他,前者是否还不如后者准确,是一个尚无定论的问题。

同样,在《诗学》中,亚里士多德向绅士中的戏剧爱好者解释了什么是悲剧,他们可以从中汲取些什么。但是他在这里也对事情作了少许改变。诗人并不像荷马所表白的，是缪斯激发了他的灵感，他只是自然——即哲学家研究的同样东西——的描摹者,因此,诗人描述的世界并非迥异于哲学研究的世界，或一个导致其产生的原因与科学承认的原因相矛盾的世界。亚里士多德明确地把诗和哲学联系在一起。把悲剧的目标和终极原因说成怜悯和恐惧的升华，这两种强烈情感结合在一起,激发了人们的热情、宗教迷信或狂热。苏格拉底曾经诋毁诗人求助于这些情感，它们使人由于对可能遭受的苦难和在苦难中毫无保护的恐惧而产生迷狂。根据苏格拉底的观点,正是在这里应当诉诸理性,面对事物的必然性,提醒人们事物中存在的秩序,不去理会它们遇到的个别的偶然事件。怜悯和恐惧呼唤着满足、关注和得到认真对待。人们倾向于把世界看作充满了仁慈和恶毒的神祇，它们严肃地对待人类的处境。诗为了获得成功，必须表达这些在几乎所有人心中比理性更强大的情感。因为诗需要听众，所以在苏格拉底看来它对理性的敌人过于友好。哲学家不需要陷入多数人的希望，或像我们这个时代的智者所说的，不需要进入历史的戏剧或介入政治。这就是苏格拉底强调哲学与诗相互对立的原因。

亚里士多德建议说(他实际上是效仿苏格拉底)，诗人能够成为那些狂妄地坚持自己应该不朽的凡人的医生。诗人，而不是哲学家，可以治疗危及哲学的激情，苏格拉底忽略了这一点，结果为此付出巨大代
281 价。诗人唤起这些情感是为了把它们从灵魂中驱赶出去，使病人更加放松镇静，更愿意聆听理性的声音。亚里士多德对诗人说，他们应该表现英雄，这些英雄的命运是应得的，他们的悲惨结局可以合理地归因于他们的性格缺陷。他们的苦难让人同情，但它并非偶然，是对世界的道德秩序或缺乏道德秩序的谴责。这种戏剧效果可能会使人变得温和，相信世界的和谐一致，相信合理的因果关系。他们没有因此而变得更加理性，但是脱离了对理性的仇恨，更愿意接受理性。亚里士多德不想把绅士塑造成科学家，但他缓和了他们的激情，使他们能够成为哲学的朋友。苏格拉底在《申辩篇》中也做了几乎同样的事情，他对那些投票宣判他无罪的人讲话，告诉他们说，引起死亡的神话并不那么可怕。这些故事虽然不真实，却强化了人们的温和态度，正是这种温和态度使他们能够摆脱恐惧，不愿判苏格拉底有罪。苏格拉底批评诗，是为了鼓励它成为哲学家而不是教士的同盟。

因此，哲学对文明社会的敌意做出的反应是一种教育的努力，它的哲学色彩较少，但更富有诗意和讲究修辞，其目的是淡化绅士灵魂中的激情，缓和愤怒之类的强烈情感，强化怜悯之类的温柔情感。这种努力的楷模就是柏拉图的对话，它引入了一个值得世人敬仰和模仿的新英雄，堪与《伊利亚特》和《奥德赛》甚至福音书媲美。要引入新的英雄，就

必须培养新的品味，这种品味对苏格拉底是很特别的，与以往所有的品味完全不同。柏拉图把《云》中的主角变成了像摩西、耶稣或阿基里斯这些建构文明的伟人，他们对人类灵魂的影响远超过对他们有血有肉的同代人的影响。据说阿基里斯塑造了亚历山大大帝，亚历山大培养了凯撒，凯撒再造了拿破仑，他们是从人类社会的谷底突起并遥相呼应的巍峨山峰。同样，苏格拉底一直是哲学家的导师，无论世事如何变迁，两千五百年来这根链条代代相续，从未断绝。柏拉图确保了这根链条的延续，但不是以亚里士多德或康德的方式去复述苏格拉底的哲学，而是用索福克勒斯、阿里斯托芬、但丁和莎士比亚的方法去描绘他的行为。他把苏格拉底描述得似乎可以预见人们的渴望，是人们理解自己必不可 282
少的，所以他能触动存在于每一个不同类型的灵魂中的情感。有些对话触动虔诚的人；有些对话感动雄心勃勃的人和理想主义者；有些对话让色情狂来劲，还有些对话激励军人和政治家；他的谈话对象有诗人，也有数学家；他没有忘记喜欢钱的人，更没有忘记热爱荣誉的人。可以说，几乎没有人不为苏格拉底谈话中的某个方面而感到义愤，也几乎没有人不为其谈话的另一些方面所打动。苏格拉底阐述了各种类型的人的处境，甚至比当事人做得更好。（当然，他也阐明了所有这些类型的人的问题和他们的抱负。）柏拉图阐明了对苏格拉底的需求，从而使他的读者也感觉到有这种需求。因为没有苏格拉底就会觉得自身不完美的人，绝非只有亚西比得一个。

全盘改变人的信仰这种事几乎是不存在的。柏拉图的对话中当然也没有描述过这种事。柏拉图本人和其他少数人皈依了哲学，苏格拉底多少受到雅典人的宽容，这使他们得以产生这样的自我觉醒。对哲学给予宽容，需要人们认为它能服务于社会有权有势的人，又不会实际变成他们的奴仆。哲学家一向必须跟人类和同代人最强烈的偏见达成妥协。他不能改变、也不会尝试改变的事情，是人类对死亡的恐惧，以及旨在承受死亡、避开死亡或拒绝死亡的整个信仰上层建筑和制度。哲学家和其他人的根本区别，就在于他能正视死亡或他同永恒的关系。显然，他不否认有许多人果敢或从容地赴死。好好地活着相对来说不难。问题是怎样活着,只有哲人不需要那些为了忍受事物而歪曲其意义的意见。唯有他把死亡的现实——它的不可避免性,以及我们因为自己的生命渺小而对命运的依赖——融进了一切思想和行动中,因此他能在对澄明之境的追求中活着。所以,除了他这一类人之外,他必然与每个人都处于最根本的紧张之中。他对所有人都保持一种讽喻的关系,也就是说,既示以同情,又保持戏谑的距离。改变他同他们之间这种关系的特点是不可能的,因为双方的不均衡牢固地根植于自然之中。所以他不期望任何实质性的进步。宽容,而不是权利,是他所能期望的最好的东西,而且他很清楚他本人以及哲学处境的脆弱,所以他时刻保持警惕。

283 苏格拉底与城邦中那些既有权有势又对他十分着迷、被他的魅力所吸引的人结成同盟。但是,只有当他没有同他们最重要的关切作对时,这种魅力才能维持下去。克瑞图,一个有家室的人,认为苏格拉底是个好当家;拉彻斯,一个士兵,认为苏格拉底是个好士兵。对苏格拉底感到气愤并指责他的人,却总是能看到那些被性情温和的人忽略的东西。特拉希玛丘斯看到苏格拉底不尊重城邦。他看出了苏格拉底的本质,但他不能——至少在最初的时候——欣赏他。有些人欣赏他,但部分原因是他们不明白对他来说最重要的东西。这提供了一个政治策略的模型,从柏拉图到马基雅维利的所有哲学家都遵循着这一策略。没有人从一开始就是政治人,因为人们可以期望从政治中得到的东西受到明确的限制,而且在追寻真理的过程中不依靠与政治有关的东西是非常重要的。人通过政治了解了灵魂,在这个意义上,政治学是一门严肃的学问。但是不管哲学家们在理论上有多大分歧,他们的实践政治学是相同的。他们实践着一种写作技巧,向他们身处其中的政体的道德取向讨好,但也能引导一些机智的读者走出来,转向哲学家们相互对话的乐土。他们经常成为自己民族传统的诠释者,巧妙地改变它们,使它们对哲学和哲学家更加开放。他们总是令人生疑,但也总是拥有地位颇高的朋友。

鉴于这个原因,柏拉图、西塞罗、法拉比和迈蒙尼德这些人的作品的形式和内容看似大不相同，但它们的内在教诲也许有着同样的意图和目的。他们各有不同的起点，不同的洞穴，他们必须从这个洞穴上升到光明，又必须回到洞穴。因此，他们既表现得同现实“有联系”，又不让自己的思想迎合当时的偏见。这保护，使他们免于必要性的侵扰，或受到诱惑去服从最有权势者。古典哲学具有惊人的生命力，能够经受任何可以想象的巨变，譬如从罗马异教到神启的《圣经》宗教。帕多瓦的马西琉斯是一个跟亚里士多德一样的亚里士多德主义者，这证明了问题是恒久不变的，只是它们的表达方式在不断变化。我们现代人认为，相对较小的变化，例如法国大革命引起的那些变化，就会使新思想成为必需。古人则认为，除非事件使人了解到某些本质上全新的东西，人绝不 284
可以让自己屈从于事件。他们比先人和后人都更加致力于维护精神自由。这就是他们留给大学的遗产。但他们也从不让原则变成教条，除了他们自己的智慧外，他们从不指望它还有别的基础。他们始终牢记自己事业的责任和风险。

　　总之，古代哲人是支持贵族政治的人，但这不是出于思想史专家习惯强加给他们的原因。他们是贵族一词更加崇高意义上的贵族，因为他们认为理性应该统治，而只有哲学家完全献身于理性。但是哲学家从未真正统治，所以这不过是个理论观点。他们也是贵族一词庸俗意义上的贵族，赞成让拥有传统财富的人掌权，因为这些人就算不能理解哲学，也更有可能领会哲学本身作为一种目的的高贵性。简言之，他们有钱接受教育，有闲暇严肃地看待教育。只有技术能让全面的教育成为可能，从而为建立一种不同的哲学与政治的关系开辟前景，但它也伴随着各种问题。

启蒙运动的转型

　　如我所说，启蒙运动的思想家谴责所有早期的哲学家，因为这些人无力帮助人类和自己。《理想国》的公式——若想让罪恶在城邦中永远消失，权力和智慧必须恰好一致，是对启蒙运动意义的完美表达。权力与智慧之间必不可少的统一，对古人而言是一种巧合，即依赖于全然不受哲学家控制的机缘。知识本身不是权力，它本身虽然不易受到权力的伤害，但寻求知识并拥有知识的人却显然极易受到伤害。因此，哲人在其政治行为中的伟大美德就是中庸。他们完全依靠权势人物的偏见，不得不极为慎重地对待他们。他们恪守超然于舆论的严格纪律。虽然他们难免要试图影响政治生活，使其对他们有利，但他们从未严肃地自认为是国家的奠基人或立法者。在古人看来，没有智慧的权力和没有权力的
285 智慧的结合，总是以权力的加强和智慧的妥协而告终。苏格拉底说，跟权力调情的人将被迫与其同床。

哲学家和其他人之间无法调和的根本区别在于，他们对死亡和面临死亡的看法不同。没有任何生活方式比哲学的生活方式更能领悟死亡的真谛。维系着生活方式和政体的幻觉，只要不是哲学幻觉，哲学家就是它的敌人。在这个问题上，从来就不存在得到古人和现代人一致赞同的看法。对于古人来说，在那些赳赳武夫——即那些对高贵抱有毫无根据的信仰，结果忘记了什么是善，愿意以耐力甚至勇气面对死亡的人——中找到盟友似乎是很自然的。这些人和哲人分享着共同的基础，它维系着比单纯活着更重要的东西。但是他们不能为自己的牺牲提供很好的**理由**。阿基里斯对于自己为何必须为希腊人和朋友而死所发出的哀叹和抱怨，完全不同于苏格拉底为他们接受死亡的根据所提供的论证和推理，因为他已衰老，因为死亡不可避免，因为他几乎不必为死亡付出任何代价，而且它可能还有益于哲学。阿基里斯的特点是愤怒；苏格拉底的特点则是计算。如果不避时代错置之嫌，那就可以说，这两种人之间无论有什么共同情感，都是建立在阿基里斯对苏格拉底的误解上。

新哲学为了在哲学和政治之间制造和谐关系，发明了一种不同寻常的方法，即用一种误解替换另一种误解。**所有**的人都害怕死亡，都亟欲避免死亡。哪怕是视死如归的英雄，面对死亡的恐惧也会如此，这是与生俱来的。只有那些确信来世更美好的宗教狂，才会兴高采烈地走向

死亡。倘若哲学不去依靠对死亡持有违反人性的高贵态度的罕见品质，而是能够扮演一种无损于自己的蛊惑者的角色——即诉诸所有人都拥有的、最强烈的情感，它便能分享和运用权力。不是跟那些看似人类天性的东西作对，而是与之合作，哲学就能对它加以控制。简言之，假如哲学不是作为人的传道者，而是作为人的最贪恋的梦想的合作者呈现在他面前，哲人就有可能取代教士、政治家和诗人影响民众的位置。这就是马基雅维利在谴责那些传统作家时的真正用意，他们赞成臆想中的君主国和共和国，它们忽视人们的实际生活，更看重人们应当如何生 286
活。他奉劝这些作家要适应占主导地位的欲望，不要敦促人们去实践他们极少能够达到完美的美德；对于躬行这种美德的个人来说，它的好处是很成问题的；鼓吹这种美德会让每一个当事人生厌。总之，把哲学变成施主，它就会被当作好东西，就会享有施主有增无减的权力。

哲学能够用于征服命运，马基雅维利如是说。当然，按柏拉图的观点，正是命运——机缘——使哲学家不可能统治。命运左右着权力和智慧的关系，这意味着不能指望人们会认同智者的统治，而智者也没有足够的力量强迫人们这样做。在马基雅维利看来，征服命运意味着思想和思想家能够强迫并保证人们的认同。如果这是可能的，古代哲学家的中庸看起来就成了胆怯。在政治舞台上敢作敢为成了哲学家的新品性。丹东的口号："勇敢，再勇敢，只需要勇敢。"不过是对马基雅维利的战斗号召的纯粹政治性的苍白复制。培根断言，科学的目标是"缓解人们的处境"；笛卡尔认为，科学将使人成为"自然的主人和所有者"；普遍的观点则认为科学就是征服自然，所有这一切都是马基雅维利革命的产物，构成了现代哲学所采取的政治态度。

向旧体制进攻采用的战略分为两部分——一部分属于自然科学，另一部分属于政治科学。首先，笛卡尔提出，地位卑微的医生，即苏格拉底描述的具有理性但缺乏把人类引向人类舞台中央的政治或宗教光环的匠人的一个普通例子，如果科学赋予他治愈成千上万病人的力量，他就能给人们带来足够的希望，即使他不能许诺人们永生，至少能让人们的寿命不断延长，从而赢得人们的依恋，让教士黯然失色。然后霍布斯又说，另一类地位卑微的人，即保护人们抵抗那些握有生杀大权者的警察，能够在一种新的政治制度中有效地发挥作用，这种制度是以人们对凶死的恐惧为基础，由新型的政治学家建立的，他以新的方式阐释欲望，使那些一贯认为真正的危险就在眼前的避免这种危险，从而摆脱对
287 无形的权力及其执行人的恐惧。医生和警察由于把科学运用于他们的努力而力量倍增，能够成为一种全新的政治事业的基础。如果追求健康和安全能够吸引人，并让他们认识到维持生存同科学的关系，理论与实践之间就能形成和谐关系。经过一两百年引导公众反对王权和宗教的大力宣传，真正的统治者最终受到了臣民的约束，而且不得不通过科学家的规划。按哈维·曼斯菲尔德的说法，科学家是隐秘的统治者。政治家追求的目标和他们使用的手段是由哲学家决定的。科学家将会享有自由并获得支持，科学进步将等同于这样理解的政治进步。

这种制度里的科学家属于一个由科学家组成的世界秩序，因为民族忠诚和风俗同作为科学家的他们无关。他们是世界主义者。渐渐地，政治秩序不得不做出改变，以至于在理性运行的道路上再也没有特殊性，也不会产生科学家忠于祖国和忠于真理之间的矛盾。只有一种科学。它放之四海而皆准，在任何地方都会得出相同的结论。同样，原则上也有一种正当的政治秩序，它是由科学建构，以科学为基础，为科学而建立的。或许还有个别民族很好地保留着古老但日渐衰落的传统，它源于过去的特殊经历，固守这种传统会妨碍科学家的世界主义。但是，各民族肯定会逐渐趋同。它们必须尊重人的权利。

这种权利学说是有关正义的清晰而确定的理性学说，它要取代"像建在沙丘上的城堡一样"的古代学说。实际上，权利不过就是人人都能体验到的基本情感，它是新科学诉求的对象，它已经被科学从似是而非的推理和对神祇惩罚的恐惧所强加的种种限制中解放出来。科学能够为之效力的便是这些情感。如果这些天生的情感就是人类得到允诺——一种"权利"——可以去寻求满足的对象，科学与社会的伙伴关

系也就形成了。文明社会就能把满足人们的生命、自由、对财富的追求作为唯一的目标，人们就会因为世俗权力反映他们的需求而同意服从它。政府变得更加稳固和可靠，因为它现在是建立在欲望而不是美德、 288
权利而不是责任的基础上。这种维护生命的欲望发挥着道德和政治推理的前提的作用，其表现形式如下："如果我想保存自己，我就必须寻求和平。如果我寻求和平，我就必须……如此等等。"以这种明显的、可以深切感受到的前提为基础，人对政府的效忠能够成为一个理性问题，而不是强烈信念的问题。这种律令与十诫中的戒律截然相反，它不为要求人们服从提供理由，它不去肯定基本欲望，而是禁止它们。现在人们弄清了自己的目标，他们把这归功于理性人，他们在理性的基础上遵守保护他们的法律，他们尊重并要求政府也尊重科学家，因为他们能够最出色地运用理性理解和驯服不友好的自然，包括人性。政府成了科学家和人民之间的媒介。

这种权利学说奠定了现代大学的架构和氛围。一个以成员的偏好为基础的政体，是一个把正确理解的自由放在第一位的政体。知情权直接来自于追求个人生存和判断生存手段的权利。知情权对于渴望了解、也有能力了解的人来说，有着特殊的地位。大学的繁荣是因为大学被认为能够按社会的需求服务于社会，而不是像苏格拉底那样服务于社会，或像泰勒斯那样不能服务于社会。因此，自由大学与自由民主政体之间有一种千真万确的特殊血缘关系，这不是因为教授是"制度"的走狗，而是因为它是唯一这样一种政体，它的当权者相信让教授随心所欲地从事自己的工作是一件好事。没有这个"自由的"架构，教授们为自己要求的权利就毫无意义。权利的概念最早是由自由主义的创始人诠释的，无论从理论还是实践上说，它的唯一家园就是自由社会。

所有这一切意味着，哲学家把他的党派从贵族党变成了民主党。假如教育的意义从体验美好事物变成了开明的自利，那么，根据教育的定义，那些没受过教育、抱有一大堆成见的人，是可以教化的。高傲而又热衷于荣誉、认为自己天生享有统治权的贵族，现在似乎成了理性统治的

289 绊脚石。新哲学家致力于让贵族回到平民中间，清除他们的心理支撑，降低他们的品味。这种回到人民中间的举动，可以被理解为他们意识到了健康的平等欲望，他们愿意订立不行不义的契约，得到的回报是不会遭受不义，这与为了争风头而拒绝平等、甘冒遭受不义的风险的贵族恰恰相反。也可以把它理解为一种为了利用人民的权力而采取的务实策略。在这一点上，现代哲学家是在效仿古代的暴君，他们发现满足人民的愿望比满足敢于对抗的贵族更容易。除了有知识的人，谁都不享有天赋的特权地位。

不应当把这种转变解释成哲学从右翼转向左翼。左翼与右翼的出现是这种转变脱离政治妥协主义，走向政治行为主义的结果。左翼是现代哲学的工具，具有宗教色彩的右翼则是它的对立面。当18世纪末哲学营垒发生分裂，一种更激进的平等主义从内部威胁着科学事业时，位于两派中间的只有传统的自由主义。左派意味着由启蒙运动带来的社会转型，这是一种所有的传统思想家既不重视也不反对的可能性。在现代，做一名右翼哲学家，即做一个反对使社会理性化的哲学企图的人，是有可能的；而在古代，所有哲学家拥有相同的实践政治观，因为谁都不相信以根本性的或永久进步的方式改变贫富关系是可行的或有益的。有着要求智者享有参政权的道德和知识基础的民主政治，严格地讲是一项现代发明，是得到广泛理解的启蒙运动的重要组成部分。

然而，哲学家对民主不抱幻想。如我所说，他们很清楚自己是在用一种误解取代另一种误解。绅士们认为，面对死亡的哲学式镇定，源于贵族的绅士风度或英雄气概。另一方面，普通人则认为，哲学家关于避免死亡的理性说明，是他内心对死亡的强烈恐惧的产物。然而哲学家也懂得，理性的、精于算计的经济人对永生的追求，就像那些希望获得不朽名声或来世的人一样不理性，甚至有过之而无不及，它的唯一标志或
290 保证只寓于他的希望之中，但他却为此而经营自己的人生。在维护生命所需要的一切事情上，功利主义者表现得更为明智，但他从不考虑自己肯定会死这一事实。他做着一切能够推迟自己死亡的事情——提供保

护、和平、秩序、健康和财富，然而他却极力掩盖死期必至的事实。他完全献身于避免死亡，但死亡是不可避免的。因此，假如理性与理解人们的生存状态和最终归宿有某种关系的话，就可以把他视为最不理智的人。他毫无保留地对自己最强烈的情感及其产生的愿望做出让步。英雄和虔诚的信徒至少还考虑永恒的问题。虽然他们的愿望会把永恒神秘化，他们采取的姿态却更合理一些。哲学家在思想和行动时，总是表现得自己仿佛不朽，同时又充分意识到自己难免一死。他试图尽可能长寿，以便进行哲学思考，但又不愿意为此改变自己的生活方式或思想。他表现出一种英雄永远也做不到的明智；他在永恒的伪装下看待一切事物，这是资产者绝对做不到的。因此，他无法跟这两种人打成一片。只有献身于求知的生活能够把对立的两派统一起来。苏格拉底就是这样一个悲剧英雄，他满脑子都是工匠的想法。

伟大的现代哲学家是像古人一样的哲学家。他们十分清楚使自己与别人隔开的因素是什么，也很清楚这道鸿沟无法逾越。他们懂得，他们与另一些人的联系总是以非理性为中介。他们敢于向源于自然倾向的理性的特殊形式提出挑战，他们似乎一向十分自信，认为自己能够从理性因素中获益，避免让非理性因素压倒自己。在他们的观点中，理论生活仍然有别于政治生活，这与古代哲人的观点相同——理论考察普遍和不变的因素，同时也能理解它同特殊与变化的关系；政治生活完全投身于实践，只从整体本身去理解整体，就像是一种神正论或人义论，讲述的是上帝或历史。哲学和哲学家总是透过个人得救的希望去看整体，因此总是孤独的。现代哲学家懂得，探索理论要把理论本身当作目的，但他们也乐意宣扬这样一种观点，仿照克劳塞维茨的妙语就是，理论是实践通过另一些手段的继续。

闭门论道或囿于学术圈的哲学家，有着与世人完全不同的目标。理 291
论与实践和谐一致只是一种表相。现代人不像古代人那样认为，把理论与实践合一后，他将看不到两者的区别。这是对他们的勇敢精神最精确的定义。古人很虔诚地保持分离的东西，现代人认为他们不必冒任何风险就可以合并到一起。问题在于:以理性为基础的社会,是否必然对理性提出非理性的要求? 或者说,它是否更接近理性,并服从理性者的管理? 当代对praxis(实践)这个希腊词的普遍误用,清楚地表明了这个问题的难度。它现在意味着既没有理论也没有实践,政治学已经被理论化,哲学已被政治化。它反映着永恒与短暂的差异已被克服。尽管与启蒙运动的意图相反,但这的确是启蒙运动的一个结果。问题在于,它是个必然结果,抑或仅仅是个偶然结果。

很久以来,认为启蒙思想家既乐观又肤浅的观点在一些地方相当时髦。这是一种紧随法国大革命之后由反动派和浪漫派宣扬的观点,是宗教人士和诗人的反政变,它取得了相当可观而又持久的胜利。据称,现代哲学家相信一个新纪元,人们将变得更理性,一切事物都有利于最好的状态。根据这种流行的观点,他们不理解罪恶难以根除的性质,也不了解或至少没有充分估计到非理性因素的力量,后来我们这个更为深刻的时代才对它有了充分的认识。我在这里试图证明这是一种曲解,一种一厢情愿的解释。只要仔细看看这些哲学家勾勒出的伟大设计,谁都不会指责他们过于乐观,他们期待理性的完全胜利并低估了罪恶的力量。人们没有充分估计到他们在多大程度上是马基雅维利主义者,就这个词的完整意义而言,他们实际上是马基雅维利的信徒。他们希望改善人的命运,但不是通过忘记人身上的罪恶,而是通过向它让步而不是对抗,是通过降低标准。他们期待大多数人都拥有的十分合格的理性,是建立在自觉鼓励最大的非理性的基础上。自私是谋求共同利益的手
292 段,他们从未想过要在他们设计的世界里再造过去各民族辉煌的道德和艺术。从他们的作品中看到的那种冷酷与戏谑的结合,应该能够驱散对他们怀有无端希望的怀疑。他们的设计是“现实主义的”,假如曾经有过这种东西的话。

至于肤浅,这完全取决于人类最深刻的体验是什么。哲学家,无论古代的还是现代的,一致认为人性的实现在于理性的运用。人是能够认识一般的特殊存在,是能够意识到永恒的短暂存在,是能够观察整体的

部分，是能够探求原因的结果。无论是想理解存在，还是仅仅为了清点事物，理性都是非理性事物存在的目的，人身上看似纯然野蛮的一切，都有人的理性才能为它注入的活力——哲学家就是这样认为的。克里斯托弗·马洛用马基雅维利的话说“我认为没有罪恶，只有无知”，这说明他对马基雅维利和哲学都有很好的理解。当然，还有另一些体验，它们一向是宗教体验，在现代则是诗意的体验，它们都提出了相互竞争的主张。但这并不能直接证明它们的主张比哲学的主张更高明。问题又变成了理性与神启相比谁更尊贵。庸俗化的理性主义确实肤浅，这一事实并不能驳倒哲学家。他们知道它会变成那个样子。（即便如此，民主社会中了解并行使自己权利的公民并不是所有人中最可鄙的。）他们试图把人的核心利益变为社会的核心利益，启蒙运动过去是、现在依然是实现这个目标的唯一合理的方案。

面对这个问题，如果我说培根、笛卡尔、霍布斯、莱布尼兹、洛克、孟德斯鸠甚至伏尔泰（可以认为他比其他人更通俗）都不如雅克·马里坦或艾略特深刻，那似乎是荒唐的；我只举出这两个当代名人为例，因为我年轻时就是从他们的口中知晓了启蒙运动是肤浅的。卢梭开创对启蒙运动的作用进行深刻批判的学派，然而他却说培根、笛卡尔和牛顿都是非常伟大的人，他还曾谈及“智者洛克”。卢梭在关键问题上并不同意他们的观点，但他深知他们是自己的理论血亲。现代社会的庸俗性是知识分子发出很多抱怨的对象，却是哲学家愿意与之共存的东西。毕竟，
正如苏格拉底指出的，所有社会从高处俯瞰都同样漂亮，不管它是伯里 293
克利时代的雅典，还是依阿华州的得梅因。一个和平而富足的社会，它的人民景仰科学，有足够的钱去支持它的发展，要比一个只有奴隶没有哲学的辉煌帝国更有价值。洛克看起来很肤浅，因为他不是个势利小人，不会去炫耀他所理解的东西有多重要。

毫无疑问，这是一些严肃的人，他们的发明设计对公众产生的深刻影响不同于他们生前身后的其他哲学家或科学家的影响。唯一可以与之相提并论的政治事件是马基雅维利所说的新模式和新秩序，它们是

由先知——摩西、居鲁士、忒修斯、罗慕路斯和(他暗示)耶稣创建的,他呼吁哲学家们效法这些人。现代性主要就是由这些哲学家造成的,我们的自我意识取决于对他们想做和已经做过的一切的理解，因此也取决于理解我们的处境为何迥然不同于别人的处境。无论启蒙运动的哲学教诲与当代人的历史智慧多么不同，它就像一条贯穿于现代史所有事件中的主线。现代政体是由理性孕育的，并且依赖全体成员的理性意识。这些政体在其活动的各个方面都需要自然科学的理性,而且对自然科学进步的需求在很大程度上决定着它们的政策。无论称之为自由民主社会还是资产阶级社会,是保护人权的政体还是贪婪的政体,无论技术被用于积极的方面还是消极的方面,每个人都知道,这些词汇描绘的正是我们这个世界的核心问题。很显然,它们是对事物本质有深刻洞察的一小部分人的思想结晶，他们共同合作的事业取得了令人难以置信的成功。这种思想洞察并阐释生活的所有细节。这是一些甩不掉的人——但可以对他们提出质疑。

斯威夫特的质疑

最早的质疑者之一是乔纳森·斯威夫特，他看到了他们的意图所在,并以古人和诗的名义大声说了出来。他的《格列佛游记》是对早期现代哲学的质疑,正如阿里斯托芬的《云》是对早期古典哲学的质疑。《格
294 列佛游记》不过是以喜剧手法表明了斯威夫特对古人的偏好,他让古人扮演巨人和名贵的马,让现代人扮演侏儒和人形兽。他书中讲的故事,与我们关系最大的是“勒皮他之旅”一章中科学院和大学——用皮埃尔·培尔的话说就是“文字共和国”——的建立。格列佛在利利普特(小人国)考察完现代政治以后,又到勒皮他去了解现代科学及其对生活的影响。勒皮他是一个由自然科学家统治的飞岛。不消说,它影射的是英国皇家学会,在斯威夫特时代,这是一个不久前才出现的哲学家和科学家协会,他们在现代思想的影响下更为关注公众和公共生活。在这个离奇的新天地，格列佛发现了一种从人类的首要关切中抽象出来的理论

成见,它的起点不是人类的维度,其终点却是改变这一维度。这个飞岛上的人一只眼睛盯着内心,另一只眼睛仰望苍穹。他们是十足的笛卡尔主义者——自我本位的一只眼睛内省自我，关注宇宙的另一只眼睛审视最遥远的事物。而从前是人们的关注中心、限定着自我和星宿研究模式的中间区域，却不在勒皮他人的视野之内。他们只研究天文学和音乐,整个世界被简化为这两门科学。他们从不接触普通的感官经验,这使他们能够满足于这两门科学。同他们这个小天地之外的人沟通是没有必要的。他们不让自己的数学遵从物体的自然形状,而是改变物体以适应他们的数学。他们把食物切成各种几何图形。他们赞美女性,是因为女性身体的各部位确实与某些特殊图形相似。他们从来不知嫉妒为何物,妻子在他们眼前跟别人通奸,他们竟能视而不见。这种情欲的缺乏与诗意的敏感的缺乏有关。这些科学家不能理解诗,因此,在格列佛看来,他们的科学不可能是人的科学。

格列佛还描述了这些人的另一种怪癖:“尤其使我惊奇和无法解释的是,我发现他们对时事和政治有着强烈的兴趣,总是愿意探究公共事务,对国家大事做出自己的判断,激烈地辩论政党主张的所有细节。据
我观察,我所了解的欧洲数学家多半也有同样的脾性,虽然我在数学和 295
政治这两门科学中找不到丝毫相似之处。”格列佛认识到理论科学对政治的关心,怀疑它能否理解现实的政治实践。他还认为科学家有一种操纵政治的特殊权利意识。勒皮他人的政治权力依赖于新科学。这个飞岛是建立在吉伯和牛顿创立的物理原理上。应用科学可以开辟通向政治权力的新道路。飞岛使国王和显贵用不着担心人民谋反——事实上,他们用不着和人民发生任何联系——同时又可以利用人民,征收贡赋,这是维持统治者的地位和悠闲生活所必不可少的。他们能够摧毁陆地上的城市。他们的权力几乎是无限的,而他们的责任等于零。权力集中在统治者手中;因此,他们甚至不必因为恐惧而被迫培养出真正的政治智慧。他们不需要美德。一切都顺理成章,所以不存在他们的无能、冷酷或罪恶让他们遭殃的危险。飞岛使他们的畸形发展到了怪诞的地步。科学

在解放人的同时破坏了使人成为人的自然环境。因此，历史上第一次出现了这样一种可能：暴政不是建立在无知上，而是建立在科学的基础上。

斯威夫特反对启蒙运动，是因为它助长了数学、物理学和天文学的超常发展，所以他重返被阿里斯托芬斥为缺乏自我意识和不能理解人类的前苏格拉底哲学。启蒙运动拒绝社会与哲学、诗与科学之间苏格拉底式的温和妥协，这种妥协曾经长久统治着求知的生活，并使政治科学的建立成为可能。但是，这种科学不同于对政治毫无兴趣的前苏格拉底哲学，它希望统治，并且能够统治。这种新科学确实产生了足够的统治力量，但为此不得不丢掉人的视野。换言之，斯威夫特否认现代科学实际建立起了人的科学或政治科学；恰恰相反，它毁掉了它。这样的政治科学首先必须把人作为人、而不是作为有血有肉的几何图形来理解。其次，它必须保证科学或科学家的利益与健全的政治共同体的利益和谐一致。在飞岛上，这两个条件都没有得到满足。具体而言，这个岛上的科
296 学家是靠剥削非科学家才能过着安逸的沉思生活。

说得更简单些，斯威夫特认为，掌握权力并运用权力的科学家对全人类毫不在意。他们的整个阴谋与别的阴谋毫无二致。潜在的暴君以共同利益的名义说话，追求的却是一己私利。培根的《新大西岛》中描写的“圣贤院”不过是为飞岛做的宣传。科学家要按自己的喜好生活——沉迷于数字、图形和星宿中，他们不想继续被迫隐瞒自己的欲望。平民依然有办法让别人感到他们的存在，但基本上被束缚在科学家限定的范围之内。科学家能够遮断俗世的阳光。

在斯威夫特抱着厌世态度对科学的怪诞嘲讽中，包含着某种神秘的预见。自然科学很快就从启蒙运动的整个计划中撤出，只留下人文学科自己照料自己。自然规律是科学规律，但自然科学不再声称能够为人类制定法律，于是把没有理性或科学基础的政治科学冷落在了一旁。科学家不再像过去那样，是推翻以往的反科学政权的事业中的真正伙伴，而是变成了这种政权结伴而行的同伙。一旦摧毁了神学的监督权，人人

都承认需要的是科学家而不是教士,科学就自由了,从原则上说它就不再关心需要和利用它的政权了。早期启蒙思想家似乎相信,在被统治者的理性同意与科学自由之间存在着完美的一致性。但是科学无法让所有人都理性化,而且后来证明这也没有必要,因为它能迫使任何统治者都支持它,不干涉它。统治者如果发现伽利略之类的人在忙些什么,他们就会迫害他,因为他的研究动摇了他们建立在神圣经文基础上的合法性,只要这样的统治者依然存在,科学家就是所有反对他们的人的天然盟友。早期的现代思想执迷于教会权威严重威胁着思想自由的念头,这使哲学家相信为推翻教会权威结成的同盟是恒久不变的。在这件事上,后来发生的情况却是,一旦统治者不是绝对信奉非理性或非科学的自然观,启蒙运动中的非人文的内容即可幸免于难。私利——现代的伟大动力原则——不再要求关心其他思想家,而现在看来完全属于自然 297
哲学家的科学或理性,也不再为政治或道德思想家提供任何保障。简言之,人文学科和自然科学以民主的名义结成的共同阵线变成了一种意识形态。

苏联自然科学的状况就是斯威夫特的预言登峰造极的可怕表现。它是建立在科学基础上的暴政。在所有学科中只有自然科学,在所有人中只有自然科学家,能够迫使暴君不予干涉。苏联数学家是和美国数学家一样的数学家,而苏联历史学家或政治学家必须充当骗子,充当御用文人。自然科学现在能够在苏联繁荣发展,是因为苏联的暴君终于认识到他们无条件地需要科学家。但他们不能容忍历史和政治科学家,他们也无需容忍。这些人与自然科学家不是同一类人,在自然科学家和暴君的眼中都不是。

最令人不快的是,这个可怕的政权从自然科学汲取力量来维持它的统治。作为科学,它们是中立的,除非它们顾及自身利益;它们不能判断罗斯福优于斯大林。前苏格拉底派学者很可能也是如此,但他们不能制造政治力量。他们对政权毫无兴趣,也不会给任何人提供帮助和抚慰。新科学家则是一切的起因。前苏格拉底学者孤傲不群,是理论生活的典范。现在的自然科学家却闪动着暧昧的身影。他们可能是真正的理论科学家,但是在那些不懂理论的人看来却不是这样。对人类事务的参与赋予他们一种公共角色:他们是治病的医生和核武器的发明者,是民主的堡垒和极权主义的要塞。安德烈·萨哈罗夫的人道精神最令人难忘,但是他对人权的支持并非来自他的科学,并且无论如何也不能保证他获得另一些苏联科学家的友谊。新体制保护科学;它不让科学家去控制科学成果的运用,或即便他们确实有能力控制这些成果的使用,也不给他们提供了解如何运用这些成果的手段。如果自然科学成果与马克思主义正统学说发生摩擦,那么从长远看自然科学能够胜过党,但它不能控制党的政治行动。未来的暴君不太可能效仿希特勒的疯狂教条,他
298 因为这种教条而把犹太科学家拱手送给敌人,这使他注定失败。从这个意义上说,科学使潜在的希特勒们变温和了——但也仅限于此。一般而言,它增强了人的力量,却没有增强人的美德,因此它既增强了人行善的力量,也增强了人作恶的力量。

整体画面是,科学卷入政治导致了巨大的危险。有些人断言,为了对付这种危险,我们必须重建政治学。斯威夫特告诉我们,启蒙运动的创立者已经重建了政治学,可是问题就出在这里。于是后来的自然科学闭口不谈人类事务、科学在生活中的运用或科学家。当诗人撰文评论诗人时,他是作为诗人这样做的;当科学家谈论科学家时,他却不是作为科学家这样做。即使他这样做,他也不用他在自己的科学活动中采用的工具,他的结论不会表现出他在自己的科学中运用的任何论证特点。科学已经与科学的自我意识决裂,而后者曾是古代科学的核心。自我意识的丧失与诗遭到放逐有着一定的联系。

卢梭的激进化与德国大学

恰恰是在启蒙运动获胜之际和作为社会王冠的学术机构建立之际,卢梭出现在历史舞台上。作为一个被颠倒的苏格拉底,他再次断定科学与社会之间存在着永久的紧张,他认为科学进步腐蚀道德,从而也

腐蚀社会，所以他站在社会一边。美德，“质朴灵魂的科学”，才是最需要的，科学则损害美德。科学倡导与其他人和文明社会保持一种松散自私的关系，它使美德原则受到怀疑，它为了自身的繁荣而要求一个奢靡散漫的社会。

生活在学术圈里的学问家看不见这一点，变得悠闲自得。假如西塞罗和培根之类的人当过教授，他们就不会成为西塞罗和培根了。只有在真实的现实生活中，而不是在人为建立和受保护的大学中，他们才能从整体上把握人类的处境，认识它的内在紧张并承担起责任，他们不需要披上进步信念的外衣，也不会贪恋无知的社会授予其荣誉的虚名。教授 299
们已把理性变成公众的偏见，现在他们也跟有偏见的人打成一片了。他们代表着两种能让人严肃生活的严酷训练的场所——共同体和孤独——之间令人不满的折衷位置。

卢梭执意要把启蒙运动中蕴含的理论与实践的相对价值的暧昧性说清楚。启蒙运动不把这位思想家奉为最杰出的人，而是把他当作最有用的人。幸福才是最重要的事情；既然思想不是幸福，那就必须根据它同幸福的关系加以判断。卢梭认为，科学产生幸福的论点太令人怀疑了。此外，虽然霍布斯和洛克教导说，人是理性的，但他的理性是欲望或情感的仆人，这两者比理性更重要。想想他们的立场吧：人天生是孤独的存在，所以语言——理性的条件——对人来说并非天生的。因此，人与其他动物的特定差异不可能是理性。启蒙运动误解了理性和感情。

卢梭的推理和措辞如此雄辩有力，凡是思考过这个问题人，或没有思考过它的很多人，几乎难免受到他的影响。在他之后，共同体、美德、同情、感受、热情、美好、崇高，甚至想象力——这些受到压制的能力，便轮番上场与现代哲学和科学较量。边缘化的波西米亚派、感伤主义者和艺术家，至少成了跟科学家一样的导师和榜样。康德在卢梭的启发下，为协调理论与实践、理性与道德、科学与诗之间的关系（这一切都被卢梭搞得问题重重），对启蒙运动工程进行了系统的审查。康德对整个知识的考察也可以被解读为一项工程，它有益于各个学科在大学中的共存共荣。卢梭指出,思想家和社会之间自古就有的紧张,本来以为已被启蒙运动解决,但它又以非常危险的新方式重新出现。康德试图重新解决这个问题。

康德也认为,自然科学对自由的、讲道德和追求艺术的人的解读是违反自然的。他没有试图改造自然科学,效法古人的方式让人回归自然。他所做的事情是去证明,自然科学所理解的自然并非包含着全部的
300 事物。还有另一些自然科学没有掌握或无从掌握的领域,它们是真实的,它们为人性经验的真实性留出了一席之地。没有必要为了保护人性而抛弃理性,因为理性可以证明科学存在着不为它所知的局限性,可以证明被自然科学不合逻辑地加以拒绝的自由的可能性。**可能性**和**根据**成为康德的主题,因为人类已经开始表现出很多不可能和无根据的现象。

康德接受了卢梭的推理,即必须把自由作为人的特点,而自然科学接受的因果关系是拒绝自由的;因此实践生活,即履行道德自由,高于理论生活,即科学理性的运用。他付出了人类最艰苦、最有力的理论努力,试图表明自然不是全部,理性与自发性不是相互对立的。所有这一切都是由理性,而不是由反理性的激情建构的。这种努力寓于三大"批判"之中,它们是自由主义启蒙运动最后的伟大宣言,是大学中与培根—笛卡尔—洛克一派的理性主义共存的又一个理性主义派别。最初的努力是为纯粹理性设限,对"骄傲的理性"说"到此止步",以此让理性理智地服从。康德的批判哲学没有指示科学必须发现什么;它为纯粹理性的运作设定了范围。它对实践理性也设定了范围,从而把大卫·休谟对实然与应然的区分从道德推理的耻辱变为理性获得胜利和尊严的基础。它进一步肯定了人的判断能力,使人可以再次谈论目标与美。

在这个理论体系中,不仅自然科学在大学制度中占有可靠的地位,而且道德与美学也同样如此。现在大学在康德的学说中取得了统一。三大"批判"为三种知识(经过重新包装的真、善、美)提供了各自的领地,但它们并没有作为对唯一现实之不同侧面的知识而统一起来。亚里士

多德的人学是自然科学的一部分，他对人的认识与他对星宿、运动物
体、人以外的动物的认识紧密相连，和谐一致。卢梭以后的人文学科已
经不是这样，它们依赖于一个全然不同于自然领域的存在。它们的研究 301
也不是自然研究的一部分，这两种形式的研究之间毫无关系。

这种形成于19世纪初的德国大学而后逐渐拓展到西方所有大学中的学科划分状态，从一开始就表现出很强的生命力。自然科学现在已经冲破神学或政治的樊篱，而且也摆脱了哲学，继续向前发展，速度比以前更快。人文学科被赋予了新的使命，也进入了新的繁荣期，尤其是历史和哲学研究。人被理解为自由个体和道德个体——他是有创造力的，是文化的生产者，是历史的创造者和历史的产物——这为把人作为人严肃对待的人文研究提供了舞台，而不是把人降格为构成自然科学研究领域的运动物体。为学术注入生机所必需的严肃目标源自这样的意识：通过人的历史起源可以理解人；从各民族的历史传统可以推导出道德和政治标准，用以取代无效的自然权利和自然法；对高级文化、尤其是希腊文化的研究，可以为成就现代文化提供模式；对宗教的适当理解可以为反对理性提供信仰的证明。那时的学者们似乎比文艺复兴以后的任何时期都更多地服务于生活，可以像士兵、医生和工人一样有益于社会。发端于19世纪这一鼎盛时期的历史研究和文本考据的伟大运动，为我们提供了迄今仍有待于我们全面消化的营养。人文学科承担起了教导人们理解人的全部重担，尤其是在伦理学和美学领域（这是研究美与崇高的新学科）。

然而，人文科学呈现的这种可喜局面——自然—自由的二元化——从一开始就造成了问题，从长远来看，它破坏了它的实践者的信心，或者使他们重新回到只关心学问上。对自由王国——它似乎要恢复人类现象的丰富性——的现实性的怀疑萦绕在人们心头。自由王国与自然王国之间有什么关系？人的自然本性结束于何时，自由始于何处？真有可能限制自然科学的要求吗？在康德体系中，如果科学家能够像他们声称的那样，从长远看可以预见各种现象的变化，那么还能合理地假

302 设本体的自由(这种表述在现象界是可以预见的)? 自然科学难道不是以机械的因果关系、决定论以及把所有高级现象简化为低级现象、把复杂现象转化为简单现象为前提吗? 科学在天文学、物理学、化学和生物学中的成功难道没有证明这些假设的真实性吗? 进化论之类的新发现或新思想,导致人们对精神的独立或非派生的性质产生怀疑。《纯粹理性批判》所说的那种能够对科学和理性设定界限的能力,证明仅仅是演进过程中的一个偶然结果。伦理学与美学的基础消失不见了。自然科学好像依然实在,而浪漫主义和理性主义则占领了想象的领域,怀着崇高的希望,还有点非分之想。作为一个哲学流派的悲观主义登上了舞台。在自然科学的健康发展与扩张中还出现了这样一种认识: 人文知识本身不能产生道德和政治标准。对民族历史事实的全部研究和"民族精神"的发明,并不能为通向未来提供指引或行为法则。这种学问让人印象深刻,但它越来越像闲逸的好奇心的产物,而不是对人类最需要的知识的探究。哲学不再是自然科学的一部分,或者已不为其需要了,它被打发进人文学科,甚至变成了另一种纯粹的历史学科。它要成为大学统治者的主张不再受到尊重。这里存在着一种没有更高统一体的共同统治权。人文知识能够为权利平等声辩,并在某种程度上正式享有这些权利,但也开始变得充满"学究气",与观察真实世界中事物的方式毫无关系。自然科学家的形象既是智者,又是使公众受益的人;而人文学者只是个教授。

从现代大学体制形成之初,就有一个人一再阐述过从现代视角所理解的智者的问题。他不是德国大学的一员,却和康德一起对大学有着极大的影响。这个人就是歌德。他的经典观点集中体现在《浮士德》一书中,可以说,这是唯一一部所塑造的民族英雄楷模堪与荷马、维吉尔、但丁和莎士比亚笔下的形象相媲美的著作。学者浮士德在自己的小屋里苦思冥想,翻译出"约翰福音"第一行:"起初是神谕(逻格斯)";他对这
303 个解释不满意,又改为"感觉",但还是不十分满意;最后他明确地将其重新诠释为"行为"(deed)。行动先于思考,行为先于言辞。深谙此中道理

的人必须仿效这个起点。没有思想在前、不受思想控制的创造者的行为,是头等大事。这位学者用自己的理性误解了起源,因为他不具备事物秩序背后的活力。他拘泥于细节,堆砌事实,把提供活力的原理从这些事实中抽离出去。浮士德与永远的学习者瓦格纳的关系就是一个范例,瓦格纳说他已经懂得很多,但还想弄懂一切。只有服务于生命的知识是好的,生命首先是由黑暗中的行动和必然的冲动构成的。知识是后来的,它照亮由行为创造的世界。正如歌德描绘的,瓦格纳看起来轻薄而软弱。与浮士德的原始冲动相比,他对知识的悠闲的爱是肤浅的。虽然行动的人生和沉思的人生之间的对立像哲学一样古老(如果不是更古老的话),但在歌德描述的这个关键时刻,行动的因素第一次被理论本身接管了,从而宣告了这种古老对立的结束。理论生活是无根基的,因为最重要的不是可认知的秩序,而是向着创造性开放的浑沌。在什么都看不到的地方不可能进行沉思。歌德充分考虑到了求知者和诗人的现代处境,在不屈从于增进生命的目标的学问后面打了个问号。古代也有一些学者,他们研究荷马和柏拉图,却不知其所以然,对作家提出的问题毫无兴趣,仅仅沉迷于文本的尺寸或可靠性。但这些学者受到的批评是,他们缺乏了解最重要事物的迫切愿望;对学术的批评却是,它缺乏付诸行动的紧迫感。简言之,历史学家——现代学者的典型——只是在编写行为的历史。但是,如果行为是最重要的,那么学者理所当然地比行动者低一等。而且,这种推理的人也没有能力跳进行为所要求的黑暗之中。最后,如果行动者不是思想者,那么思想者能否理解行动者也是值得怀疑的。一个人不必成为与凯撒相似的人就能够理解他吗?认为不必成为凯撒就可以理解他的观点,与认为不必成为任何东西就可以理解一切的观点是相同的。自由王国隐含的前提是行动胜过思想。正如
歌德所看到的,现代学术巨擘是个泥足巨人。就像所有科学一样,自由 304
王国也是盲目的,因为在只有黑暗的地方它缺少认知对象。

学术的问题最好地反映在古典文献的学术研究中。对古代希腊和罗马的研究曾经是最出色的学科,有时它熠熠生辉,照亮世界,有时它

闪烁不定,几乎熄灭。对古代的研究随着西方哲学革新的盛衰而起伏。伟大的转型时代开始于对希腊源头的重新研究，它的启示消除了焦灼的渴望。一种若有所失的强烈意识,是真实地、因而也是细心地全力再现失去的东西的严肃动力。希腊使我们确信过去有些事物比现在好。当古老的精神财富已被吸收,创新者为自己能够独立行走而踌躇满志时,古人的东西似乎不再那么必要,它退化成了习以为常的学问,成了古迹而不是指路明灯。由于希腊的普遍性和人性的恒久性,文艺复兴那种令人陶醉的气氛,即希腊的再生,总是有可能发生,并在一种特殊的现代思想——始于马基雅维利对希腊和罗马思想家的仔细研究与批判——中达到顶峰。这种思想能够自豪地宣称它比古代思想更胜一筹,从而在古代与现代的较量中胜出。

凭借对希腊罗马典范的了解,卢梭表达了他对现代思想的不满,这开启了第二次文艺复兴运动。“古代政治家们不停地谈论伦理和美德,而我们的政治家只谈商业和金钱。”卢梭对自己的古代知识——虽然学术性不够,但十分深刻——的运用,为伟人拥有古代思想提供了完美的理由,正如尼采所说,他们是不合时宜的人,需要一个有利的位置找到自己的方位并且成为最合时宜的人。正是古希腊人使处在危机中的人既合时宜又不合时宜。没有幻想,没有对外部世界的无限探索;只要人类本性未变,书本总是可以理解的。这就是希腊作者在完成著作后历经沧桑扮演的角色，当他们好像已被耗尽，仅仅成了学者们保存的灰烬时,他们仍像不死鸟一样。

卢梭热情呼唤现代人回望古代的城邦,因为它是完整的,是一个真
305 实的共同体,是渴望重新呼吸到希腊新鲜空气的浪漫派的源泉。它的强健的道德和美学是卢梭令人信服地传达的内容。从罗伯斯庇尔到欧文和托尔斯泰,直到以色列的集体农庄,他为建立公社制度的各种努力提供着动力,这种动力依然存活在现代思潮中。但是正像我前面所说,最重要的是,他对启蒙运动与健全政治之间的紧张关系的观察,导致了文化观念的产生。把希腊、斯巴达或雅典作为文化模式来研究,正是卢梭

的思考所导致的结果。这种研究在可以强烈地感受卢梭影响的德国尤其繁荣，准确地说，这是因为康德和歌德占据着优势地位，其动机是理解文化，着眼点则是建立德意志的文化。德国思想家首先是从希腊和罗马的诗，其次是从历史中汲取灵感，学者们也紧随其后。但灵感显然不是来自希腊哲学，卢梭本身就是一例。对他来说，做出重要的理论反思的哲学家是培根、笛卡尔和牛顿，而不是柏拉图和亚里士多德。后面这两位根本不懂自然真理。后来的学术研究不管对他们有何兴趣，都是把他们当作希腊文化的一部分，当作希腊文化的典型代表，但不像文化的奠基者——诗人——那样有意义。希腊哲学家不是卓越的对话者。卢梭赞赏柏拉图，认为他对人类事物有深刻的洞察，但更多地把他当作诗人，而不是哲学家或科学家。柏拉图确实是情侣们的哲学家，但卢梭没有参考柏拉图的思想，他教导说，爱欲是性和想象的产物。它的行为是诗，是卢梭所理解的创造生活、提升幻想的源泉，因此是使民族成为可能的民族精神的根本源泉。在柏拉图的思想中，爱欲导致哲学，而哲学又导致对最佳政体，即与多种文化相对立的一种良好政治秩序的探求。可见，希腊"文化"的发现是违反希腊哲学的。而且，这种关系到最佳政体与文化对立的特殊分歧，对理性有着致命的作用。我们从韦伯的假设中能够初步认识到这一点，他认为是价值而不是理性建立和维系着共同体。

因此，从这第二次文艺复兴运动伊始，学者们对希腊哲学家的态度就更像是自然科学家对待原子，而不像他们对待其他自然科学家。希腊哲学未被邀请加入学者们的严肃讨论。有关希腊的一切都要服从我们 306
在现代哲学观的基础上进行的分析。这种做法严重扭曲了人们期望从他们那儿学到的东西。启蒙运动的人士瞧不起希腊思想家，因为他们认为这些人是错误的。浪漫派敬重他们，因为他们对错与否无关紧要。

席勒对质朴的诗与伤感的诗的区分，是后来流行起来的这种分类的典范。荷马的魅力在于他没有看见我们所看到的一切，在于他对地狱一无所知。他依然在神奇的大地上行走，他的诗中缺乏我们被迫进行的沉思，因为我们知道上帝会弃我们而去。他不知道诸神和文化的死亡，就像孩子不知道人会死亡一样。他生活在这个世界的青春期。我们若想做到完美和幸福，就必须恢复人类曾经拥有的与事物的直接关系。但是我们在这样做时，必然伴有对事物脆弱性的认识。艺术家有着更大的责任感，这是荷马所不知道的，因为他不仅模仿自然，而且创造自然。一个成功的现代艺术家要比荷马更深刻，有更充分的自我意识。

质朴的荷马所属的文化，与感伤的席勒的文化迥然不同，只有根据他的文化背景才能理解他。质朴在很大程度上是因为缺乏“历史意识”，相信伟人就是个体，要把他作为单独的个体来理解，而且所有时代的理解都一样。普鲁塔克相信自己描述的纯粹的伟人形象，其实他的主人公不过是希腊人和罗马人，是与他们不可分离的文化的高级体现。这种意识是一种特殊的现代优势或洞察力。

当然，席勒是个非同寻常的深刻而敏感的读者。他对荷马的解读是否能使我们更多地了解荷马是值得怀疑的，因为他受到我们现在所认为的浪漫主义偏见的妨碍。但是，席勒所阐释或错误阐释的荷马，为他本人的艺术创造——它奠定了德国文学和德国文化的基础——做出了贡献。这是人们称为“创造性误解”的一个例子。对自己的观点——或许也受到其他观点的启发——的信心是非常重要的。不受学问影响的行为是重要的。我这样说的言外之意是，席勒的观点虽不真实，但能产生
307 成果，而学者们大概都知道的真实观点却毫无成效。这也是歌德的意思。学者是客观的推理者，诗人是主观的创造者。

这便是尼采登场的地方，他无比透彻而有力地指出，如果我们严肃地对待“历史意识”，那就不存在什么客观性，学术正如我们所了解的，不过是一种错觉，而且是一种危险的错觉，因为客观性损害了主观性。德国的全部古典学术研究对历史决定思想有着敏锐的意识，可是德国学者的思想似乎没有被这样决定。文化和民族精神的发现意味着，不可能存在普遍适用的理解原则。理性是一种神话，它使神话的创造变得无法理解。创造性和人类事物的科学不能共存，既然人类事物的科学承认

人具有创造性,有创造性的人便赢得了胜利。但学者是不能表现出创造性行为的。

发现了作为使人成为他本人的要素的文化，由此就出现了一道强制性的命令:建构和维持文化。这件事学者们是办不到的。文化不仅是生活的条件,还是认知的条件。没有德国文化,德国的学者就不能面对其他文化。

德国思想经历了巅峰时刻——康德、歌德、席勒和黑格尔的时刻，对希腊的重新发现对他们的思想起着重要作用——之后，希腊学术退入大学,在那儿再次成为僵死的学问,它不能激发或产生改变人类的引人注目的观点,而是成了教育资产者的资产者教授的研究对象,对他们而言,正如阿申巴赫说,希腊只是一种"文化"。仅在半个世纪前还塑造了那些英雄人物的希腊的辉煌,成了一个谜。尼采强烈地意识到这种辉煌及其从舞台上的消失,他为此指责学者们,或者说指责那些形成学术风气的因素。尼采是一位古典学者,假如没有受到哲学的感召,他肯定能跻身于有史以来最伟大的学者之列，但他却做出了回归希腊的最后一次伟大尝试。像他的德国前辈一样,他主要是回归于希腊的诗。但他把一些新东西——对苏格拉底这位理性主义传统奠基人的猛烈抨击，而理性主义是大学的精髓——揉进了他对悲剧的欣赏。这很可能是第一次由哲学家发动的对苏格拉底的攻击,它来势凶猛,并贯穿于尼采的整个职业生涯。让我们十分着迷的是,尼采,以及追随着他的海德格尔， 308
是霍布斯、斯宾诺莎、笛卡尔之后把苏格拉底——或任何古典哲学家的教诲——作为对手,作为活生生的对手严肃看待,而不是把他作为文化器物的第一批现代思想家[①]。苏格拉底仍然活着,必须征服他。这就是尼采的唯一问题,认识到这一点至关重要。这不是一个历史或文化问题，它完全是一个古典哲学的辩题:苏格拉底是对还是错?尼采对苏格拉底

① 当然,黑格尔对古典哲学也有独到的研究,但目的在于把它整合为现代哲学。对他来说,古典哲学不是敌人,而是一个不完全或不完美的朋友。——原注

的指控是，他的理性主义和功利主义，推翻了作为一种崇高本能的伟大愚蠢，把它解释成毫无意义的东西。他破坏了生活的悲剧意识，而这种意识能直观地感受到人在万物中的真实处境，使抵御生存恐惧的创造性生活成为可能，这种生活是任何预先存在的形态或模式都不能赋予或引导的。先于理性、易受理性伤害的本能或命运，建构法典或价值标准，理性据此才能健康地发挥作用。处在虚空顶端的黑暗是生活和创造的条件，它被理性分析的光芒驱散了。诗人在他的创造性活动中明白这一点。科学家和学者则从来都不明白。创造性活动塑造着文化和民族精神。不可能存在苏格拉底所相信的那种超越历史的纯粹精神。这种信仰是科学的基本前提，也是它的谬误之所在。这种谬误在处理人类事务时显然是致命的。科学方法仅仅用于发现适用于任何时间、任何地点的普遍真理，而特殊的和偶然的事物才具有历史和文化意义。荷马不仅是史诗的一个实例，《圣经》也不仅是一部记载启示录的文献，而科学就是这样看待它们的，而且这是科学对它们感兴趣的唯一原因。学者离开荷马和《圣经》，转向比较宗教和比较文学，也就是说，转向冷漠状态，或转向孱弱无力的普适教会主义，它是由各种古老和相互矛盾的创造物在最低层次的共同点上综合而成的。学者不理解他要阐释和解说的文献。席勒或许能够把握《伊利亚特》的精髓，因为他是与荷马相似的创造者。尽管如此，他也不能像荷马理解自己那样理解荷马，因为他的精神属于一个不同的历史时代。但他能够理解做一个诗人意味着什么，而学者这两点都做不到。无论是从生活的角度看，还是从事实的角度看，现代学术
309 都是失败的。黑格尔曾嘲笑一名典型的德国高级中学教师，因为他解释说，亚历山大大帝对权力有着病态的爱好。这名教师用亚历山大征服天下的事实来证明自己的论断。这个教师没有患上这种疾病，可以用他本人没有征服世界的事实来证明。这个故事概括了尼采对德国大学及其古典学术研究的批判。学者不能理解权力意志，不能理解是科学所无从知晓的原因使亚历山大与众不同，因为学者没有、他的方法也不允许他拥有或理解权力意志。所以，学者永远不能征服人的精神。

尼采重新回到古人的范例，他精确描绘了德国人文学术真正信仰的东西所造成的结果，他这种做法对德国的大学生活和德国人对理性的尊重都造成了惊人的影响。艺术家获得了新的许可，甚至哲学也开始把自身标榜为艺术的一种形式。在哲学与诗之间旷日持久的战争中，诗人获得了胜利，而苏格拉底过去一直是这场战争中的哲学冠军。尼采对大学的进攻有两方面的影响——或是导致严肃的人抛弃大学，或是导致对大学进行改革，使其在文化创造中扮演一定的角色。对于由黑格尔这位现代亚里士多德统治的大学，必须进行重构，就像当年名誉扫地的中世纪大学被现已名誉扫地的启蒙运动大学取代一样。

西方各国的所有艺术家立刻就感受到了尼采的影响。自1890年以后他就风靡各地，所有重要的画家、诗人或小说家几乎无人能够抵挡他的魅力。但是相对而言，他的希腊精神对艺术并未产生什么影响。他们接受了他对现代文化特征的描述和他对其衰落原因的论证结论，他们或是到处传播这些观点，或是试图在不同的学派中建立新的文化。他们探索新近才开放的“本我”领域，寻求新的形式。在大学中间，尼采的第一波影响可以从社会学和心理学这类相对边缘或新兴的学科中看到，它们过去都没有受到希腊或罗马模式的深刻影响。在对经典文献的研究中，新一代学者更多地转向宗教和诗歌的研究，专注于苏格拉底之前的希腊及其作家的非理性因素。在哲学领域，尼采是现象学和存在主义各个学派的鼻祖，他最终在学术界赢得了尊敬。

但是，实际上只有海德格尔一人把希腊哲学研究作为真正的中心，
把思考的重心放在存在上。他追随尼采，对整个现代哲学和科学事业产 310
生强烈怀疑。迫切需要一个新的起点，他以开放的精神转向古代先贤。但是他没有把注意力集中于柏拉图和亚里士多德，虽然他也对他们进行过反思，并对他们做出了极为独到的诠释；因为尼采已经用苏格拉底的方式解决了他们的问题。海德格尔转向前苏格拉底的哲学家，他希望从他们那里发现对存在的另一种理解，以帮助他取代从柏拉图和亚里士多德那里继承的对存在的令人厌倦的理解，他和尼采认为这种理解

是基督教和现代科学的根源。

奇怪的是，海德格尔的希腊精神并没有引起人们研究希腊哲学的强烈冲动,这可能与战争的影响和海德格尔的可耻行为有一定关系。他也只能在受人尊重的学术左派的羽翼保护之下，从文学的后门重新赢得尊重。对古代先贤的反思赋予了他观察当代场景的眼光,但是大学里的左派和文学这两种载体对此不十分感兴趣。通俗化利用了他对我们处境的描绘。敬佩海德格尔的知识分子理所当然地认为,柏拉图和亚里士多德不值得认真研究,而海德格尔和尼采并不这样认为。但是问题恰恰出在这里。尼采和海德格尔对柏拉图和亚里士多德的看法正确吗?他们准确地看到了问题所在,着魔似的转向苏格拉底。我们的理性主义就是他的理性主义。或许他们没有足够认真地对待现代理性主义者带来的变化，所以也忽略了苏格拉底的方式可以避免现代困境的可能。但是,所有的哲学家——理性的支持者——确实具有某种共性,可以或多或少直接追溯到亚里士多德和苏格拉底的精神后裔。对最深刻的现代问题的严肃论证必然会得出一个结论：对苏格拉底问题的研究是最为必要的。[①]是苏格拉底使尼采和海德格尔把视线转向前苏格拉底时代。四百年来头一次,一切从头再来,厘清柏拉图言论的意蕴,好像是既可能又必要的,因为这也许是可以做到的最好事情。

311 文艺复兴以来的古典研究史，是由对希腊对于人作为人的重要性的一次次短暂回眸构成的,所有的地方一向如此;短暂的回眸之后是没有充分理由的学术研究的漫长时期，它依靠原初的哲学动力所提供的逐渐衰亡的能量存活。到尼采为止,对柏拉图和亚里士多德的忽视和轻蔑一直是起因于一种信念：对于他们尝试做的事情，人们可以做得更好。这也是苏格拉底总是名声很好的原因。他是一个怀疑论的探索者,他要借助于孤立无援的理性手段踏上求知之路。他不受任何解决方案

① 参见唐豪瑟,《尼采的苏格拉底观》(Werner Dannhauser, *Nietzsche's View of Socrates*, Cornell, 1974)——原注

和体系的束缚，因此能够被人视为一个不会限制后代自由的原创者和启发者。目前人们对柏拉图和亚里士多德的轻蔑则有着完全不同的性质，因为它是同对苏格拉底的轻蔑结合在一起的。苏格拉底败坏了他们；他们并没有歪曲他。我们没有因为苏格拉底而进步，他标志着衰落的起点。理性本身受到哲学本身的拒斥。于是整个传统的共同主线被切断了，我们所知道的大学存在的理由也随之破灭了。

所以，希特勒上台之后，海德格尔作为弗莱堡大学的新任校长向全体师生发表演说，敦促人们献身于国家社会主义，这决不是偶然的。他的论证不无精妙之处，并且有一种独特的讽喻意味，但总的来说，海德格尔是在鼓励人们做出“决断”，全心全意地把精神生活奉献给新出现的、体现为群众运动的关于存在的启示。他这样做并不是他政治上无知的结果，而是他批判理性主义的必然结果。这就是我把这一章命名为“从苏格拉底的申辩到海德格尔的就职演说”的原因。大学的精神始于苏格拉底，他与雅典人民保持距离，以示轻蔑和孤傲，他拒绝接受他们的命令，拒绝停止发问“什么是正义？什么是知识？什么是神？”，因此怀疑有关这些问题的普遍看法，在他的严肃游戏（在《理想国》一书）中，他不尊重人民的“文化”，试图把哲学家的统治强加给不情愿的他们。当海德格尔加入了德国人民——尤其是人民中最年轻的部分，他说他们已经不可逆转地都献身于未来——并使哲学服务于德国文化时，大学可能已经接近死亡了。我认为海德格尔的教诲是我们这个时代最强大的思想力量，如果我是正确的，那么有目共睹的的德国大学的危机就是所 312
有大学的危机。

人们也许认为，我用了太多的笔墨讲述大学的这段特殊历史。但是，在所有的机构中，大学最为依赖于参与其生活的成员的最深刻信念。我们目前的教育问题，不能被严肃地归因于管理不善，意志薄弱，缺乏纪律，资金不足，对读、写、算三种基本功的关注不够，或者其他一般性的解释，说什么只要我们这些教授抖擞精神，事情就能步入正轨。这一切都是对大学的天职缺乏深刻信念的结果。当有人敢于对支撑学术自由的原则提出质疑时,人们不会说我们必须保护学术自由。挺身而出为大学而战是崇高的,但这不过是一种爱国姿态。这种姿态是必要的,对国家也是有益的,但对大学无济于事。归根结底,思想才是大学的一切。今天,对大学的思考少之又少,即使有这种思考,也没有毫不含糊地支持它扮演传统的角色。为了搞清楚我们为何陷入这种困境,我们必须认识到,在最高级的智慧看来,大学的基础已经变得极其令人怀疑。我们经受的微不足道的磨难,是有着重大原因的。20世纪30年代德国大学所发生的一切,也已经或正在各地发生。问题的本质不是社会的、政治的、心理的或经济的,而是哲学的。对于希望了解真相的人来说,反思苏格拉底是最为紧迫的任务。确切地说,这是一项大学的任务。

六十年代 313

1969年4月,有个黑人学生团体奉劝我们康奈尔大学的教职员照他们的意思行事,他们威胁要动武,并威胁到教授们的生命安全。这时有位著名哲学教授对支持该黑人学生团体的上万名趾高气扬的学生说:“何必吓唬我们呢?”一个刚把大学作为当时的最热门话题进行专门报道的大报业集团的人低声说道:“兄弟,这可是你说的。”这位记者也已学会了对教授的道德和思想品质给予适当的鄙视。不难看出个中的卑躬屈膝、虚荣和缺乏信念。

教授们,我们的最优秀传统和最高级知识的代言人,正在讨好一群乌合之众;他们公开忏悔自己的罪孽,为不能理解最重要的道德问题而道歉,这是他们从民众那儿学会的恰当反应;他们表示愿意改变大学的目标和讲课内容。看到这番景象,我的脑海中不由自主地不断闪现出那句已被用滥了的马克思的名言:历史总是不断重复自己,第一次是悲剧,第二次是闹剧。20世纪60年代的美国大学像20世纪30年代的德国大学一样,正在经历着理性探索结构瓦解的过程,它们失去了对大学崇高使命的信念,屈从于高度意识形态化的学生群氓。意识形态的内容也如出一辙——价值担当。大学放弃了研究或讲解价值的权利——对它所 314
讲解的价值的自觉意识发生了动摇,把价值观的决定权交给了民众、时代精神(Zeitgeist)和诸如此类的东西。无论是纽伦堡还是伍德斯托克，奉行的原则是一样的。就像1933年的德国有人说黑格尔已经死了一样，在20世纪60年代的美国，启蒙精神也奄奄一息了。大学的动乱已成过去，但这并不意味着大学已经康复。像德国一样，哲学中的价值危机使大学深受蛊惑群众的狂热情绪之害，直到民众对道德说教有了一时的需求，情形才有所好转，但是大学也意识到自己一无所长，无可奉献，它怀着负罪感，相信与世界保持距离使自己变得不道德。大学的每一个成员几乎都不会严肃地相信，这种距离有着某种真实而必要的基础，即自信地坚持公众意见之外的立场，它使苏格拉底能够在雅典民众要把从阿吉纽西凯旋而归的将军处死时，抵制他们那种虔诚的狂热，或是拒绝与雅典的暴君合作。苏格拉底认为，探讨正义，努力认识它的真正含义，要比他亲身落实有关正义的任何偏见更重要，即使它能激起一时的热情，使他被指控为不正义和不虔诚。

当然，凡是以沉思为业，享有名望并待遇优厚，但又觉得没有什么可以沉思的人都会发现，无论就其自身来说，还是就社会来说，自己都处于一种困难的境地。对于一个没有其他利益值得去捍卫的人来说，促进平等，根除种族主义、性别歧视和精英主义(这些都是我们民主社会的特殊罪恶)以及战争等迫切问题是高于一切的。德国的政治具有右倾倾向，美国的政治具有左倾倾向，这个事实不应该误导我们。这两个国家的大学都屈从于群众运动的压力，这在很大程度上是由于它们认为，那些运动拥有的道德真理优于大学所能提供的任何真理。担当被认为比科学更深刻，激情比理性、历史比自然、年轻人比老年人更深刻。实际上正如我所说，两国大学的思想是相同的。美国的新左派是尼采—海德格尔化的左派，对“资产者社会”的盲目仇恨在两地完全相同。一个杰出
315 的政治学教授证明了这一点，他把一些关于应该做什么的讲话读给激进的学生听，他们兴高采烈，直到他告诉他们那是出自墨索里尼的演说。海德格尔本人在晚年也曾向新左派示好。他在1933年的就职演说中提出的险恶公式，稍加修改就能变成20世纪60年代与学生运动合作的

美国教授的口号:“决断的时刻已经过去了。德意志民族最年轻的成员已经做出了决断。”

在康奈尔和美国其他地方,这是一出闹剧,因为——不管我们政体的长远未来是什么——这个国家的民众(这里实际上没有民众,只有公民)处于对大学格外尊重的时刻,认为它们是美国进步的源泉,并接受这样一种观念:不应当干扰学术研究,它有可能产生各种观点,对其应该认真对待,示以宽容。全体国民并没有为伟大的变革做好准备,对于大学的各种问题,他们依然相信教授们表示相信的一切。有少数学生发现,那些向他们灌输学术自由的华而不实的教授们,只要轻轻一碰,就会变成摇摇摆摆的狗熊。孩子观察大人的性格往往比大人观察孩子的性格更准确,因为孩子们要依赖成年人,他们十分有兴趣发现大人的弱点。这些学生发现,老师并不真正相信思想自由肯定是有益的好事情,他们怀疑它只是用来保护我们“制度”中很多非正义现象的意识形态,他们能够让人说动,友善地对待试图用暴力改变这种意识形态的尝试。海德格尔十分清楚学术自由的理论基础已被削弱,而且如我所说,他以多少有些嘲讽的态度看待他面对的群众运动。美国教授们却没有意识到人们已经不再相信他们,居然一本正经地看待他们深陷其中的运动。

当我去看望康奈尔大学当时的教务长(后来,当全国性的负面报道连篇累牍,有关枪支问题的报道似乎损害了大学的声誉,一向消极的理事们要求校长辞职后,他当上了校长)时充分认识到了这一点,他当时正为一名黑人学生担忧,该生因拒绝参加示威游行受到了一名黑人教 316
员的威胁。教务长从前是个自然科学家,见到我时神情沮丧。当然,他非常同情年轻人的困境。但是情况非常糟糕,他无法阻止黑人学生联合会中发生这种事情。他个人希望能够很快与激进的黑人学生进行更好的沟通(那是在枪支出现前几周,还能有较为坦诚的沟通)。但是当时校方正在等着听听黑人学生有什么要求[1],期望紧张局势能够有所缓解。他又说,在这个国家,任何大学都不能开除激进的黑人学生,也不能解雇煽动学生的教员,不消说,因为全体学生都不会同意这种做法。

我看得出来,这是一项毫无用处的事业。教务长既怯懦又有道义感,这种态度在当时并不鲜见。他不想找麻烦。他的校长不断提到加州大学的克拉克·科尔校长被解职一事,把它当作重大的警示。科尔不知道如何安抚学生,教务长则认为自己是在从事一项伟大的道德事业,纠正黑人在历史上遭受的不公。他能为自己辩解说,他所受的羞辱是必要的牺牲。这个黑人学生的具体事件显然让他心烦意乱。[2]以暴力相威胁的极端分子既让他害怕,也使他更崇拜他们了。本来一目了然的问题不再一目了然了:如果黑人学生没有学好功课或不遵守校规,为什么不能
317 像对待白人学生那样开除他?学校秩序受到威胁时,校长为何不能叫警察?教授若是威胁学生的生命,任何有点权力的人都能打发他走人。问题并不复杂,只是懦弱的诡辩和意识形态使事情变成了这样。起码的常规也要求做出适当的反应。凡是了解或关心大学使命的人,都不会默许这种荒唐事。所以毫不足怪,几周以后,全体教员在枪口威逼之下,以压

---

① 在此之前,以下种种事件还只有暗示:为了要求解雇一个被视为种族主义者的助理教授,经济系主任和他的秘书被扣为人质数小时;社会学系的部分建筑被强行占领,里边的人员被赶走,家具也被扔了出来;校长受到身体伤害。为回应这种沟通方式,便有了以下这些表明真诚的事情:那个助理教授从校园里消失了;在黑人势力甚嚣尘上时居然主张种族融合论的黑人副院长被解雇了;文理学院的教员们收到了院长的备忘录,告诉他们说,虽然没有公开的种族主义者,其实所有的人都是制度上的种族主义者;设立了仅供黑人学习的课程;被占领的房子经全体同意送给了新的房客;成立了一个资金充裕的黑人研究中心,黑人学生对它的成员任命享有发言权。但是所有这些表示,并没有成功地建立起人们所希望的“对话”。——原注

② 这位校长似乎只关心保住自己,避免与黑人学生联合会及其他激进团体发生对抗。他在道德上属于那种对波兰抵抗希特勒表示愤怒的人,因为这促使了战争的爆发。——原注

倒多数投票赞成向学生的蛮横要求让步，而几天前他们还拒绝这些要求，紧接着便有校方大员和许多著名教员忙不迭地对集会学生表示祝贺，以博取他们的赞许。我看到早已为人所知的东西被暴露在光天化日之下，终于可以不失礼节地告诉这些冒牌的大学学人们，世人对他们到底有什么看法了。

同样不足为怪的是，许多曾在讲坛上大谈大学的神圣，俨然以大学良心自居的教授们，对正在发生的事情的反应即使说不上不好，至少是软弱无力的。他们的职业生涯是以批判德国教授起家，他们指责德国教授对学术自由受到的侵犯反应拙劣。但这不过是在耍嘴皮子，是对英雄的拙劣模仿，因为他们并没有估量大学受到的潜在威胁，也没有评价其令人怀疑的理论基础。更重要的是，他们没有想到对学术自由的攻击会来自左翼或大学内部，虽然认真研究在德国发生的事件本来会使他们明白，正如海德格尔指出的，是大学的青年人在理论基础上失去了对传统教育的幻想，同样的事情正在这里上演。整个社会逐渐相信了有关思想自由的自由主义观念的合理性，而欧洲对它的怀疑的第一波浪潮也在冲击着我们的海岸。确信启蒙原则对于一切有思想的人是不证自明的，再加上简单的经济学和心理学解释，使美国教授错误解释了德国的经验，使他们回避这样一个事实：对道德观的全面的理论批判，是某些公开演说在20世纪20年代的德国能够被人们接受的前提。这些美国教授认为广大师生不是问题，并且真诚地相信自己独立于师生，当师生抛 318
弃或转而反对他们时，他们便像许多德国教授一样彻底缴械投降了。大学生和同行都要把大学激进化和政治化。严词谴责圣经地带①的牧师是一件大事。在教授们认为有价值的世界里，这会赢得赞许。但是仅仅为了一种抽象理念而被孤立，受到学生和同事的唾骂，这超出了他们的能力。一般而言他们不是强人，虽然他们的花言巧语使他们相信自己就是

① 圣经地带(Bible Belt)：美国南部和中西部的一些地区，当地人认为布道要绝对忠实于《圣经》原文。

强人——唯有他们构筑起了保护文明的壁垒。他们的崩溃只是令人惋惜,虽然他们徒然的自我辩白常常变得十分恶劣。德国的教授们沉默不语,自有其不得已而为之的充分理由,因为站出来说话意味着进监狱或掉脑袋。法律不但不保护他们,而且是他们致命的敌人。这种危险在康奈尔并不存在。一两个教授也许会受伤(例如那些一直就有种族主义者名声的人[①],他们相当于历史上的宗教异端。但这种人已被所有人彻底抛弃了——除了少数有着健全本能的人;校长除了保护自己,没有办法保护其中任何人),但是只要枪一响,官方就会介入。官方只是出于对大学的特殊自治地位的尊重才未加干涉,而这种自治地位却被用于保护和鼓励侵犯学术自由和侵犯约束普通人法律的人。捍卫大学的诚实形象根本不存在风险,因为危险完全来自内部。缺乏的是一个对大学宗旨有清醒的认识并献身于这一宗旨的教授团队。这使投降派显得十分可鄙。冠冕堂皇的说法是,受到威胁的教授没有危险(因此不需要声援他们),但暴力和死亡的严峻威胁依然存在(因此需要投降)。

一个没有站出来说话,却自诩为政治哲学家的虔诚布道者给《纽约时报周刊》写了一篇文章,向世人解释为什么在康奈尔投降是必要的。
319 他断言,“社会契约”即将崩溃,我们将回到“自然状态”,即人人为敌的最邪恶状态,因此阻止这种状况出现的任何努力都是正当的。这证明了他根本不理解他所传授的一切,因为契约论者(美国的政体正是来源于他们的教诲)总是教导说,绝不可以破坏法律,唯有法律的力量能使我们免于陷入自然状态,所以必须为了法律而承受一定的风险和危难。一旦触犯法律却不受惩罚,人人便重新获得了权利,可以采用他认为合适或必要的手段保护自己,反对新的暴君,即破坏法律的人。若想有健全的政治秩序,必须真正理解这些理论,而像这位教授这样轻率利用它,突出地反映着遭到破坏的大学生活背后存在的真正问题。政治问题和

① 在被校园广播威胁的人中间,就有那位在民权运动中比其他人可能做得更多、所冒风险也更大的教授。——原注

政治思想的严肃讨论几乎已被忘记；被委以这项重任的人对这种讨论也缺乏持久的关注。传统完全变成了一堆口号或是来自《常用妙语词典》的引语。对文明社会以及大学在其中的角色的思考已经衰亡了。

校园生活遭到的破坏带来两个恶果。大学跟民主的舆论体系更加牢固地联成一体，托克维尔所担心的那种在繁荣中出现的洞穴般黑暗的状态，在令人痛苦地逼近。尘埃落定后就会看到，美国的受教育者与未受教育者之间的差距已被填平，甚至表现为有教养者和无教养者之间对立的那点可怜的差距也被消灭了。真正的后果是我在卷一中所描述的同质化的人。我们能够严肃对待的真正不同的目标和行为动机，不仅体现在思想体系中，而且体现在诗意的和现实的模式中，这种理念本身也逐渐消失了。

最有效地限制自由的方式便是选择的贫乏。凡是构成绝大多数(在美国，这个多数是唯一的权威)的人所不知道或没有体验的事情，便不具有任何真实性。迎合民主体制最危险、最庸俗的诱惑，便是著名的“批判哲学”的功能。因此，与这种要命的进步相伴随的，便是我在卷二讨论过的思想的全部抽象替代物。它们是对思想激励因素的人为替代，并且 320
断定我们的方式就是唯一的存在方式。它们就像医生开出的药方，其广受欢迎的程度表明了这一点。20世纪60年代的激进主义只想敦促我们更快地朝着已有的目标前进，从来不对这些目标提出质疑。平等主义自我满足的做法，便是把大学课程中不符合我们一时的特殊情绪或趣味的内容一扫而空。简言之，通向欧洲——在美国，它一向是自由的、受压抑的精神的源泉——的窗户被砰然关闭，这无疑更多的是因为欧洲人在许诺打开它时，却在帮助我们关上它。当时，那些看来只存在于大学知识分子中间的“精英”观点，实际上一夜之间就能变成流行杂志专题的内容。对欧洲的向往在年轻人中已荡然无存了。

现在时髦的说法是，当时确实有一些过激行为，但也产生了很多好的结果。但是，单就大学而言，我看不出那个时期有任何正面影响；它对于大学是十足的灾难。我听说，好的结果是“更加开放了”，“不那么僵化了”,“摆脱了权威的束缚” 等等——但是这些说法都没有实际内容,也没有表明对大学教育应当有何期望的观点。我在20世纪60年代参与过康奈尔的各种委员会,徒劳地不断投票反对取消一门又一门必修课。过去的核心课程——每个学生必须据此对一些重要的知识门类中的课程有粗浅的了解——被取消了。一位比较文学教授——巴黎最新时尚的不懈的引进者——解释说,这些必修课教给学生的东西甚少,其实不能引导学生了解各个学科,反而使他们生厌。我承认事实确实如此。然后他对我不愿放弃这些必修课表示惊讶。我解释说,这是因为它们可以不断地让人们不要忘了知识的统一性,不断地做出一点暗示,若想当个有教养的人,有些东西是你必须了解的。你总不能用白纸取代书本吧。可是20世纪60年代的教育改革显然就是这么做的。其后果在日渐式微的外语学习中最为明显,但在所有人文学科中同样严重,甚至更为严重。如果没有对新事物的期望,批判传统是没有价值的。这会让通向道德败
321 坏的邪路变得畅通无阻。20世纪60年代的教授们忙于收拾帐篷,以便在蜂拥而至的学生践踏他们的营地之前逃离。所谓开放就是“做你自己的事”。威权主义人格的可靠标志就是,并且我也依然这样认为,相信大学对于有教养的人应当是什么样子要努力形成自己的观点。唯一的许诺就是“成长”或“个人发展”,在美国这意味着社会上的庸俗风气会击败在大学温室生长、需要其他养分的幼苗。

各种改革并没有具体内容,都是为了那些“有自主取向”的人。它们默许削平山头,为美国整个教育结构的崩溃种下了祸根,当各派人士谈论有必要“返回基地”时,他们都认识到了这一点。教育结构的崩溃直接起因于20世纪60年代大学的教学和行为。比差劲的教师和自我放纵的教条理论更严重的是理性和范式——例如“正宗英语”——的消失。对最高境界的认识指引着人们努力向上。现在,假如通过大量的努力和政治斗争,或许有可能恢复过去的掌握读、写、算的学业标准,但要找回被丢弃的哲学、历史和文学知识就不那么容易了。这种知识从来不是本土植物,我们得从欧洲进口。我们的知识高峰都是欧洲的衍生物,我们完

全清楚这一点，并不为此而脸红。我们步履蹒跚时，便把欧洲当作依靠，但是在这期间欧洲本身也经历了与我们相似的演化过程，我们已不能再像过去那样到那里获得训练了。由于缺乏源于本土的新的伟大理论和艺术冲动以取代西方的遗产，所以只有传统能让我们与这些东西保持接触。你不能像坐火车那样，一会加入传统，一会又离开传统。我们与传统的纽带一旦断裂，便很难重新接上。对意义的本能意识，以及学者头脑中真正的学问储备，都已消失了。从任何意义上说，美国都不存在贵族和教士——高级知识传统的天然继承者。我们的政治原则中包含着最伟大的思想，但这从未体现在杰出人物的身上，因此也从未成为活在我们身边的思想。它们在美国的家园是大学，20世纪60年代的罪行就是对这个家园的侵犯。使大学重归宁静，终止乱打高分，让学生好好学习，这些做法都是有益的，但并没有涉及到问题的核心：现在的大学里 322
没有多少东西可学。

校园分裂和学生运动还伴随着一种神话的逐渐形成，它反映了某些人的趣味，在他们看来《震撼世界的十天》中描写的气氛要比黑格尔在柏林教室里的气氛更令人激动。神话之一是：20世纪50年代是思想因循守旧、浅薄无聊的时代，20世纪60年代才是真正激动人心、勤学好问的时代。麦卡锡主义——为使两个超级大国的不义保持平衡而提出斯大林主义一说时，它也随之出现——象征着20世纪50年代那段阴暗冷酷的岁月，火热的20世纪60年代则是“运动”的年代，据那个时代的过来人说，是他们孤军奋战解放了黑人、妇女和南越人民。不必提及严肃的政治问题，这样描绘出来的知识画面完全与事实相反。20世纪60年代是教义问答和通俗小册子泛滥的时代。无论是运动期间还是运动前后，没有出现一本有长远意义的著作。全都是诺曼·布朗和查尔斯·赖克那一路货色。这是真正的因循守旧袭击大学的时代，对于从上帝到电影的一切事物的观点都绝对了无新意。从流行文化中找来用于支持20世纪60年代的证据是，拉娜·特纳在20世纪50年代扮演的是神经兮兮、不诚实的奸妇，而20世纪60年代的简·方达扮演的是真诚的婊子；20世纪60年代之前我们只有保罗·安卡，20世纪60年代之后我们才有了滚石乐队。这种证据没有任何重要意义。即便这种概括属实，也只能证明流行文化与高雅文化之间毫无关系，前者是我们现在的舞台上唯一有影响力的东西。

事实上，20世纪50年代是美国大学最伟大的时代之一，当然，这得考虑到理想与现实之间永恒的不协调。甚至一些对“运动”举足轻重的人物，如马尔库塞、阿伦特和米尔斯，也是在1960年之前就已写出了他们的严肃著作。从1933年起，欧洲许多最伟大的学者、科学家以及思想深度超乎美国同行想象的聪明知识分子的到来使美国的大学受益匪浅。他们大多数人都是德国大学传统的继承人，正如我前面所言，是得
323 到公众支持和赞同的理论生活的最伟大的代表。他们都受过以康德和歌德作为灵感来源的通识教育广阔视野的熏陶，他们的思想和才华具有世界史的意义，他们在新的民主秩序中毫不妥协地盯住道德和艺术的完美境界。他们引领我们进入一种活的传统，使它渗透到整个社会的趣味和标准之中。接受这一传统的人，能感受到从传统形成之初积累起来的广博的学问，以及闪烁着灵感的先进思想。无论好坏，德国的思想自有其境界，而且现在依然如此，无论这种思想属于马克思、弗洛伊德、韦伯还是海德格尔。在德国大学的哲学教席上，真正的才华与世人的敬重之间有着令人称奇的一致性。黑格尔、胡塞尔与海德格尔都是他们那个时代令人敬仰的人物，他们的意义不仅仅在于他们拥有那些教席。对这一点的清醒认识，在许多情况下不仅仅是这种认识，是这些来到美国避难的人带来的，相对而言，美国不过是个乡巴佬和消费者。美国人从前到处寻找的人，如今都跑到这里来了。从很多方面说，这是一件喜忧参半的幸事，但美国拥有众多最优秀的物理学家、数学家、历史学家、社会学家、古典学者和哲学教师，这意味着我们能在这里学到必须学习的东西；或者更确切地说，不管我们这里有多少缺陷，不必远渡重洋去旧世界，我们对学问的渴求就可得到很好的满足。简言之，大坝决堤前，美国的大学已在很大程度上独立于当代欧洲大学。避难者的学生逐渐接

替了他们老师的位置。

当然，这种独立的部分原因是欧洲大陆大学的衰落，尤其是德国大学的毁灭，它们的思想传统的断裂，以及它们曾经拥有的内在自信和崇高使命感的丧失。但是，不管原因如何，在通识教育以及唤醒学生对知识的渴求意识方面，一流美国大学的杰出表现超过了其他地方的所有大学。这对于西方文明来说是个极其重要的事实。如果美国的大学在1930年彻底消失，具有普遍意义的知识宝库不会受到严重破坏，尽管这对我们来说肯定不是件好事。但是，在1960年，由于大多数知识分子早 324
已在大学里安营扎寨，美国的大学又是世界上最好的大学，它们的衰落和崩溃就是一场灾难了。很多伟大的传统都栖身于此，它们是移植过来的柔弱植物，惶恐不安地寄居于他乡，极易受到当地平民主义和平庸风俗的影响。在20世纪60年代，土著们便以学生为幌子发起了进攻。

神话的另一面是，麦卡锡主义给大学造成了极其负面的影响。实际上，麦卡锡时代是大学具有共同体意识的最后一个时期，使之得以形成的因素是它有着共同的敌人。麦卡锡、麦卡锡之流和麦卡锡的追随者，显然都是不学无术之辈，是跟学院作对的、尚未入门的野蛮之徒。在多数大学里，他们对课程安排和人事任命都没有产生任何影响。这些大学中的思想和言论范围也未受到影响。在那个关键时刻，学术自由已经超越了抽象的意义，其内容关系到得到普遍认可的研究和发表成果的问题。对大众不喜欢的思想给予保护的说法具有一定的意义，部分原因就是这种思想在大学里并非那么不受欢迎。与那时相比，今天的大学里有更多不可思议和无以言表的事情，对于那些惹恼了激进运动的人，几乎不存在为他提供保护的风气。传统的自由主义——对进步和观念自由市场的信念——在当时还保持着最后的活力。在20世纪60年代，事情似乎走上了正轨，传统的自由主义却被日益当作资产阶级意识形态的一部分，它支持和维护与进步声音相对立的反动声音。20世纪50年代的大学校园一片宁静，多数教授都反对麦卡锡（虽然也有人支持他，这在民主体制下亦是不难想象的事情；同样不难想象的是，由于人性和教授的天性如此，因此有些反对他的人因胆怯而不敢做声）。没有哪个教授被解雇，他们在课堂上可以随心所欲地讲授任何东西。至少在当时人们对大学保留与舆论作对的特殊地位有着更清醒的认识。这是一种十分有益的地位。而在20世纪60年代，许多教授（其中有些人在麦卡锡时代曾引人瞩目地保持沉默）在他们信奉的意见开始走红时，却忘记了大学享有特殊地位的认识。春风得意之时，学术自由的幌子也就不再需要了。
325 美国大学教授联合会康奈尔分会居然为侵犯教授权利的黑人激进主义分子喝彩，这个全国性组织也没有采取任何措施保护学术自由。这类团体为了支持实在的事业，放弃了仅仅形式上的自由。简言之，20世纪50年代还有相当一部分教授持有培根、弥尔顿、洛克和密尔提出的思想自由观点（这恰好发生在欧洲大陆对这些人的批判在美国大行其道之前）；另一部分教授则是左翼分子，他们对这些观点为他们个人提供的保护有兴趣。当前者失去信念、后者如愿以偿时，学术自由的力量便彻底衰退了。

20世纪60年代神话的最后一部分内容，是对学生超乎寻常的所谓道德“关心”。道德说教在20世纪60年代后期风靡一时，继之而来的则是语气强硬的现实主义。但是，道德究竟意味着什么，是必须说清楚的。有一种恒久不变、并非唐突的观点是，道德就是讲真话，欠债还钱，孝敬父母，不故意伤害他人等等。这都是一些说起来容易做起来难的事情。它们丝毫不引人注目，也不会给人赢得人世间的荣誉。正如康德所说，善意是一个很朴素的概念，连小孩子都能理解，但道德的完成却是一种需要终生履行它所规定的简单职责的活动。这样的道德总是需要人们做出牺牲。有时它会带来危险和对抗，但它们并不是道德的本质，况且也只是偶尔出现。这样的道德为了实现自身，必须只为它自身、而不是为了它之外的结果而存在。它要求人们抵制那种因道德而沾沾自喜，为之喝彩的诱惑。它不是20世纪60年代风行一时的那一套道德，后者对道德行为持有一种更加历史主义的观点，它所描述的是处于极端情况下的英雄。托马斯·摩尔对暴君命令的抵抗是满足学生想象力的日常食粮。

这样的挑战——如今已经很少出现，并且从责任与动机的角度看总是很暧昧,为了做出正确的表述,需要仔细推敲以及另一些最高层次的美德——正是这些毛头小伙子孜孜以求的道德原料。当然,这些事例不是因其复杂而具有吸引力,而是因为它辉煌夺目,有着高贵的姿态。遵守相关的法律从来不是每天的日常事务，以超法律准则的名义违反法律就更不是日常事务。那一向是阿基里斯和阿伽门农的境界。良知,这种 326
在现代政治和道德思想中完全名誉扫地、尤其为马克思所鄙视的能力,制造了一个巨大的借口,作为道德决定论的毫无根据的万能基础,它稍有动摇就足以使人不相信其他一切责任或忠诚。希特勒成了检验良心的常规原则。“你不会服从希特勒,对吗？”道德分歧既然已经变得如此微妙,所以选举产生的美国官员和得到正当批准的联邦、州和地方法规并不比希特勒批准的法律更有权威。在康奈尔,丹尼尔·贝里根神父的布道让学生们感受到了神恩,他解释说,那些在征兵局里任秘书的老女人跟“贝尔森的畜生”[1]没什么两样,她们也不应得到比他更多的尊重。这就是道德复兴的特征。楷模是一种混合物,由传播新道德规范、摆脱了现行束缚的革命制造者和存在主义通俗文学中描绘的坚持自我肯定道德观的英雄组成。人们开始怀疑,这种新道德不过是经过乔装打扮的上一代人的反道德,它认为道德就是压抑。

这种道德的内容完全来自现代民主思想的主要观念，只是把它们绝对化和偏激化了。平等、自由、和平和世界大同都是善,而且是唯一的善,它们彼此之间没有冲突,我们此时此地就可以获得。天赋或实践美德的风俗上的差异,自由必须对自身施加的限制,捍卫民主的战争(还有解放战争),这些事情都不必考虑。献身于家庭或乡土,作为一种道德形式,成了反动派的最后避难所。存在着人们假设其处于完美和谐中的两极:绝对个人的自我发展和全人类的兄弟情谊。这些善,或者说价值,

① “贝尔森的畜生”(Beast of Belson):第二次世界大战期间纳粹在贝尔森设有集中营,管理该集中营的纳粹军官克拉默极其残暴,人称“贝尔森的畜生”。

随着各种风潮而动。它们不是研究者推理或研究的产物。它们是我们这种政体固有的,构成了它的边界。这里没有任何新鲜东西。它的新颖之处在于毫无思想,全然缺乏论证或证明的需要。其他的选择除了充当稻草人以外,根本就不存在。

这几乎是不可避免的结果,因为在几代人的教育中,最为本能的问题——什么是善?——在大学中一直没有立足之地,那些忽略和嘲笑这个问题以及为它注入活力的本能的超级复杂的教条,却成了唯一值
327 得研究的东西。就算大学老师不能讲授善,为什么研究者也不应讲授呢?事实与价值之分承认价值是人生不可缺少的东西,它塑造着观察和运用事实的方式。所以价值是第一位的。就算价值不是来自理性,也是来自充满激情的担当精神,而这种精神是道德的本质。当然,担当不能真正产生价值,所以得到采纳的价值都是以往推理的残余,是坍塌了的价值,充满激情的担当精神的要求使它们重新得到了巩固。教师们最初对这种向不良的旧式思想方法的回归感到惊骇。但是,他们也是有道德的人,得到肯定的价值也就是他们私下里相信的价值,所以他们最终还是愉快地同意了。戴维·伊斯顿在1966年美国政治学会上那篇可耻的会长就职演说就谈到过这一切。他承认,行为主义(即建立在事实与价值之分上的社会科学,注重研究事实,轻视哲学)对道德问题不够敏感。他承诺说,在后行为主义理论中,社会科学的巨大成就会被用于服务正确的价值。吹鼓手会按学生的要求演奏曲调,他们甚至连钱都不用付。

对于那些受新的道德体验摆布的人,可以用义愤或狂怒来描述他们鲜活的情感。义愤可以是一种最高尚的情感,它是战斗和纠错所必不可少的。然而,在灵魂的所有体验中,它对理性是最有害的,因而也是对大学最有害的。为了保持愤怒,需要毫不动摇地相信自己是正确的。学生们对教授派头的阿伽门农们的愤怒是否真是阿基里斯式的,是大可怀疑的。但是,没有人怀疑那是他们的战斗旗帜,是他们的归属证明。

现在人们总是认为,为了做个有道德的人而采取的道德行为,未必一定是痛苦的,但是假如这种行为成了游戏,它就不是道德行为了。无

论怎样解释,它都跟战胜自我联系在一起,这不需要智慧或美——或其他令人羡慕的品质。这就是它使人格外尊重的原因,也是人们受到巨大的诱惑冒充道德的原因。慷慨就义的人显然具有超乎常人的动机,或者具有他们无法理解的无私精神,人们会情不自禁地为之动容。孟德斯鸠有一句令人赞叹的话,概括了学生领袖所代表和利用的道德品味:“虽 328
然从个体来看人们是些恶棍,但是集合起来看,他们却是一群可敬的家伙:他们热爱道德。”这是适用于塔尔丢夫[①]的说法。学生的说教就是一种塔尔丢夫现象,但也是它的一种全新的突变。与一般有着禁欲和纯洁取向的其他革命运动不同——从1688年英国的第一次革命(这是一次真正的清教徒运动)开始——这次革命是反清教的。它的口号是:“要做爱,不要战争。”尽管使用的语言相似,却与“爱你的邻居”大相径庭,后者是一道非常难以实现的命令。“做爱”是一种身体行为,很容易实行,而且使人愉快。“淫秽”一词从性欲转向政治学。在某种程度上,学生们触及到了从前被认为有问题的一系列欲望,这些欲望难登大雅之堂,但已经成熟到可以获得解放和正当性了。革命的意识形态已经就位。节制无限的肉体欲望是对天性的“压抑”,是一种支配形式,是进步思想家和唤醒觉悟者的时髦话语。现在需要的是英雄,他决心把公众已准备作为现实接受的幻想付诸行动:这个英雄作为享乐主义者,敢于公开做公众想看的事情。它是资产者的号角,却让资产者大惊失色。晚期罗马帝国的实践是由早期基督教的道德热情和罗伯斯庇尔的政治理想主义推动的。当然,这种结合是不可能的。这只是做戏,只是角色而已,学生很清楚这一点。但是,那种挥之不去的情感被一个事实所缓解,即这是第一次为电视发动的革命。他们是真实的,因为他们能在电视里看到自己。整个世界变成了一个大舞台,他们率先亮相。治疗资产者疾病的方法其实就是它的最先的症状。

---

① 塔尔丢夫(Tartuffe):法国17世纪喜剧作家莫里哀所著同名喜剧中的主人公,喻伪君子。

学生们牺牲道德观的行为,只要列出其中的一部分,即可充分表明它的特点:在如同发疯的父母一样放弃了责任的大学里,他们可以随心所欲地生活;毒品成了家常便饭,校方几乎不加干涉,它还声称有权管辖自己的地盘,所以政府也无从插手;约束性行为的所有规则或反对态度都被推翻了;在可以想象到的一切方面,学业要求都放宽了,由于乱打高分,很难让学生不及格;逃避兵役成了一种生活方式和原则。所有
329 这些特权都被贴上冠冕堂皇的标签,如个人责任、体验、成长、发展、自我表达、解放、关心等等。在历史上,善与享乐之间从来没有过如此奇妙的一致。理查德·尼克松凭着对这种高尚道德基础准确无误的直觉,出于争取共识的高尚动机,对他的学生对手做了评估后,终止了征兵。此后,尽管战争又持续了将近三年,学生运动却奇迹般地结束了。

最后还要指出学生动机的另一方面,它尚未引起人们足够的注意:除了想随心所欲地生活之外,一种隐秘的精英主义也在他们中间起着作用。不管何时何地,民主的持久特征是趋向于从根本上否认优越,尤其是与统治有关的优越,从而压制一切优越主张,无论是后天的还是先天的。柏拉图对话中有很多这样的青年,他们热切地渴望政治荣誉,相信自己具有统治才能。柏拉图承认自己一度也是这样一个青年。在他们居住的城邦里,他们特殊的统治权利遭到否定,他们发现很难获得官职,为了做到这一点他们必须使自己符合民众的要求。他们因为特殊义愤而焦灼不安,那是一个人对自己所犯错误而保留的义愤;他们认为自己的潜能在民主的雅典是不可能实现的。他们在城邦中组织了一个颠覆性的小团体,对城邦政体的维持不怀好意。苏格拉底的同伴中就有很多这样的人,驯服自己的统治本能是他教诲他们的重要内容。但他首先是接受、至少部分接受他们的愿望的正当性,他否认多数拥有统治少数的纯粹权利。对他们的抱怨,他给予知识上的安抚。更重要的是,他认真对待他们灵魂中使他们野心勃勃的因素。渴望成为天下第一和赢得伟大声誉都是人的天性,如果加以适当的训练,它会成为心灵中的巨大力量。民主本身敌视这种精神,阻碍着它的实现。这是所有古代民主的问

题所在。科里奥兰纳斯就是一个极端的例子,他拒绝把他的统治权利建立在任何形式的人民同意之上,虽然人民准备接受他的统治权。但他不是一个全然不值得尊敬的人,他的灵魂的强大来自于其中的某种因素,它使他恃才傲物,雄心勃勃;它追求的是不依赖他人意见或意志的独立性。

民主中的野心问题因现代民主而变得更加严重。古代民主实际上 330
很强大, 但它并没有说服那些高傲和野心勃勃的人相信多数统治是合理的。内在的自信并没有被这样的意识——主人也有他的权利——所削弱,因为既不存在平等的宗教,也不存在平等的哲学。天才青年可以希望自己获得首要地位,有时还可以付诸行动,用不着有负罪感。这一点被基督教部分地改变了,但也仅仅是部分地改变了。它声称上帝面前人人平等,它谴责傲慢,但对现世的地位不平等却放任不管。更重要的是现代哲学的工作,它建立了理性主义教义,使政治平等成了唯一正当的社会制度。除了民主政体,其他任何政体都不存在知识基础。灵魂的渴望在任何地方都得不到鼓励。而且,现代思想家发展出一整套方案,使个人野心几乎没有实现的希望。《联邦党人文集》第十篇介绍了这个方案的概要。这个国家幅员之大,它的组织结构和稳定性,都对潜在的统治者有着令人沮丧的影响。更重要的是现代哲学家从心灵中根除骄横和野心的努力。当初,霍布斯的心理学就把他称之为自负的东西视为建立在对人自身脆弱的无知和毫无根据的自信基础上的病态, 根据他的说法,这种病态可以通过大剂量的恐惧来治愈。人们只要听听今天教育者和新闻界如何谈论竞争,读一下卢梭和弗洛伊德的有关著作,就能认识到现代性在挫败这种倾向上投入了多大的精力。精英主义是个十分方便的名称,表达着我们对骄傲和出类拔萃欲望的不赞同。

心灵中的这种因素虽然得不到支持, 受到严厉谴责, 它却依然活着,蛰伏于深处,没有得到使之升华的教育。就像所有被压抑的欲望一样,它每天都对人格发挥着作用,偶尔还会以各种伪装和怪异的形式暴露出来。通过对柏拉图称为合法的自我表达精神加以探究,可以解释现代史的许多内容。不消说,怜悯和先锋思想是精英主义者自我肯定的主要民主伪装。最先把怜悯作为民主情感之基础的卢梭,充分认识到对受苦人的优越感是人类怜悯体验的一部分。他实际上是想把不平等的欲
331 望引入平等的渠道。同样,“前卫(avant-garde)”(通常用于和艺术有关的领域)和“先锋(vanguard)”(通常用于和政治有关的领域)都是突显自我的民主方式,它们具有领先和领导的含义,但不否定民主原则。先锋派只有转瞬即逝的优势,他们现在知道的事情,很快就会变得人人皆知。这种姿态能够让本能与原则和睦相处。害怕被同化为民主人的学生们便采取了这种姿态。他们置身于为数不多的、正在迅速民主化的精英大学。他们的政治前景暗淡,所受教育不能使他们在选举性官职上占有优势,这种教育提供的唯一前景是,采用林登·约翰逊和理查德·尼克松这类可鄙人物的无聊手法,为自己闯出一条路来。然而这些大学是受人尊敬的,受到民主新闻界的关注,而且是很多权力精英的母校。这些小地方很容易被占领,就像过去的城邦一样。拿这些地方当舞台,学生们很快就会名声大噪。我在康奈尔认识的年轻黑人学生出现在全国性新闻杂志的封面上。多么难以抗拒啊,这是精英获得政治影响力的一条捷径。在大学之外的普通人世界里,这样的青年根本没有办法引人注目。他们把毛泽东、卡斯特罗和切·格瓦拉这些平等的促进者引为楷模,但是只要你乐意,就会发现他们本人跟其他人也不是平等的,他们想成为同情弱者的革命领袖。他们轻蔑和愤怒的大目标是美国中产阶级的成员:教授、白领和蓝领工人、农场主——构成美国人大多数的所有平庸之辈,这些人不需要或不想得到学生的同情或领导。他们居然敢于认为自己与学生们是平等的,拒不接受学生们唤醒的意识。在美国,让自己与众不同是很困难的,为了做到这一点,学生们用炫耀性怜悯取代了父母的炫耀性消费。他们专心致力于向美国和第三世界的某些人做宣传,这些人不质疑他们的优越感,而且,按他们的想象,这些人会接受他们的领导。平等主义虚荣心所产生的强烈快感,对他们来说丝毫也不陌生。

人们可以赞赏甚至同情受挫的志趣,不能声张的对荣誉的爱,以及在20世纪60年代校园政治中表露无疑的让卓越得到承认的愿望。然而,这其中所包含的虚伪以及对从政者必须了解的事物和所冒风险的无 332
知,使这一切非但不令人感动,反而让人厌恶。专制的冲动被乔装打扮成民主的同情,试图出人头地被伪装成热爱平等。他们完全缺乏自知之明,他们的胜利来得十分容易。精英应该是真正的精英,可是这些精英主义者不费吹灰之力,就得到了他们所渴望的出人头地的地位。大学提供了一种积极行动的精英主义。长期以来,大学一直在偷偷摸摸地否认,民主社会中优秀的个人、尤其是具备统治才能和欲望的人,面临着某种问题。但它们突然发现自己面对着一群潜在的统治者,这些人指责大学犯下了企图统治的同谋罪。大学罪有应得。

也正是在这个问题上,身为教师的我得到了最大的满足。就在危机那年,由一批教授设立的一个小小的"希腊文明研究项目"恰好正在进行之中。该项目接纳了十来名热情的学生,我们在整整一年的时间里一直在读柏拉图的《理想国》。书还没读完,学校就乱了套。几乎所有的课都停下来了,学生和教授悉数转向发动革命的大事,他们在校园里行色匆匆,参加一个又一个疯狂的集会。我也加入了一个教授团体,他们声明,不把武器撤出校园,不恢复一定的合法秩序,他们就不上课。但是我那些学生被雄心勃勃的格劳肯的故事深深地吸引了,格劳肯在苏格拉底的帮助下建造一个城邦,所以我们继续非正式地聚会。他们确实对这本书而不是革命更感兴趣,这件事证明了面对当代舞台的诱人召唤,与之对抗的大学应当具备何种魅力。这些学生对正在发生的事情嗤之以鼻,因为这妨碍了他们认为重要的工作,他们想知道,在与苏格拉底一起度过的那个美妙夜晚格劳肯发生了什么变化。他们确实是从教室里俯视着外面的狂热活动,他们认为自己很特殊,几乎谁也不想加入到群众之中。事后我才知道,他们中间的几个人其实从图书馆的研究室去了集会场所。他们从《理想国》中复印了下面的句子,把它们散发出去,与兜售另一些小册子的小贩展开竞争:

> 333 “你们是否像许多人一样相信，诡辩学者腐蚀了某些青年？是否相信某些能够在潜移默化中侵蚀青年的诡辩学者值得我们一提？难道说这些话的人不正是最大的诡辩家吗？他们非常精通教育，完全按照自己想要的方式塑造着男女老少。”
>
> “但是他们什么时候这样做呢？”他问道。
>
> 我说：“当人群聚集在议会、法院、剧院、军营或其他公共场所时，伴随着巨大的喧嚣，他们大喊大叫，过分地谴责某些言行，同时又鼓掌喝彩，过分地赞扬其他的言行；并且，除此之外，周围的岩石和房屋也回荡、传播着这种褒贬不一的喧嚣。那么在现在这种情形中，当这种言论流行时，你料想青年人的心理会是怎样一种状态？或者说，什么样的私密教育可以阻止他不被这种褒贬之辞裹挟而去，随波逐流，像他们一样说的是冠冕堂皇的话，做的却是卑鄙下流的事，实践着他们做过的事，并成为他们那样的人？”(《理想国》)

他们从这本旧书中明白了现在发生的一切是怎么回事，能够真正与之保持距离，并有了解放的体验。苏格拉底的魔力依旧，他诊断出野心勃勃的青年人的不满所在，并告之以应对之策。

现在，20世纪60年代已从当今学生的想象中淡出，剩下的是那些过来人的自我激励，如今他们已届不惑之年，与“既有体制”达成了妥协，但又在媒体上散布怀旧情绪。当然，他们中间有不少人在媒体上自我卖弄，承认那场运动不现实，但又断言那是个意义重大的时刻。他们是站在美好事物一边。他们似乎认为自己为黑人和白人关系的重大改善出过力，并且自以为在民权运动中发挥着关键作用。他们不打算讨论在1950年到1970年期间导致这种关系发生历史性变化的决定因素是什么——不管最重要的因素是法院的行为、民选官员的行为或是来自黑人社会的马丁·路德·金所代表的精神；不可否认的是，北方大学的学生
334 对这些变化的热情支持，在创造一种促进改正历史错误的气氛方面起

到了一定作用。但是,我相信,学生只起了边缘的作用,不带有我前面提到的丝毫历史道德感。这种作用充其量也就是像度假一样出去游行示威,这通常是发生在开学期间;他们信心十足地预期,不完成作业而出去做更重要的事情不会受到教授的惩罚;他们来到以前从未涉足、以后也不会再光顾的地方,所以不必像那些必须在此居住和生活的人那样,为自己的立场付出任何代价。他们从未参与那些研究宪法、准备法律文书的人所做的默默无闻的艰辛劳动,这些人经年累月在孤独与挫折中度日,把毕生的精力献给了一项事业。我不想诋毁学生的努力,人们也不应该因为真心向善而受到谴责,尽管对于没有付出什么代价、唾手可得的东西不应过分沾沾自喜。我更想表明的观点是,学生参与民权运动早于校园激进主义,他们的观点是在古老但糟糕的大学中形成的,所以他们要回过头来摧毁这些大学。学生参加的最有意义的民权运动是1964年的华盛顿游行。然后"黑人权力"运动便登台亮相了,南方的种族隔离制度已被摧毁,白人学生除了挑唆"黑人权力"的过激行为外,没有别的事可干,而"黑人权力"运动的鼓吹者并不需要他们的帮助。这些学生并不知道,平等理论、《独立宣言》的承诺、《宪法》研究、关于我们的历史和其他许多东西的知识,是通过辛勤的努力获得的,是经过日积月累才能为他们提供支持的资本。种族公平是我们的理论和历史实践的硬性规定,若是没有这些理论和历史实践,既不会提出问题,也没有解决的办法。学生们从他们称之为服务于"这个制度"的绝对腐败的组织获得了知识和学问,才使自己的行动成为可能,才使它成为善的行动。学生们最放肆的谎言就是,他们的责任是自发产生的。可是,他们的一切都是取自大学思想宝库中有关美国是个什么国家、有关善恶的严肃思想和信仰。他们会浪费这种资源,因为他们不知道自己是以此为生的。他们回到大学,宣称它已破产,从而使它真的破产了。他们放弃了美国伟大的自由主义知识传统。在学生们的压力下,建国之父被理解为种族 335
主义者,用来谴责奴隶制和种族主义的工具被毁掉了。自20世纪60年代以来,北方大学里各种族之间的相互隔离变得日益严重。不再有人研究或真心相信人权理论，然后实践也跟着遭罪。美国大学为健全的政治行为提供思想启迪。大学里是否还存在着一种正义理论，能够再次产生类似于种族平等运动的东西，是很值得怀疑的。20世纪60年代的大学生为之自豪的东西，也是他们最早的牺牲品之一。

学生与大学 336

通识教育

对于一个初次离家，踏上通识教育征程的少年来说，今天的一流院校会给他怎样的印象？他有四年的自由时光去发现自己——他处于一个过渡的空间，前有被他抛在身后的知识荒漠，后有学士学位之后等着他的不可避免的可怕的专业训练。在这短短的四年中，他必须了解在他所熟悉的小天地之外还有一个大世界，他要体验它带来的兴奋，从中汲取足够的营养，为他注定要穿越知识荒漠的旅程做好储备。换句话说，只要他希望拥有更高尚的生活，他就必须这样做。假如他做出了这样的选择，当他能够成为自己所希望的人，当他有机会审视各种选择，不仅仅是时下存在的或职业提供的东西，还有作为名副其实的人所能得到的东西，这就会是一段迷人的岁月。对一个美国人来说，这一段岁月的重要性再怎样估计都不过分。这是他接触文明的唯一机会。

面对这样一个人，我们必须思索，若想让他成为一个有教养的人，他应该学习什么；我们必须思索，人类有待实现的潜能是什么。在专业课程中我们可以不做这样的推测，专业化的魅力之一就是避免这种思索。但在这里却是责无旁贷的事情。我们要教给他什么？答案也许不是一目了然，但只要尝试回答这个问题，就已经是在进行哲学思考，进行

教育了。这种关切本身便提出了人的统一性和科学统一性的问题。如果
337 像某些人主张的，必须允许人人自由发展，把观点强加给学生是专横的，就未免太幼稚了。那样的话还要大学做什么？如果答案是"提供一种学习氛围"，我们便又回到了原来的问题上。什么氛围呢？做出选择并对选择的理由进行反思是不可避免的。大学必须代表某种事物。不愿意积极思考通识教育的内容，它的实际后果便是，一方面使大学外边的庸俗现象得以在校园内泛滥，另一方面又把更严厉、更刻板的要求——由专业学科提出的那些未经通盘考虑的、专横而堂而皇之的要求——强加给学生。

现在的大学在年轻人眼里毫无特色。他发现了一种学科的民主——这或是因为它们乃当地土产，或是因为它们无目的地发展，但近来发挥着大学所需要的某种作用。这种民主其实是一种无政府状态，因为不存在获得公民权的公认规则，也不存在正当的统治资格。简言之，对受过教育的人该是什么样子没有任何看法，也没有针锋相对的看法。这个问题消失了，因为提出这种问题会威胁到和平。既不存在科学的组织，也不存在统一有序的知识体系。混乱无序导致了无精打采，因为不可能做出合理的选择。所以还不如放弃通识教育，进入专业学习，那里至少还有规定的课程和有前途的职业。在这条道上，学生至少能从选修课中捡到一点儿据信能让人变得有修养的东西。学生没有被告知，伟大的奥秘会揭示给他，他可以从自己身上发现新的、更高尚的行为动机，通过他的学习，可以和谐地建构一种不同的、更富有人性的生活方式。

简而言之，大学毫无独特之处。在我们看来，平等的最高表现似乎不愿意、也没有能力提出卓越的要求，尤其是在那些一向提出这种要求的领域——艺术、宗教和哲学。韦伯发现自己无法在某些极端对立的东西——理性与神启、佛祖与耶稣——之间做出选择，但他没有断定一切
338 事物同样美好，尊卑贵贱之别不复存在。事实上，他揭示从中做出选择的严肃性和危险性，是想让人们重新思考这些重大的抉择；现代生活的琐屑思考有着过分蔓延的危险，它使那些让灵魂高度紧张的深刻问题

变得平淡无奇,与此相对照才能突显重大抉择的重要。对他来说,严肃的知识生活是做出重大决定的战场,这种决定都是精神或“价值”选择。人们不能再把受过教育或文明人的这种或那种特别观点视为权威,所以只能说教育就是求知,其实只是了解他们全部观点中的一小部分。深刻与肤浅之别——它取代了善恶真伪之别——划定了严肃学习的重心,但它难以应付自然宽松的民主倾向的提问:“噢,这有何用处?”发生在伯克利的第一次大学分裂,显然是直接针对大杂烩似的巨型大学,我必须承认,它曾一度引起我某种程度的同情。在那些学生的动机中或许有那么一点渴望教育的成分。但没有做任何事情去引导或充实他们的能量,结果不过是给五花八门的学科又增加上了五花八门的生活方式,给专业的多样性又增加上了怪异的多样性。我们在社会上经常看到的问题,也发生在这里;扩大大学规模的顽固要求以更加孤立而告终。旧的协定、旧的习俗和传统并不那么容易取代。

因此,当一个学生来到大学,他会发现各种令人迷惑的科系,各种令人摸不着头脑的课程。但是对于他**应该**学什么并没有正式的指导,也没有大学之内统一的意见。对于如何统筹利用大学的资源,无论在教授还是在学生中间,他都找不到现成可循的先例。因此,最简单的办法就是做出职业选择,然后为这种职业做好准备。针对做出这种选择的学生设计的课程,可使他们免受各种诱惑,脱离享有传统声望的知识。这些日子里塞壬的歌声婉转低回,但年轻人的耳朵里已经塞了足够的蜡,可以安然无恙地在她们旁边驶过了。这些专业可以提供充足的课程,占用他们四年大学的绝大部分时光,为他们不可避免的研究生学习做好准备。只是他们可以随意选修的课程寥寥无几,只能这里听一点儿,那里 339
学一点。现在,公共职业——无论是医生、律师、政治家、记者、商人还是演艺人员——都与人文知识没有多大关系。除了纯粹的职业或技术教育以外,教育甚至成了一种妨碍。所以说,为了让学生获得思考的乐趣,并且知道自己能够生存下去,大学中对抗专业教育的气氛是必不可少的。

真正的问题是出在一些学生身上,他们希望知道自己想做哪一行,或只是想让自己经历一次冒险。在大学里,他有许多事情可做——众多的课程和专业足够他们花费时间去应付。大学的每个系或每个学部都在标榜自己,都提供了能让学生入门的学习课程。但是怎样在它们中间做出选择?它们之间有什么联系?事实上它们之间互不通气。它们彼此竞争,相互矛盾,却没有人意识到这一点。各个专业的存在已经使整个问题昭然若揭,但从未系统地把它提出来。学生面对学院分类的实际结果是迷惑不解,而且经常精神沮丧。这实际上成了一个运气问题,看他能否找到一两位教授,使他对作为每个文明国家之独特成分的伟大的教育观洞察一二。大多数教授都是专家,只关心自己的研究领域,只对自己领域的进步或只对个人的进展感兴趣,因为在这个世界里,一切回报都是基于出色的专业表现。他们完全不受大学传统结构的束缚,这种结构至少有助于表明他们的知识是不完备的,仅仅是尚未研究、尚未发现的知识整体的一部分。学生们只好穿行于游乐场的招徕者中间,这些人都想引诱他们进去观看自己的杂耍表演。这些拿不定主意的学生对多数大学来说都是一种尴尬,因为他好像在说,"我是个完整的人,请帮助我塑造完整的自我,发展自己的真正潜能",他让那些大学无言以对。

像在其他许多事情上一样,康奈尔大学在这个问题上也走在时代的前列。有福特基金会雄厚资金支持的六年博士项目,专门针对那些已经做出"坚定的职业选择"的高中生,旨在促使他们顺利走上职业生涯。
340 一点残羹剩饭被施舍给了那孤寂的人文学者,为研讨班提供了一些资金,使年轻的专业人员能完成自己在文理学院的学业。至于另一些事情嘛,教育者可以把精力花在设计和包装项目上,而不必提供任何实质内容。这使他们忙得不亦乐乎,顾不上思考自己忙活的事情的空洞无物。这是不去正视"丛林野兽"[①]的偏好模式——只管结构,不重内容。在对

① 丛林野兽(The Beast in the Jungle):美国作家亨利·詹姆斯的小说,描写男女主人公对命运的探求命运对人的捉弄。

待通识教育的问题上，康奈尔的计划是压抑学生对通识教育的渴望，鼓励他们的专业精神和追求，提供大学所掌握的资金和全部声望，把就业至上论变成大学的核心任务。

康奈尔的计划不敢披露一个至关重要的事实，一个严格保守的秘密：它的各个学院没有足够的东西传授给学生，没有足够的理由让他们在学校里待上四年，甚至三年都够呛。如果教育的核心是就业，那么除了难学的自然科学中最难学的东西以外，几乎没有一种专业在研究生学习之前需要两年以上的准备训练。其余的时间纯属浪费，或者说只是一段成熟期，使学生再老成一点，可以开始研究生的学习。即便对于许多研究生来说，真正必要的时间也少得多。故也难怪，有那么多本科生到处打听着上课，既没有计划，也没有打算提出的问题，只为填充他们的大学时光。事实上，除了少数例外，各种课程都是专业课的一部分，不是为提高人的一般修养或探索人类本身面临的重大问题而设计的。所谓的知识爆炸和日趋严重的专业化，并没有使大学的学业更加充实，反而使其更加空虚了。这四年成了学生们力求克服的障碍。一般来说，对于那些职场中人，如果根据他们的品味、学问的多寡或兴趣加以判断，通常他们是不需要上大学的。他们也许是把自己的大学时光花在了和平队[①]或诸如此类的事情上。这些赫赫有名的大学——它们可以裂变原子，发现最可怕疾病的治疗方法，进行全国人口普查，编纂大部头的死亡语言的辞典，却不能为大学本科生编写合适的通才教育教程。这是我们这个时代的写照。

也有一些把现有的东西加上华丽的包装，毫不费力地填补真空的努力——国外研修的安排，个性化的专业，等等。于是就有了黑人研究、妇女研究或性别研究，以及“其他文化的研习”。和平研究也正方兴未艾。这一切设计都是为了表明大学是与时俱进的，它还有一些传统专业之外的东西。最新的玩意儿是计算机识字，显然，只有那些想过识字有 341

① 和平队(the Peace Corps)：美国总统肯尼迪1961年创立的援助第三世界的组织。

啥意义的人,才会觉得它一钱不值。在促进识字者去识字方面它或许有一定的意义,因为现在大多数高中毕业生在读写方面还有困难。确有些学院在悄悄从事这项有价值的工作。但他们并没有宣扬这件事,因为这仅仅是高中的职能,是我们现在糟糕的教育状况强加给他们的,所以他们不愿声张。

20世纪60年代的纷乱已成过去,本科教育重新变成了要事(因为除了职业学院,研究生院系因研究职位的短缺而陷入困境),大学行政人员在某种程度上必须应付一个无可否认的事实:进入大学的学生是不文明的,大学有责任使他们变得文明起来。如果对大学的动机做出卑鄙的解释,那不妨宣称,它的关切源于要面子和自私。通识教育没有内容,而且施行着某种骗术,这已是人尽皆知的事情。只有少数有声望的院校应该提供这种教育,大的州立院校与此相反,它们被认为专司培养各类专业人士,以适应复杂社会的各种实际需要。有人一度宣称,著名大学已经在学生中间,尤其是那些以充当反战和反种族主义斗士为使命的学生中间,培养出了伟大的道德意识,这似乎满足了大学集体良知的要求。这些大学所做的事情,不光是提供医生和律师的基本训练。人们认为,关注和同情是无法限定的未知数,它渗透进文理学院的每一个角落。但是,当短暂的迷雾在20世纪70年代消散以后,教师们发现自己面对的是教养不良、没有思想品味的年青人,他们不知道还有教养和品味这种事情,尚未观察生活就对干什么行当念念不忘,大学却提供不出制衡的手段和其他目标,这时反抗便出现了。

通识教育长久以来一直定义不清,没有清晰的身份或制度化的专业声誉,但它仍然不屈不挠,并且得到了资金和尊重;它一直是那些多
342 少偏离了专业教育者的阵地。它有点像教堂与医院相比所处的地位,没有人十分确切地知道宗教机构应该做些什么,但它们确实发挥着某种作用,或是回应着人的真正需要,或是作为过去需要的遗存。它们易于被骗子、冒险家、妄想狂和狂热分子所利用。但它们也唤起人们最勇敢、最热烈地追求独特的庄严和深刻。在通识教育中,最拙劣和最优秀的人

也打得不可开交——骗子对真正的学者，诡辩家对哲学家——都是为了赢得舆论的支持，为了支配我们当今对人的研究。这场斗争中最引人注目的参与者是大学的管理者，他们在形式上负责代表自己学院教育的公众形象，有政治纲领的人或专家认为的平庸之辈，以及人文学科的真正教师，他们真正了解自己与整体的关系，并迫切希望在学生的意识中保留这份清醒的认识。

所以，就像20世纪60年代的大学致力于取消一些必修课一样，在20世纪80年代它们又忙于走回头路，而这是个更困难的任务。今天的说法是“核心课程”。大家一致认为，“我们在20世纪60年代做得有点儿过头”，微调一下显然是非常必要的。

对这个问题有两种典型反应。最简便、最令管理者满意的办法，是充分利用各独立科系已有的东西，简单地迫使学生涉猎各个领域，即从大学的每个分支——自然科学、社会科学和人文科学中——选修一门或更多的课程。这里的主导思想是“广泛涉猎”，就像轻狂年代的“开放”一样。这些课程几乎总是一些现有的入门课程，对专业教授来说毫无趣味，仅仅是在假设应当学习的东西是有价值的、确实存在的。这便是通才教育，意思是样样通样样松的人就是通才。他什么事情都知道一星半点，但在每个领域都逊色于专业人士。学生可能希望涉猎一下不同的领域，鼓励他们到处看看，在他们从未涉足的领域发现能够吸引他们的东西，也不失为一件好事。然而这并不是通识教育，不能满足学生对它的 343
渴望。它只表明大学缺乏高水准的通才教育，它所做的事情只是真正的知识储备的初级产品，是已被学生丢弃的孩提时的玩意儿。所以他们希望翻过这一页，跟着他们的教授的严肃研究学点东西。没有对共同关注的重大问题的认识，就不可能有严肃的通识教育，试图建立通识教育的尝试也只是一种无效的姿态。

人们大体上准确认识到了核心课程这种方法的不足，于是又提出了第二种方法，即所谓的“综合课”。这些课程是专为综合教育的目的而设，通常要求多个院系的教授们通力合作。这些课程被冠以“自然中的人”、“战争与道德责任”、“艺术与创新”、“文化与个人”等名称。当然,一切都取决于策划和讲授这些课程的人。这样的课程有明显的好处,它要求人们反思学生的一般需要,迫使专业教授拓宽自己的视野,至少得一时如此。危险则是这会变成赶时髦,哗众取宠,缺乏真正的严谨性。一般而言,自然科学家不会在这种努力中通力合作,因此这些课程往往很不平衡。简言之,它们不会超越自身,向学生提供独立探求永恒问题的独立方法,就像过去对亚里士多德或康德的全面研究所做的事情。它们倾向于东拼西凑。通识教育应该让学生意识到,学问必须而且能够做到既提纲挈领,又严密精确。要做到这一点,研究一个很小的具体问题或许是最佳方法,如果它的结构可以在整体上展开的话。这种课程要有特定的意图,把学生引向永恒的问题,让他们意识到这些问题,在探讨这些问题的过程中传授给他们某种能力,否则它们就会成为开心的消遣,走进死胡同——因为它与学生们可以想象的深入研究完全无关。如果这样的课程能够激发最优秀的大学生发挥才智,它们便是有益的,能够使教授和学生重新焕发正在逝去的求知激情。但是,它们很少能做到这一点,它们与最高层次的、各科系的老师所认定的真正事业是脱节的。能力决定着整个机体的生命。在高层次上无法解决的知识问题,在管理的
344 低层也解决不了。问题在于缺少科学的统一性,并且失去了讨论这个问题的意愿或方法。高层次的病态是低层次病态的原因,真诚的通识教育者的全部善意努力,充其量只能对它起到缓解的作用。

当然,唯一严肃的解决方案是几乎遭到普遍反对的方案,即阅读“巨著”这种出色的老方法。按这种方法,通识教育意味着阅读某些公认的经典文本,悉心阅读,让它们指出问题以及对待问题的方法——不是用我们杜撰的范畴去规范它们,不把它们当作历史产物,而是努力按照作者所希望的方式去阅读。我十分清楚反对崇拜“巨著”的各种意见,实际上也赞同这些意见。崇拜是外行的表现;它助长缺乏能力的自学者的自信;一个人不可能仔细阅读每一部巨著;只读巨著,他就永远不可能明白巨著与普通书籍相比为何是巨著;没有办法确定由谁来决定巨著

或经典是什么;书是目的而不是手段;读经运动透着一种传播福音的难听腔调,有悖于美好的情趣;它造成一种接近伟大思想的虚假感觉;等等。但是,有一点可以肯定:只要巨著是课程的中心部分,学生们就会既兴奋又满足,感觉他们正在独立完成着某件事情,从大学里学到了他们在别处学不到的东西。这种特别的体验无需再引申到它自身之外的事情上,这个事实为他们提供了一种新的选择,让他们尊重学习本身。他们得到的好处是对经典文献有了了解——对于我们这些无知的人尤其重要;在仍然存在大问题时知道何为大问题;在最低限度上知道了如何回答这些问题的范式;而且,也许是最重要的,学生们获得了共同的经验和思想储备,以此为基础建立起友谊。以明智地运用经典文本为基础的课程,是通向学生心灵的坦途。他们对学习阿基里斯或绝对律令有着无限的感激。亚历山大·柯瓦雷这位已故的科学史专家告诉我,他非常欣赏美国人。他开始流亡生活后,1940年在芝加哥大学执教的第一堂课上,有个学生在自己的文章中谈到"亚里士多德先生",并没有意识到亚 345
里士多德不是当代人。柯瓦雷说,只有美国人有如此天真的深刻性,把亚里士多德作为活的思想看待,对于多数学者来说这简直不可思议。完美的通识教育课程能让学生热爱真理,产生追求美好生活的激情。设置学习课程,使其适应每个大学的具体条件,激发学习者的兴趣,是这个世界上最简单的事情。困难在于如何让教员接受这些课程。

当代大学的三大组成部分（自然科学家、人文科学家和社会科学家)对阅读经典的教育方式都没有热情。只要通识教育不偷走自然科学家的学生,不挤占学生太多的预习时间,他们对通识教育和其他领域还是很宽厚的。不过，他们自己首先关心的是解决本学科当前的重大问题,并不特别在乎对他们的基本问题的探讨,因为他们已经取得了显而易见的成功。他们漠视牛顿的时间观,不关心他与莱布尼茨关于微积分的争论;亚里士多德的目的论是一派胡言,不值得重视。他们相信,科学的进步不再依赖培根、笛卡尔、休谟、康德和马克思这类思想家对科学本质的综合反思。这仅仅属于历史研究的范畴,长久以来,甚至最伟大的科学家也不再思考伽利略和牛顿了。进步是毫无疑问的。实证主义给科学真理带来的麻烦,卢梭和尼采给科学之善带来的麻烦,其实并没进入科学意识的核心。因此,自然科学家关心的不是经典名著,而是科学的不断进步。

社会科学家一般说来对经典文本充满敌意，因为它所探讨的人类事物往往也是社会科学的研究对象,社会科学挣脱了早期思想的桎梏,成为真正的科学,他们为此而十分自豪。况且,他们不像自然科学家,对自己取得的成就没有十足的把握，觉得早期思想家的著作在威胁着他们,或许还有点儿担心学生经不住诱惑,重新回到糟糕的老路上去。再说,可能除了韦伯和弗洛伊德之外,根本就没有可以被称为经典的社会科学著作。跟自然科学比较一下,即可得出有利于社会科学的解释。可以说,自然科学是一个通过细胞增多而发展的活的机体,是名副其实的
346 知识机体,它在对整体并无意识的成千上万个部分的帮助下,通过几乎不为人觉察的增长,证明自己就是这样一个机体。这与想象或哲学的工作截然相反,在这种工作中,单枪匹马的创造者可以创造和探究一个人为的整体。但是,如果对社会科学中缺少经典做出解释,不管是用谄媚还是不谄媚的方式,这个事实都会让社会科学家不舒服。我记得有位给研究生讲授社会科学方法论入门课程的教授,一个著名的历史学家,当我天真地向他提出有关修昔底德的问题时，他轻蔑而愤怒地回答说：“修昔底德是个笨蛋。”

既然经典巨著现在几乎毫无例外地被称作人文著作，人文学者对经典教育不冷不热的态度,就更加令人费解。人们也许认为,在经典著作对现世的影响力降到最低点时，对它们的高度敬重会增强其精神力量。诚然,通识教育及经典文献研修的大多数积极支持者通常都是人文学者。但他们中间也有差别。有些人文学科不过是一些刻板的专业学科,他们靠经典著作的地位维系自己的生存,但对它们的自然状态压根不感兴趣——譬如,文字学更多关心的是各种语言本身,而不是它们讲述的内容;他们不能、也不会做任何事情去巩固自己的学科基础。有些

人文学科热衷于加入真正的科学，把自己的根移植到克服了神话历史的现在。有些人文学者不无道理地抱怨说,缺乏有能力传授和研习经典的人,虽然他们的批评往往因一个事实而不攻自破:他们只维护近年来对经典著作的学术解释,而不是对它们充满活力的真实理解。在他们的反应中,有着专业人士的嫉妒和偏狭的强烈成分。说到底,这一切在很大程度上是人文科学的普遍衰退,它既是我们目前处境的症候,也是它的原因。

再说一遍,通识教育的危机反映着最高层学术的危机,反映着我们解释世界的首要原则之间的不一致和不相容，反映着最普遍的思想危机,这构成了我们文明的危机。不过,确切说来,危机也许不在于原则的不一致,而在于我们没有能力去探讨它,甚至没有能力去识别它。当通识教育为有关自然及人在自然中的地位的统一观点的讨论铺平了道路,使最优秀的头脑在最高层次上交锋时,人文教育就会繁荣发展。当 347
只有各种专业——它们的前提根本不会导致那种见识——凌驾其上时,通识教育就会衰落。最高级的智慧也是片面的智力,上下兼顾是办不到的。

大学的分裂

在康奈尔大学的枪击事件后,这一切变得再清楚不过,而且随着这所大学的分裂,我也有机会对它的构造有所了解。总的来说,没有哪个学科——只有个人——对学术自由和学术诚信受到的攻击做出了很好的反应,但各个学科的反应却各具特色。专业学院——工程、家政、产业与劳工关系以及农业——的教员干脆回到家里闭门不出。(法学院的一些教授确实表达了义愤，其中一部分人最后还公开声明支持撤换校长。)人们一般认为这些院系是保守的,但他们只是不想找麻烦,他们不认为那是他们应当参加的战斗。黑人学生的怨言不是针对他们;无论发生怎样的思想变化,都不会触动他们。尽管人人抱怨学科太多导致大学失去重心,不能平衡发展,但大家都很清楚文理学院发挥的作用,其他的学院从属于它们，它们是学问和声望的中心。这种古老的秩序大部分一直被保存着。在康奈尔，挑战正是针对文理学院，就像整个20世纪60年代其他大学的情形一样。因此，自然科学、社会科学和人文科学都遇到了麻烦，它们被要求改变教学内容和标准，消除学生们“感觉到的”精英主义、种族主义和性别歧视。学者的共同体被证明为不是共同体。在捍卫追求真理的过程中不存在同舟共济。

自然科学家超然于争论之上，形成了自己的孤岛，也没有感受到威胁。我相信，康奈尔大学只有一位自然科学家大声反对持有枪支或威胁教授。这个学校最著名的教授，一个拿过诺贝尔奖的物理学家，成了校
348 长的主要代言人，但他并未征询过那些生命受到威胁的教授的意见，也没有提出生死攸关的问题。他为校园暴力而扼腕叹息，但没有采取任何行动，也没有说过一句话，指出应在哪里划定一条界线。据我所知，没有一个自然科学家像某些社会科学家和人文学者那样跟暴徒同流合污。自然科学家的工作完全独立于大学的其他活动，他们相信自己从事着重要工作，这使他们对别的事漠不关心。他们与我们这些人不存在共同利益。我的一位朋友受到过明确的威胁，只好携家人躲了出去，他为此感到羞愧；当我同他一起去参加老师向学生投降的会议——这是真正可耻的事，是人们在暴政面前卑怯默许的缩影——时，听到一位生物学教授或许是出于对我们的好意，大声问道：“这些社会科学家真相信存在危险吗？”我的朋友悲哀地望着我说：“有了这样的同事，你就不需要敌人。”

学生运动没有理论可言，所以自然科学家没有像在发达的法西斯制度和苏联制度中那样成为靶子。列宁派没有对实证主义、相对论或遗传学大发雷霆，戈培尔派也没有警告人们犹太人的科学是伪科学。早就有人抨击科学家跟军事和工业联合体的合作，抨击他们发明的技术在支持资本主义和污染环境上起的作用。但这些批评并没有进入严肃的科学研究的核心。只要科学家避免把自己的知识运用于某些不得人心的事情，对支持他们的政府说些坏话，宣称他们是为和平和社会公正而

工作,他们就能避免触犯众怒。可以预料,康乃尔大学的那位大物理学家也会按照惯例,对物理学研究导致热核武器的产生表示歉意,从而使自己脱身。可是并没有人要求这些科学家在研究中、在课堂上、在实验室里有所改变。所以他们能够全身而退。

这不仅仅是一种自私和自我保护的行为,人人都会顾自己,虽然这种行为很多,但都披着通常令人厌恶的道德外衣。危机气氛促使人们并非完全有意识地重新评价自然科学与大学的关系。学术界的危机和政 349
治危机一样,往往会把矛盾和利益的改变带到表面,而只要事态平稳,人们较易于不去正视这些事情。打碎旧联盟建立新联盟,一向就是痛苦的事情,例如冷战初期自由派与斯大林分子决裂时就是如此。科学家发现自己面对着一个事实:他们与大学的其他领域没有真正的联系,让自己任命运摆布又代价高昂。假如化学成了文化大革命的靶子,红卫兵小将们监督着教学,对当事人实行恐怖统治,那就难以想象生物学家们还会无动于衷。化学家是生物学家的血亲,生物学的进步绝对离不开化学知识。然而,物理学家以物理学家的身份能从比较文学或社会学教授那里学到重要的东西,或学到任何东西,这在今天已是不可想象的事情。自然科学家跟人文学科的关系不是一家人的关系，而是一种虚无飘渺的关系,有点儿像我们跟全人类的关系。对适用于全人类的权利也有着形式化的祈求,但对共同的信仰和利益并不存在迫切的需要。当这种关系让人感到难受时,“没有你们我照样活”的想法就会悄悄潜入人们的心中。

这种相互隔离的情形自康德和歌德以来就已存在，前者是最后一位在自然科学上也很有造诣的哲学家，后者则是最后一位相信自己的科学贡献会超过文学贡献的文学巨擘。还应当记住,他们并不是偶尔涉猎科学的哲学家和诗人,他们的著作是自然的一面镜子,他们的科学在有关存在、自由和美的沉思的引导下充满了生机。他们代表着对问题之统一性的最后探索,自然科学此后才变成了学术界的瑞士,为自身安全计而对黑暗旷野上的战斗严守中立。亨利·亚当斯的一生跨越了两个时代，在前一个时代，像杰斐逊这样的绅士们认为，他们既能掌握科学，科学也对他们有益；后一个时代的科学家们则讲着深奥难懂的语言，所述内容与生活毫不相干，但又是生活中必不可少的信息。亚当斯以其机敏的文风记录下了这种变化。他年轻时研究过自然科学，后来放弃了；晚年他又重新审视科学，发现自己来到了一个全新的世界。旧式大学的传统和理念掩盖了一个事实，即古老的纽带已经衰朽，婚姻已走到了尽
350 头。19和20世纪的大科学家们一般而言是很有教养的人，他们对学问的另一些分支有亲身体验，并且真心崇敬那些学问。自然科学和自然科学家的日益增长的专业化，逐渐形成了一道保护性烟幕。20世纪60年代以来，自然科学家与他们的社会科学和人文科学同事的交谈和实践合作日渐稀少。大学失去了它过去拥有的那种类似于城邦的性质，它变得像是一只客船，乘客们只是偶然的同路人，不久就会下船各奔东西。自然科学、社会科学和人文科学之间的关系只是行政性的，没有任何实质性的思想内容。它们只在大学本科教育的头两年里相会，自然科学家关心的大抵是那些将来会走上他们道路的年轻学子。

几年前，《纽约时报》刊登的一篇关于一位音乐教授访问洛克菲勒大学的报道，极好地说明了这种状况。在那里工作的生命科学家带着盒饭去听这位音乐学家的讲座。这项计划的灵感来自于斯诺关于“两种文化”的愚蠢构想，他提议让人文学者学习热力学第二定律，让物理学家阅读莎士比亚，这样就可以弥合两大学科之间的裂痕。当然，假如物理学家从莎士比亚那里得到了某些重要启迪，同样，人文学者也从热力学第二定律中受益，这项计划才能取得一定效果，而不是流于一种提神醒脑的练习。实际上什么结果也没有产生。对科学家来说，人文学科是娱乐消遣（通常他很尊重人文科学，因为他知道人们需要一些超出他自己能提供的东西，但他对从哪里能找到这些东西又很迷茫）；对人文学家来说，自然科学顶多是漠不关心，甚至是格格不入，充满敌意。

《纽约时报》引用了洛克菲勒大学（它最近取消了哲学课）校长乔舒亚·莱德伯格的话，他在那次讲座之后说，斯诺的思路对头，但犯了“计

算错误”——大学里不是有两种文化，而是有许多种文化，一个例子便是披头士乐队的文化。这说明在衰落过程中处于暂时停顿状态的琐屑思想达到了登峰造极的地步。莱德伯格从人文科学中看到的不是作为自然研究之补充的人文知识，而仅仅是世间正在发生的事情的另一种表述。说到底，它们都是复杂程度各异的娱乐演出。莱德伯格对他的听 351
众做出了某种暗示，使我们明白了自然科学在民主相对主义的海洋中就像直布罗陀一样突出，其他学科不过是一种爱好。

这种态度影响了康奈尔和其他大学自然科学家的行为，他们用自己的方式与新的议程配合，试图通过招生和教员任命的手段实现这种或那种社会目标，结果降低了大学的水准，模糊了大学的宗旨。他们嘴上说反对精英主义，反对性别歧视和种族歧视，在各自的领域里却默不作声地拒绝在这些问题上有所作为。他们把责任推给了社会科学家和人文科学家，但这两者已被证明更温和，更易于受人欺负。自然科学家也是美国人，一般而言他们也喜欢跟风。但他们对自己做的事情也很有信心。如果他们教的不是科学，他们不会自欺欺人地说自己在传授科学。他们对人的能力有着操作性很强的检验标准。至少根据我的体会，他们从内心深处相信，只有科学知识才是真正的知识。当他们面对困境——譬如数学家想录用更多的黑人和妇女，但找不到大体能够胜任者——时，他们实际上在说，人文学者和社会科学家应该录用他们。他们认为自然科学之外没有真正的标准，因此很容易做出调整。科学家们抱着这种极不负责的态度，对各种优待措施听之任之，例如他们假定，被破格招收的少数族裔学生如在科学领域学习不佳，其它院系就应当照顾他们。科学家没有预见到这会带来真正可怕的后果，这样的学生会遭到更大的失败。他们理所当然地认为这些学生会在大学的其他领域取得成功。他们是对的。人文和社会科学日渐堕落，成绩的水分越来越大，而自然科学仍是以白人男性为主。因此，大学里的真正精英在历史洪流中始终能够站在有利位置，不必忍受任何不良后果。

故也难怪，你必须到人文科学中才能找到革命的狂热支持者。与冷

静、理性和客观相对立的激情和献身精神，能够在那里安家落户。这出
352 戏里还有一群人文学科教师发出的威胁，校方如不立即投降，他们就要接管一座办公楼。有个学生告诉我，他的一位人文学科教授本人就是犹太人，却对他说，鉴于犹太人对黑人的所作所为，他们活该被送进集中营。这些男男女女最后采取了行动，而不是在图书馆和教室中消磨时光。但是他们的作为却导致了自己的毁灭，因为20世纪60年代让人文学科尝到了最大的苦果。确保它们地位的旧秩序被推翻了，随之而来的是学生失去了学习兴趣，语言研究几乎荡然无存，博士没有就业机会，公众缺乏同情。他们得到了报应，但不幸的是我们也失去了一切。

就许多人文科学家来说，这种行为的原因是显而易见的，它构成了本书的主题。康奈尔大学是人文学科和政治学中某些潮流的急先锋。有几年的时间，它一直在为比较文学领域中激进的法国左派思想洗刷污名。从萨特到戈德曼，再到福柯和德里达，一波又一波思想浪潮冲击着康奈尔。这些思想试图赋予旧典籍以新的生命。一种阅读技巧，一种解释框架——马克思、弗洛伊德、结构主义，等等——能与这些令人厌倦的旧典籍结合在一起，使其成为革命意识的一部分。这对于人文学者毕竟发挥着积极、进取的作用，他们过去一向只是些古董式人物，是守护人老珠黄的后宫嫔妃的太监。再者，流行于人文学科中的历史主义，也为标新立异提供了思想基础。除此之外还有一种期待：在这些变化中，文化将取代科学占据首要地位。我所讨论的那种知识上反大学的意识形态，在这种条件下找到了自己的表达方式，因为大学可以被视为一个历史舞台。戈德曼在他去世前几个月对我说，他有幸活着看到自己九岁的儿子在1968年的巴黎用石头砸商店橱窗。这就是他研究拉辛和帕斯卡的最终结果。人性的复归！学生们动手了，不是拿起书本，而是采取了行动，他们不依靠历史或老师的帮助就能影响未来。这些先锋派热切地期望，革命会带来一个创造的时代，艺术而不是古董研究将发扬光大，想象力最终将作为攻方与理性对抗，虽然还谈不上旗开得胜。

353 人文学科的教授们处境十分难堪，他们既不相信自己，也不相信自

己所做的一切。无论喜欢与否，他们的基本工作是解释和传播典籍，在传统并不享有特权的民主秩序中维护我们所说的传统。他们是一帮闲散优雅之人，却置身于一个显然把效用作为唯一通行证的地方。他们的王国是永恒和沉思，却置身于一个只需要当下和行动的环境之中。他们坚信平等主义的正义，然而他们却是稀有、高雅和出众的代理。他们与平等主义并不相宜，但他们的民主倾向和负罪感却驱使他们同它站在一起。莎士比亚和弥尔顿与解决我们的问题究竟有何关系？尤其是，仔细端详一下他们就会发现，他们满脑子精英主义、性别歧视和民族偏见，这都是我们正在努力克服的东西。

人文研究需要坚定的信念和奉献精神，不仅这种精神在教授身上不常见，而且他们的追随者也正在消失，学生们不相信教给他们的东西是重要的。孤独和无聊感让人心碎，于是这些人文学者便跳上了奔向未来的流线型高速快车。不消说，这意味着对人文学科的敌意变得更加严重，所以它们被悉数扔出了列车。自然科学和社会科学向人们展示它们有这样或那样的用途，从而找到了自己的位置，而这是人文学科做不到的。

人文学科的非政治的特点，它对经典文献中的政治内容（它本应成为政治教育的一部分）习惯性的曲解和贬抑，在学生的心灵中留下了一个空白点，这使得任何政治学说，尤其是那些极其平庸、极端和流行的政治理论，都能填补这片空白。人文学者不像自然科学家，他们没有什么可以失去的东西，或者人们就是如此认为的；他们也不像社会科学家，对错综复杂的政治事务一无所知。人文学者像北极旅鼠一样一头钻进大海，以为这样就可以使自己精神振奋，恢复活力。但他们溺水了。

这使社会科学成了唯一的战场，它既是攻击的靶子，也是各种立场唯一的立足点。社会科学是大学中最新的成分，最不能自夸过去的伟大成就或对人类智慧宝库的贡献，它的合法性还很成问题，参与其中的天才最为谦和。然而社会科学主要关注的是人类事务，人们推断它们应当 354
掌握着有关社会生活的事实，并且具有如实报道的科学良知和诚信。拥有某种政治纲领,关心财产、和平或战争、平等、种族和性别歧视的每一个人,都会关心社会科学。这种关心可以是发现事实——或使事实符合他们的设想,从而影响公众。

在这些学科中,改变事实的诱惑是巨大的。奖罚、金钱、荣辱、负罪感和行善的欲望,所有这一切都围绕着它们,使它们的研究者晕头转向。大家都希望社会科学家讲述的故事符合自己的愿望和需求。霍布斯说,假如二加二等于四这个事实与政治扯上了干系,就会出现否认它的派别。社会科学有太多的空想家和吹牛者,但也培养出了刚直不阿的学者,他们的工作使阴险的权术更难以得逞。

于是,社会科学成了激进分子大打出手的首选之地。一群黑人激进分子打断了一位经济学教师的课程,然后来到系主任办公室,挟持他和秘书(患有心脏病)为人质长达13个小时。不消说,对那个教师的指控是,他是种族主义者,用西方标准评判非洲的经济绩效。学生们因为提请校方注意这个问题而受到赞扬,系主任也拒绝指控他们,那位教师则从校园里神秘消失,此后再没有人见过他。

这种解决问题的方式是很典型的,但是一些社会科学教授并不喜欢。人们要求历史学家重修世界史,尤其是美国史,以揭示国家一向是支配和剥削的阴谋体系。心理学家被搞得心烦意乱,因为他们得证明不平等和核武器的存在给人们的心理造成了伤害,美国政客对苏联总是疑神疑鬼。政治学家也受到敦促,要把北越人民解释成民族主义者,要为苏联洗清极权主义的恶名。总之,与内政外交有关的一切激进观点都要求社会科学给予支持。尤其是要把精英主义、性别歧视和种族主义的
355 罪恶从社会科学中驱除出去,社会科学应当成为对抗这些罪恶以及第四种重罪——反共产主义——的武器。当然,谁也不敢挺身而出承认这些罪恶,对根本性的问题——即平等本身——的严肃讨论,早就从舞台上消失了。学生在社会科学中的主要活动是辨别各种异端,这颇像是回到了中世纪,那时除了少数胆大包天和冥顽不灵的人,人人信奉基督教,唯一讨论的是正统学说的内容。诚然,也有学者在认真研究性别差

异，或对用校车接送孩子①在教育上的价值提出疑问，或思考有限核战争的可能性。对激进的正统学说表示质疑，你几乎不可能不冒遭受诽谤、停课、丧失教学必不可少的信任和尊重、同事的敌意等等风险。种族主义和性别歧视过去是、现在依然是丑陋的大帽子——与以往流行偏见中的无神论、共产主义相同；它可以被毫无缘由地扣在任何人头上，一旦戴上它，你就几乎再也摘不下来了。言者无罪已成空话。在这种气氛中，超然、冷静的研究是不可能的。

许多社会科学家都面临这种情形，但在斗争中还出现了更严峻的新考验。有些人看到自己的客观立场受到威胁，如果学术探索得不到尊重和保护，他们中间的任何人都有可能身陷险境。压力使传统的自由主义重新焕发了活力，唤醒了对学术自由之重要性的意识。高傲与自尊，不向威胁和侮辱低头的意志，重新抬头了。这些社会科学家明白，当激情横扫面前的事实时，民主体制中的所有派别都危在旦夕。更为重要的是，对于那些大吹大擂的刺耳宣传他们产生了本能的憎恶。这些社会科学家未必具有相同的个人政治信念，他们同舟共济的感情，来自于对同事的动机的相互尊重，他们之间并不总是意见一致，但他们能从意见分歧中获益；还来自于他们忠实于为他们的研究提供保护的制度。你在康奈尔会看到，左、中、右三派社会科学家——在美国大学公认的十分狭小的派别谱系上——联手抗议对学术自由的损害和同事受到的侵犯，这种侵害不但发生在康奈尔，也以各种更微妙的形式发生在其他地方。对大学的挑战在最具政治意味的部门最为突出，这个部门对它的理解
也最深入，这绝不是偶然的。政治视野是让学术的道德统一性自然而然 356
成为焦点、让科学良知受到检验的地方。

遗憾的是，我不能断言这场危机拓展了社会科学的关注范围，或是促使其他学科反思自己的处境。但它一度激发了一群真正愿意为热爱

---

① 用校车送孩子上学，是为达到种族融合而采取的措施，将白人居住区的孩子送至黑人区的学校上课，将黑人区的孩子送至白人区的学校就读。

真理、为自己的研究而做出牺牲的学者，使他们发现虔诚还有更丰富的内涵，感受到一个以信念为基础的共同体。大体上说，其他学科没有让它们的自由探索信念接受考验。它们的置身事外，构成了我们的大学分崩离析的背景故事的大半内容。

学科

主宰着学术领域、决定着知识内涵的三大学科，今天的情况如何？自然科学干得很不错，它独自生活，但很开心，就像一架上满了发条的钟表一样独自运转，跟以往一样成功且有益。近年来它还做成了一些大事，譬如物理学家的黑洞研究，生物学家的基因密码研究。它的目标和方法得到人们的一致认可。它为智慧超群的人提供了令人振奋的生活，也为全人类带来了不可估量的好处。我们的生活方式完全依赖于自然科学家，他们的成就已大大超出他们的承诺。只在边缘地带还有些问题，可能威胁到他们的思想平静——对美国能否产生高瞻远瞩的科技天才的怀疑，对核武器之类的科学成果的用途的怀疑，对生物学在实验和应用过程中是否需要“伦理学家”的疑问。但是他们作为科学家很清楚，根本不存在伦理学家这样的知识人。不过，总的说来一切都还不错。

但是，在自然科学止步之处，立刻就有了麻烦。它止步于人的面前，止步于这个超出它视野的生物面前，或者更准确地说，它止步于人的非肉体的因素或成分面前。只有根据这些因素才能领会科学家的本质，这与政治家、艺术家和先知的情形是一样的。凡是属于人性的东西，凡是让我们关切的东西，都处在自然科学之外。这本应成为自然科学的问题
357 所在，然而却没有。我们不知道它是个什么东西，甚至找不出一个公认的名称来称呼人类的这种非肉体的、不可化约的因素，这当然是个问题。在某种程度上，这个有些不可捉摸的东西或因素，是科学、社会、文化、政治、经济、诗歌和音乐存在和发展的原因。我们知道后面这些东西，但是，倘若我们不知道它们的根源，我们能够真正把握它的状态，甚至知道它是否真正存在吗？

这种困难反映在一个事实上:对人这个题目的研究,或对这个难以描述的事物及其活动和产物的研究，在大学里存在着两大学科——人文学科和社会科学,而对人的肉体进行研究的只有自然科学。如果这种分工的基础是对研究主题有着一致的意见,能够反映它的自然构造,那么这就是一种很不错的分工,就像物理学、化学和生物学之间的分工导致了相互尊重与合作一样。人们相信,有时也真这样说——多是在毕业典礼的讲话中——社会科学研究人的社会生活，人文学科探讨人的创造性生活——伟大的艺术作品,等等。这种区分虽有一定意义,但实际上没有任何用处,这个事实以各种方式暴露出来。自然科学或多或少愿意对社会科学和人文学科表示敬意,然而它们自己却相互瞧不起,社会科学贬低人文学科,说它不科学,人文学科则认为社会科学庸俗。双方说不到一块。最重要的是,它们占据着同一个研究领域。现在构成人文学科之一部分的许多典籍,与社会科学家探讨着同样的事情,只是使用的方法不同,得出的结论也不同;社会科学的每个分支都在尝试用这样或那样的方式解释艺术家的各种活动，但解释方法与人文科学采用的方法大相径庭。它们的分歧可以归结为这样一个事实,社会科学其实是想具有预测能力,这意味着人是可预测的,而人文科学则认为人是不可预测的。两大阵营的分工更像是停火线,而不是科学的划分。它掩盖了尚未解决的关于人的存在的古老斗争。

社会科学和人文学科代表着对危机的两种反应，这场危机的根源是人——或者说，人类除了肉体之外的剩余部分或附着于肉体的部分——被明确赶出了自然，从而也被赶出了18世纪末兴起的自然科学或自然哲学的视野。沿着一条道路，有人努力要把人纳入新的自然科学,使研究人的科学成为仅次于生物学的一门科学。沿着另一条道路， 358
人们进入了由康德开拓的领域,这是一个与自然相对立的自由王国,它与自然科学相互分离,平起平坐,不需要模仿它的方法,对待精神至少与对待肉体一样严肃。两大学科对于冠军,即刚从哲学中解放出来的自然科学,都不构成挑战:社会科学谦卑地想在场子里谋得一席之地,人文学科则高傲地另开新店。结果是出现了两种关于人的互不协调的思路，一种倾向于把人视为本质上属于动物中的一种，他没有精神，没有灵魂，没有自我、意识或诸如此类的东西；而按另一种思路，他好像不是动物或没有肉体。这两种思路没有交汇点，你只能择一而行，它们有着截然不同的终点，例如“美丽新世界”或与它相反的“瓦尔登湖”；“黑暗王国”或是它的对头所理解的“幸福岛”[1]（查拉图斯特拉偏爱的退路）。

上述两种解决方案都没有完全成功。社会科学没有得到自然科学的承认[2]，它是不入流的冒牌货。人文学科的货栈转而贩卖各种满布灰尘的破烂古董，生意日趋惨淡。社会科学较为强壮，与自然科学统治的这个世界比较合拍，它虽然丧失了灵感和传播福音的热情，但对现代生活的不同方面都有用处，只要提一下经济学和心理学就可证明这一点。人文学科江河日下，但这仅仅证明了它不适应现代社会。它也许很好地表明了现代性的谬误所在。况且，今天以非学术的方式强烈影响社会生活的语言，是来自于对自由王国的探索。社会科学更多地源自洛克创立的学派；
359 人文学科则源自卢梭创立的学派。社会科学虽然推崇自然科

① 作者这里借用了几部著名小说的名称：赫胥黎的《美丽新世界》讽刺了对科技进步盲目乐观的态度；梭罗的《瓦尔登湖》描写的是淡泊人生的自然生活。巴切勒的《幸福岛达瑞尔》讲述质朴而充满朝气的乡村生活。“黑暗王国”则是《圣经》里的说法，与“神的王国”相对。

② 自然科学其实对此毫不关心。它对于其他地方上演的任何事情都不抱敌意（除非受到攻击）。它实际上是自给自足的，或者几乎如此。如果其他学科能够证明自己符合自然科学的精确标准，通过了它的检验，自然而然就会得到承认。自然科学不自夸，也不势利，它是真实的。斯威夫特指出，自然科学唯一习惯性的、显然也是走出自己领地所必要的举动，是涉足政治。正是在这里，虽然是以令人困惑的方式，它承认自己是一个更大事业的一部分，它依赖于这个事业，后者不是它的方法的产物。就像苏格拉底最先指出的，卑贱的政治指出了对哲学的需要，甚至科学家也不得不承认这种需要。自然科学家并不把政治学作为一门科学予以尊重，但他们也强烈关注政治。这是重新审视一切事物的出发点。难道核战争的危险或萨哈洛夫的监禁仅仅是偶然事件？——原注

学,但它在近代获得的大多数动力实际上都是来自于下层社会。只要想想韦伯就可以明白这一点,虽然马克思和弗洛伊德又何尝不是如此。虽然不能公开承认,但人是需要某种自然科学无法提供的东西的,不然就无法理解他了。人就是问题所在,我们想尽一切办法不去正视它。目前大学中的人类知识三大分支的奇特关系,却告诉了我们一切。

先来看看社会科学。它的研究领域好像至少有了一个大概的轮廓,它的组成部分似乎也井然有序,从心理学到经济学,再到社会学和政治学。但不幸这只是个空洞的表象。首先,它漏掉了人类学,虽然我若是不揣冒昧的话,也许能找到一种方法把它挤塞进去;其次还漏掉了历史学,它是属于社会科学还是人文学科,一向聚讼纷纭。最重要的是,社会科学的各个分支并不认为自己是处在这样一个相互依赖的秩序之中。它们基本上各干各的,用一种毫无希望的说法,就算它们形成了“交叉界面”,也常常是两副不相干的面孔。在大多数专业中,约有一半的从业者通常甚至不相信另一半人跟自己同属于一个领域,类似的情况遍及整个学科。经济学有自己固有的简单心理学成分,由心理科学提供的知识,要么其实是生物学的一部分,对经济学没有多少帮助,要么干脆与经济学的所谓基本动机南辕北辙。同样,经济学也倾向于破坏政治学对政治事件做出的规范性解释。创立一门受经济学指导或控制的政治学是有可能的,但没有必要这样做;创立一门受心理学指导的政治学同样是有可能的,但它会与前一种政治学大不相同。好像自然科学中也存在着关于哪一门学科应当为首的争吵一样。实际上,社会科学的每一门学科都能声称、而且也确实声称自己是整个社会科学的起点,只有根据与它的关系才能理解其他学科——经济学主张经济和市场,心理学主张个人心理,社会学主张社会,人类学主张文化,政治学则主张政治秩序(虽然政治学对自己的主张最不肯定)。麻烦出在社会科学的基本要素 360
是什么上,每个专业都能争辩说,严格地讲,其他专业是自己所代表的整体的一部分。不仅如此,每个专业都指责其他专业代表着抽象、虚构或想象的产物。可曾有过纯粹的市场?有过不是由社会或文化所形成并作为其中之一部分的市场?什么是文化,什么是社会?难道它们还包含着某种政治秩序之外的因素?政治学在这里处于最强大的位置,因为政府或国家的现实是无可否认的,尽管它们也能被视为表面的或合成的现象。社会科学实际上代表着对我们所看到的人类世界的一系列不同看法,这一系列的看法并不和谐,因为甚至在谁属于这个世界的问题上都没有共识,至于能用什么原因去解释它的现象,就更是无从谈起了。

在社会科学中,更深一层的争论涉及到科学是什么的问题。大家都同意,科学必须是理性的,必须具有某些检验标准,必须以系统的研究为基础。此外,人们也或多或少地明确同意,在自然科学中得到承认的各种原因,一定程度上也应当适用于社会科学。这意味着不存在目的论,不存在"精神的"原因。譬如,追求灵魂的救赎需要被归结为另一种原因,例如受到压抑的性欲;追求金钱则无需归结到这种原因。在科学研究中,探寻非精神的原因,把高级、复杂的现象简化为低级、简单的现象,是得到普遍接受的研究方法。但是,对于现代自然科学最成功的范例——数理物理学,社会科学能够或应当在多大程度上加以效仿,则是一个存在着永无休止的讨论和争吵的问题。现代自然科学的标志是预测能力,实际上每个社会科学家也希望能做出可靠的预测,虽然实际上没人能做到。在自然科学中,通过把各种复杂现象简化为可以用数学公式来表达,使预测好像成为可能,多数社会科学家也希望同样的事情在自己的学科中发生。问题在于,沿着这一方向的种种努力,是否会造成对社会现象的歪曲,或导致那些不易用数学方法表达的现象受到忽略,只看重那些易于被数学化的现象;或是助长那些虚构的、与现实世界毫
361 无关联的数学模型的建构。在那些主要热衷于科学和那些主要关心自己的特定研究对象的学者之间,一直在进行着这类游击战。

被认为是社会科学中最为成功的经济学,是数学化程度最高的学科——这意味着它的研究对象可以进行计算,也意味着它至少可以为假定的预测目的建立数学模型。有些政治学家却认为,就拿"经济人"来

说吧,跟他一起玩游戏,他也许表现得很出色,但他只是个子虚乌有的抽象概念。而希特勒和斯大林都是确有其人，并且不会跟着你一起玩耍。政治学家认为,经济学分析不仅无助于我们理解这种政治角色,反而因为系统地排除和歪曲他们的特殊动机，使得社会科学更难以把他们纳入自己的视野。从数学中讨便利的经济学家使我们不再思考最重要的社会现象,反倒给反对者(包括一小帮马克思主义经济学家,他们被严格排除在这个学科——社会科学中唯一发生这种事情的领域——的核心之外)助威。在各种学科之间,以及在赞成不同方法的人没有共同话语的学科内部,也存在着这种情况。

先不说知名度,今天的学生在首次真正面对社会科学时,实际上看到的是两门强壮的、自给自足和自信的社会科学：经济学和文化人类学,它们构成了对立的两极,彼此几乎毫无联系——同时,政治学和社会学互不相容(姑不论它们的内容混乱),在这两极之间剑拔弩张[①]。所以不必奇怪,这两大学科有着比其他社会科学更明确的创始人:一方是洛克和亚当·斯密,另一方是卢梭。因为这两门社会科学都以两种自然状态中的一种作为明确的假设。洛克认为，人通过自己的劳动征服自然,是对自己原始状态的唯一理性反应。洛克解放了人的贪欲,指出了 362
与之抗衡的动机的虚幻性。生命、自由和追求财富是基本的自然权利,社会契约的建构就是为了保护这些权利。这些原则是人们所公认的,经济学成了关于人的理性行为的科学，自由市场构成了自然和理性的秩序(这种自然秩序不像其他公认的自然秩序,它需要人去建构,但是像

① 心理学正在从社会科学中神秘消失。它在现实世界中取得的前所未闻的成功,诱使它放弃了理论生命。既然精神治疗医师已在家庭医生旁边取得了一席之地,或许他的训练现在更应该属于类似于医学院的地方,而不是科学,与他相关的研究活动应更多地指向处理病人的特殊问题,而不是建立心理学理论。弗洛伊德的理论已被结合进社会学、政治学和人类学的某些方面,但好像本身并没有给社会科学带来更多的东西。这留给人们一个悬而未决的问题,即精神治疗的坚实基础是什么,它的新思想来自何方。严肃的学术性心理学留下的部分,实际上与生理学融为一体了。——原注

经济学家不断告诉我们的，人在这件事上几乎总是出错）。一般而言，持这种观点的经济学家一般是这样或那样传统自由主义者，是存在着市场的自由民主体制的支持者。卢梭则认为，自然是美好的，人背离了自然。因此，探寻远古起源变得十分必要，人类学正是因这一事实而建立起来的。列维—斯特劳斯对此一点都不含糊。文明，在实践上等同于自由市场及其后果，威胁着人的幸福，瓦解了共同体。对关系密切的传统文化的敬仰便是这种思想的直接产物，传统文化疏导和提升人的经济动机，不允许出现自由市场。被经济学家视为非理性的过去的事物——仅在欠发达社会[1]还能看到——成了研究人的适当对象，成了我们时代疾患的诊断和未来的召唤。人类学家对欧洲大陆的反思的许多方面，无论是文化还是低一级的现象，一般持开放态度，而经济学家是完全拒绝接受这种反思的（尼采的影响在50多年以前本尼迪克特对日神文化与酒神文化的区分中就已十分明显）；他们还倾向于左翼（因为极右翼虽然在他们的体系中同样可以存活，却没有根基），并易于为匡正或代替自由民主体制的各种尝试所蒙骗。经济学家教导世人说，市场是社会的基本现象，它的最高表现是金钱。人类学家教导我们，文化是社会的基
363 本现象，它的最高表现是神灵崇拜[2]。这就是这里所介绍的、但尚未明确说明的古老哲学教义之间的对抗——作为消费品生产者的人对抗作为文化生产者的人；极力表现为动物的人对抗敬畏神明的人。不同的学科属于不同的世界。它们彼此之间有一些边际影响，但不存在共同体精神。很多政治学家和社会学家相互跨越边界，也有些经济学家和人类学家相互跨越边界，但很少有经济学家认为自己是人类学家，反之亦然。经济学家是最想跳下社会科学的航船自行其是的人，他们认为自己比

① 对人以及经济科学来说，“不发达”意味着不好；“发展中”意味着较好；“发达”意味着很好。——原注

② 我很想说，心理学教导我们，性是基本现象。如果从刺激—反应的角度理解，它更接近于经济学，当从感情障碍的角度理解时，它更接近于人类学。如果有人想从心理学得到更多东西，他就会看到一块路牌，上面写着：“到人文学科去。”——原注

其他社会科学家更接近于成就一门真正的科学。他们对公共政策也有实质的影响。人类学家在学术界以外没有这种影响力,但他们的理论博大精深,很有魅力,同时还拥有最新的观念。

简单地介绍一下政治学及其特点，也许有助于我们澄清整个社会科学的问题。首先,政治学和经济学一起,是研究人的基本欲望的唯一的纯学术学科,就像医学一样,它研究一种基本欲望,这种研究可以被理解为是为了满足那种欲望。政治学包含着对正义的爱、对荣誉的爱和对统治的爱。但是,不同于坦率承认、甚至津津乐道自己与健康和财富的关系的医学和经济学,政治学谦恭地避免做出这种公开声明,甚至想切断这些不适宜的关系。这或许与以下事实有关:政治学确实是个容颜不再、讳言年龄的老妇人。政治学一直可以追溯到古希腊,有苏格拉底、柏拉图和亚里士多德这些不便启齿的祖先，他们在现代科学的世界名声不佳。其他社会科学都有自己的现代渊源,是现代事业的一部分,而政治学却一如既往,它试图使自己现代化,赶上时髦,但又不能完全控制古老的本能。亚里士多德说,政治学是建筑科学,是一门统治的科学,研究的是完美政体或最佳政体。但真正的科学是不讨论善恶的,所以必须摈弃这种观点。然而,医学和经济学其实也在讨论善恶,因此,放弃古老的政治美德，只会把道德领域拱手让给缺乏普遍的善与正义的健康和财富。这符合洛克的意图,它根本就不是“价值无涉”的,而是要用更 364
卑下、但也更牢靠、更易于实现的善,取代古典时代所推崇的善。政治学和现代社会科学的转型并没有推进社会科学的发展，而是推进了现代思想创立者的政治意图。它尝试把政治特有的动机降格为亚政治动机,就像经济学提出的动机一样。荣誉不是真正的动机,收益才是。

当然,洛克本人主要还是一位政治学家,而不是经济学家,因为市场(为获取利益而进行的和平竞争)需要事先存在着社会契约(达成遵守契约的一致意见,建立仲裁和执行契约的审判制度),没有社会契约,人类便处于战争状态。市场的前提是存在法律,不存在战争。战争是文明社会存在以前人类的生存状态，重新回到这种状态的可能性是一直存在的。结束战争所需要的暴力和欺诈跟市场完全无关,而且在市场中是不合法的。人们在和平生活中的理性行为,即经济学专门研究的行为,不同于人在战争中的理性行为,马基雅维利早就令人信服地指出了这一点。政治学比经济学更加完备,因为它研究和平与战争以及两者之间的关系。市场不能成为政体唯一关切的对象,因为市场依靠政体,而政体的建立和维持始终需要"非经济"或"无效益"的理性思维和行为。政治行为必须高于经济行为,不管它对市场产生什么影响。这就是经济学家谈论外交政策让人觉得很不可靠的原因,因为国家之间还处于个体优先于社会契约的原始战争状态——也就是说,国家之间不存在解决争端的公认的最高裁判。在越南战争期间,有些经济学家的政策建议是,尝试在美国和北越之间建立某种市场关系,因为美国为南越与北越的隔绝付出了代价;但是北越人拒绝玩这种游戏。与经济学截然不同,政治学必须始终思考战争及其各种完全不同的风险、恐怖、刺激和严重性。丘吉尔在评论美国总统柯立芝拒绝免除20世纪20年代英国的战争借款时,准确地指出了政治眼光和市场眼光的不同。柯立芝说:"他们借
365 过钱,是不是?"丘吉尔答道:"没错,但得通盘考虑问题。"政治学得有通盘考虑,这使得它在那些试图改造它以符合科学的抽象计划的人看来,成了一门很棘手的学科。经济学自觉或不自觉地只研究资产者——那些受对暴力的恐惧驱使的人。好战分子不在经济学的视野范围之内。政治学是唯一敢于正视战争的社会科学学科。

政治学一直是社会科学中最缺乏吸引力、最易于被人忘记的学科,它横跨有关人以及人文科学的各种新老观点。它有着南腔北调各执一词的特点。它的一部分欣然加入了一种努力,要拆除被视为完备秩序的政治秩序,把这种秩序理解为亚政治原因的结果。经济学、心理学、社会学以及各种诊断分析方法,都是让它不亦乐乎的来客。不过,政治科学中也不可避免地存在着难以消除的、非科学的臆断成分。该学科中这一部分的研究者不能克服他们自己未做解释、也无法解释的政治本能——他们意识到政治是一个善与恶发挥着作用的权力舞台。因此他

们从事一些政策研究，它的目的无论有没有公开声明，都是行动。捍卫自由、避免战争、促进平等——付诸行动的正义的各种体现——是他们研究的热门课题。好政体肯定也是这些政治科学家的研究课题，即使是秘密进行的，他们的动力来自"应当做些什么"的问题。在现实生活中，数学取得了巨大成功的政治学领域是选举，这是民主生活中最令人兴奋和最具有决定意义的事情，它把民意转化为政府，决定着政策。政治学中这个最有科学性的成分，使研究者成了现实的政治家的朋友和同盟，既启发他们，也向他们学习。科学在这里与最强烈的政治激情并行不悖，无须改变它所认识到的研究对象的性质，即可对它进行科学的研究。

可见，政治学更像是一个乱糟糟的集市，开店的人成分复杂。这与它的杂交性质以及它有古典与现代双重渊源有关。它所研究的现实使它不能太拘泥于抽象观念，并对它提出了比其他社会科学学科更迫切的要求，同时，它所固有的客观性与党派性之间的紧张关系也极为严
重。现代自然科学和社会科学都在否认这样一种断言：政治从本质上不 366
同于人类的其他合作关系，但实践却在不断驳倒它们。政治学不合群的性质或许有所减轻，在这里可看到选择派的经济模型理论家、过时的行为主义者、马克思主义者（他们一向迈不进经济学的门槛）、历史学家和政策研究者。最不寻常的是，政治学是大学中唯一有哲学分支的学科（哲学系本身可能是例外）。长期以来，这种情况一直使它颇为尴尬，20世纪40、50年代曾把取消政治哲学提上日程。"我们需要一门真正的社会科学"，那些主张取消政治哲学的人捶胸顿足地大叫着。少数思想家严肃而又热情的学风和20世纪60年代造反学生的威力，使政治哲学得到了缓刑，现在看来是永久解脱了。无论出于最好还是最坏的原因，政治哲学已经成了对抗价值无涉的社会科学和全部新社会科学的堡垒。只要它活得严肃，对于研究生和本科生来说，它就始终是这个领域最具吸引力的学科。随着新的科学信仰已丧失了很多锐气，这个领域分化为至少如实地反映了政治现象的不同研究方向，许多政治哲学的仇敌也

成了它的盟友。政治哲学远离了统治，但它至少提醒人们记住那些有关善恶的古老问题，成为审视现代政治学和政治生活中隐含的假设的源泉。亚里士多德的《政治学》、洛克的《政府论》以及卢梭的《论人类不平等的起源》依然活在这里。亚里士多德断言，人天生是政治动物，这意味着人具有趋向文明社会的冲动。阅读他的著作，有助于揭示现代社会科学背后隐藏的前提，即人类从本质上是孤独的，并为人们就这一问题重新展开争论提供基础。[①]

367 从通识教育的角度看，社会科学的辉煌年代显然已经过去了。马克

① 历史学和政治学一样有着希腊渊源，除了面临着严格意义上的现代社会科学的其他问题外，它也存在着古代—现代认同危机的因素。如我所说，当事人和旁观者都拿不准它算社会科学还是人文学科。它的问题在于它抵制各种行为科学的技术，它研究的是具体，因此不易归纳出通则；它研究的是往事，因此超出了可控制的试验范围；但它并不希望自己变成纯粹的文学。我相信，无论哪一门社会科学都不会把历史学纳入社会科学的名单，只有与社会科学不同的一个研究政治实践的政治学领域除外，例如美国政治和国际关系的某些研究。直到19世纪，历史主要是指政治史；而且不像政治学，它在现代化的早期没有被重新建构。在新的创建时期它的传统角色还得到了加强，因为它告诉人们过去发生的事情，而传统的政治学只讲应当发生的事情。因此人们认为历史学更接近事情的真相。历史学不得不等待19世纪借助历史主义实现的现代化，历史主义认为，存在，当然是人的存在，从根本上说是一种历史现象。历史主义好像给历史学带来了莫大的好处，是提高其地位的关键性一步。但这种表象多少带有欺骗性。历史主义是一种哲学理论，而不是一种历史学说，也不是由历史发现的学说。不是哲学的名望依附于历史，而是恰恰相反。今天，所有的人文学科都是历史的——不是哲学，而是哲学史；不是艺术，而是艺术史；不是科学，而是科学史；不是文学，而是文学史。因此，历史既是这些学科，又不属于这些学科，它们是人文学科中分立的学科。历史成了包含所有人文学科的空泛的普遍理论，除了它目前仍然保留的谦和而狭隘的政治自我。但是，由于历史学没有像政治学那样在政治激情中找到自己的固定位置，所以很容易在流行思潮的影响下漂离自己的码头，就像政治学会受到另一些思想、尤其是历史主义的轻蔑一样。所以，历史虽然是一项令人惊叹、非常有益的研究，拥有最博学的研究人员，但从整体上来说，却成了寻求自我定义的六种学科的各种方法和目标的大杂烩。——原注

思、弗洛伊德和韦伯这些哲学家和世界诠释者的时代已成过去,他们预示着美国思想时代的来临。在这个时代,年轻人可以领略科学和自我认识的魅力，人们期待着一种有关人的普适性理论能把大学统一起来为进步做出贡献,把欧洲人深邃的思想遗产与我们的活力结合在一起。自然科学将在人类科学中发展到顶峰；达尔文和爱因斯坦对社会科学的影响将不亚于他们对自然科学的影响。现代文学——陀斯妥耶夫斯基、乔伊斯、普鲁斯特、卡夫卡——表达了我们的心情,提供了关于社会科学也将体系化和致力于证实的见识。心理分析揭示了私人感受与公开的精神活动之间的关系。人的体验具有如此大的统一性,所以个人欲望是与对无所不包的万物秩序的直觉——把哲学理解为一种生活方式的古老幻想——紧密联系在一起的。玛格丽特·米德弄出来一门新科学,它虽然说不上有多复杂,但也反映着同样的社会思潮,它将人们带到异域,带回了对社会的全新理解,并且证明了受到压抑的人的性欲的正当性。对于年轻人来说,在大学里高视阔步的社会学家和心理学家看起来就像精神世界的英雄。他们率先进入神秘王国，可能也会帮助我们进 368
入。旧式哲学已经被打败,但是像黑格尔、叔本华和克尔恺郭尔这样一些名字被认为仍能给我们的探险提供一些经验。

在20世纪40年代围绕着社会科学的这种气氛，无论对学生还是教授来说,其价值显然是模糊不清的。但是,如果想让美国大学生被通识教育的理念所吸引,让他们意识到大学能引导他们发现自己的新才能,揭示隐藏在他们身上的另一个层次的存在，类似于这种气氛的东西就是必不可少的。千万要记住,美国的大学生即使在中学里学到了什么,也只是学会了把自然科学作为一种技术，而不是作为一种生活方式或一种发现生活的方式。若想用通常的专业知识之外的东西去触动他们,就必须给他们来个当头棒喝——哪怕只是为了促使他们反省一下自己对自然科学及其意义的信念,因为他们早期的训练是一种灌输,是一种人云亦云,而不是让他们发现自己的使命。我相信,社会科学在20世纪40年代的陶醉感不是货真价实的东西，但它激发起了对新的理论开端的思想兴奋。它使许多学生和学者受益颇丰，产生了它自己的波西米亚人，影响着人们的生活本质。它不仅仅是一种职业。

统一社会科学的希望逐渐消退了，社会科学无法形成共同的阵线。它是由一系列分立的学科和次级学科组成的。大多数学科平淡无奇，虽然有不少学科毫无意义，但也有相当一部分是真正有用的，由一些十分能干的专家们实践着。期望值已经大为降低。经济学是一个有着普遍自负的专业，它妄称能够解释和容纳一切，可是人们并不十分相信这种大话，而且它的知名度也不依靠这种大话。政治学甚至不想尝试实现祖先提出的完备性主张，只是对政治情感悄悄地、局部性地提出它特有的诉求。人类学是社会科学中唯一还可能发挥整体魅力的学科，它的文化观似乎确实比经济学的市场观更加全面。超政治的文化与亚政治的经济都声称把握了整体，而社会学和政治学，除了某些个人之外，似乎都没
369 有提出涵盖整个社会科学事业的主张。类似于建筑学的社会科学是不存在的。社会科学只有局部，没有整体。

计算机科学作为服务于人的模式可能是个例外，社会生物学则是自然科学和社会科学实现真正统一的希望，但这种希望也已烟消云散，于是社会科学仅仅成了自然科学方法的消费者。试图在宇宙中寻找人的位置的努力已付诸东流。在人文学科的研究方向上，再一次只有人类学还保持着一定的开放性，尤其是对比较文学贩卖的货色，但对诸如希腊宗教的严肃研究也是如此。19和20世纪的艺术与文学迷倒了上一代人中许多有影响的社会科学家，今天却没有多少社会科学家期望从中得到多少乐趣，私下里十分熟悉它们的社会科学家也越来越少。社会科学成了大学里的一座孤岛，漂浮在另外两个岛屿旁边，它们有着大量重要的信息，蕴藏着人们可以开发利用的巨大的问题宝藏，但却无人问津。尤其是那种德国和法国式的社会科学知识分子，被看作通晓全部人生的圣贤或智者的人，几乎消失得无影无踪了。

学生们也清楚这一点，所以一般不会为了体验思想而转向社会科学。他们出于这样或那样的原因，可能会对一些特殊事物或特定的教授

感兴趣，但对于那些恰好想要探求人生意义的学生，或者那些也许有能力学习他们应当寻求的东西的学生来说，社会科学现在已经不是他们要去的地方。我再说一遍，人类学多少是一个特例。社会科学在聪明的年轻美国人中获得早期成功的秘密在于，它似乎是大学里为苏格拉底关于人应该怎样活着这一问题找到答案的唯一场所，无论这种答案是多么间接。即使当价值不能成为认知对象这种说教甚嚣尘上之时，这种说教本身也是在讲授生活，韦伯对意图伦理与责任伦理的巧妙区分一度让人兴奋不已，便表明了这一点。这不是教科书里的学问，而是真正的生活素材。今天这一切都不复存在了。

不仅如此，还发生了另一场大灾难，过去十几年建立的MBA（工商管理硕士），它与医学博士或法学学位大体相当，意味着只要拿到一纸文凭，保证能过上收入颇丰的生活，但这种文凭并不是学术造诣的标 370
志。通常，有机会获得通识教育的学生，是那些没有固定职业目标的人，或至少不把大学仅仅当作一个职业培训基地的人。那些有固定职业目标的学生是带着眼罩度过大学生活的，整日埋头于自己所选择的学科强加给他们的一切，只是偶尔会为吸引他们的选修课分心。真正的通识教育要求学生的全部人生因这种教育而发生重大改变，他所学的东西会影响他的行为、趣味和选择，他过去的所有信念都将受到审查和重新评估，无一可以幸免。通识教育把一切都置于风险之中，它需要在所有事情上都能冒险的学生[①]。否则它便只能待在根基十分可靠的地方，触碰一下那些尚未有人相信的东西。工商管理硕士的作用是把一群想进商学院的学生关进栅栏，戴上眼罩，从一开始就把为他们准备的那些刻板的、得到正式认可的本科课程说得天经地义，就像那些通常被一堆必

---

① 应该指出的是，许多打算到大学学习自然科学的学生，在学院里改变了他们的初衷。而一个在上大学之前对自然科学不感兴趣的学生，步入学院后会对它感兴趣，则是从未或几乎从未发生过的。这是对我们的普通高中教育和特殊科学教育的特点的有趣写照。——原注

修课所淹没，再也听不到外面声音的医学预科生一样。拿到文凭的目标和道路一清二楚，以至于没有什么东西可以让他们分心。（在各种通识教育课堂上可以更多地看到法学预科生，因为法学院的招生条件不那么僵硬；它们只想招到聪明的学生。）医学预科生、法学预科生和商学预科生是通识教育中截然不同的游客。进入这些精英荟萃的专业学院是他们梦寐以求的，但这钳制了他们的思想。

工商管理硕士的独特效应是经济学和商学预科的注册学生爆增。在名牌大学里，现在大约有20%的本科生修的是经济学。经济学压倒了社会科学的其他学科，使学生对它们——它们的宗旨，它们在人类知识中的相对分量——产生错误的看法。一个学了不少生物学知识的医学预科生，不会忽视物理学的地位，因为后者对生物学有着十分明确的影响，它的地位是得到公认的，并且受到生物学家的尊重。相比之下，商学院的经济学预科生却全然不是这样，他不仅对社会学、人类学或政治学
371 不感兴趣，而且以为他所学的东西能够应付属于上述学科的所有问题。再者，他的动机并不是喜欢经济科学，而是因为喜欢与之相关的东西——金钱。经济学家对财富——这无疑是实实在在的东西——的关心，使他们具有某种令人难忘的知识上的可靠性，这是文化无法提供的。人们可以确信他们不是在谈论虚无缥缈的事情。但是，与研究财富的科学不同，财富并不是最高尚的动机，除了大学以外，还有别的地方能把科学与贪婪如此完美地结合起来。如果存在一门性科学，并且有一批真诚而专心搞学术的教授，或许会出现唯一与此相似的情形，但这肯定会使学生纵欲过度。

大学里的第三座孤岛是几乎就要沉没的古老的大西岛，即人文科学。这个领域从表面上看毫无秩序，对哪些东西应该、哪些东西不应该属于人文科学，或它的学科要取得哪些成就以及如何取得，都没有严格的说明。它在某种程度上是对人或人性的修正，是可以发现已被其他人抛弃的自我的场所。但是面对这一堆乱糟糟的东西，从哪里入手好呢？

对那些知道在这里寻找什么才能满足的人来说这已是很困难的事情。对于学生来说,这需要强烈的本能和很多运气。我情不自禁地落笔写下这些类比。人文科学就像巴黎古老的大跳蚤市场，在纷然杂陈的破烂中,眼力好的人才能淘到被丢弃的宝贝,使自己发财。或者,人文科学就像一座难民营,所有那些被敌对政权砸了饭碗、赶出家园的天才们在这里闲荡,要么无事可干,要么干些粗活。大学的其他两大学科对历史没有用处,它们是向前看的,不愿意对祖先顶礼膜拜。

人文学科的问题,从而也是知识统一性的问题,大概最好地反映在以下事实上:如果在今天的大学的某个地方还能看到伽利略、开普勒和牛顿的大名,这个地方就是人文学科,他们属于这种或那种历史——科学史、思想史或文化史——的内容。为了让他们得到一席之地,必须把他们理解为并非他们自身的某种东西——他们是整个自然的伟大沉思者,他们认为自身的意义仅在于他们讲出有关自然的真理。如果他们是错误的,或已被完全超越,他们就会说自己毫无意义。把他们放在人文学科中,就像用他们的名字命名一条街道或在公园一角树起一尊铜像。 372
他们实际上已经死了。柏拉图、培根、马基雅维利和孟德斯鸠也处于相同的境地,除了在政治学中还有一点儿地盘。人文科学如今已经成了全部经典著作的贮藏室——但是有很多经典文献声明，它们讨论的是万物的秩序以及人在其中的位置,它们要为万物立法,阐明自然真理。倘若这些声明遭到否定,人们就不会再认真阅读这些作家及其著作,另一些领域忽略他们也是顺理成章的事。只有把他们做成木乃伊才能保存他们。人文科学愿意收留他们,使他们失去了自然科学和社会科学的支持,他们曾经对其构成挑战,但现在已经无须对付他们了。在人文科学的入口处，用多种方式和多种语言赫然写着:“不存在真理——至少在这里。”

现在,人文科学成了独自拥有各种非专业著作的专业,这些著作坚持探索受到大学其他专业排斥的问题。其他专业由真正的专家把持,它们就像苏格拉底时代一样拒绝自我反省,而且已经摆脱了那只牛虻。人文科学已经没有力气与春风得意的自然科学一争高下，只想仅仅作为一种专业生存。但是，正如我一再指出的，无论人文学科在实践中和理解中多想忘掉自己与自然科学的根本分歧，它们的根基已被自然科学逐渐瓦解了。无论是提出令人无法接受的问题的古典哲学文本，还是预设了崇高和美的存在的文学经典，物质主义、决定论、化约主义、同质化——无论人们如何描绘现代自然科学——都否认它们的重要性和可能性。自然科学宣称在形而上学问题上保持中立，因而不需要哲学；另一方面，想象在任何意义上都不是一种能直觉地把握现实的能力——因此艺术与真理无关。现在孩子们提出的“有上帝吗？”“自由存在吗？”“恶人会有恶报吗？”“有可靠的知识吗？”“美好的社会是个什么样子？”这类问题，也是科学与哲学曾经提出的问题。然而现在的成年人整天忙于工作，孩子们则被留在叫做人文学科的日托中心，这里的讨论在成年人的世界里毫无反响。不仅如此，那些天性好奇、为这些问题和似乎是
373 在探讨这些问题的著作所吸引的学生们，很快就会因为以下事实而沮丧不已：他们的人文老师不想或不能用这些著作回应他们的需要。

古典著作的问题并不新鲜。你在斯威夫特的《书的战争》中可以看到本特利这个人，他是18世纪首屈一指的希腊学者，站在现代人一边。他承认现代思想优于古希腊思想。所以，为何要研究希腊著作？传统科系对这个问题都避而不答。有各种回避方法，从单纯的语言学分析到用这些著作揭示思想与经济条件的关系。但实际上没有人打算用旧日的阅读方式去读一读它们——搞清楚它们是不是真理。亚里士多德的《伦理学》讲的不是何为好人，而是希腊人的道德观。可是谁还真正关心这些劳什子？凡是正常人都不想过严肃的生活了。

我就经典著作在我们这个时代的处境所谈到的一切，有助于说明人文学科的状况，这其实只是大学暴露于世人的一部分真相。与其他学科相比，历史主义和相对主义对经典著作的抨击最为严厉。它们最大的痛苦则是来自民主社会缺乏对传统的尊重和强调功利。如果说人文学科有利于创造力，教授们创造力的缺乏也已变成了一种障碍。人文学科

为许多属于它们的文学作品中的政治内容所困扰。为了对其他文化保持开放姿态,它们不得不改变自己的内容。因而,当大学的老习惯被人改了时,它们发现自己对“为何要改”的问题无以作答,也无法强迫学生去符合标准,或通过清楚地说明他们将要学习的东西来吸引他们。只要瞧一瞧自然科学在这些方面的情形,便可认识到人文科学所面临的问题的严重性。以往时代和其他文化中存在着对自然现象的不同解释,自然科学对这个事实完全漠不关心。爱因斯坦和释迦牟尼的关系,纯粹是人道主义者为教育电视节目拼凑出来的东西。不管研究者会说什么,他们都很肯定它的解释是正确的,甚至就是真理。他们不必给出“为什么”的原因,因为答案似乎一目了然。

自然科学能够宣称它们在追求重要的真理,人文学科却不能做出 374
这样的断言。这一直是问题的关键所在。没有它,任何研究都不能保持活力。如果谁也说不清“教养”的含义,如果人们认为有很多平等的文明,那么语焉不详地硬说没有人文学科我们就不能有教养,会让人听起来十分空泛。当人们不相信经典能够阐发真理时,“经典”的称呼就失去了合法性。真理问题是最令那些研究哲学文本的人感到棘手和困惑的问题,但也为从事纯文学作品研究的人带来问题。过去的教师说,“各位必须学会像荷马或莎士比亚那样看世界”,如今教师们则说,“荷马和莎士比亚跟你们有着同样的关切,能够丰富你们对世界的看法”,这两种说法有着天壤之别。前一种说法激励学生去发现新的经验,重新评价原有的经验;按后一种说法,他们可以随心所欲地自由利用这些著作。

我在这里要区分出两个不同又相互联系的问题。在现代,人们很难为经典著作的内容做辩护,讲授经典的教授如今也不关心如何为它们辩护,对它们阐述的真理不感兴趣。这一点你可以从《圣经》的遭遇看得很清楚。把它归入人文学科已经是亵渎神明了,是对它的要求的拒斥。在研究《圣经》时,几乎不可避免地会使用两种方式之一:强迫它接受现代的“科学”分析(这被称为“高等考证”),对它进行肢解,以表明“圣”书是怎样拼凑起来的,它们并不像它们自己所声称的那样。从书中可以发现许多已经灭亡的文明的踪迹，所以它作为一种拼图还是有用的。再不然就是把《圣经》用于比较宗教学的课程，作为人们需要“神圣”的反映，让它为非常现代、非常科学的“神话”结构研究出一把力。（这里你可以加入人类学家的行列，并真正做到生气勃勃。）教师如果天真地看待《圣经》，它说什么就信什么，或句句当作圣言，会被指责为缺乏科学能力和缜密的头脑。不仅如此，他兴许还会掀起轩然大波，再次引发宗教之争，在大学里引起理性与神启之间的争吵，这会打乱舒适的环境，以人文科学蒙受耻辱而收场。在这里你可以看到启蒙时代的政治设计的痕迹，它要让《圣经》和其他经典著作变得没有危险。这项计划是人文科学软弱无力的根本原因之一。看来，只好“把《圣经》作为文学”，而不是作为它
375 自己所宣称的“神启”来讲授了。这样就可以在某种程度上不依赖学者歪曲的注解，独立地阅读《圣经》了，就像我们阅读譬如说《傲慢与偏见》一样。因此，少数感到其他方法有问题的教授，倾向于凭自己的良心行事。

长久以来，人文学科的教授们不顾一切地想让自己的研究题目符合现代性，而不是对它提出挑战。在保罗·肖里所编柏拉图《理想国》（这是我的启蒙读物）的媚俗风格中，你可以看到这一点。他在书中急于表明，柏拉图已预见到1911年某个美国心理学教授的这种或那种发现，可是他对柏拉图与当时观点之间令人尴尬的分歧却故意装聋作哑。人文学科的许多研究，不过是此类事情或复杂或简单的翻版。我不否认，至少有些教授喜欢他们研究和讲授的经典著作。但是也存在着让它们跟上时代步伐的粗暴努力，这在很大程度上表现为把它们看作由现代理论——文化、历史、经济或心理学理论——形成的东西。自从有人编造出“意图谬论”这种说法以来，努力按作者意图阅读经典著作简直成了罪过。在弗洛伊德式批评、马克思主义批评、新批评、结构主义和解构主义以及其他思潮中间，一直存在着有关方法的无休止的争吵，所有这些思潮有一个共同前提，即不管是柏拉图还是但丁，他们如何谈论现实并不重要。这些批评学派让经典作者变成了现代学者设计的花园中的植

物，同时否认了他们本人的园艺设计天职。古典作者本应培养现代学者，甚至埋葬他们。尼采说，《会饮篇》受到现代学术的关照后，它便离我们而去，再也不能诱惑我们了；它那逼人的魅力已彻底消失。当《会饮篇》落到这种地步，人文学者阅读它不是出于内在需要和某种紧迫感，当然也就没有人再让经典著作支配自己了。选择研究索福克勒斯的学者也大可以选择研究欧里庇得斯。为何要做诗人呢，为何不做哲学家或历史学家呢？为何要做希腊人呢，干脆当个土耳其人不是也挺好吗？

大学中有少数人文科系能够令人敬重地逃进科学，譬如，考古学以及语言学和文字学的某些研究，它们几乎完全切断了与书本内容的关系。当然，美术和音乐在很大程度上也独立于书本中的意义，虽然研究它们的方式至少在某种程度上依赖于什么是艺术以及什么是艺术中真 376
正重要的东西的流行观点。人文学科中也有大量的纯学术性工作，譬如词典的编纂和教科书的编写，它们是中性的和有益的，可以供那些要发表意见的人使用。

科系名单主要是由一大堆各种语言系和文学系组成，通常每一种西方语言设一个系，其他语言则被合在一起。除了英语系，它们都有外语教学的任务，教师必须把一门难懂的语言学好，然后教给那些其实不很想学外语的学生。而且除了外语，还有一些用外语写的书，学习外语时必须阅读这些著作。因此，老师得学好外语才有资格讲授书中的内容，这尤其是因为那些著作现在不属于其他任何学科。但是，老师精通外语并不能保证他真正理解和熟悉这些著作。著作非常重要，但语言往往要向文学摇尾乞怜。外语系是古典文学的主要卫士，并且极力维持他们对这些著作的支配权。大学的惯例淹没了事物的本质。它发放许可证，禁止无证狩猎。而且，由于这些惯例，教授们更注意听取彼此的意见而不是局外人的意见，而局外人也更注意听取教授而不是其他人的意见，这就像外行人在健康问题上更看重医生而不是平常人的意见一样。这很容易让专家们自鸣得意（直至遭到外界突如其来的打击，譬如20世纪60年代的学生运动）。研究希腊的教授忘记了或没有意识到，托马斯·

阿奎那并不懂得希腊文，但他是一个比他们任何人都更为出色的亚里士多德阐释者，这不仅因为他天性聪颖，还因为他对待亚里士多德的态度更认真。

语言和文学系的这种格局造成了另一些结构性困难。希腊的诗歌、历史和哲学是否应当合为一体？或者，决定着实质内容之表述的希腊语是不是一个次要的事实？是否有可能完全撇开与希腊的关联，把柏拉图和法拉比或亚里士多德和霍布斯并列？不管愿意与否，这些系都被迫采用了历史前提。希腊哲学家只是希腊文化的一小部分，或者更有可能的
377 是，希腊文化或文明的整体就像一块精心编织的锦缎，它的主人是研究希腊的学者，而不是希腊的哲学家或诗人。从一开始，在思想与历史的关系这个问题尚未提出之前，这种安排就回答了这个问题，但采取的方式与柏拉图或亚里士多德可能采取的方式截然相反。

最有意思的是，失意的哲学在这些学科中谦逊地坐在一边。它被政治和思想上的民主废黜了，失去了统治的欲望或能力。它的遭遇明确地反映出我们的全部问题。哲学曾经高傲地宣称，它是最美好的生活方式，它敢于探索整体问题，寻求宇宙万物的第一因，它不仅把它的基本原理运用于各个专业学科，而且建构和规范着它们。古典哲学著作是关于行动中的哲学，而且确实做着上述事情。可是，它那些贫困的继承人却说，这简直是不可能的，太狂妄自大了。真正的科学不需要哲学经典，其他著作全是意识形态或神话。现在它们不过是些书架上的书而已。民主取消了哲学的特权，而哲学也拿不定主意是就此隐退还是给人打工。哲学就像建筑师，对整个建筑进行规划，木匠、瓦匠、管子工都是它的下属，没有哲学的规划，他们的劳作毫无意义。哲学创建了大学，但是它不能再这样做了。我们已经把它的遗产花光了。当人们含糊其辞地谈论通才与专才的不同时，他们所说的通才肯定是指哲学家，因为他是唯一包容或曾经包容一切专业的智者，他关注的主题对各个专业都是必不可少的，是真实的主题——存在或善——而不仅是各专业关注事物的集合。哲学不再是一种生活方式，也不再是至高无上的科学。它在我们大

学的处境与它在当今世界中的绝望处境有着某种联系，也与它作为一个学科在美国的特殊历史有某种关系。就前一种情形而言，虽然理性受到严重的威胁，但尼采和海德格尔是真正的哲学家，能够应付哲学在当代的强大对手——自然科学和历史主义——的双重挑战。甚至在今天的欧洲，仍在给孩子们教哲学，哲学就像个实实在在的东西一样。可是美国的中学生只知道“哲学”这个词，它似乎是一种并不比瑜伽更严肃的生活选择。总之，在美国人人都有一套哲学。甚至在大学里哲学也没 378
有强大的地位，尽管存在着一些重要的例外。我们从一开始就有一种能够满足我们的大众哲学，我们把它当作常识。托克维尔说，美国人虽然没读过笛卡尔的书，但人人都是笛卡尔的信徒。除了实用主义以外，我们在哲学上几乎完全是进口方。在这个国家，一个人不必读一行哲学著作就能被视为有教养的人。哲学很容易被等同于夸夸其谈，比其他任何人文学科都更容易被人这样看待。因此学哲学一向是一场苦战。然而，那些真正想学的学生总会从它的宝库中发现一些令人振奋的东西。

但是哲学已经屈服了，而且很可能会悄无声息地消失。它的科学成分——逻辑学——隶属于科学，能够轻而易举地脱离哲学。这是一门很严密的学问，由能干的专家从事，与那些永恒的哲学问题毫无干系。哲学史，即已经消亡的哲学的藏身之处，对学生来说曾经一直是最有活力的，今天却被人忽略了，而且学生们发现它在别的学科中有更好的待遇。实证主义和普通语义分析长期居于主导地位，不过它们也处于没落之中，而且显然没有任何东西来取代它们。但它们仅仅是某种方法，它们让那些对人的问题感兴趣的学生厌烦。这些学派的教授根本不会、也没有能力探讨任何重要问题，对学生来说，他们自身也不代表一种哲学生活。存在主义和现象学在一些地方站稳了脚跟，它们比实证主义或普通语义分析更能吸引学生。天主教大学一直与中世纪哲学、从而也与亚里士多德保持着某种接触。但是总的说来，哲学呈现出一片萧瑟的景象。这就是以下现象的原因：在美国，很多有哲学天分的人先是被吸引到新兴的社会科学，现在又转向文学和文学批判的某些分支。现在的状况是，哲学不过是一个人文学科的研究课题，它内容空泛，也不想在大学危机中发号施令。实际上，与其他人文学科相比，哲学中更缺少令人振奋的传统力量；而且你会发现，在重振通识教育的努力中，哲学教授是所有人文学者中最不积极的。普通语义分析表现出某种谦逊——“我
379 们只想要帮你弄清楚你正在做的事情”；但也不乏沾沾自喜：“我们知道整个传统错在哪里，我们已经不再需要它了。”于是，传统从哲学的领地里消失了。

本书第二部分列举的全部语言都是由哲学创造的，而且在欧洲，众所周知它们就是由哲学创造的，所以它为走向哲学铺平了道路。在美国，它的祖先却不为人知。我们没有经历过导致这些成果的思想历程，就接受了这些成果。但是，对根源的无知和美国大学的哲学系对来源没有要求——这实际上与普通民众对它们的无知毫无二致——意味着，我们语言和生活中的哲学内容不会把我们引向哲学。这就是我们与欧洲大陆的真正差别所在。在这里，哲学语言不过是晦涩的术语而已。

按写作语言进行文学分类有着十分明显的弊病，这在50年前导致了把它们重新统一起来的聪明计划。于是设立了比较文学专业。但是，和我们这个时代的所有此类事业一样，人们对这个新学科应该做些什么十分迷惑，它往往导致一些凌驾于文学作品之上的比较体系，赞美创造者的天才，而不是揭示这些著作的内在价值，摆脱武断的限制。现在，比较文学大体上受到一批教授的操控，他们深受巴黎的海德格尔信徒的后萨特主义一代的影响，尤其是德里达、福柯和罗兰·巴特的影响。这一学派被称为“解构主义”，可以预料，它是以哲学的名义压抑理性、拒斥真理的可能性的最新阶段。诠释者的创造性活动比文本更重要；没有文本，只有解释。因此，对我们来说最重要的东西，对那些原著所要告诉我们的认识，转而变成了这些诠释者的主观性和创造性的自我，这个诠释者说，不存在文本，也不存在文本所指涉的现实。对尼采的低俗解释把我们从了解文本的客观必要性中解放出来，这些文本本来能让我们摆脱日趋低下、狭隘的眼界。一切都倾向于弱化传统对我们提出的要

求;这无异于消解传统。

这种时尚会消退的,它在巴黎已经消退了。但它诉诸我们最坏的本能,展示我们易于受到的各种诱惑。它是对我在卷二讨论的"生活方式" 380
科学的文学补充。怪异的德国式哲学话语使我们迷醉,并取代了真正严肃的事物。这不会是失魂落魄的人文学科探寻想象王国的最后一次尝试,这个王国能使民众的民主品味得到满足。

结语

这就是巍峨的大学给刚进校门的学生投下的阴影。它充分反映着大学关于人和人的教育的观点,它没有勾勒出一幅统一的画面。差异和冷漠实在太严重了。因此很难想象,大学会有精力或能力形成或改革教书育人的理想,重建通识教育。

然而,对这一幅场景的反思本身就是一种适宜的哲学活动。在显然要求整体性的事业中,大学却明显地缺乏这种整体性,这难免会让它的一些成员陷入困境。问题都已摆在那里。只要严肃地不断把它们表达出来,人文学术就能存在下去,因为它的内容更多的不是答案,而是永恒的对话。大学的理念至少还保存在那些困惑的教授中间,有助于引导在我们门外徘徊的贫乏的年轻人。大学的实质犹在,消失的只是形式。人们不能也不应期望全面的改革。希望在于余火没有彻底熄灭。

人们在阅读柏拉图和莎士比亚的著作时,会比其他任何时代更真实、更充实,因为这时他们与本质的存在浑然一体,忘记了自己偶然的生命。这种人性曾经存在,现在依然存在,我们在某种程度上可以伸出手指触摸到它,这个事实能让我们不堪忍受的不完美人性变得可以忍受。具有客观之美的经典著作依然摆在那里,我们必须帮助保护和培育从学生贫瘠的心田伸向它们的纤弱触须。时过境迁,人性依然,因为我们仍然面对同样的问题,即使外表有所改变;我们仍然有着解决这些问题的独特的人性需要,即使我们的意识和力量已经羸弱不堪。

一位认真的学生在读完柏拉图《会饮篇》后,陷入了深深的忧郁,他 381

说，难以想象那种神奇的雅典气氛还会再现，那时人们友好和睦，富有教养，生气勃勃，地位平等，既开明又自然，大家聚在一起，畅谈关于他们的渴望的意义的美妙故事。然而这种体验总是可以得到的。实际上，这场有趣的讨论是发生在一场雅典注定失败的可怕战争期间，并且阿里斯托芬和苏格拉底至少能够预见到，这意味着希腊文明的衰落。可是他们并没有陷入文化绝望，在如此险恶的政治环境中，他们尽情享受着自然，证明了人性中不受一时的环境摆布的最美好因素的生存能力。我们觉得自己过分依赖于历史和文化。这个学生没有读过苏格拉底，但他读了柏拉图讲述苏格拉底的书，这也许更好；他有头脑，朋友多，住在一个十分幸福的国度，这里他们能够聚在一起随心所欲地交谈。那场对话或任何柏拉图式对话的本质在于，它几乎可以在任何时间、任何地点重现。他和他的朋友可以一起思考。需要一再反思才能知晓这种思考的全部意义所在。这正我们逐渐做不到的事情。但它就在我们鼻子底下，几乎不可能发生，却一直存在着。

贯穿全书，我不断提及柏拉图的《理想国》，对我来说它是独一无二的关于教育的书，因为它确实为我解释了我作为一个人、作为一名教师所体验到的一切，我总是用它来指出我们不应当希冀什么，把它作为谦和恭让的教诲。但是，它所包含的全部不可能之事就像一面筛子，过滤出了最高贵、毫不虚幻的可能之事。在所有自相矛盾的共同体幻影中，人类真正的共同体是那些寻求真理者、那些潜在的智者的共同体，也就是说，是全体渴望求知者的共同体。事实上这只包括很少的人，他们是真正的朋友，就像在对善的本质有分歧时柏拉图是亚里士多德的朋友那样。对善的共同关注把他们联系在一起；他们的分歧恰好证明，为了理解善，他们相互需要。他们在探讨这个问题时绝对心心相印。按柏拉图的观点，这是唯一真正的友谊，唯一真正共同的善。人们不顾一切寻找的密切联系正是在这里建立起来的。人为了自我生存而形成的其他各种关系，只是这种关系的不完美反映，它们的正当性只能来自于同这
382 种关系的终极关联。这便是那些不可能的哲学王之谜的意义所在。哲学

王们拥有真正的共同体,它是其他所有共同体的楷模。

这是一种激进的教诲,但也许是适合我们这个激进时代的教诲,相濡以沫的关系在这个时代变得很成问题,我们不了解任何别人。但这个时代也不是全然不利于哲学。我们面临的问题如此严重，而且根源深远,为了理解它们,我们比过去更需要哲学,假如我们还没有对它绝望的话;它面临的挑战正是它繁荣发展的时机。我依然相信,根据正确的认识，大学是我们这个时代能够存在共同体和友谊的地方。我们的思想,我们的政治,与大学形成了难分难解的关系,大学很好地服务于我们,人类事物是它们存在的目的。但是无论如何,即使大学值得我们付出不懈的努力,也千万不应忘记苏格拉底不是教授;他是被人处死的;对智慧的爱存活下来,其部分原因是他个人的楷模作用。这才是真正重要的,为了知道如何捍卫大学,我们必须铭记这一点。

现在是世界史的美国时刻，我们会因为这个时刻而受到永恒的审判。在政治上,我们的政体为自由在全世界的命运承担起了责任,同样,哲学在世界上的命运也被交给了我们的大学，这两者之间的关系是前所未有的。赋予我们的使命十分重大,未来将如何评判我们的劳作则充满疑问。

索 引

（条目后的数字为原书页码，见本书边码）

译后记

2003年结束了在加拿大一年的进修访问后回国，一方面致力于有关政府绩效评估方面的研究，另一方面也想涉足翻译，不仅因为本人一直对翻译情有独钟，还因为近年来学术翻译日渐受人重视，许多卓有建树的学者皆译著与著述并举。这项工作不仅使你有机会深入理解国际知名学者的著作，同时也可为学术推介尽绵薄之力。

机缘巧合，结识了山东大学的冯克利教授。他不仅在政治学研究方面很有造诣，且在政治学学术翻译领域也颇有影响。他为本人推荐了本书，作者的睿智与抱负，学识之渊博、思想之深邃，令人印象深刻，所以本人毫不犹豫地接受了这项任务。在翻译过程中，冯克利先生给了本人莫大的帮助，他不仅仅是译校，更是老师，对本人在翻译过程中遇到的问题给予悉心指导。在此表示衷心的感谢。

同时还要感谢我的母亲勇修娜女士，她已年逾七旬，还尽力帮我承担家务，使我得以有更多的时间埋首于译事。

从2006年的初春到仲秋，历时八月有余，终于完成了这部译著。本书作者曾说，“给予让人们高兴的礼物总是令人愉快的”。完成了这部高品位的学术著作的翻译，把它奉献给读者，我很高兴，希望读者也有同样的感受。当然，新手上路，疏漏之处在所难免，如果有什么问题，一切责任由本人承担。

战 旭 英

2006年10月16日

人文与社会译丛

第一批书目

1.《政治自由主义》(增订版),[美]J. 罗尔斯著,万俊人译 118.00 元
2.《文化的解释》,[美]C. 格尔茨著,韩莉译 89.00 元
3.《技术与时间:1. 爱比米修斯的过失》,[法]B. 斯蒂格勒著,裴程译 62.00 元
4.《依附性积累与不发达》,[德]A. G. 弗兰克著,高铦等译 13.60 元
5.《身处欧美的波兰农民》,[美]F. 兹纳涅茨基、W. I. 托马斯著,张友云译 9.20 元
6.《现代性的后果》,[英]A. 吉登斯著,田禾译 45.00 元
7.《消费文化与后现代主义》,[英]M. 费瑟斯通著,刘精明译 14.20 元
8.《英国工人阶级的形成》(上、下册),[英]E. P. 汤普森著,钱乘旦等译 168.00 元
9.《知识人的社会角色》,[美]F. 兹纳涅茨基著,郏斌祥译 49.00 元

第二批书目

10.《文化生产:媒体与都市艺术》,[美]D. 克兰著,赵国新译 49.00 元
11.《现代社会中的法律》,[美]R. M. 昂格尔著,吴玉章等译 39.00 元
12.《后形而上学思想》,[德]J. 哈贝马斯著,曹卫东等译 58.00 元
13.《自由主义与正义的局限》,[美]M. 桑德尔著,万俊人等译 30.00 元

14.《临床医学的诞生》,[法]M. 福柯著,刘北成译　55.00 元
15.《农民的道义经济学》,[美]J. C. 斯科特著,程立显等译　42.00 元
16.《俄国思想家》,[英]I. 伯林著,彭淮栋译　35.00 元
17.《自我的根源:现代认同的形成》,[加]C. 泰勒著,韩震等译　128.00 元
18.《霍布斯的政治哲学》,[美]L. 施特劳斯著,申彤译　49.00 元
19.《现代性与大屠杀》,[英]Z. 鲍曼著,杨渝东等译　59.00 元

第三批书目

20.《新功能主义及其后》,[美]J. C. 亚历山大著,彭牧等译　15.80 元
21.《自由史论》,[英]J. 阿克顿著,胡传胜等译　89.00 元
22.《伯林谈话录》,[伊朗]R. 贾汉贝格鲁等著,杨祯钦译　48.00 元
23.《阶级斗争》,[法]R. 阿隆著,周以光译　13.50 元
24.《正义诸领域:为多元主义与平等一辩》,[美]M. 沃尔泽著,褚松燕等译　24.80 元
25.《大萧条的孩子们》,[美]G. H. 埃尔德著,田禾等译　27.30 元
26.《黑格尔》,[加]C. 泰勒著,张国清等译　135.00 元
27.《反潮流》,[英]I. 伯林著,冯克利译　48.00 元
28.《统治阶级》,[意]G. 莫斯卡著,贾鹤鹏译　98.00 元
29.《现代性的哲学话语》,[德]J. 哈贝马斯著,曹卫东等译　78.00 元

第四批书目

30.《自由论》(修订版),[英]I. 伯林著,胡传胜译　69.00 元
31.《保守主义》,[德]K. 曼海姆著,李朝晖、牟建君译　58.00 元
32.《科学的反革命》(修订版),[英]F. 哈耶克著,冯克利译　58.00 元

33.《实践感》,[法]P. 布迪厄著,蒋梓骅译 75.00元
34.《风险社会:新的现代性之路》,[德]U. 贝克著,张文杰等译 58.00元
35.《社会行动的结构》,[美]T. 帕森斯著,彭刚等译 80.00元
36.《个体的社会》,[德]N. 埃利亚斯著,翟三江、陆兴华译 15.30元
37.《传统的发明》,[英]E. 霍布斯鲍姆等著,顾杭、庞冠群译 68.00元
38.《关于马基雅维里的思考》,[美]L. 施特劳斯著,申彤译 78.00元
39.《追寻美德》,[美]A. 麦金太尔著,宋继杰译 68.00元

第五批书目

40.《现实感》,[英]I. 伯林著,潘荣荣、林茂、魏钊凌译 78.00元
41.《启蒙的时代》,[英]I. 伯林著,孙尚扬、杨深译 35.00元
42.《元史学》,[美]H. 怀特著,陈新译 89.00元
43.《意识形态与现代文化》,[英]J. B. 汤普森著,高铦等译 68.00元
44.《美国大城市的死与生》,[加]J. 雅各布斯著,金衡山译 78.00元
45.《社会理论和社会结构》,[美]R. K. 默顿著,唐少杰等译 128.00元
46.《黑皮肤,白面具》,[法]F. 法农著,万冰译 58.00元
47.《德国的历史观》,[美]G. 伊格尔斯著,彭刚、顾杭译 58.00元
48.《全世界受苦的人》,[法]F. 法农著,万冰译 17.80元
49.《知识分子的鸦片》,[法]R. 阿隆著,吕一民、顾杭译 59.00元

第六批书目

50.《驯化君主》,[美]H. C. 曼斯菲尔德著,冯克利译 68.00元
51.《黑格尔导读》,[法]A. 科耶夫著,姜志辉译 98.00元
52.《象征交换与死亡》,[法]J. 波德里亚著,车槿山译 68.00元
53.《自由及其背叛》,[英]I. 伯林著,赵国新译 48.00元

54.《启蒙的三个批评者》,[英]I. 伯林著,马寅卯、郑想译　48.00 元
55.《运动中的力量》,[美]S. 塔罗著,吴庆宏译　23.50 元
56.《斗争的动力》,[美]D. 麦克亚当、S. 塔罗、C. 蒂利著,李义中等译　31.50 元
57.《善的脆弱性》,[美]M. 纳斯鲍姆著,徐向东、陆萌译　55.00 元
58.《弱者的武器》,[美]J. C. 斯科特著,郑广怀等译　82.00 元
59.《图绘》,[美]S. 弗里德曼著,陈丽译　49.00 元

第七批书目

60.《现代悲剧》,[英]R. 威廉斯著,丁尔苏译　45.00 元
61.《论革命》,[美]H. 阿伦特著,陈周旺译　59.00 元
62.《美国精神的封闭》,[美]A. 布卢姆著,战旭英译,冯克利校　89.00 元
63.《浪漫主义的根源》,[英]I. 伯林著,吕梁等译　49.00 元
64.《扭曲的人性之材》,[英]I. 伯林著,岳秀坤译　69.00 元
65.《民族主义思想与殖民地世界》,[美]P. 查特吉著,范慕尤、杨曦译　18.00 元
66.《现代性社会学》,[法]D. 马尔图切利著,姜志辉译　32.00 元
67.《社会政治理论的重构》,[美]R. J. 伯恩斯坦著,黄瑞祺译　72.00 元
68.《以色列与启示》,[美]E. 沃格林著,霍伟岸、叶颖译　128.00 元
69.《城邦的世界》,[美]E. 沃格林著,陈周旺译　85.00 元
70.《历史主义的兴起》,[德]F. 梅尼克著,陆月宏译　48.00 元

第八批书目

71.《环境与历史》,[英]W. 贝纳特、P. 科茨著,包茂红译　25.00 元
72.《人类与自然世界》,[英]K. 托马斯著,宋丽丽译　35.00 元

73.《卢梭问题》,[德]E.卡西勒著,王春华译 39.00元
74.《男性气概》,[美]H.C.曼斯菲尔德著,刘玮译 28.00元
75.《战争与和平的权利》,[美]R.塔克著,罗炯等译 25.00元
76.《谁统治美国》,[美]W.多姆霍夫著,吕鹏、闻翔译 35.00元
77.《健康与社会》,[法]M.德吕勒著,王鲲译 35.00元
78.《读柏拉图》,[德]T.A.斯勒扎克著,程炜译 68.00元
79.《苏联的心灵》,[英]I.伯林著,潘永强、刘北成译 59.00元
80.《个人印象》,[英]I.伯林著,覃学岚译 88.00元

第九批书目

81.《技术与时间:2.迷失方向》,[法]B.斯蒂格勒著,赵和平、印螺译 59.00元
82.《抗争政治》,[美]C.蒂利、S.塔罗著,李义中译 28.00元
83.《亚当·斯密的政治学》,[英]D.温奇著,褚平译 21.00元
84.《怀旧的未来》,[美]S.博伊姆著,杨德友译 85.00元
85.《妇女在经济发展中的角色》,[丹]E.博斯拉普著,陈慧平译 30.00元
86.《风景与认同》,[美]W.J.达比著,张箭飞、赵红英译 68.00元
87.《过去与未来之间》,[美]H.阿伦特著,王寅丽、张立立译 58.00元
88.《大西洋的跨越》,[美]D.T.罗杰斯著,吴万伟译 108.00元
89.《资本主义的新精神》,[法]L.博尔坦斯基、E.希亚佩洛著,高铦译 58.00元
90.《比较的幽灵》,[美]B.安德森著,甘会斌译 79.00元

第十批书目

91.《灾异手记》,[美]E.科尔伯特著,何恬译 25.00元

92.《技术与时间:3. 电影的时间与存在之痛的问题》,
[法]B. 斯蒂格勒著,方尔平译 65.00 元
93.《马克思主义与历史学》,[英]S. H. 里格比著,吴英译 78.00 元
94.《学做工》,[英]P. 威利斯著,秘舒、凌旻华译 68.00 元
95.《哲学与治术:1572—1651》,[美]R. 塔克著,韩潮译 45.00 元
96.《认同伦理学》,[美]K. A. 阿皮亚著,张容南译 45.00 元
97.《风景与记忆》,[英]S. 沙玛著,胡淑陈、冯樨译 78.00 元
98.《马基雅维里时刻》,[英]J. G. A. 波考克著,冯克利、傅乾译 108.00 元
99.《未完的对话》,[英]I. 伯林、[波]B. P. -塞古尔斯卡著,
杨德友译 65.00 元
100.《后殖民理性批判》,[印]G. C. 斯皮瓦克著,严蓓雯译 79.00 元

第十一批书目

101.《现代社会想象》,[加]C. 泰勒著,林曼红译 45.00 元
102.《柏拉图与亚里士多德》,[美]E. 沃格林著,刘曙辉译 78.00 元
103.《论个体主义》,[法]L. 迪蒙著,桂裕芳译 30.00 元
104.《根本恶》,[美]R. J. 伯恩斯坦著,王钦、朱康译 78.00 元
105.《这受难的国度》,[美]D. G. 福斯特著,孙宏哲、张聚国译 39.00 元
106.《公民的激情》,[美]S. 克劳斯著,谭安奎译 49.00 元
107.《美国生活中的同化》,[美]M. M. 戈登著,马戎译 58.00 元
108.《风景与权力》,[美]W. J. T. 米切尔著,杨丽、万信琼译 78.00 元
109.《第二人称观点》,[美]S. 达沃尔著,章晟译 69.00 元
110.《性的起源》,[英] F. 达伯霍瓦拉著,杨朗译 85.00 元

第十二批书目

111.《希腊民主的问题》,[法]J. 罗米伊著,高煜译 48.00元
112.《论人权》,[英]J. 格里芬著,徐向东、刘明译 75.00元
113.《柏拉图的伦理学》,[英]T. 埃尔文著,陈玮、刘玮译 118.00元
114.《自由主义与荣誉》,[美]S. 克劳斯著,林垚译 62.00元
115.《法国大革命的文化起源》,[法]R. 夏蒂埃著,洪庆明译 38.00元
116.《对知识的恐惧》,[美]P. 博格西昂著,刘鹏博译 38.00元
117.《修辞术的诞生》,[英]R. 沃迪著,何博超译 48.00元
118.《历史表现中的真理、意义和指称》,[荷]F. 安克斯密特著,周建漳译 58.00元
119.《天下时代》,[美]E. 沃格林著,叶颖译 78.00元
120.《求索秩序》,[美]E. 沃格林著,徐志跃译 48.00元

第十三批书目

121.《美德伦理学》,[新西兰]R. 赫斯特豪斯著,李义天译 68.00元
122.《同情的启蒙》,[美]M. 弗雷泽著,胡靖译 48.00元
123.《图绘暹罗》,[美]T. 威尼差恭著,袁剑译 58.00元
124.《道德的演化》,[新西兰]R. 乔伊斯著,刘鹏博、黄素珍译 65.00元
125.《大屠杀与集体记忆》,[美]P. 诺维克著,王志华译 78.00元
126.《帝国之眼》,[美]M. L. 普拉特著,方杰、方宸译 68.00元
127.《帝国之河》,[美]D. 沃斯特著,侯深译 76.00元
128.《从道德到美德》,[美]M. 斯洛特著,周亮译 58.00元
129.《源自动机的道德》,[美]M. 斯洛特著,韩辰锴译 58.00元
130.《理解海德格尔:范式的转变》,[美]T. 希恩著,邓定译 89.00元

第十四批书目

131.《城邦与灵魂:费拉里〈理想国〉论集》,[美]G. R. F. 费拉里著,刘玮编译 58.00 元

132.《人民主权与德国宪法危机》,[美]P. C. 考威尔著,曹晗蓉、虞维华译 58.00 元

133.《16 和 17 世纪英格兰大众信仰研究》,[英]K. 托马斯著,芮传明、梅剑华译 168.00 元

134.《民族认同》,[英]A. D. 史密斯著,王娟译 55.00 元

135.《世俗主义之乐:我们当下如何生活》,[英]G. 莱文编,赵元译 58.00 元

136.《国王或人民》,[美]R. 本迪克斯著,褚平译(即出)

137.《自由意志、能动性与生命的意义》,[美] D. 佩里布姆著,张可译 68.00 元

138.《自由与多元论:以赛亚·伯林思想研究》,[英]G. 克劳德著,应奇等译 58.00 元

139.《暴力:思无所限》,[美]R. J. 伯恩斯坦著,李元来译 59.00 元

140.《中心与边缘:宏观社会学论集》,[美]E. 希尔斯著,甘会斌、余昕译 88.00 元

第十五批书目

141.《自足的世俗社会》,[美]P. 朱克曼著,杨靖译 58.00 元

142.《历史与记忆》,[英]G. 丘比特著,王晨凤译 59.00 元

143.《媒体、国家与民族》,[英]P. 施莱辛格著,林玮译 68.00 元

144.《道德错误论:历史、批判、辩护》,

[瑞典]J. 奥尔松著,周奕李译　58.00 元

145.《废墟上的未来:联合国教科文组织、世界遗产与和平之梦》,[澳]L. 梅斯克尔著,王丹阳、胡牧译　88.00 元

146.《为历史而战》,[法]L. 费弗尔著,高煜译　98.00 元

147.《语言动物:人类语言能力概览》,[加]C. 泰勒著,赵清丽译(即出)

148.《我们中的我:承认理论研究》,[德]A. 霍耐特著,张曦、孙逸凡译　62.00 元

149.《人文学科与公共生活》,[美]P. 布鲁克斯、H. 杰维特编,余婉卉译　52.00 元

150.《美国生活中的反智主义》,[美]R. 霍夫施塔特著,何博超译　68.00 元

第十六批书目

151.《关怀伦理与移情》,[美]M. 斯洛特著,韩玉胜译　48.00 元

152.《形象与象征》,[罗]M. 伊利亚德著,沈珂译　48.00 元

153.《艾希曼审判》,[美]D. 利普斯塔特著,刘颖洁译　49.00 元

154.《现代主义观念论:黑格尔式变奏》,[美]R. B. 皮平著,郭东辉译(即出)

155.《文化绝望的政治:日耳曼意识形态崛起研究》,[美]F. R. 斯特恩著,杨靖译　98.00 元

156.《作为文化现实的未来:全球现状论集》,[印]A. 阿帕杜莱著,周云水、马建福译(即出)

157.《一种思想及其时代:以赛亚·伯林政治思想的发展》,[美]J. L. 彻尼斯著,寿天艺、宋文佳译　88.00 元

158.《人类的领土性:理论与历史》,[美]R. B. 萨克著,袁剑译(即出)

159.《理想的暴政:多元社会中的正义》,[美]G. 高斯著,范震亚译(即出)
160.《荒原:一部历史》,[美]V. D. 帕尔马著,梅雪芹译(即出)

第十七批书目

161.《浪漫派为什么重要》,[美]P. 盖伊著,王燕秋译 49.00 元
162.《欧美思想中的自治》,[美]J. T. 克洛彭伯格著,褚平译(即出)
163.《冲突中的族群》,[美]D. 霍洛维茨著,魏英杰、段海燕译(即出)
164.《八个欧洲中心主义历史学家》,[美]J. M. 布劳特著,杨卫东译(即出)
165.《记忆之地,悼念之地》,[美]J. 温特著,王红利译(即出)
166.《20 世纪的战争与纪念》,[美]J. 温特著,吴霞译(即出)
167.《病态社会》,[美]R. B. 埃杰顿著,杨靖、杨依依译(即出)
168.《种族与文化的少数群体》,[美]G. E. 辛普森、J. M. 英格尔著,马戎、王凡妹等译(即出)
169.《美国城市新主张》,R. H. 普拉特著,周允程译(即出)
170.《五种官能》,[美]M. 塞尔著,徐明译(即出)